ARABIC-ENGLISH DICTIONARY

ARABIC-ENGLISH DICTIONARY

JOHN WORTABET
AND
HARVEY PORTER

GYAN

Published by

Gyan Publishing House
5, Ansari Road
Daryaganj, New Delhi-110002
Phone: 011-47034999, 9811692060
E-mail: books@gyanbooks.com

Distribution Network
gyanbooks.com
India, USA, Canada, UK, Australia, France

ISBN : 978-81-212-2458-1 (HB)
First Published, Cairo, 1913

2nd Impression 2020

Printed at: Gyan Press, Delhi.

Arabic-English Dictionary
Author: John Wortabet and Harvey Porter

قاموس

عربي وانكليزي
وانكليزي وعربي

تأليف

الدكتور يوحنا ورتبات والدكتور هرفي بورتر

طبعة خامسة

طبع في مطبعة المقتطف بمصر سنة ١٩١٣

المقدمة

﴿اما بعد﴾ فهذا قاموس مختصر وضع للطلبة في المدارس وهو قسمان أحدهما عربي وانجليزي والآخر انكليزي وعربي مضمنان في كتاب واحد تسهيلاً لفائدة الطالب · وقد بذلنا غاية الجهد في انتخاب الكلمات الشائعة الاستعمال في اللغتين حتى يكون على صغر حجمهِ كبير الفائدة كافياً للغرض المقصود · واتبعنا في القسم العربي والانكليزي الطريقة العربية المألوفة في جعل الفعل ومصدرهِ الاصل والذي يليهِ المشتقات واما في القسم الانكليزي والعربي فالاسلوب المصطلح عليهِ عند الاوربيين في تنسيق الكلمات على ترتيب حروفها الهجائية ، ولما كان قد نفد جميع ما طبع منهُ فقد أعدنا طبعهُ الآن بعد تصحيحهِ وضبطهِ واضافة بضع مئات من الكلمات اليهِ لزيادة نفعهِ

قاموس عربي وانكليزي

ARABIC-ENGLISH DICTIONARY

ا

ا — As a numeral sign=1.

أ — Particle of interrogation.

أبٌ مث أبَوانِ ج آباءٌ — Father.

آبٌ — Month of August.

أبويٌّ — Fatherly, paternal.

أبوّةٌ — Fatherhood.

أبدٌ — Time, eternity (future).

أبدَ الآبدِينَ — For ever.

أبداً — Ever; always.

أبديٌّ ومؤبَّدٌ — Eternal.

أبديّةٌ — Eternity, perpetuity.

إبرةٌ ج إبَرٌ — Needle.

مِئبَرٌ ج مآبِرُ — Needle-case.

إبريزٌ — Pure gold.

أبرشيّةٌ — Diocese.

إبريقٌ ج أباريقُ — Water-jug.

إبزيمٌ ج أبازيمُ — Buckle, clasp.

إبطٌ ج آباطٌ — Arm-pit.

أبَقَ يأبِقُ — To run away.

آبِقٌ — Runaway (slave).

إبلٌ — Camels, (coll. noun).

إبليسٌ ج أبالِسةٌ — Satan.

أبَنَ — To praise the dead.

إبّانٌ — Time or season of a thing.

إبنٌ ج أبناءٌ وبَنونَ — Son.

إبنةٌ أو بِنتٌ ج بناتٌ — Daughter.

أبنوسٌ — Ebony.

أبهةٌ — Beauty. Greatness.

أبى يأبى — To refuse, rfrain.

أبيٌّ — Refusing, disdaining.

إِبَآءٌ	Refusal, rejection.
أَتَانٌ ج أُتُنٌ وَأُتْنٌ	She-ass.
أَتُونٌ ج أُتُنٌ	Oven, furnace.
أَتَى يَأْتِي	To come, arrive.
آتَى إِيتَاءً	To give; requite.
تَأَتَّى	To happen.
إِتْيَانٌ	Arrival, coming.
آتٍ	Comer, one who arrives.
اَلْآتِي	The future; coming next
أَثَّ يَئِثُّ	To abound.
أَثَاثٌ	Household furniture.
أَثَرَ يَأْثُرُ	To choose.
أَثَّرَ فِي	To impress.
آثَرَ	To choose, prefer.
تَأَثَّرَ	To follow one's tracks.
أَثَرٌ ج آثَارٌ	Trace, impression.
تَأْثِيرٌ	Influence; impression.
مَأْثُرَةٌ ج مَآثِرُ	Memorable deed.
مُؤَثِّرٌ	Impressive.
أَثْلٌ	A kind of tamarisk.
أَثِمَ يَأْثَمُ	To sin.
أَثَّمَ	To accuse of sin.
إِثْمٌ ج آثَامٌ	Sin crime.
أَثِيمٌ ج أُثَمَاءُ	Guilty.
مَأْثَمَةٌ وَمَأْثَمٌ ج مَآثِمُ	Sin, crime.
أَجَّ يَؤُجُّ أَجِيجًا	To burn, blaze.
أَجَرَ يَأْجِرُ	To pay; let on hire.
آجَرَ	To pay, let for money.
إِسْتَأْجَرَ	To hire, take on hire.
أَجْرٌ ج أُجُورٌ	Recompense.
أَجْرٌ وَأُجْرَةٌ	Wages, salary.
آجُرٌّ	Baked bricks.
إِيجَارٌ	Lease, hire, rent.
أَجِيرٌ ج أُجَرَاءُ	Hired labourer.
مُؤْجِرٌ وَمُؤَاجِرٌ	Landlord.
مُسْتَأْجِرٌ	Tenant.
إِجَّاصٌ وَإِنْجَاصٌ	Pear (fruit).
أَجِلَ يَأْجَلُ	To delay. tarry.

أَجَّلَ	To grant a delay.
ٱلْأَجَلُ	Appointed time.
أَجْلٌ	Cause, reason, sake.
آجِلٌ	Postponed, future.
أَجَمٌ ج آجَامٌ	Thicket, jungle.
أَحَّدَ وَوَحَّدَ	To unify.
اِتَّحَدَ بِ	To unite with; join.
أَحَدٌ م إِحْدَى ج آحَادٌ	One.
ٱلْأَحَدُ	Sunday.
آحَادٌ	Units.
اِتِّحَادٌ	Union; agreement.
أَخَذَ يَأْخُذُ	To take.
أَخَذَ يَقُولُ	To begin to say.
أَخَذَ بِ	To seize, take hold of.
أَخَذَ بِيَدِهِ	To aid, assist.
آخَذَ مُؤَاخَذَةً بِ او عَلَى	To blame.
اِتَّخَذَ	To take to himself.
مَأْخَذٌ ج مَآخِذُ	Source, Way.
أَخَّرَ تَأْخِيرًا	To postpone.
تَأَخَّرَ	To tarry, delay.
آخَرُ م أُخْرَى	Other, another.
آخِرٌ ج أَوَاخِرُ	End, last.
ٱلْآخِرَةُ	The future life.
أَخِيرٌ ج أَخِيرُونَ	Last, extreme.
أَخِيرًا	At the end, finally. lastly.
مُؤَخَّرٌ	Posterior part.
إِخَاءٌ وَأُخُوَّةٌ	Brotherhood.
أَخٌ ج إِخْوَةٌ وَإِخْوَانٌ	Brother.
أُخْتٌ ج أَخَوَاتٌ	Sister.
أَخَوِيٌّ	Fraternal, brotherly.
آخُورٌ	Stable.
أَدُبَ يَأْدُبُ	To be educated.
أَدَبَ يَأْدِبُ	To invite to a meal.
أَدَّبَ	To discipline, chastise.
تَأَدَّبَ	Become well-educated.
أَدَبٌ ج آدَابٌ	Liberal education.
عِلْمُ ٱلْأَدَبِ	Polite literature.
تَأْدِيبٌ	Chastisement.

Moral, polite. أَدَبِيٌّ

Literary, learned. أَدِيبٌ ج أُدَبَاءُ

Condiment, seasoning. إِدَامٌ

Human skin. أَدَمَةٌ

Dark or tawny colour. أُدْمَةٌ

Human being. آدَمِيٌّ

To give up, deliver. أَدَّى

To bring to. أَدَّى إِلَى

Payment, discharge. أَدَاءٌ

Tool, utensil. أَدَاةٌ ج أَدَوَاتٌ

When. Lo. إِذْ

Behold! When. إِذَا

Therefore. إِذًا وَإِذَنْ

March, (month). آذَارُ

To give leave to. أَذِنَ لِ يَأْذَنُ

To call to prayer. أَذَّنَ

To ask permission. إِسْتَأْذَنَ

Permission, leave. إِذْنٌ

Ear, Handle. أُذْنٌ وَأُذُنٌ ج آذَانٌ

The Moslem call to prayer. أَذَانٌ

Minaret. مِئْذَنَةٌ وَمَأْذَنَةٌ ج مَآذِنُ

One who calls to prayer. مُؤَذِّنٌ

To injure, annoy. آذَى إِيذَاءً

Injury, damage. أَذًى وَأَذِيَّةٌ

Hurtful, harmful. مُؤْذٍ

Need, want. أَرَبٌ ج آرَابٌ

In pieces; limb by limb. إِرْبًا إِرْبًا

Groin. أُرْبِيَّةٌ

Purpose. مَأْرُبَةٌ وَمَأْرَبٌ ج مَآرِبُ

Europe. أُورُبَّا

European. أُورُبِّيٌّ

Inheritance. إِرْثٌ (*See* وَرِثَ)

Purple (*n.*). أُرْجُوَانٌ

Purple (*adj.*). أُرْجُوَانِيٌّ

To date; write a history. أَرَّخَ

Epoch, history. تَارِيخٌ ج تَوَارِيخُ

Historian. مُؤَرِّخٌ

Dated. مُؤَرَّخٌ

Ardeb, (corn measure).	إِرْدَبٌّ
Cedar or pine (tree).	أَرْزٌ
Rice.	أَرُزٌ وَأُرْزٌ وَأُرُزٌ
Earth, soil, land.	أَرْضٌ
Terrestrial.	أَرْضِيٌّ
To be sleepless.	أَرِقَ يَأْرَقُ
Wakefulness ; insomnia.	أَرَقٌ
Hare, rabbit.	أَرْنَبٌ ج أَرَانِبُ
To flow.	أَزَبَ يَأْزِبُ أَزْبًا
Drain.	مِيزَابٌ ج مَيَازِيبُ
To assist, strengthen.	آزَرَ
A long wrapper, veil.	إِزَارٌ
Succour, assistance.	مُؤَازَرَةٌ
An apron.	مِئْزَرٌ ج مَآزِرُ
Eternity.	أَزَلٌ وَأَزَلِيَّةٌ
Eternal (of past time).	أَزَلِيٌّ
Distress ; draught.	أَزْمَةٌ
In front, opposite to.	إِزَاءَ
To found.	أَسَّسَ
To be founded, built.	تَأَسَّسَ
Foundation.	أَسَاسٌ ج أُسُسٌ
Fundamental.	أَسَاسِيٌّ
Founder.	مُؤَسِّسٌ
Founded, established.	مُؤَسَّسٌ
Spinach, spinage.	إِسْبَانَخٌ
Master, professor.	أُسْتَاذٌ ج أَسَاتِذَةٌ وَأَسَاتِيذُ
Lion.	أَسَدٌ ج أُسُودٌ
To take captive.	أَسَرَ يَأْسِرُ
To submit as a captive.	إِسْتَأْسَرَ
All, the whole of.	بِأَسْرِهِ
Captivity, retention.	أَسْرٌ
Near relations.	أُسْرَةٌ
Captive.	أَسِيرٌ ج أُسَرَاءُ وَأَسْرَى
Stable.	إِسْطَبْلٌ ج إِسْطَبْلَاتٌ
Fleet.	أُسْطُولٌ ج أَسَاطِيلُ
To regret.	أَسِفَ وَتَأَسَّفَ
Sorrow, grief, regret.	أَسَفٌ
Oh ! Alas !	أَسَفِي وَيَا أَسَفَا

إِسْفَنْجٌ Sponge.

إِسْكِلَةٌ ج أَسَاكِلُ Harbour.

إِسْمٌ أَسْمَاءٌ Name; noun.

أَسِيَ يَأْسَى To be grieved.

أَسًى وَأَسًا Grief, sorrow.

أَصُلَ يَأْصُلُ To be firmly rooted.

تَأَصَّلَ To be firmly rooted.

إِسْتَاصَلَ To extirpate.

أَصْلٌ ج أُصُولٌ Root; principle.

أَصْلِيٌّ Radical, original.

أَصِيلٌ Noble; judicious.

أَلْأَصِيلُ Evening.

إِفْرَنْجٌ وَإِفْرَنْجَةٌ Franks

إِفْرَنْجِيٌّ A European.

أُفُقٌ ج آفَاقٌ Horizon; region.

أَفَكَ يَأْفِكُ To tell a lie.

إِفْكٌ وَأَفِيكَةٌ A lie.

أَفَلَ يَأْفِلُ To disappear, set.

أَفْيُونٌ Opium.

أُقْحُوَانٌ Camomile.

أُقَّةٌ ج أُقَقٌ وَأُقَّاتٌ Oke.

أَكَّدَ To assure.

تَأَكَّدَ To be assured.

أَكِيدٌ Firm; certain.

تَأْكِيدٌ Assurance; certitude.

أَكَلَ يَأْكُلُ To eat.

أُكْلَةٌ A morsel, mouthful.

آكِلَةٌ وَأَكَلَةٌ Corroding ulcer.

أَكِيلٌ وَأَكُولٌ Glutton.

مَأْكَلٌ ج مَآكِلُ Food.

أَكَمَةٌ ج آكَامٌ Hill. Mound.

أَلْ The (definite article).

أَلَا Is it not so? Surely.

أَلَّا = أَنْ لَا That-not.

إِلَّا Unless, except.

أَلَّذِي مث أَللَّذَانِ ج أَلَّذِينَ Who, which (*Masc*).

أَلَّتِي ج أَللَّوَاتِي Who, which (*Fem.*)

أَلِفَ يأْلَفُ	To be accustomed.
آلَفَ	To be friendly.
أَلَّفَ	To compile a book.
تآلَفَ	To be united.
إِلْفٌ وَأَلِيفٌ	Friend, companion.
أَلْفٌ ج أُلُوفٌ وَآلَافٌ	Thousand.
أُلْفَةٌ	Friendship, alliance.
إِئْتِلَافٌ	Accord, harmony.
تَأْلِيفٌ ج تآلِيفُ	Compilation.
مَأْلُوفٌ	Customary, usual.
مُؤَالَفَةٌ	Friendship, familiarity.
مُؤَلِّفٌ	Author (of a book).
مُؤَلَّفٌ	Book. Composed.
أَلِمَ يأْلَمُ	To suffer, feel pain.
أَلَّمَ وَآلَمَ	To pain, cause pain.
تأَلَّمَ	To feel pain, ache.
أَلَمٌ ج آلَامٌ	Pain, grief, ache.
أَلِيمٌ وَمُؤْلِمٌ	Painful.
أَلْمَاسُ	Diamond.
إِلٰهٌ ج آلِهَةٌ	A god, divinity.
أَللّٰهُ	God; the One True God.
أَلَّهَ	To deify.
أَللّٰهُمَّ	O God!
أُلُوهَةٌ وَأُلُوهِيَّةٌ	Divinity.
أَلْيَةٌ ج أَلَايَا وَأَلْيَاتٌ	Rump.
أَلَايٌ ج آلَايَاتٌ	Regiment.
إِلَى	To, unto, until.
إِلَى أَنْ	Until, till
إِلَى مَتَى	Until when? How long?
أَمَّ يَؤُمُّ	To seek; lead.
أُمٌّ ج أُمَّاتٌ وأُمَّهَاتٌ	Mother.
أَمَامَ	Before, in front.
إِمَامٌ ج أَئِمَّةٌ	Imam, leader.
أُمَّةٌ ج أُمَمٌ	Nation, people.
أُمِّيٌّ	Maternal. Illiterate.
أَمَّا	But, but as to.
إِمَّا — وَإِمَّا	Either, or.
أَمَدٌ ج آمَادٌ	Limit, end, term.

أَمَرَ يَأْمُرُ	To order, command.
آمَرَ مُؤَامَرَةً فِي	To consult.
أَمْرٌ ج أَوَامِرُ	Command, order.
أَمْرٌ ج أُمُورٌ	Matter, affair.
إِمَارَةٌ	Prefecture, power.
أَمِيرٌ ج أُمَرَاءُ	Chief, prince.
أَمِيرُ ٱلآيِ	Colonel.
أَمِيرُ ٱلْبَحْرِ	Admiral.
أَمِيرُ ٱلْمُؤْمِنِينَ	Caliph.
أَمِيرِيٌّ	Princely
أَلْمَالُ ٱلْأَمِيرِيُّ	Taxes.
مَأْمُورٌ	Commissioned Officer.
أَمْسِ	Yesterday.
أَمَلَ يَأْمُلُ	To hope, hope for.
تَأَمَّلَ	To meditate, reflect upon.
أَمَلٌ ج آمَالٌ	Hope, desire.
مَأْمُولٌ	Hoped, expected.
أَمُنَ يَأْمُنُ	To be faithful.
أَمِنَ يَأْمَنُ	To be or feel safe.
أَمَّنَ وَآمَنَهُ عَلَى	To entrust.
آمَنَ إِيمَانًا بِ	To believe in.
آمَنَهُ	To protect.
إِئْتَمَنَ	To trust, rely upon.
أَمْنٌ وَأَمَانٌ	Safety, protection.
آمِنٌ	Safe, secure.
أَمَانَةٌ	Faithfulness, fidelity.
أَمِينٌ ج أُمَنَاءُ	Faithful.
أَمِينُ ٱلصُّنْدُوقِ	Treasurer.
آمِينَ وَأَمِينَ	Amen ; so be it.
إِيمَانٌ	Creed, belief.
مَأْمُونٌ	Trustworthy.
مُؤْمِنٌ	Believer, faithful.
أَمَةٌ ج إِمَاءٌ	Female slave.
أَنْ وَأَنَّ	That *(particle)*
إِنْ	If. Not.
أَنَّ وَإِنَّ	Certainly, truly.
إِنَّمَا	Only, but. Verily.
أَنَّ يَئِنُّ أَنِينًا	To groan, moan.

I, we.	أَنَا ج نَحْنُ
Thou.	أَنْتَ ج أَنْتُمْ م أَنْتِ ج أَنْتُنَّ
You two, both of you.	أَنْتُمَا
Female.	أُنْثَى ج إِنَاثٌ وَأَنَاثَى
Feminine, effeminate.	مُؤَنَّثٌ
The Gospel.	اَلْإِنْجِيلُ
To be polite, affable.	أَنِسَ يَأْنَسُ
To be sociable.	آنَسَ مُؤَانَسَةً
To cheer.	آنَسَ إِينَاسًا
Social life. Cheerfulness.	أُنْسٌ
Mankind.	إِنْسٌ
Man.	إِنْسَانٌ ج أُنَاسٌ
Human ; polite.	إِنْسَانِيٌّ
Humanity; politeness.	إِنْسَانِيَّةٌ
Friendly, gentle.	أَنِيسٌ وَمُؤَانِسٌ
To hate, disdain.	أَنِفَ يَأْنَفُ
To recommence; appeal	إِسْتَأْنَفَ
Nose.	أَنْفٌ ج آنَافٌ وَأُنُوفٌ
Little while ago.	آنِفًا
Dislike. Scorn.	أَنَفَةٌ
Disdainful.	أَنُوفٌ
Court of appeal.	مَجْلِسُ ٱلْاِسْتِئْنَافِ
To be pleased.	أَنِقَ بِ يَأْنَقُ
To be dainty.	تَأَنَّقَ
Men, mankind.	أَنَامٌ وَآنَامٌ
To act deliberately.	تَأَنَّى
Patience, deliberateness.	أَنَاةٌ
Vessel.	إِنَاءٌ ج آنِيَةٌ وَأَوَانٍ
Deliberateness.	تَأَنٍّ
Deliberate, careful.	مُتَأَنٍّ
Anise.	أَنِيسُونٌ
Whence ?	أَنَّى = مِنْ أَيْنَ
Ah ! Alas !	آهِ وَآهًا
To equip, get one ready.	أَهَّبَ
To get ready.	تَأَهَّبَ لِ
Apparatus, tools.	أُهْبَةٌ ج أُهَبٌ
To render fit for.	أَهَّلَ لِ
To bid welcome.	أَهَّلَ بِهِ

تَأَهَّلَ To marry.	أَوَّلاً Firstly, in the first place.
إِسْتَأْهَلَ To deserve, merit.	أَوَّلاً فَأَوَّلاً Successively.
أَهْلاً وَسَهْلاً Welcome!	أُولَئِكَ Those, these.
أَهْلٌ ج أَهَالٍ Family; relations.	إِيَالَةٌ ج إِيَالَاتٌ Province.
أَهْلٌ لِ Worthy of, fit for.	تَأْوِيل Interpretation.
أَهْلِيّ Domestic.	مَآلٌ End, result, issue.
أَهْلِيَّة Aptitude, fitness.	آنٌ وَأَوَانٌ Time.
مُسْتَأْهِلٌ Deserving, meriting.	أَلآنَ Now, at present.
أَوْ Or, unless.	إِيوَانٌ ج إِيوَانَاتٌ Porch, hall.
آبَ يَؤُوبُ إِيَاباً To return.	أَوَى يَأْوِي To resort for shelter.
إِوَزٌّ Geese.	مَأْوًى ج مَآوٍ Abode, shelter.
آسٌ Myrtle.	إِبْنُ آوَى Jackal.
آفَةٌ ج آفَاتٌ Injury, damage.	أَيْ That is to say; namely.
آلَ يَؤُولُ To result in.	أَيٌّ Whoever, whichever.
أَوَّلَ To explain, make clear.	آيَةٌ ج آيَاتٌ Sign; miracle.
آلٌ Family; kinsfolk.	إِيَّاهُ Him.
آلَةٌ ج آلَاتٌ Instrument.	إِيَّايَ Me.
آلِيّ Organic.	أَيَّدَ To strengthen, aid.
أَوَّلُ ج أَوَائِلُ First, beginning.	أَيَّارُ May (month).

أَيِسَ يَأْيَسُ	To despair.
إِيَاسٌ	Despair.
أَيِسٌ وَآيِسٌ	Despairing.
أَيِلٌ وإِيَّلٌ	Deer, stag.
أَيْلُولُ	September.
آنَ يَئِينُ	Its time comes.
أَيْنَ	Where? whither?
أَيْنَمَا	Whither; everywhere.
إِلَى أَيْنَ	Whither? where?
مِنْ أَيْنَ	From whence?

ب

ب	As a numerical sign =2.
بِ	With, during, by, at, in.
بِٱللّٰهِ	By God!
بِمَا أَنَّ	By reason of, inasmuch.
بَابَا ج بَابَاوَاتٌ	Pope; father.
بَابَوِيٌّ وَبَابَاوِيٌّ	Papal.
بُؤْبُؤُ ٱلْعَيْنِ	Pupil of the eye.
بَابُوجٌ ج بَوَابِيجُ	Slipper.
بَابُونَجٌ	Camomile.
بَاذِنْجَانٌ	Egg-plant.
بِئْرٌ ج آبَارٌ	Well, cistern.
بَارَةٌ ج بَارَاتٌ	Para (coin).
بَارُودٌ	Gunpowder.
بَارُودَةٌ ج بَوَارِيدُ	Gun.
بَازٌ	Falcon, hawk.
بَازَارٌ	Market.
بَازَرْكَانٌ	Cloth-merchant.
بِئْسَ	Evil! Bad, very bad!
بَأْسٌ	Courage, boldness.
بَأْسٌ وَبُؤْسٌ	Misfortune.

البأساء Misfortune, distress.
بائس Unfortunate, poor.
باشا ج باشاوات Pasha.
باشق ج بواشق Sparrow-hawk.
باقة Bunch of flowers, bouquet.
بالة Bale (of merchandise).
باميا وبامية Okra.
ببغاء ج ببغاوات Parrot.
بت يبت To cut off; decide.
البتة وبتة Irrevocably; not at all.
بتر يبتر To cut off; amputate.
بتول Virgin.
بتولية Virginity.
بث يبث To disperse, publish.
انبث To be divulged, spread.
بثر ج بثور Pustule.
بثق يبثق To break out.
انبثق من To proceed from.
انبثق الفجر To dawn.

بجع Stork.
بجل يبجل بجالة To be great.
بجل To honour, praise.
بح يبح بحا To be hoarse.
بحة Hoarseness; rough voice.
أبح ومبحوح Hoarse.
بحث عن To investigate.
باحث وتباحث To discuss.
بحث Examination, enquiry.
مبحث ج مباحث Research.
مباحثة Discussion, controversy.
بحثر To scatter.
بحر ج أبحر وبحور Sea.
بحر الظلمات The Atlantic Ocean.
البحر الأحمر The Red Sea.
البحر الأسود The Black Sea.
بحر الخزر The Caspian Sea.
البحر المحيط The Pacific Ocean.
البحر المتوسط أو بحر الروم The Mediterranean.

بُحْرَة ج بِحَارٌ	Basin, pool.
بُحَيْرَة ج بُحَيْرَاتٌ	Lake.
بَحْرِي	Nautical.
بَحْرِيٌّ ج بَحْرِيَّة	Sailor.
بَخْتٌ	Fortune, good luck.
بَخْتَرَ وَتَبَخْتَرَ	To swagger.
بَخَرَ يَبْخَرُ بَخْرًا	To steam.
بَخَّرَ	To fumigate, steam.
بَاخِرَةٌ ج بَوَاخِرُ	Steamship.
بُخَارٌ ج أَبْخِرَة	Vapour, steam.
بَخُورٌ	Incense.
بَخُورُ مَرْيَمَ	Cyclamen (plant).
أَبْخَرُ	Having a foul breath.
مِبْخَرَةٌ ج مَبَاخِرُ	Censer.
بَخَسَ يَبْخَسُ	To diminish.
بَخْسٌ	Defective, low price.
بَخِلَ يَبْخَلُ	To be miserly.
بُخْلٌ	Avarice, stinginess.
بَخِيلٌ ج بُخَلَاءُ	Miser ; miserly.

بَدَّدَ	To disperse ; squander.
تَبَدَّدَ	To be dispersed.
اِسْتَبَدَّ	To be arbitrary.
لَابُدَّ	By all means, necessarily.
بَدَأَ يَبْدَأُ	To begin ; create.
بَدَّأَ	To give precedence.
أَبْدَأَ	To create ; produce.
اِبْتَدَأَ بِ	To begin, commence.
بَدْءٌ وَبَدَاءَةٌ	Beginning.
اِبْتِدَائِيٌّ	Initial, primary.
مَبْدَأٌ ج مَبَادِئُ	Principle.
بَذَخٌ	Dissipation ; pride.
بَدَرَ إِلَى	To hasten towards.
بَادَرَ وَابْتَدَرَ	To hasten.
بَدْرٌ ج بُدُورٌ	Full moon.
بَيْدَرٌ ج بَيَادِرُ	Thrashing-floor.
بَدَعَ يَبْدَعُ	To originate.
أَبْدَعَ وَابْتَدَعَ	To originate.
بِدْعَةٌ ج بِدَعٌ	Innovation.

بَدِيعٌ ج بُدُعٌ	Astonishing.
عِلْمُ ٱلْبَدِيعِ	Rhetoric.
إِبْدَاعٌ وَٱبْتِدَاعٌ	Inventing.
مُبْدِعٌ	Inventor. Creator.
بَدَلَ يَبْدُلُ	To change, exchange.
تَبَدَّلَ	To be changed or altered.
إِسْتَبْدَلَ	To take in exchange.
بَدَلٌ وَبَدِيلٌ	Substitute.
بَدَلَ أَنْ	Instead of.
بَدَلًا مِنْ	In exchange for.
تَبَادُلٌ	Reciprocity.
مُتَبَادَلٌ	Reciprocal.
بَدَنٌ ج أَبْدَانٌ	Body, trunk.
بَدِهَ ج يَبْدَهُ	To come suddenly.
بَدَاهَةٌ	Intuitive knowledge.
بَدِيهًا . عَلَى ٱلْبَدِيهَةِ	Intuitively.
بَدِيهِيَّةٌ	Axiom.
بَدَا يَبْدُو	To appear.
أَبْدَى	To make plain, reveal.
ٱلْبَدْوُ	Nomads, bedouins.
بَادِيَةٌ ج بَوَادٍ	Desert.
بَدَاوَةٌ	Desert life; desert.
بَدَوِيٌّ	Beduin; nomad.
بَذَخَ يَبْذَخُ	To be prod.
بَذَخٌ	Pride, haughtiness.
بَذَرَ يَبْذُرُ	To sow; disperse.
بَذْرٌ ج بِذَارٌ	Seed, grain.
تَبْذِيرٌ	Dissipation, prodigality.
مُبَذِّرٌ	Prodigal.
بَذَلَ يَبْذِلُ	To give.
بَذْلٌ	Generous gift, present.
بَرَّرَ	To justify.
تَبَرَّرَ	To be justified.
بِرٌّ	Goodness, piety.
بُرٌّ	Wheat.
بَرٌّ	Land as opposed to sea.
بَرًّا وَبَحْرًا	By land and by sea.
بَارٌّ ج أَبْرَارٌ	Just, pious.

بَرّانِيٌّ ج بَرّانِيُّونَ	External.
بَرِّيٌّ	Wild (tree or animal).
بَرِّيَّةٌ ج بَرارِيُّ	Desert, waste.
تَبْرِيرٌ	Justification.
بَرَأَ يَبْرَأُ	To create.
بَرَأَ وَبَرِئَ يَبْرَأُ	To be innocent of. Recover from an illness.
بَرَّأَ مِنْ	To acquit.
بُرْءٌ وَبُرُوءٌ	Recovery, cure.
بَرِيءٌ ج أَبْرِياءُ	Innocent.
بَراءَةٌ	Immunity. Document.
أَلْبارِئُ	Creator (God).
بَرِيَّةٌ بَرايا	Creature, creation.
بَرْبَرِيٌّ	Native of Barbary.
بُرْتُقانٌ وَبُرْدُقانٌ	Oranges.
بُرْجٌ ج بُرُوجٌ	Tower, castle.
بُرُوجُ ٱلْأَفْلاكِ	Signs of zodiac.
بارِجَةٌ ج بَوارِجُ	Man-of-war.
بَرِحَ يَبْرَحُ	To part from.
ما بَرِحَ	To continue, persevere.
بَرَّحَ	To cause pain.
أَلْبارِحُ وَٱلْبارِحَةُ	Yesterday.
أَلْبارِحَةُ ٱلْأُولَى / أَوَّلُ ٱلْبارِحَةِ	Day before yesterday.
بَرُدَ يَبْرُدُ	To become cold.
بَرَدَ	To file (iron).
بَرَّدَ	To make cool or cold
بَرْدٌ	Cold.
بَرَدٌ	Hail; hail stones.
بُرَداءُ وَبَرْدِيَّةٌ	Fever and ague.
بَرْدِيٌّ	Reed, papyrus reed.
بارِدٌ	Cold.
بُرُودَةٌ	Freshness, coolness.
بَرِيدٌ ج بُرُدٌ	Courier, post.
مِبْرَدٌ ج مَبارِدُ	File.
بَرْذَعَةٌ	Donkey-saddle.
بَرَزَ يَبْرُزُ	To appear, issue.
بارَزَ	To go to battle.

أبرز	To publish, bring out.
براز ومبارزة	Combat, duel.
بروز	Appearance.
مبارز	Champion; fighter.
برزخ براخ	Isthmus.
برسيم	Alexandrian clover.
برش	Stramonium.
أبرش م برشاء	Piebald; spotted.
برشت	Soft-boiled egg.
برشان	Wafer.
برص	Leprosy.
أبرص م برصاء ج برص	Leper.
برطل برطلة	To bribe.
برطيل ج براطيل	Bribe.
برع يبرع	To excel.
تبرع ب	To bestow of free will.
بارع	Distinguished; perfect.
براعة	Distinction; elegance
برعم ج براعم	Bud
برغوث ج براغيث	Flea.
برغش	Small flies; gnats.
برغشة	A small fly; gnat.
برغل	Wheat, coarsely ground.
برغي ج براغي	Screw.
برق يبرق	To flash, lighten.
أبرق	To flash, gleam.
برق ج بروق	Lightning.
بورق	Borax.
برقع	To veil the face.
برقع ج براقع	A lady's veil.
برقوق	Yellow plum; apricot.
إبريق ج أباريق	Ewer.
برك يبرك	To kneel.
بارك في أو على	To bless.
تبرك ب	To seek blessing.
تبارك	To be blessed.
بركة بركات	Blessing.
بركة برك	Pool, pond; tank.

مُبَارَكٌ	Blessed.
بِرْكَارٌ وَبِيكَارٌ	Compasses.
بُرْكَانٌ ج بَرَاكِينُ	Volcano.
بَرَمَ يَبْرُمُ	To twist.
أَبْرَمَ	To make firm.
بَيْرَمٌ وَبَرِيمَةٌ	Gimlet; augur.
مُبْرَمٌ	Affirmed, assured.
مَبْرُومٌ	Twisted cord.
بِرْمِيلٌ ج بَرَامِيلُ	Barrel; cask.
بُرْنُسٌ	A kind of cloak.
بُرْنَيْطَةٌ	Hat.
بُرْهَةٌ	Space of time.
بَرْهَنَ عَلَى أَوْ عَنْ	To prove.
تَبَرْهَنَ	To be demonstrated.
بُرْهَانٌ ج بَرَاهِينُ	Proof, evidence.
مُبَرْهَنٌ	Demonstrated, proved.
بِرْوَازٌ ج بَرَاوِيزُ	Frame.
بَرَى يَبْرِي	To pare; emaciate.
بَارَى وَٱنْبَرَى	To vie with.
بَرِيَّةٌ ج بَرَايَا	Creation, universe.
مَبْرِيٌّ	Mended or cut (pen).
بَزٌّ	Linen or cotton clothes.
بِزٌّ ج أَبْزَازٌ	Udder, nipple.
بِزْرٌ ج بُزُورٌ	Seed, grain.
بِزْرَةٌ	A grain of seed.
بَزَغَ يَبْزُغُ	To peep forth (sun).
بُزُوغٌ	Rising of sun or moon.
بَزَقَ يَبْزُقُ بَزْقًا	To spit.
بُزَاقٌ	Spittle, saliva.
بَزَّاقَةٌ (*coll.* بَزَّاقٌ)	Snail.
مِبْزَقَةٌ	Spittoon.
بَزَلَ يَبْزُلُ	To split. Tap a cask.
بِزَالٌ وَمِبْزَلٌ	Perforator.
إِبْزِيمٌ	Buckle.
الأَبْزَنُ ج أَبَازِنُ	Bath-tub.
بِسٌّ م بِسَّةٌ (بُسَيْنٌ م بُسَيْنَةٌ)	Cat.
بُسْتَانٌ ج بَسَاتِينُ	Garden; orchard.
بُسْتَانِيٌّ	Gardener.

Piles.	بَسَرَ بَاسُورٌ
To spread out ; cheer.	بَسَطَ يَبْسُطُ
To be cheerful, merry.	إِنْبَسَطَ
Carpet.	بِسَاطٌ ج بُسُطٌ
Simple.	بَسِيطٌ ج بُسَطَاءُ
The Earth.	أَلْبَسِيطَةُ
Cheerfulness.	إِنْبِسَاطٌ وَبَسْطٌ
Extended ; happy.	مَبْسُوطٌ
To spit.	بَسَقَ يَبْسُقُ بَسْقاً
To be brave.	بَسُلَ يَبْسُلُ
Bold, brave.	بَاسِلٌ ج بُسَلَاءُ
Bravery ; heroism.	بَسَالَةٌ
To smile.	بَسَمَ يَبْسِمُ وَتَبَسَّمَ وَٱبْتَسَمَ
Smile.	تَبَسُّمٌ وَٱبْتِسَامٌ
To be cheerful.	بَشَّ
Cheerfulness of face, gentleness.	بَشَاشَةٌ
To rejoice at.	بَشَرَ يَبْشُرُ بِـ
To announce good news.	بَشَّرَ
To manage an affair.	بَاشَرَ
Epidermis ; cuticle.	بَشَرَةٌ
Man ; mankind ; humanity.	بَشَرٌ
Mankind, men.	أَلْبَشَرُ
Good news.	بُشْرَى
Human.	بَشَرِيٌّ
Good news ; gospel.	بِشَارَةٌ ج بَشَائِرُ
Bearer of good news.	بَشِيرٌ
Announcer of news ; preacher.	مُبَشِّرٌ
To be ugly, deformed.	بَشِعَ يَبْشَعُ
Bad taste (food) ; ugliness.	بَشَاعَةٌ
Ugly ; repulsive.	بَشِعٌ وَبَشِيعٌ
Indigestion.	بَشَمٌ
Lotus (plant).	بَشْنِينٌ
To shine, glitter.	بَصَّ يَبِصُّ
A live coal.	بَصَّةٌ
Spy.	بَصَّاصٌ ج بَصَّاصُونَ
To see.	بَصَرَ يَبْصُرُ وَبَصِرَ يَبْصَرُ
To consider, observe.	تَبَصَّرَ
Sight.	بَصَرٌ ج أَبْصَارٌ مُبْصِرٌ

بَصِيرٌ ج بُصَرَآءُ — Intelligent.

تَبَصُّرٌ — Consideration; reflection.

بَصَقَ يَبْصُقُ بَصْقًا — To spit.

بُصَاقٌ — Spittle, saliva.

بَصَلٌ — Onion; bulb.

بَضَعَ يَبْضَعُ — To cut, incise.

بِضْعٌ وَبِضْعَةٌ — A small number.

بِضْعَةُ أَيَّامٍ — A few days.

بِضَاعَةٌ ج بَضَائِعُ — Merchandise.

مِبْضَعٌ ج مَبَاضِعُ — Knife; lancet.

بَطَّ يَبُطُّ — To lance a tumour

بَطَّةٌ ج بَطٌّ — Duck.

بَطَّةٌ ج بُطَطٌ — Bottle.

بَطُؤَ يَبْطُؤُ — To linger.

تَبَاطَأَ فِي — To be slow, dally.

بِطَآءٌ وَبُطْءٌ وَبُطُوءٌ — Slowness.

بَطِيءٌ — Slow, tardy, dilatory.

بَطْحَآءُ وَبَطِيحَةٌ — Water-course.

بَطِّيخٌ أَحْمَرُ — Water-melon.

بَطِّيخٌ أَصْفَرُ — Musk-melon.

بَطِرَ يَبْطَرُ بَطَرًا — To exult.

بَطَرٌ — Exultation. Wantonness.

بَيْطَرَ — To shoe animals.

بَيْطَارٌ ج بَيَاطِرَةٌ — Farrier.

بَيْطَرَةٌ — Veterinary art.

بَطَّارِيَّةٌ — Battery (of cannons).

بَطْرَكٌ ج بَطَارِكَةٌ — Patriarch.

بَطْرِيَرْكِيَّةٌ وَبَطْرَكِيَّةٌ — Patriarchate.

بَطَشَ يَبْطِشُ بِ — To assault.

بَطْشٌ — Power; violence.

بِطَاقَةٌ — A marked ticket.

بَطَلَ يَبْطُلُ — To cease.

بَطَّلَ وَأَبْطَلَ — To repeal, abolish.

بُطْلٌ وَبُطْلَانٌ — Vanity; lie.

بَطَلٌ ج أَبْطَالٌ — Hero.

بَاطِلٌ — False, vain, useless.

بَطَّالٌ — Lazy, idle; useless.

بِطَالَةٌ — Idleness; holidays.

إِبْطَالٌ	Abolition, repeal.
بَطْلِينُوسٌ	Marine muscle.
بُطْمٌ	Terebinth.
بَطَّنَ وَأَبْطَنَ	To line (clothes).
بَطْنٌ ج بُطُونٌ	Belly, abdomen.
بِطَانَةٌ	Inner lining.
بَاطِنٌ ج بَوَاطِنُ	Inner, hidden.
بَاطِنًا	Internally, secretly.
بَعَثَ يَبْعَثُ إِلَى	To send.
بَعَثَ	To raise the dead.
بَاعِثٌ	Cause, motive.
مَبْعُوثٌ	Sent. Envoy.
بَعْثَرَ	To scatter, uncover.
بَعُدَ يَبْعُدُ	To be far, distant.
بَعَّدَ وَأَبْعَدَ	To make distant.
تَبَاعَدَ عَنْ	To be far from.
إِبْتَعَدَ عَنْ	To go far from.
إِسْتَبْعَدَ	To regard improbable.
بُعْدٌ	Distance; interval.
بَعْدُ	Then; afterwards; after.
بَعِيدٌ	Distant; far.
بَعِيرٌ ج بُعْرَانٌ	Camel.
بَعْزَقَ	To scatter, dissipate.
بَعْضٌ	Portion, part; some.
بَعُوضٌ	Gnats, mosquitoes.
بَعُوضَةٌ	A gnat or mosquito.
بَعْلٌ بُعُولٌ	Husband, wife.
بَعْلٌ	Unwatered land.
بَغَتَ يَبْغَتُ وَبَاغَتَ	To take by surprise.
بَغْتَةٌ ج بَغَتَاتٌ	Surprise.
بَغْتَةً	Suddenly, unexpectedly.
بُوغَازٌ ج بَوَاغِيزُ	Strait.
أَبْغَضَ	To hate, detest.
بُغْضٌ	Hatred; enmity
بِغْضَةٌ وَبَغْضَاءُ	Violent hatred.
مُبْغِضٌ	One who hates.
بَغْلٌ ج بِغَالٌ وَأَبْغَالٌ	Mule.
بَغَّالٌ	Muleteer.

بُغْمَةٌ	Necklace.
بَغَى يَبْغِي	To seek; desire.
بَغَى عَلَى	To be unjust; oppress.
يَنْبَغِي أَنْ	It is desirable.
بَغْيٌ	Injustice; aggression.
بُغَاءٌ وَٱبْتِغَاءٌ	Wish, desire.
بُغْيَةٌ وَبِغْيَةٌ	Anything wished for or sought.
بَاغٍ ج بُغَاةٌ	Unjust; aggressor.
بُقْجَةٌ ج بُقَجٌ	Bundle of clothes.
بَقْدُونِسٌ	Parsley.
بَقَرٌ ج أَبْقَارٌ	Oxen.
بَقَرَةٌ ج بَقَرَاتٌ	Cow.
بَقْسٌ	Box-tree.
بَقِعَ يَبْقَعُ بَقَعًا	To be spotted.
بُقَعٌ	Spots, stains.
بُقْعَةٌ ج بُقَعٌ وَبِقَاعٌ	Piece of land.
بَقْلٌ ج بُقُولٌ	Vegetables, herbs.
بَقَّالٌ	Green-grocer.
بَقَّمٌ	Logwood.
بَقِيَ يَبْقَى	To remain: continue.
أَبْقَى وَٱسْتَبْقَى	To preserve.
تَبَقَّى	To be left.
بَقَاءٌ	Continuance, duration.
بَقِيَّةٌ ج بَقَايَا	Remainder.
بَاقٍ ج بَاقُونَ	Remaining.
اَلْبَاقِي	The Everlasting (God).
بَاقِيَةٌ	Vetch.
أَبْقَى	More enduring.
بَكَّتَ	To reprove, scold.
بَكَّرَ وَبَاكَرَ	To come early.
بِكْرٌ ج أَبْكَارٌ	First-born; virgin.
بُكْرَةٌ	Dawn; to-morrow.
بَكَرَةٌ ج بَكَرٌ	Pulley.
بَكَارَةٌ	Virginity.
بَاكِرٌ	Early.
بَاكُورَةٌ	First fruits.
بَكِمَ يَبْكَمُ	To be dumb.
أَبْكَمَ	To cause to be silent.

بَكَمٌ	Dumbness.
أَبْكَمُ ج بُكْمٌ	Dumb; mute.
بَكَى يَبْكِي	To weep.
بَكَّى وأَبْكَى	To cause to weep.
بُكَاءٌ وبُكًى	Weeping.
بَلْ	But; nay but.
بَلَّ يَبُلُّ	To wet, moisten.
تَبَلَّلَ وَابْتَلَّ	To become wet.
مَبْلُولٌ ومُبَلَّلٌ	Wet, moistened.
بَلْبَلَ	To mix, confound.
بُلْبُلٌ ج بَلَابِلُ	Nightingale.
بَلْبَالٌ	Intense anxiety.
بَلَحٌ	Dates (*Coll.*)
بَلُدَ يَبْلُدُ	To be stupid.
بَلَدٌ ج بِلَادٌ وبُلْدَانٌ	Town; land.
بَلَدِيٌّ	Native; urban.
بَلَادَةٌ	Stupidity; dullness.
بَلِيدٌ وأَبْلَدُ	Imbecile, stupid.
بِلَّورٌ وبَلُّورٌ	Crystal.
إِبْلِيسُ ج أَبَالِسَةٌ	Devil, Satan.
بَلْسَمٌ	Balsam, balm.
بَلَسَانٌ	Elder-tree.
بَلَصَ يَبْلُصُ	To tax illegally.
بَلْصٌ	Oppressive taxation.
بَلَّطَ	To pave with flage-stones.
بَلْطَةٌ	Axe, battle-axe.
بَلَاطٌ	Flag-stones; pavement.
بَلُّوطٌ	Oak-tree, acorn.
بَلْطَجِي	Sapper, executioner.
تَبْلِيطٌ	Act of paving.
مُبَلِّطٌ	Paver.
مُبَلَّطٌ	Paved.
بَلَعَ يَبْلَعُ	To swallow.
بَلْعٌ وَابْتِلَاعٌ	Swallowing.
بَالُوعَةٌ	Sink, sewer, gutter.
بُلْعُومٌ	Gullet.
بَلَغَ يَبْلُغُ بُلُوغًا	To reach, attain.
بَلَّغَ	To inform.

بَالَغَ فِي	To exaggerate.	بَلَى	Yes, certainly.
بَالِغٌ	Mature; of full age.	بَلَآءٌ	Trial. Grief; calamity
بَلَاغٌ	Message.	بَلْوَى ج بَلَايَا	Affliction.
بَلَاغَةٌ	Elegance of style.	بَالٍ	Used up; rotten.
عِلْمُ الْبَلَاغَةِ	Rhetoric.	بِمَ	Wherewith?
بُلُوغٌ	Arrival, maturity.	بِمَا أَنَّ	Because, inasmuch as.
بَلِيغٌ	Eloquent, efficacious	بُنٌّ	Coffee-berries; coffee.
مَبْلَغٌ ج مَبَالِغُ	Sum, amount.	بَنَانٌ	Fingers.
مُبَالَغَةٌ	Exaggeration.	بَنَّجَ	To drug, stupify.
بَلْغَمٌ ج بَلَاغِمُ	Phlegm.	بَنْجٌ	Henbane, Hyoscyamus.
بَلْغَمِيٌّ	Phlegmatic.	بَنْدٌ ج بُنُودٌ	Section. Banner.
أَبْلَقُ م بَلْقَآءُ ج بُلْقٌ	Spotted.	بَنْدُورَةٌ	Tomatoes.
بَلَانٌ	A thorny plant.	بَنْدِيرَةٌ	Flag, banner.
بَلَهٌ وَبَلَاهَةٌ	Stupidity, idiotcy.	بُنْدُقَةٌ وَبُنْدُقٌ	Hazel-nut.
أَبْلَهُ م بَلْهَآءُ ج بُلْهٌ	Stupid; simpleton, idiot.	بُنْدُقِيَّةٌ	Musket, gun.
بَلَا يَبْلُو	To test, try; afflict.	بُنْدُوقٌ ج بَنَادِيقُ	Bastard.
بَلِيَ يَبْلَى	To decay.	بَنَفْسَجٌ	Violet (*plant*).
بَالَى ب	To be attentive to.	بَنَفْسَجِيٌّ	Violet (*colour*).
بِلًى	Decay; rottenness.	بِنْصِرٌ ج بَنَاصِرُ	Ring-finger.

Seat. Bank.	بَنْكٌ ج بُنُوكَةٌ
To construct, bnild.	بَنَى يَبْنِي
To adopt a son.	تَبَنَّى
Building, edifice.	بِنَآءٌ وبِنَايَةٌ
In consequence of.	بِنَآءً عَلَى
Mason.	بَنَّآءٌ ج بَنَّآؤُونَ
Form; constitution.	بِنْيَةٌ
Son, boy.	إِبْنٌ ج بَنُونَ وَأَبْنَآءٌ
Daughter.	إِبْنَةٌ وَبِنْتٌ ج بَنَاتٌ
Traveller, wayfarer.	إِبْنُ ٱلسَّبِيلِ
Built. Indeclinable.	مَبْنِيٌّ
To be astonished; faded.	بُهِتَ يُبْهَتُ
To astonish, perpelx.	بَهَتَ يَبْهَتُ
Lie; slander.	بُهْتَانٌ
To rejoice, cheer	بَهِجَ وَأَبْهَجَ
To rejoice at.	بَهِجَ وَٱبْتَهَجَ
Joy, gladness; beauty.	بَهْجَةٌ
Cheering; causing joy.	مُبْهِجٌ
To shine.	بَهَرَ يَبْهَرُ
To be dazzled.	بُهِرَ
Beautiful; admirable.	بَاهِرٌ
Heavy, distressing.	بَاهِظٌ
To supplicate.	إِبْتَهَلَ إِلَى
Supplication.	إِبْتِهَالٌ
Rope-dancer.	بَهْلَوَانٌ
To be doubtful	أَبْهَمَ وَٱسْتَبْهَمَ
Brute, beast.	بَهِيمَةٌ ج بَهَائِمُ
Doubt; ambiguity.	إِبْهَامٌ
Thumb.	إِبْهَامٌ ج أَبَاهِمُ
Ambiguous; doubtful.	مُبْهَمٌ
To be beautiful.	بَهَا يَبْهُو
To rival in beauty.	بَاهَى
Beauty, brilliancy.	بَهَآءٌ
Beautiful, splendid.	بَهِيٌّ
Door. Chapter.	بَابٌ ج أَبْوَابٌ
The Sublime Porte.	اَلْبَابُ ٱلْعَالِي
Door-keeper.	بَوَّابٌ
Large door, gate.	بَوَّابَةٌ

بَاحَ يَبُوحُ	To be known.
بَاحَ بِ	To divulge.
أَبَاحَ	To allow.
إِسْتَبَاحَ	To consider lawful.
إِبَاحَةٌ	Revealing, licence.
مُبَاحٌ	Permissable; lawful.
بَاخَ يَبُوخُ	To abate; fade.
بَارَ يَبُورُ	To perish.
بُورٌ	Uncultivated land.
بَوَارٌ	Destruction, ruin.
بُورَقٌ	Borax; natron.
بَازٌ ج بِيزَانٌ	Falcon, hawk.
بَاسَ يَبُوسُ بَوْساً	To kiss.
بُوسْطَةٌ	Post; mail.
بُوسْطَجِيٌّ	Postman.
بَاعٌ ج أَبْوَاعٌ	A fathom.
طَوِيلُ ٱلْبَاعِ	Generous. Able.
بَوَّقَ	To blow a trumpet.
بُوقٌ ج أَبْوَاقٌ	Trumpet; shell.
بَائِكَةٌ ج بَوَائِكُ	Storehouse.
بَالَ يَبُولُ	To micturate. Melt; flow.
بَالٌ	Condition; mind; thought.
خَطَرَ بِبَالِ	To occur to mind.
بَالَةٌ	Bale.
بَوْلٌ	Urine.
بُولَادٌ (فُولَاذٌ)	Steel.
بُومَةٌ	An owl.
بُولِصَةٌ ج بَوَالِصُ	Bill; order; receipt.
بَانٌ	The Egyptian willow.
بَوْنٌ	Distance; difference.
بَاتَ يَبِيتُ	To pass the night.
بَيْتٌ ج بُيُوتٌ وَأَبْيَاتٌ	House, room. Verse of poetry.
بَيْتُ ٱلْمَاءِ / بَيْتُ ٱلْخَلَاءِ / بَيْتُ ٱلْفَضَاءِ	Water-closet; latrine; privy.
بَيْتُ ٱلْمَالِ	Public treasury.
بَيْتُ ٱلْعَنْكَبُوتِ	Cobweb.
بَيْتُ ٱلْمَقْدِسِ	Jerusalem.

The Kaaba in Mecca.	أَلْبَيْتُ الْحَرَامُ
House, night's lodging.	مَبِيتٌ
To perish, vanish.	بَادَ يَبِيدُ
To destroy, annihilate.	أَبَادَ
Desert.	بَيْدَاءُ ج بِيدٌ
Foot-soldier.	بَيَادِيٌّ ج بَيَادَةٌ
But, although.	بَيْدَ أَنْ
Thrashing-floor.	بَيْدَرٌ
Well of water.	بِيرٌ
Banner.	بَيْرَقٌ ج بَيَارِقُ
To lay eggs.	بَاضَ يَبِيضُ
To whiten, bleach.	بَيَّضَ
To become white.	إِبْيَضَّ
Eggs.	بَيْضٌ ج بُيُوضٌ
An egg. Testicle.	بَيْضَةٌ
Oval, ovate, elliptical.	بَيْضِيٌّ
Whiteness.	بَيَاضٌ
White.	أَبْيَضُ م بَيْضَاءُ ج بِيضٌ
Tinner; white-washer.	مُبَيِّضٌ
To shoe a horse.	بَيْطَرَ
To sell.	بَاعَ يَبِيعُ
To swear fealty.	بَايَعَ مُبَايَعَةً
To buy from.	إِبْتَاعَ مِنْ
Selling, sale.	بَيْعٌ
Church, syangogue.	بِيعَةٌ ج بِيَعٌ
Seller.	بَائِعٌ ج بَاعَةٌ
Seller.	بَيَّاعٌ
Sale; place of sale.	مَبِيعٌ
Bey.	بَيْكٌ وبَكْ
Pair of compasses.	بِيكَارٌ
Eldrer (tree).	بَيْلَسَانٌ
Hospital.	بِيمَارِسْتَانٌ
To be distinct, separate.	بَانَ يَبِينُ
To render clear; explain.	بَيَّنَ
To quit, abardon.	بَايَنَ
To be clear, lucid.	تَبَيَّنَ
Between, among.	بَيْنَ
Middling.	بَيْنَ بَيْنَ

بينا وبينما	Whilst, while.
بيان	Explanation.
علم البيان	A branch of Rhetoric.
بائن وبيّن	Distinct, evident.
بيّنة ج بيّنات	Evidence.
تباين	Difference; contrast.
مبين وبيّن	Clear, evident.

ت

ت	As a numeral sign = 400.
تالله	I swear by God
تابوت ج توابيت	Chest. Coffin.
تارة	Once; sometimes.
توأم م توأمة ج توائم	Twin.
توأم	Twins; double.
التوأمان	The sign of Gemini.
تبّ يتبّ	To suffer loss.
استتبّ	To be established.
تبّا له	Evil be to him!
تبر	Native gold.
تبع يتبع واتّبع	To follow.
أتبع	To cause to follow.
تابع متابعة على	To follow.
تتبّع	To follow up.
تتابع	To follow consecutively.
تبع ج أتباع	Follower.
متتابع	Successive.
تبغ	Tobacco.
تبل وتابل	To season (a dish).

تَوَابِلُ	Condiments.
مُتَبَّلٌ	Seasoned (dish).
تِبْنٌ	Straw.
تَتَرٌ	Tartars (*coll*).
تَتَرِيٌّ	A Tartar.
تَتْرَى	One after another.
تُتُنٌ	Tobacco.
تَجَرَ يَتْجُرُ وَتَاجَرَ	To trade.
تِجَارَةٌ	Commerce, trade.
تَاجِرٌ ج تُجَّارٌ	Merchant.
مَتْجَرٌ ج مَتَاجِرُ	Commerce.
تُجَاهَ	In front of, opposite to.
تَحْتَ	Under, below, beneath.
تَحْتَانِيٌّ	Inferior, placed below.
أَتْحَفَ بِ	To present with.
تُحْفَةٌ	Precious object, gift.
تَخْتٌ ج تُخُوتٌ	Bench; bedstead
تَخْتَرَوَانٌ	Palanquin.
تَخْتُ المُلْكِ	Capital of a kingdom.
تَخَمَ يَتْخَمُ تَخْمًا	To confine, limit.
تَاخَمَ	Adjoin, border upon.
أَتْخَمَ	To cause indigestion.
تَخْمٌ ج تُخُومٌ	Boundary.
مُتَاخِمٌ	Adjoining.
تُخَمَةٌ	Indigestion.
تَرَّبَ	To cover with earth.
تُرَابٌ ج تُرْبَةٌ	Earth, dust.
تُرْبَةٌ ج تُرَبٌ	Cemetery. Soil.
أُتْرُجٌّ وَأُتْرُنْجٌ	Citron.
تَرْجَمَ	To translate.
تَرْجَمَةٌ	Translation.
تُرْجُمَانٌ	Dragoman. Interpreter.
مُتَرْجِمٌ	Translator, interpreter.
مُتَرْجَمٌ	Translated, interpreted.
تَرَحٌ ج أَتْرَاحٌ	Sorrow, grief.
تُرْسٌ ج أَتْرَاسٌ	Shield.
مِتْرَاسٌ ج مَتَارِيسُ	Bulwark.
تَرْسَانَةٌ وَتَرْسَخَانَةٌ	Arsenal.

تُرْعَةٌ ج تُرَعٌ Channel, canal.
تَرَفٌ وَتُرْفَةٌ Luxury; ease.
تَرْقُوَةٌ Collar-bone, clavicle.
تَرَكَ يَتْرُكُ To abandon, allow.
تَرَكَ لِ To leave to, bequeath.
تَرْكٌ Abandoning, leaving.
تُرْكٌ ج أَتْرَاكٌ Turk.
تُرْكِيٌّ A Turk; Turkish.
تَرِكَةٌ وَتِرْكَةٌ Estate of one dead.
مَتْرُوكٌ Abandoned, omitted.
تُرْمُسٌ Lupine.
تِرْيَاقٌ Theriac; antidote.
تِسْعَةٌ م تِسْعٌ Nine.
تُسْعٌ A ninth (part).
تَاسِعٌ Ninth (*ord. num.*)
تِسْعُونَ Ninety, ninetieth.
تِشْرِينُ ٱلْأَوَّلُ October.
تِشْرِينُ ٱلثَّانِي November.
تَعَالَ Come!

تَعِبَ يَتْعَبُ To become tired.
أَتْعَبَ To give trouble; tire.
تَعَبٌ ج أَتْعَابٌ Fatigue, toil.
تَعِبٌ وَتَعْبَانُ Tired, fatigued.
مُتْعِبٌ Toilsome, fatiguing.
مُتْعَبٌ وَمَتْعُوبٌ Fatigued.
تَعَسَ يَتْعَسُ To stumble.
تَعْسٌ وَتَعَاسَةٌ Misfortune.
تَعِيسٌ Unhappy, unlucky.
تُفَّاحٌ Apple.
تُفَّاحَةٌ An apple, apple-tree.
تَفَلَ يَتْفُلُ To spit.
تُفْلٌ Spittle, saliva.
مِتْفَلَةٌ Spittoon.
تَفِهَ يَتْفَهُ To be mean, foolish.
تَفَاهَةٌ Insipidity.
أَتْقَنَ To arrange skilfully.
تَقَانَةٌ Perfection (of a work).
إِتْقَانٌ Skilful elaboration.

مُتْقَن	Skilfully made.
تَقِيّ	Pious.
تَقْوَى	Piety.
تَلّ ج تِلَال	Small hill.
تَلِفَ يَتْلَفُ تَلَفًا	To perish.
أَتْلَفَ	To ruin.
تَلَف	Destruction.
مُتْلِف	Destroyer, waster.
مِتْلَاف	Squanderer.
تِلْكَ	That (*fem.*)
تَلَم ج أَتْلَام	Furrow, rut.
تَلْمَذَ	To be a pupil.
تِلْمِيذ ج تَلَامِيذ	Disciple, pupil.
تَلَا يَتْلُو تُلُوًّا	To follo v ; succeed.
تَلَا يَتْلُو تِلَاوَة	To read ; recite.
تِلَاوَة	Reading, recitation.
تَال	Following, next.
تَمَّ يَتِمّ	To be complete
تَمَّمَ وَأَتَمَّ	To complete, finish.
تَمَام	Completion, end.
تَمَامًا وَبِالتَّمَام	Cmopletely.
تَمِيمَة ج تَمَائِم	Talisman, amulet.
تَامّ م تَامَّة	Perfect, complete.
تَتِمَّة	Complement.
تَمْتَام	Stammerer.
تَمْر ج تُمُور	Ripe dates.
تَمْر هِنْدِيّ	Tamarind (*fruit*).
تَمُّوز وَتَمُوز	July.
تِمْسَاح ج تَمَاسِيح	Crocodile.
تِنِّين ج تَنَانِين	Dragon.
تُنْبَك	Persian tobacco.
تَنْبَل ج تَنَابِل	Idler, lazy,
تَنُّور ج تَنَانِير	Oven-pit.
تَنَك	Tin
أَتْهَمَ وَاتَّهَمَ	To suspect, accuse.
تُهْمَة	Suspicion. Accusation.
تَابَ يَتُوبُ	To repent.
تَوْبَة	Repentence; penitence.

تَائِبٌ	Repentant, penitent.
تُوتٌ	White mulberry.
تُوتٌ شَامِيٌّ	Black mulberry.
تُوتُ ٱلْعُلَيْقِ	Blackberry.
تُوتِيَاءُ	Zinc.
تَوَّجَ	To crown.
تَتَوَّجَ	To be crowned.
تَاجٌ ج تِيجَانٌ	Crown, diadem.
تَوْرَاةٌ	Pentateuch, Bible.
تَارَةً	One time.
تَاقَ يَتُوقُ إِلَى	To long for, desire.
تَوْقٌ وَتَوَقَانٌ	Passion, desire.
تَائِقٌ	Yearning, desiring.
تَاهَ يَتُوهُ	To lose one's way.
تَيَّارٌ	A strong, deep current.
تَاحَ وَأُتَاحَ لِ	To be appointed, decreed to.
تَيْسٌ ج تُيُوسٌ	He-goat.
تِينٌ	Figs; fig-trees.
تِينَةٌ	A fig, a fig tree.
تَاهَ يَتِيهُ	To be proud. Wander.
تِيهٌ	Desert. Pride.
تَائِهٌ	Lost, wandering. Proud.

ث

ث	As a numeral sign = 500.
تَثَاءَبَ تَثَاؤُبًا	To yawn.
ثَأْرٌ وَثَارٌ ج آثَارٌ	Revenge.
ثُؤْلُولٌ ج ثَآلِيلُ	Wart.
ثَبَتَ يَثْبُتُ	To stand firm.
ثَبَتَ عِنْدَ	To be certain, assured.

ثَبَتَ وَأَثْبَتَ	To prove.
ثَبَاتٌ وَثُبُوتٌ	Firmness. Reality.
ثَابِتٌ	Firm; certain, sure.
ثَابِتَةٌ ج ثَوَابِتُ	Fixed star.
مُثْبَتٌ وَمَثْبُوتٌ	Firm; proved.
ثَابَرَ عَلَى مُثَابَرَةً	Te persevere in.
مُثَابِرٌ	Assiduous, persevering.
ثَخُنَ يَثْخُنُ	To be thick.
أَثْخَنَ	To make slaughter.
ثُخْنٌ وَثُخُونَةٌ	Thickness; hardness.
ثَخِينٌ ج ثِخَانٌ	Thick, firm.
ثَدْيٌ ج ثُدِيٌّ	Breast (mamma).
ثَرْبٌ ج ثُرُوبٌ	Omentum, caul.
ثَرِيدٌ	Bread with broth.
ثَرِيَ وَأَثْرَى	To abound in wealth.
ثَرَاءٌ وَثَرْوَةٌ	Wealth, riches.
ثُرَيَّا	The Pleiades.
ثَرًى ج أَثْرَاءٌ	Moisture; earth.
ثُعْبَانٌ ج ثَعَابِينُ	Large serpent.
ثَعْلَبٌ ج ثَعَالِبُ	Fox.
دَاءُ ٱلثَّعْلَبِ	Alopecia, falling of hair.
ثَغَرَ يَثْغَرُ	To make a breach.
ثَغْرٌ ج ثُغُورٌ	Frontier. Mouth.
ثُغْرَةٌ ج ثُغُورٌ	Opening; breach.
ثُفْلٌ	Sediment, dregs.
ثَقَبَ يَثْقُبُ ثَقْبًا	To pierce.
تَثَقَّبَ وَٱنْثَقَبَ	To be pierced.
ثَقْبٌ ج ثُقُوبٌ	Hole.
ثَاقِبٌ	Penetrating.
مِثْقَبٌ ج مَثَاقِبُ	Gimlet, drill.
مَثْقُوبٌ	Pierced, perforated.
ثَقِفَ يَثْقَفُ	To be skilful.
ثَقَافَةٌ	Sagacity, intelligence.
مُثَقَّفٌ	Well made; educated.
ثَقُلَ يَثْقُلُ	To be heavy.
ثَقَّلَ	To make heavy.
ثَقَّلَ عَلَى	To burden, annoy.
إِسْتَثْقَلَ	To deem heavy.

ثِقْل ج أَثْقَال	Weight, burden.
أَلثَّقَلَانِ	Mankind and genii.
ثَقِيل ج ثُقَلَاء وَثِقَال	Heavy.
مُثْقَل	Overburdened.
مِثْقَال ج مَثَاقِيل	$1\frac{3}{7}$ dirhems.
ثَاكِل وَثَكْلَى	Mother bereft of children.
ثَلَبَ يَثْلِبُ	To blame, censure.
ثَلْب	Censure, reproach.
مَثْلَبَة ج مَثَالِب	Fault, vice.
ثَلَّثَ	To make three.
أَثْلَثَ	To become three.
ثُلْث وَثُلُث	Third part, third.
ثَالِث	Third.
ثَالِثًا	Thirdly.
ثَلَاثًا	Thrice, three times.
اَلثُّلَاثَاء وَالثَّلَثَاء	Tuesday.
ثَلَاثَة أَوْ ثَلَثَة م ثَلَاث	Three.
ثُلَاثِيّ	Triliteral.
ثَلَاثُونَ وَثَلَثُونَ	Thirty.
مُثَلَّث	Triangular; triangle.
ثَالُوث	Trinity.
أَلْمُثَلَّثَات	Trigonometry.
ثَلَجَ يَثْلُجُ وَأَثْلَجَ	To snow.
ثَلْج ج ثُلُوج	Snow.
ثَلِج	Icy cold.
ثَلَمَ يَثْلِمُ ثَلْمًا وَثَلَّمَ	To blunt.
ثَلِمَ وَتَثَلَّمَ وَانْثَلَمَ	To be blunted.
ثَلْم	Furrow; breach.
ثَمَّ	Yonder; there.
ثُمَّ وَثُمَّتَ	Then; moreover.
إِثْمِد	Antimony.
ثَمَرَ يَثْمُرُ وَأَثْمَرَ	To bear fruit.
ثَمَر ج أَثْمَار وَثِمَار	Fruit.
ثَمَرَة ج ثَمَر وَثَمَرَات	A fruit.
مُثْمِر	Productive, fruitful.
ثَمَل	Intoxication.
ثَمَّنَ	To value, estimate.
ثَمَن ج أَثْمَان	Price, value.

ثُمْنٌ ج أَثْمَانٌ	Eighth part.
ثَامِنٌ	Eighth.
ثَمَانِيَةٌ م ثَمَانٍ	Eight.
ثَمَانُونَ	Eighty.
ثَمِينٌ وَمُثْمِنٌ	Costly, precious.
تَثْمِينٌ	Valuation, estimation.
مُثَمِّنٌ	Estimator, appraiser.
مُثَمَّنٌ	Octagon. Estimated.
ثَنَى يَثْنِي ثَنْيًا	To fold, double.
ثَنَى عَنْ	To dissuade.
ثَنَّى	To make two.
أَثْنَى عَلَى	To praise a person.
إِنْثَنَى	To be bent, folded.
إِنْثَنَى عَنْ	To desist from.
إِسْتَثْنَى مِنْ	To exclude.
ثَنَاءٌ ج أَثْنِيَةٌ	Praise, eulogy.
ثَانٍ م ثَانِيَةٌ	Second.
ثَانِيًا وَثَانِيَةً	Secondly.
ثَانِيَةٌ ج ثَوَانٍ	Second, (time).
فِي أَثْنَاءِ ذَلِكَ	Meanwhile.
إِثْنَانِ م ثِنْتَانِ وَإِثْنَتَانِ	Two.
يَوْمُ ٱلإِثْنَيْنِ	Monday.
إِسْتِثْنَاءٌ	Exception; exclusion.
إِسْتِثْنَائِيٌّ	Exceptional.
مُثَنًّى	Put in the dual, (noun).
ٱلْمُثَنَّى	The dual.
مُسْتَثْنًى	Excepted, excluded.
ثَوَّبَ	To reward, recompense.
أَثَابَ إِثَابَةً	To reward.
ثَوْبٌ ج ثِيَابٌ وَأَثْوَابٌ	Garment.
ثَوَابٌ	Reward, recompense.
ثَارَ يَثُورُ	To rise up; break out.
ثَوَّرَ وَأَثَارَ	To stir up, rouse.
ثَوْرٌ ج أَثْوَارٌ وَثِيرَانٌ	Bull, ox.
ثَوْرَةٌ	Excitement. Mutiny.
ثُومٌ	Garlic.
ثَوَى يَثْوِي	To abide. To die.
مَثْوًى ج مَثَاوٍ	Abode.
ثَيِّبٌ ج ثَيِّبَاتٌ	Woman freed from her husband.

ج

ج	As a numeral sign = 3.
جَاثَلِيقٌ	Primate of Christians.
حَاشٌ	Agitation, commotion.
جَبَّ يَجُبُّ	To lop; cut off.
جُبٌّ ج جِبَابٌ	A deep well.
جُبَّةٌ ج جُبَبٌ	A long coat.
جَبَرَ يَجْبُرُ	To set a broken bone. To repair.
جَبَرَ عَلَى	To force, compel.
جَبَّرَ	To set a broken bone
أَجْبَرَ عَلَى	To constrain, force.
تَجَبَّرَ عَلَى	To be haughty.
جَبْرٌ	Compulsion.
اَلْجَبْرُ	Algebra.
جَبِيرَةٌ ج جَبَائِرُ	Bandage; splint.
جَبَّارٌ ج جَبَابِرَةٌ	Strong. Proud.
اَلْجَبَّارُ	God. Orion.
مُجَبِّرٌ	Bone-setter.
مَجْبُورٌ	Set (bone); constrained.
جِبْرِيلُ	The Angel Gabriel.
جِبْسٌ وَجِبْسِينٌ	Gypsum.
جَبَلَ يَجْبُلُ	To form, knead.
جَبَلٌ ج أَجْبَالٌ وَجِبَالٌ	Mountain.
جِبِلَّةٌ وَجِبِلَّةٌ	Natural temper.
جَبَلِيٌّ	Mountainous.
جِبِلِّيٌّ	Natural, inborn.
مَجْبُولٌ	Kneaded; formed.
جَبُنَ يَجْبُنُ	To be timid, cowardly.
تَجَبَّنَ	To become curdled.
جُبْنٌ وَجَبَانَةٌ	Cowardice.
جُبْنٌ وَجُبُنٌ	Cheese.
جَبِينٌ	Brow, forehead.
جَبَانٌ ج جُبَنَاءُ	Coward.
جَبَّانَةٌ	Burying-ground.
جَبِينٌ	Brow.
جَبْهَةٌ	Brow, forehead.
جَبَا يَجْبُو وَيَجْبِي	To gather taxes.

Tribute, tax.	جِبَايَةٌ ج جِبَايَاتٌ
Tax-gatherer.	جَابٍ
Corpse ; body.	جُثَّةٌ ج جُثَثٌ
To kneel.	جَثَا يَجْثُو جُثُوًّا
To deny ; disbelieve.	جَحَدَ يَجْحَدُ
Denying. An apostate.	جَاحِدٌ
Unbelief; denial.	جُحُودٌ
Den, hole.	جُحْرٌ ج أَجْحَارٌ وَأَجْحِرَةٌ
Foal of an ass.	جَحْشٌ ج جِحَاشٌ
To protrude (eye).	جَحَظَ ـ جُحُوظًا
To look sharply at.	جَحَظَ إِلَى
To injure; oppress.	أَجْحَفَ بِ
Damage, injury.	إِجْحَافٌ
Large fire; hell.	جَحِيمٌ
To exert oneself.	جَدَّ يَجِدُّ
To be new.	جَدَّ جِدَّةً
To renew; restore.	جَدَّدَ
To be renewed, restored.	تَجَدَّدَ
To become new.	إِسْتَجَدَّ

Fortune, success.	جَدٌّ
Exertion, seriousness.	جِدٌّ
Much; very; seriously.	جِدًّا
Grandfather.	جَدٌّ ج جُدُودٌ
Grandmother.	جَدَّةٌ ج جَدَّاتٌ
New, recent.	جَدِيدٌ ج جُدُدٌ
Drought; dearth.	جَدْبٌ
Sterile, bare.	أَجْدَبُ م جَدْبَاءُ
Imbecile, idiot.	مَجْذُوبٌ
Grave.	جَدَثٌ ج أَجْدَاثٌ
Wall, enclosure.	جِدَارٌ ج جُدُرٌ
Small-pox.	جُدَرِيٌّ
Fit, worthy of.	جَدِيرٌ بِ
More worthy, fitted.	أَجْدَرُ
To cut off, maim.	جَدَعَ يَجْدَعُ
Mutilation.	جَدْعٌ
Maimed, mutilated.	أَجْدَعُ
To row.	جَدَّفَ
To blaspheme.	جَدَّفَ عَلَى

تَجْدِيفٌ ج تَجَادِيفُ	Blasphemy.
مِجْدَافٌ ج مَجَادِيفُ	Oar, paddle.
جَدَلَ يَجْدِلُ جَدْلًا	To twist.
جَدَّلَ	To braid the hair.
جَادَلَ	To contend, dispute.
جِدَالٌ وَمُجَادَلَةٌ	Contention, dispute.
جَدْوَلٌ ج جَدَاوِلُ	Brook. List.
مَجْدُولٌ	Plaited, twisted.
أَجْدَى	To be useful, profitable.
جَدْوَى	Gift.
جَدْيٌ ج جِدَاءٌ	Kid. Capricorn.
جَذَبَ يَجْذِبُ	To draw; attract.
إِنْجَذَبَ	To be drawn, attracted.
قُوَّةٌ جَاذِبَةٌ	Power of attraction.
جَذَرَ يَجْذُرُ	To lop, cut off.
جِذْرٌ ج جُذُورٌ	Root, origin. Root of number.
جَذَعٌ وَجِذْعَانٌ	Lad, youth.
جذع	Trunk of tree.
جَذَفَ يَجْذِفُ	To row (a boat).
مِجْذَافٌ ج مَجَاذِيفُ	Oar.
جَذَمَ يَجْذِمُ وَجَذَمَ	To cut off.
جُذَامٌ	Leprosy.
أَجْذَمُ ج جَذْمَى	Leper.
جَرَّ يَجُرُّ جَرًّا	To draw, drag.
إِنْجَرَّ	To be pulled, drawn.
إِجْتَرَّ	To chew the cud.
هَلُمَّ جَرًّا	And so on, et cetera.
حُرُوفُ ٱلْجَرِّ	Prepositions.
جَرُّ ٱلْأَثْقَالِ	Mechanics.
جَرَّةٌ ج جِرَارٌ	Earthen jar.
جَارٌّ وَمَجْرُورٌ	Preposition and case governed by it.
جَيْشٌ جَرَّارٌ	Large army.
جَرِيرَةٌ ج جَرَائِرُ	Sin, crime.
أَلْمَجَرَّةُ	Milky-way.
جَرُؤَ يَجْرُؤُ جَرَاءَةً	To be bold.
جَرَّأَ	To embolden, encourage.
إِجْتَرَأَ	To bare, venture.
جُرْأَةٌ وَجَرَاءَةٌ	Boldness, courage.

جَرِبَ يَجْرَبُ	To have the itch.
جَرَّبَ	To put to the test, try.
جَرَبٌ	Itch, scabies.
جِرَابٌ ج أَجْرِبَةٌ	Leathern sack.
أَجْرَبُ	Suffering from itch.
جَرِيبٌ ج أَجْرِبَةٌ	A corn-measure.
تَجْرِبَةٌ ج تَجَارِبُ	Trial, experiment; temptation.
مُجَرَّبٌ	Tried, tested.
جُرْثُومَةٌ ج جَرَاثِيمُ	Root; germ.
جَرْجِيرٌ	Cress, water-cress.
جَرَحَ يَجْرَحُ	To wound, hurt
جُرْحٌ ج جُرُوحٌ	Wound, cut.
جِرَاحَةٌ ج جِرَاحٌ	Wound.
عِلْمُ الْجِرَاحَةِ	Surgery.
جَرَّاحٌ وَجِرَاحِيٌّ	Surgeon.
جَرِيحٌ ج جَرْحَى	Wounded.
جَارِحَةٌ ج جَوَارِحُ	Beast of prey.
مَجْرُوحٌ ج مَجَارِيحُ	Wounded.
مُجَرَّحٌ	Covered with wounds.
جَرَّدَ	To strip, abstract.
تَجَرَّدَ	To be stripped, bared.
جَرَادٌ	Locusts.
جَرِيدٌ	Branchof palm-tree.
أَجْرَدُ م جَرْدَاءُ	Naked, hairless.
مُجَرَّدٌ	Separated; bare, naked.
مُجَرَّدًا لِ	Solely for ...
مُجَرَّدَاتٌ	Abstractions.
جُرَذٌ ج جِرْذَانٌ	Field-rat.
جُرْزَةٌ	Bundle of sticks.
جَرَسٌ ج أَجْرَاسٌ	Bell.
جَرَشَ يَجْرُشُ	To bruise; bray.
جَارُوشٌ ج جَوَارِيشُ	Hand-mill.
جَرَعَ يَجْرَعُ وَاجْتَرَعَ	To swallow.
جُرْعَةٌ	Draught of water.
جَرَفَ يَجْرُفُ	To sweep away.
مِجْرَفَةٌ	Shovel; hoe.
جَرَمَ وَأَجْرَمَ	To commit a crime.
تَجَرَّمَ	To impute a crime falsely.

جُرْمٌ ج جُرُومٌ وأَجْرَامٌ	Sin, crime.
جِرْمٌ ج أَجْرَامٌ	Body, bulk.
الأَجْرَامُ الفَلَكِيَّةُ	The celestial bodies.
جَرْمٌ ج جُرُومٌ	Boat, lighter.
لَا جَرَمَ	Verily, truly.
جَرِيمَةٌ ج جَرَائِمُ	Sin, guilt, crime.
مُجْرِمٌ	Criminal, guilty.
جُرْنٌ ج أَجْرَانٌ	Mortar, basin.
جَرْوٌ ج أَجْرِيَةٌ	Cub, whelp.
جَرَى يَجْرِي جَرْيًا وَجَرَيَانًا	To flow.
جَرَّى وَأَجْرَى	To cause to flow.
أَجْرَى	To carry out, execute.
جَارَى في	To agree with.
جِرَايَةٌ	Rations of a soldier.
جَارٍ	Running; current.
جَارِيَةٌ	Slave-girl, girl.
إِجْرَاءٌ	Execution of an order.
مَجْرًى ج مَجَارٍ	Course; duct.
جَزَّ يَجُزُّ	To shear, cut, mow.
جِزَّةٌ	Fleece, shorn wool.
جَزَّازٌ	Shearer.
مِجَزٌّ	Shears, scissors.
مَجْزُوزٌ	Shorn, cut.
جَزَّأَ	To divide into portions.
تَجَزَّأَ	To be divided into parts.
جُزْءٌ ج أَجْزَاءٌ	Part, portion.
جُزْئِيٌّ	Partial, particular.
جُزْئِيَّةٌ	Particular proposition.
جُزْئِيَّاتٌ	Details, parts; trifles.
أَجْزَائِيٌّ	Apothecary, druggist.
أَجْزَائِيَّةٌ	Pharmacy.
مُتَجَزِّئٌ	Diveded into parts.
جَزَرَ يَجْزُرُ	To slaughter, kill.
جَزَرَ يَجْزُرُ جَزْرًا	To ebb (sea).
جَزْرٌ	Slaughter. Ebb
جَزَرٌ	Carrots.
جَزَّارٌ	Butcher; slaughterer.
جَزِيرَةٌ ج جَزَائِرُ وَجُزُرٌ	Island.

شِبْهُ جَزِيرَةٍ	Peninsula.
اَلْجَزَائِرُ	Algiers.
مَجْزَرٌ ج مَجَازِرُ	Slaughter-house.
جَزِعَ يَجْزَعُ	To grow impatient.
جَزَعٌ وَجُزُوعٌ	Impatience, grief.
جَزِعٌ وَجَزُوعٌ	Impatient.
جُزَافٌ وَمُجَازَفَةٌ وَجِزَافًا	At random, by conjecture,
جَزُلَ يَجْزُلُ جَزَالَةً	To abound.
أَجْزَلَ	To give largely.
جَزِيلٌ	Abundant; much.
جَزِيلُ ٱلِاحْتِرَامِ	Very venerable.
جَزَمَ يَجْزِمُ جَزْمًا	To decide; make binding.
جَزْمَةٌ ج جَزْمَاتٌ	Boot
جَازِمٌ ج جَوَازِمُ	Decisive.
جَزَى يَجْزِي	To recompense.
جَازَى	To reward.
تَجَازَى	To be rewarded or punished.
جَزَاءٌ وَمُجَازَاةٌ	Requital, reward.
جِزْيَةٌ	Tax on a tributary; land tax.
جَسَّ يَجُسُّ وَٱجْتَسَّ	To touch.
جَسَّ وَتَجَسَّسَ	To spy out.
جَاسُوسٌ ج جَوَاسِيسُ	Spy.
تَجَسَّدَ	To assume a body.
جَسَدٌ ج أَجْسَادٌ	Body, flesh.
جَسَدِيٌّ وَجُسْدَانِيٌّ	Corporeal.
تَجَسُّدٌ	Incarnation.
جَسَرَ يَجْسُرُ	To dare, venture.
تَجَاسَرَ	To venture boldly.
جِسْرٌ ج أَجْسُرٌ	Bridge. Dike.
جَسَارَةٌ	Courage, audacity.
جَسُورٌ	Bold, courageous.
تَجَاسُرٌ	Courage, audacity.
جَسُمَ جَسَامَةً	To be large.
تَجَسَّمَ	To assume a form.
جِسْمٌ ج أَجْسَامٌ	Body.
جِسْمَانِيٌّ	Bodily; material.
جَسَامَةٌ	Importance.

جَسِيمٌ Large. Important.

مُجَسَّمٌ Solid, corporeal, bulky.

جَشَأَ وَتَجَشَّأَ To belch, eruct.

جُشَاءٌ Eructation.

جَشِمَ وَتَجَشَّمَ To undertake a difficult task.

جَصٌّ Gypsum; mortar.

جَعْبَةٌ ج جِعَابٌ Quiver.

جَعُدَ يَجْعُدُ To be curly (hair).

تَجَعَّدَ To be curly, wrinkled.

جُعَيْدِيٌّ Buffoon; low fellow.

جَعَلَ يَجْعَلُ To put, place, make.

جَعَلَ يَبْكِي He began to weep.

جُعَالَةٌ وَجُعْلٌ Pay, wages; bribe.

جَفَّ يَجِفُّ جَفَافًا To become dry.

جَفَّفَ To dry, cause to dry.

تَجَفَّفَ To become dry.

جَافٌّ وَجَفِيفٌ Dry, withered.

جَفَلَ وَأَجْفَلَ To be frightened, shy.

جَفَّلَ To put to flight; frighten.

جَفْنٌ ج جُفُونٌ وَأَجْفَانٌ Eyelid.

جَفَا يَجْفُو جَفَاءً To treat rudely.

جَافَى To shun, turn away from.

جَفْوَةٌ وَجَفَاءٌ Harshness.

جَافٍ Thick, coarse, rude.

جَلَّ يَجِلُّ جَلَالًا To be great.

جَلَّ وَتَجَالَّ عَنْ To disdain.

أَجَلَّ To honour, magnify.

جُلٌّ ج أَجْلَالٌ Pack-saddle.

جُلُّ ٱلْأَمْرِ The gist of a matter.

جَلَالٌ Splendou, majesty.

جِلَالَاتِيٌّ Maker of pack-saddles.

جَلَالَةٌ Human greatness; majesty.

جَلِيلٌ ج أَجِلَّاءُ Great.

مَجَلَّةٌ Book; review.

جَلَبَ يَجْلُبُ To gather; bring.

اِنْجَلَبَ To be led, imported.

جَلْبٌ Importation, import.

جَلَبٌ Clamour, noise, tumult.

Imported slaves, cattle.	جَلَبٌ
Scab. Hunger, distress.	جُلْبَةٌ
Clamour, tumult.	جَلَبَةٌ
Cattle or slave-dealer.	جَلَّابٌ
Julep, raisin-water.	جُلَّابٌ
Drawn; imported.	مَجْلُوبٌ
Little bell.	جُلْجُلٌ ج جَلَاجِلُ
Baldness on the temples	جَلَحَةٌ
Bald on the temples.	أَجْلَحُ
To whet (a razor).	جَلَخَ وَجَلَّخَ
Grindstone.	جَلَخٌ
To scourge.	جَلَدَ يَجْلِدُ جَلْدًا
To be frozen.	جَلِدَ يَجْلَدُ جَلَدًا
To bind a book.	جَلَّدَ
To bear patiently.	تَجَلَّدَ
Endurance. Firmament.	جَلَدٌ
Skin, hide, leather.	جِلْدٌ ج جُلُودٌ
Endurance.	جَلَادَةٌ وَجُلُودَةٌ
Executioner.	جَلَّادٌ
Hoar-frost, ice.	جَلِيدٌ
Book-binder.	مُجَلِّدٌ
Bound in leather, book.	مُجَلَّدٌ
To sit, sit up.	جَلَسَ يَجْلِسُ
To sit in company with.	جَالَسَ
To cause to sit.	أَجْلَسَ
A single sitting; session.	جَلْسَةٌ
Sitting. Straight.	جَالِسٌ
Act of sitting.	جُلُوسٌ
Companion.	جَلِيسٌ ج جُلَسَاءُ
Council.	مَجْلِسٌ ج مَجَالِسُ
Council of ministers.	مَجْلِسُ ٱلنُّظَّارِ
Court of the First Instance.	ٱلْمَجْلِسُ ٱلْاِبْتِدَائِيُّ
Court of Appeal.	مَجْلِسُ ٱلْاِسْتِئْنَافِ
Mixed Tribunal.	ٱلْمَجْلِسُ ٱلْمُخْتَلَطُ
Council of war.	مَجْلِسٌ حَرْبِيٌّ
To tear, scrape.	جَلَفَ يَجْلِفُ جَلْفًا
Large sack.	جُوَالِقُ ج جَوَالِيقُ
Catapult.	مَنْجَلِيقٌ وَمَنْجَنِيقٌ

جَلَا يَجْلُو	To polish; remove.
جَلَا لِ	To become evident.
جَلَا عَنْ	To depart.
أَجْلَى	To emigrate.
تَجَلَّى لِ	To appear.
إِنْجَلَى	To be disclosed.
جَلَاءٌ	Clearness. Emigration.
جَلِيٌّ	Clear, evident, manifest.
جَلِيًّا	Clearly, evidently.
اَلتَّجَلِّي (عِيدُ)	Epiphany.
مَجْلُوٌّ وَمَجْلِيٌّ	Polished, planed.
جَلَى يَجْلِي جَلْيًا	To polish.
جَمٌّ غَفِيرٌ	Great number, crowd.
جُمْجُمَةٌ ج جَمَاجِمُ	Skull.
جَمَحَ يَجْمَحُ	To be restive, run away (horse).
جَامِحٌ وَجَمُوحٌ	Refractory.
جَمَدَ يَجْمُدُ	To congeal, harden.
جَامِدٌ ج جَوَامِدُ	Underived word.
اَلْجَوَامِدُ	The mineral kingdom.
جَمَادٌ	Mineral, solid.
جُمَادَى ٱلْأُولَى / ٱلْآخِرَةُ	The fifth and sixth months of the Mohammedan year.
جَمْرَةٌ ج جَمْرٌ	Live coal. Tribe.
جَمْرَةٌ	Carbuncle (*disease*).
مِجْمَرَةٌ ج مَجَامِرُ	Censer; fire-pan.
جُمَّيْزٌ وَجُمَّيْزَى	Sycamore.
جَامُوسٌ ج جَوَامِيسُ	Buffalo.
جَمَعَ يَجْمَعُ	To gather, add.
جَمَعَ بَيْنَ	To bring together.
أَجْمَعُوا عَلَى	To agree upon.
تَجَمَّعَ وَٱجْتَمَعَ	To assemble, be gathered.
جَمْعٌ ج جُمُوعٌ	Assemly; plural.
اَلْجَمْعُ ٱلسَّالِمُ	Whole plural.
جَمْعُ ٱلتَّكْسِيرِ	Broken plural.
جُمْعَةٌ ج جُمَعٌ	Week.
اَلْجُمْعَةُ	Friday.
جَمَاعَةٌ	Party; community.
جَامِعٌ	Collector; comprehensive.

Mosque. جَامِعٌ ج جَوَامِعُ

All, the whole of. جَمِيعٌ

All; altogether. جَمِيعًا

Company; committee. جَمْعِيَّةٌ

All; whole. أَجْمَعُ ج أَجْمَعُونَ

Unanimity. إِجْمَاعٌ

Assembly, gathering. إِجْتِمَاعٌ

Confluence. Society, of learned men. مَجْمَعٌ ج مَجَامِعُ

United, total. مَجْمُوعٌ ج مَجَامِيعُ

Pay, salary. جَامَكِيَّةٌ

To embellish, adorn. جَمَّلَ

To treat with affability. جَامَلَ

Camel. جَمَلٌ ج جِمَالٌ

Sum, total. Sentence, phrase, praragaph. جُمْلَةٌ ج جُمَلٌ

In the aggregate. بِالْجُمْلَةِ

Beauty, grace. جَمَالٌ

Camel-driver. جَمَّالٌ

Handsome, good deed. جَمِيلٌ

Generally speaking. بِالإِجْمَالِ

Sum, total; summary. مُجْمَلٌ

Multitude. جُمْهُورٌ ج جَمَاهِيرُ

Republican. جُمْهُورِيٌّ

Republic. جُمْهُورِيَّةٌ

To be dark (night.) جَنَّ يَجِنُّ

To become mad. جُنَّ

To madden. جَنَّنَ وَأَجَنَّ

Demons, genii. جِنٌّ وَجَانٌّ وَجِنَّةٌ

Garden, paradise. جَنَّةٌ ج جَنَّاتٌ

Heart, mind. جَنَانٌ ج أَجْنَانٌ

Madness, insanity. جُنُونٌ

Embryo, fœtus. جَنِينٌ ج أَجِنَّةٌ

Small garden. جُنَيْنَةٌ

Shield. مِجَنٌّ ج مَجَانٌّ

Mad, insane. مَجْنُونٌ ج مَجَانِينُ

To shun, avoid. تَجَنَّبَ وَاجْتَنَبَ

Side, flank. جَنْبٌ ج جُنُوبٌ

Pleurisy. ذَاتُ الْجَنْبِ

Flank, part. جَانِبٌ ج جَوَانِبُ

Mild, gentle. لين الجانب

Title of respect. جناب

South; south wind. جنوب

Southern. جنوبي

Foreign. أجنبي ج أجانب

Act of avoiding. إجتناب وتجنب

To incline towards. جنح يجنح

Wing. جناح ج أجنحة

Sin, crime, guilt. جناح

To levy troops. جند

To be enlisted, enrolled. تجند

Army. جند ج جنود

A soldier. جندي

Grasshopper. جندب ج جنادب

To throw a man down. جندل

A kind of plum. جنريك

Funeral, corpse. جنازة ج جنائز

Funeral rites. جناز ج جنانيز

Verdigris. جنزار

To make similar. جنس

To appear similar. جانس

Genus, kind, race; sex; nationality. جنس ج أجناس

Generic noun. إسم جنس

Nationality. جنسية

Of the same kind. مجانس

To act unjustly. جنف وأجنف

Wrong, injustice. جنف

Coarse linen. جنفاص وجنفيص

Catapult. منجنيق ج مجانق ومجانيق

To gather (fruit). جنى واجتنى

To commit a crime. جنى جناية

To accuse falsely. تجنى على

A gatherer. Criminal. جان

Crime; sin. جناية

To toil. جهد جاهد

To weary, fatigue. جهد

To struggle. جاهد مجاهدة وجهادا

To strive after. إجتهد في

جَهْدٌ	Exertion, effort.
أفرغ جهده	He did his best.
جِهَادٌ	Combat, struggle.
جِهَادِيٌّ	Military.
إجتِهَادٌ	Diligence, effort.
مُجَاهِدٌ	Champion.
جَهَرَ بِ	To publish.
جَهِرَ يَجْهَرُ	To be dazzled.
جَاهَرَ بِ	To declare publicly.
تَجَاهَرَ	To appear in public.
جهرًا وجهارًا	Publicly, openly.
أجْهَرُ م جَهْرَاء	Day-blind.
مِجْهَرٌ	Microscope.
جَهَّزَ	To equip, fit out.
تَجَهَّزَ	To get ready.
جَهَازٌ ج أجْهِزَةٌ	Trousseau. Requisites, apparatus.
تَجْهِيزٌ	Equipment, expediton.
جَهِلَ يَجْهَلُ	To be ignorant.
جَهَّلَ	To impute ignorance.
تَجَاهَلَ	To affect ignorance.
إستَجْهَلَ	To deem one ignorant.
جَهْلٌ وَجَهَالَةٌ	Ignorance. Folly.
جَاهِلٌ	Ignorant, fool.
الجَاهِلِيَّةُ	Pre-islamic age.
مَجْهُولٌ	Unknown. Passive verb.
جَهَنَّمُ	Hell.
جَهَنَّمِيٌّ	Hellish, infernal.
جَوٌّ	Sky, atmosphere.
جَابَ يَجُوبُ	To travel.
جَاوَبَ	To answer, reply.
أجَابَ	To answer, respond.
إستَجَابَ	To answer; listen to.
جَوَابٌ ج أجْوِبَةٌ	Answer, reply.
إجَابَةٌ وإستِجَابَةٌ	Compliance.
مُجِيبٌ ومُستَجِيبٌ	Answerer.
مُستَجَابٌ	Answered (prayer).
جُوخٌ ج أجوَاخٌ	Broadcloth.
جَوَّاخٌ	Cloth-maker or dealer.

To excel.	جادَ يَجُودُ جُودَةً
To give abundantly.	جادَ جُوْدًا
To make good.	جَوَّدَ
Liberality, generosity.	جُوْدٌ
Goodness, excellence.	جُودَةٌ
Generous.	جَوَادٌ ج أَجْوَادٌ
Fleet (horse).	جَوَادٌ ج جِيَادٌ
Good, excellant.	جَيِّدٌ ج جِيَادٌ
Very well.	جَيِّدًا
To oppress.	جارَ يَجُورُ عَلَى
To be contiguous.	جاوَرَ
To save; protect.	أَجارَ إِجارَةً
To be neighbours.	تَجاوَرَ
To seek protection.	إِسْتَجارَ
Neighbour.	جارٌ ج جِيرانٌ
Oppression, tyranny.	جَوْرٌ
Neighbourhood, vicinity.	جُوَارٌ
Neighbour; contiguous.	مُجاوِرٌ
Protector, defender.	مُجِيرٌ
Stocking.	جَوْرَبٌ ج جَوَارِبُ
To pass, travel.	جازَ يَجُوزُ
To be allowable.	جازَ جَوَازًا
To allow; permit.	جَوَّزَ
To exceed.	جاوَزَ مُجاوَزَةً
To allow; permit.	أَجازَ إِجازَةً
To exceed the bounds.	تَجاوَزَ
To overlook.	تَجاوَزَ عَنْ
To pass by.	إِجْتازَ بِ
Nut, nut-tree. Walnut.	جَوْزٌ
Cocoa-nut.	جَوْزٌ هِنْدِيٌّ
Nutmeg.	جَوْزُ الطِّيبِ
Twins. Orion.	الجَوْزاءُ
Passing; lawful.	جائِزٌ
Lawfulness; passage.	جَوازٌ
Present, prize.	جائِزَةٌ ج جَوائِزُ
Permission; licence.	إِجازَةٌ
Passage. Figurative.	مَجازٌ
Metaphoric.	مَجازِيٌّ

Coat of mail. جَوْشَنٌ ج جَوَاشِنُ

To be hungry. جَاعَ يَجُوعُ

To starve. جَوَّعَ وَأَجَاعَ

Hunger. جُوعٌ

Hungry. جَائِعٌ ج جِيَاعٌ

Famine; hunger. مَجَاعَةٌ

To hollow. جَوَّفَ

Cavity. Belly. جَوْفٌ ج أَجْوَافٌ

Empty, hollow. أَجْوَفُ

Cavity. تَجْوِيفٌ ج تَجَاوِيفُ

Hollow, empty. مُجَوَّفٌ

Crowd. جَوْقَةٌ ج جَوْقَاتٌ

To travel. جَالَ يَجُولُ

Travelling, roaming. جَائِلٌ

Act of travelling about. جَوَلَانٌ

Range; sphere of action. مَجَالٌ

Vessel, tray. جَامٌ ج جَامَاتٌ

Honour, rank, dignity. جَاهٌ

Jewels, pearls.
Essence, nature, element. جَوْهَرٌ ج جَوَاهِرُ

Atom; monad. اَلْجَوْهَرُ الْفَرْدُ

A jewel, pearl. جَوْهَرَةٌ

Jeweller. Essential. جَوْهَرِيٌّ

Interior, inward. جَوَّانِيٌّ

To come, arrive. جَاءَ يَجِيءُ

To bring. جَاءَ بِ

Act of coming, arrival. مَجِيءٌ

Pocket. Sinus. جَيْبٌ ج جُيُوبٌ

Neck. جِيدٌ ج أَجْيَادٌ وَجُيُودٌ

Gypsum; quicklime. جِيرٌ

To collect an army. جَيَّشَ

The soul. جَاشٌ وَجَاشٌ

Army. جَيْشٌ ج جُيُوشٌ

Corpse, carcass. جِيفَةٌ ج جِيَفٌ

Race ; generation. جِيلٌ ج أَجْيَالٌ

ح

ح	As a numeral sign—8.
حَبَّ يُحِبُّ حُبًّا وَحِبًّا	To love.
حَبَّبَ إِلَى	To make loveable.
أَحَبَّ	To love; like.
تَحَبَّبَ	To show love.
إِسْتَحَبَّ عَلَى	To prefer.
حَبٌّ ج حُبُوبٌ	Grain; seed; berry. pill; pustule.
حُبٌّ وَمَحَبَّةٌ	Love, friendship.
حَبَّةٌ ج حَبَّاتٌ	A grain.
حَبِيبٌ ج أَحِبَّاء	Lover; beloved.
حُبًّا وَكَرَامَةً	With all my heart.
أَحَبُّ	Dearer; preferable.
مُحِبٌّ	Lover; friend.
مَحْبُوبٌ	Beloved; liked.
حَبَّذَا يَا حَبَّذَا	Well done.
حَبَرَ يَحْبُرُ حُبُورًا	To be glad.
حَبْرٌ ج أَحْبَارٌ	Learned, good man.
اَلْحَبْرُ اَلْأَعْظَمُ	High priest, the Pope.
حِبْرٌ ج أَحْبَارٌ حُبُورٌ	Ink.
حُبُورٌ	Joy, gladness, happiness.
مَحْبَرَةٌ ج مَحَابِرُ	Inkstand.
حَبَسَ يَحْبِسُ	To imprison.
حَبَسَ عَنْ	To restrain.
حَبْسٌ ج حُبُوسٌ	Prison.
حَبْسٌ وَاحْتِبَاسٌ	Imprisonment.
إِحْتِبَاسٌ	Retention.
مَحْبُوسٌ	Imprisoned; arrested.
حَبَشٌ وَحَبَشَةٌ	The Abyssinians.
حَبَشِيٌّ	An Abyssinian.
بِلَادُ اَلْحَبَشِ وَاَلْحَبَشَةِ	Abyssinia
حَبَطَ يَحْبِطُ	To fail; perish.
حُبُوطٌ	Failure.
حَبَقٌ	Basil, penny-royal.
حَبَكَ يَحْبِكُ	

مَحْبُوك	Well woven; strong.
حَبِلَتْ تَحْبَلُ	To conceive (woman).
تَحَبَّلَ	To be entangled.
حَبْلٌ ج حِبَالٌ	Rope, cable.
حَبْلُ الْوَرِيدِ	Jugular vein.
حَبَلٌ	Pregnancy, conception.
أُحْبُولَةٌ ج حَبَائِلُ	Net, snare.
حُبْلَى ج حَبَالَى	Pregnant (woman).
حَبَّالٌ	Rope-maker.
حَبَا يَحْبُو	To creep, crawl.
حَابَى	To be partial to.
مُحَابَاة	Partiality, favour.
مُحَابٍ	Partial.
حَتَّ يَحُتُّ حَتًّا	To rub off.
حِتَّةٌ ج حِتَتٌ	Bit of anything.
حَتَّى	Until, to, as far as, even.
حَتَّى أَنْ	So that..
حَتْفٌ ج حُتُوفٌ	Death.
حَتْفَ أَنْفِهِ	Natural death..
حَتَمَ يَحْتِمُ	To decide, decree.
حَتَمَ بِ	To decide; order.
حَتَمَ عَلَى	To compel.
حَتْمٌ ج حُتُومٌ	Final decision.
مَحْتُوم	Decided, fixed.
حَثَّ يَحُثُّ	To exhort, instigate.
حَثٌّ وَإِحْتِثَاثٌ	Instigation.
حَجَّ يَحُجُّ	To go as a pilgrim to Mecca.
حَجَّهُ	To overcome in argument.
حَاجَّ	To dispute, contend with..
إِحْتَجَّ بِ	To offer as a proof.
إِحْتَجَّ عَلَى	To argue against.
حَجٌّ وَحِجَّةٌ	Pilgrimage to Mecca.
حُجَّةٌ ج حُجَجٌ	Proof; title, deed. Pretext, excuse.
ذُو الْحِجَّةِ	The last month of the Mohammedan year.
حَاجٌّ ج حُجَّاجٌ	Pilgrim to Mecca.
حَجَبَ يَحْجُبُ	To hide, cover.
حَجَبَ عَنْ	To prevent.
إِحْتَجَبَ	To conceal one's self.

Partition ; veil.	حِجابٌ ج حُجُبٌ
Diaphragm	ٱلْحِجابُ ٱلْحاجِزُ
Chamberlain. Door-keeper.	حاجِبٌ ج حُجّابٌ
Eye-brow.	حاجِبٌ ج حَواجِبُ
To prevent, restrain.	حَجَرَ يَحْجُرُ
To be turned into stone.	تَحَجَّرَ
Prevention, prohibition.	حَجْرٌ
Stone.	حَجَرٌ ج أَحْجارٌ وحِجارَةٌ
Nitrate of silver.	حَجَرُ جَهَنَّمَ
Chamber ; sepulchre.	حُجْرَةٌ
Stone-cutter.	حَجّارٌ ج حَجّارُونَ
Larynx.	حَنْجَرَةٌ ج حَناجِرُ
To prevent, hinder.	حَجَزَ يَحْجِزُ
To separate.	حَجَزَ بَيْنَ
To sequester goods	حَجَزَ عَلَى
Prevention, restraint.	حَجْزٌ
Arabia Petrœa, Hijaz.	ٱلْحِجازُ
A barrier.	حاجِزٌ ج حَواجِزُ
Hindered, prevented.	مَحْجُوزٌ

To hop, leap.	حَجَلَ يَحْجِلُ
Partridge.	حَجَلٌ ج حِجْلانٌ
Having white foot. or feet. (horse).	مُحَجَّلٌ
To cup, scarify.	حَجَمَ يَحْجُمُ
To be cupped.	إِحْتَجَمَ
Bulk ; size.	حَجْمٌ ج حُجُومٌ
Art of cupping, cupping.	حِجامَةٌ
Cupper.	حَجّامٌ
Cupping instrument.	مِحْجَمٌ
To propose riddles.	تَحاجَى
Intelligence.	حِجًى ج أَحْجاءٌ
Enigma ; riddle.	أُحْجِيَّةٌ ج أَحاجِيُّ
T confine, define.	حَدَّ يَحُدُّ
To go into mourning.	حَدَّ حِدادًا
To confine; define; sharpen.	حَدَّدَ
To look sharply.	أَحَدَّ ٱلنَّظَرَ
To be limited ; defined.	تَحَدَّدَ
To be excited.	إِحْتَدَّ
Limit, boundary.	حَدٌّ ج حُدُودٌ

حِدَّةٌ	Impetuosity ; acerbity.
حَادٌّ	Sharp, pointed ; pungent.
زَاوِيَةٌ حَادَّةٌ	Acute angle.
حِدَادٌ	Mourning.
حَدَّادٌ	Blacksmith.
حَدِيدٌ	Iron.
حَدِيدَةٌ	A piece of iron.
تَحْدِيدٌ	Demarcation.
مَحْدُودٌ	Limited ; bounded.
حِدَأَةٌ ج حِدَآءٌ	Kite (hawk).
تَحَدَّبَ	To become convex.
إِحْدَوْدَبَ	To be hump-backed.
أَحْدَبُ م حَدْبَاءُ	Hump-backed.
مُحَدَّبٌ	Convex ; bulging.
حَدَثَ يَحْدُثُ	To happen, occur.
حَدَّثَ	To tell ; relate.
حَادَثَ مُحَادَثَةً	To converse.
أَحْدَثَ	To cause to exist.
تَحَادَثَ	To converse together.
حَادِثَةٌ ج حَوَادِثُ	Event.
حَدَاثَةٌ	Newness; youth.
حَدِيثٌ	New, recent.
حَدِيثٌ ج أَحَادِيثُ	Story, tale. Mohamedan tradition.
أُحْدُوثَةٌ ج أَحَادِيثُ	Tale.
مُحَادَثَةٌ	Conversation.
إِنْحَدَرَ	To descend.
حُدُورٌ وَإِنْحِدَارٌ	Descent.
حَدَسَ يَحْدِسُ فِي	To surmise.
حَدْسٌ	Conjecture ; guess.
حَدْسِيَّاتٌ	Hypotheses.
أَحْدَقَ بِ	To surround, enclose.
حَدَّقَ إِلَى	To look sharply at.
حَدَقَةٌ	The pupil of the eye.
حَدِيقَةٌ ج حَدَائِقُ	Garden.
حَدْمٌ وَحَدَمٌ	Glow (of a fire).
مُحْتَدِمٌ	Glowing with heat.
حَادٍ ج حُدَاةٌ	Camel-driver.

Placed opposite; vis-à-vis. مُحَاذٍ

To be hot. حَرَّ يَحَرُّ

To set free, free (a slave) حَرَّرَ

To be set free, freed. تَحَرَّرَ

Heat. حَرٌّ ج حُرُورٌ

Freeman; noble. حُرٌّ ج أَحْرَارٌ

Heat, warmth. حَرَارَةٌ

Liberty, freedom, حُرِّيَّةٌ

Silk; silk stuff. حَرِيرٌ

Letter, note. تَحْرِيرٌ ج تَحَارِيرُ

Hot. burning; fervent. حَارٌّ

Liberated; set free. مُحَرَّرٌ

Heated (with anger, etc). مَحْرُورٌ

To fight. حَارَبَ مُحَارَبَةً

To fight one another. تَحَارَبَ

War, battle. حَرْبٌ ج حُرُوبٌ

Enemy's territory. دَارُ ٱلْحَرْبِ

Chameleon, حِرْبَاءٌ ج حَرَابِيُّ

Lance; bayonet. حَرْبَةٌ ج حِرَابٌ

The elevnth. حَادِي عَشَرَ

To be cautious. حَذِرَ يَحْذَرُ

To warn. حَذَّرَ

To be cautious. تَحَذَّرَ وَٱحْتَذَرَ

Caution; distrust. حِذْرٌ وَحَذَرٌ

Cautious. حَذِرٌ ج حَذِرُونَ

Take care! حَذَارِ

A thing to be avoided. مَحْذُورٌ

To cut off; drop. حَذَفَ يَحْذِفُ

To throw at. حَذَفَ بِ

Elision; suppression. حَذْفٌ

Cut off; suppressed. مَحْذُوفٌ

To be skilful. حَذَقَ يَحْذِقُ

Sharpness, skill. حِذْقٌ

Sharp; clever. حَاذِقٌ ج حُذَّاقٌ

To emitate, emulate. حَذَا يَحْذُو حَذْوًا

To be opposite to. حَاذَى

Opposite to; vis-à-vis. حِذَاءَ

Shoe, sandal. حِذَاءٌ ج أَحْذِيَةٌ

مِحْرَابٌ	Place of prayer.
حَرَثَ يَحْرِثُ حَرْثًا	To till.
حِرَاثَةٌ	Agriculture.
حَارِثٌ وَحَرَّاثٌ	Ploughman.
مِحْرَثٌ وَمِحْرَاثٌ	A plough.
حَرَجَ يَحْرَجُ	To be in difficulty.
حَرِجَ عَلَى	To be forbidden.
حَرِجٌ	Narrow. Forbidden.
لَا حَرَجَ	No blame or sin.
حَرَاجٌ	Auction.
حَرِدَ يَحْرَدُ	To be angry.
حَرَدٌ	Anger, grunge, hatred.
حِرْذَوْنٌ ج حَرَاذِينُ	Lizard.
حَرَزَ يَحْرُزُ	To guard carefuly.
أَحْرَزَ	To guard. Obtain.
تَحَرَّزَ وَاحْتَرَزَ	To guard against.
حِرْزٌ	Caution ; amulet.
حَرِيزٌ	Fortified ; valued.
حَرَسَ يَحْرُسُ	To guard, watch.
تَحَرَّسَ وَاحْتَرَسَ	To be cautioned.
حِرَاسَةٌ	Watch, guard.
حَارِسٌ ج حُرَّاسٌ	Watchman, guard.
حَرَّشَ بَيْنَ	To excite discord.
تَحَرَّشَ بِ	To meddle with.
حُرْشٌ ج أَحْرَاشٌ	Wood, thicket.
حَرَصَ يَحْرِصُ	To covet eagerly.
حِرْصٌ	Greed, cupidity.
حَرِيصٌ ج حُرَصَاءُ	Covetous.
حَرَّضَ عَلَى	To incite, instigate.
حَرَفَ يَحْرِفُ عَنْ	To turn from.
حَرَّفَ	To falsify, garble.
إِنْحَرَفَ عَنْ	To deviate from.
إِحْتَرَفَ	To earn sustenance.
حَرْفٌ ج حِرَفٌ	Edge, border.
حَرْفٌ ج حُرُوفٌ وَأَحْرُفٌ	Letter, particle (in grammar).
حَرْفِيٌّ	Literal.
حِرْفَةٌ ج حِرَفٌ	Trade, craft.

حَرَافَةٌ	Pungency.
حِرِّيفٌ	Sharp, pungent.
مُحَرَّفٌ	Falsified.
مُنْحَرِفٌ	Oblique ; trapezium.
حَرَقَ يَحْرِقُ وَأَحْرَقَ	To burn.
إِحْتَرَقَ وَتَحَرَّقَ	To be burned.
حُرْقَةٌ	Heat, burning pain.
حَرِيقٌ	Heat, conflagration.
حَرَّاقَةٌ ج حَرَّاقَاتٌ	Blister ; tinder.
حَرْقَفَةٌ ج حَرَاقِفُ	Hip-bone.
حَرَكَ يَحْرُكُ	To be in motion.
حَرَّكَ	To move a thing.
تَحَرَّكَ	To be moved.
حَرِكٌ	Brisk, nimble.
حَرَكَةٌ ج حَرَكَاتٌ	Motion ; gesture.
(ـَـ ـِـ ـُـ)	Vowel-point.
حَرَاكٌ	Motion.
حَارِكٌ	Withers of a horse.
تَحْرِيكٌ	Act of moving.
حَرَمَ يَحْرِمُ	To refuse, forbid.
حَرُمَ يَحْرُمُ	To be unlawful.
حَرَّمَ	To forbid.
تَحَرَّمَ	To be forbidden.
إِحْتَرَمَ	To honour, venerate.
إِسْتَحْرَمَ	To hold as unlawful.
حِرْمٌ	Excommunication.
حَرَمٌ	Sacred (territory).
أَلْحَرَمُ	Sacred territory at Mecca.
أَلْحَرَمَانِ	Mecca and Medina.
حُرْمَةٌ ج حُرَمٌ	Sacredness. Wife.
حَرَامٌ	Unlawful, sacred.
أَلْمَسْجِدُ الْحَرَامُ	El Kaaba.
أَلشَّهْرُ الْحَرَامُ . مُحَرَّمٌ	The month.
حَرَامِيٌّ ج حَرَامِيَّةٌ	Robber, thief.
حَرِيمٌ	Women of a houshold.
مُحَرَّمٌ	Unlawful ; first mouth of the Moslem year.
مَحْرُومٌ	Denied, refused. Excommunicated.
مُحْتَرَمٌ	Venerable, respected.

حَرَنَ يَحْرُنُ	To rear and kick.
حَرُونٌ	Restive, refractory.
حَرِيَ بِ	To be adapted to.
تَحَرَّى	To seek, aim at.
حَرِيٌّ بِ	Suitable, proper for.
أَحْرَى	More suited, better.
كَمْ بِٱلْحَرِيِّ	How much more.
بِٱلأَحْرَى	Rather.
حَزَّ يَحُزُّ	To cut, incise, notch.
حَزَازٌ وَحَزَازَةٌ	Dandruff, scruff.
حَزَّبَ	To collect parties.
حِزْبٌ ج أَحْزَابٌ	Troop; party.
مُتَحَزِّبٌ	Leagued; partisan.
حَزَرَ يَحْزِرُ	To guess, compute.
حَزِيرَانُ	June (month).
حَزَمَ يَحْزِمُ	To tie together.
حَزَمَ يَحْزِمُ	To be firm, prudent.
حُزْمَةٌ ج حُزَمٌ	Bundle; parcel.
حَزْمٌ	Firmness, resolution, discretion.
حِزَامٌ ج أَحْزِمَةٌ	Belt, girth.
حَازِمٌ	Prudent, resolute.
مِحْزَمٌ ج مَحَازِمُ	Belt, girth.
حَزِنَ يَحْزَنُ	To grieve.
حَزَنَ يَحْزُنُ	To be grieved.
أَحْزَنَ	To grieve another.
حُزْنٌ ج أَحْزَانٌ	Sadness.
حَزِينٌ	Sad, sorrowful.
مُحْزِنٌ	Sad thing, sorrowful.
مَحْزُونٌ	Saddened, grieved.
حَسَّ يَحِسُّ	To feel; perceive.
أَحَسَّ بِ	To feel; perceive.
حِسٌّ	Perception, sense
حِسِّيٌّ وَمَحْسُوسٌ	Perceptible.
حَاسَّةٌ ج حَوَاسُّ	Faculty of each of the five senses; feeling.
ٱلْحَوَاسُّ	The five senses.
مِحَسَّةٌ	Curry-comb.
حَسَبَ يَحْسُبُ	To count.

To suppose, consider.	حَسِبَ يَحْسِبُ
To account with.	حَاسَبَ
To settle an account.	تَحَاسَبَ
Sufficient; sufficiency.	حَسْبٌ
According to.	بِحَسَبِ
Honour; pedigree.	حَسَبٌ
Account, calculation.	حِسَابٌ
Arithmetic.	عِلْمُ ٱلْحِسَابِ
Noble.	حَسِيبٌ ج حُسَبَاءُ
Counted, calculated.	مَحْسُوبٌ
To envy.	حَسَدَ يَحْسُدُ
Envy, grudge.	حَسَدٌ
Envious.	حَاسِدٌ وَحَسُودٌ ج حُسَّادٌ
Envied; object of envy.	مَحْسُودٌ
To grieve for.	حَسِرَ يَحْسَرُ عَلَى
Tþ feel regret.	تَحَسَّرَ عَلَى
Grief.	حَسْرَةٌ ج حَسَرَاتٌ
Als !	يَا حَسْرَتِي. وَا حَسْرَتَاهُ
Hatred. Thistle.	حَسَكٌ
To cut off; stop.	حَسَمَ يَحْسِمُ
Sharp sword.	حُسَامٌ
To be handsome.	حَسُنَ يَحْسُنُ
To embellish, adorn.	حَسَّنَ
To treat well.	حَاسَنَ
To do a thing well.	أَحْسَنَ
To confer a benefit.	أَحْسَنَ إِلَى
To approve.	إِسْتَحْسَنَ
Beauty; good.	حُسْنٌ ج مَحَاسِنُ
Beautiful; good.	حَسَنٌ ج حِسَانٌ
Good deed.	حَسَنَةٌ ج حَسَنَاتٌ
Goldfinch.	حَسُّون
More beautiful, better.	أَحْسَنُ
How beautiful !	مَا أَحْسَنَ
Benefit, beneficence.	إِحْسَانٌ
Good deeds or qualities.	مَحَاسِنُ
To cut hay.	حَشَّ يَحُشُّ حَشًّا
Smoker of "حَشِيشٌ"	حَشَّاشٌ
Grass; hay. Hachish.	حَشِيشٌ

To assemble, *v. t.*	حَشَدَ يَحْشُدُ
To be assembled.	إِحْتَشَدَ
Troop, assembly.	حَشْدٌ
Places of assembling.	مَحَاشِدُ
To assemble.	حَشَرَ يَحْشُرُ حَشْرًا
Day of Judgement.	يَوْمُ الْحَشْرِ
Place of gathering.	مَحْشَرٌ ج مَحَاشِرُ
Insect.	حَشَرَةٌ ج حَشَرَاتٌ
To stand in awe or shame.	إِحْتَشَمَ
Attendants, retinue.	حَشَمٌ
Reverence ; modesty.	حِشْمَةٌ
Reverence; modesty.	إِحْتِشَامٌ
To stuff, cram.	حَشَا يَحْشُو
To be filled.	إِحْتَشَى وَإِنْحَشَى
Viscera, bowels.	حَشًا ج أَحْشَاءٌ
Stuffing, wadding.	حَشْوٌ
To abstain, disdain.	تَحَاشَى عَنْ
Except. God forbid !	حَاشَا
Annotation. Followers.	حَاشِيَةٌ ج حَوَاشٍ
Part, share.	حِصَّةٌ ج حِصَصٌ
Stones, firewood.	حَصَبٌ
Measles.	حَصْبَةٌ
Te mow, reap.	حَصَدَ يَحْصِدُ
Mower, reaper.	حَاصِدٌ وَحَصَّادٌ
Harvest, harvest-time.	حَصَادٌ
Mown, reaped.	حَصِيدٌ وَمَحْصُودٌ
To confine, restrict.	حَصَرَ يَحْصُرُ
To besiege.	حَاصَرَ مُحَاصَرَةً
Restriction ; confinement.	حَصْرٌ
Strictly ; speaking.	بِالْحَصْرِ
Siege, blockade.	حِصَارٌ وَمُحَاصَرَةٌ
Maker or seller of mats.	حُصْرِيٌّ
Mat.	حَصِيرٌ وَحَصِيرَةٌ ج حَصَائِرُ
Besieger, blockader.	مُحَاصِرٌ
Besieged ; restricted.	مَحْصُورٌ
Green grapes.	حِصْرِمٌ
Sound judgment.	حَصَافَةٌ
To happen to one.	حَصَلَ ـــُ لِ

To obtain, acquire.	حَصَلَ عَلَى
To be obtained.	تَحَصَّلَ
Result.	حَاصِلٌ ج. حَوَاصِلُ
The result; in short.	أَلْحَاصِلُ
Acquisition.	تَحْصِيلٌ
Result, produce.	مَحْصُولٌ ج مَحَاصِيلُ
To be fortified.	حَصُنَ يَحْصُنُ
To fortify.	حَصَّنَ
To be entrenched.	تَحَصَّنَ
Fortress.	حِصْنٌ ج حُصُونٌ
Horse.	حِصَانٌ ج حُصُنٌ وَأَحْصِنَةٌ
Strongly fortified.	حَصِينٌ
Fox.	أَبُو الْحُصَيْنِ
To count, number.	أَحْصَى
Small pebbles.	حَصًى
Small pebble.	حَصَاةٌ
Innumerable.	غَيْرُ مُحْصًى
To instigate, incite.	حَضَّ يَحُضُّ
Foot of a mountain.	حَضِيضٌ

To be present.	حَضَرَ يَحْضُرُ
To come.	حَضَرَ إِلَى
To bring.	حَضَّرَ وَأَحْضَرَ
To be ready.	تَحَضَّرَ
To cause to come.	إِسْتَحْضَرَ
Towns, cultivated land.	حَضَرٌ
Presence. Highness.	حَضْرَةٌ
Present, ready.	حَاضِرٌ
Present tense.	أَلْحَاضِرُ
Approach of death.	مُحْتَضَرٌ
To embrace.	حَضَنَ يَحْضُنُ
Bosom.	حِضْنٌ ج حُضُونٌ
Nursing; incubation.	حَضَانَةٌ
To fall, go down.	حَطَّ يَحُطُّ
To put down.	حَطَّ
To descend, fall.	إِنْحَطَّ
Falling.	إِنْحِطَاطٌ
Railway station.	مَحَطٌّ وَمَحَطَّةٌ
Fallen, depressed.	مُنْحَطٌّ

محطوط	Placed, laid, deposited.
إحتطب	To collect fire-wood.
حطب	Fued, wood.
حطاب	Wood-cutter.
حطم يحطم وحطم	To break.
تحطم وانحطم	To crumble.
حطمة وحطام	Piece, fragment.
حطام الدنيا	Goods or vanities of this world.
حظ يحظ	To be fortunate.
حظ ج حظوظ	Happiness, bliss
محظوظ	Happy.
حظر يحظر على	To forbid.
حظيرة ج حظائر	Enclosure.
محظورات	Prohibited things.
حظي يحظى ب	To obtain.
حف ب	To encompass.
خبز حاف	Dry bread.
حافة	Edge, rim, border.
محفة	Kind of litter.

محفوف	Surrounded.
حفيد ج حفدة	Grandson.
حفر يحفر واحتفر	To dig.
حفرة ج حفر	Ditch, pit.
حافر ج حوافر	Hoof.
حفار	Grave-digger.
محفور	Dug, dug out.
حفظ يحفظ	To guard, keep.
حافظ على	To be careful of.
تحفظ	To be watchful.
حفظ	Guard ; careful watch.
حفاظ	Truss.
(القوة) الحافظة	Memory.
محافظ	Guardian, keeper.
محافظة	Guardianship.
محفوظ	Guarded, preserved.
حفل يحفل	To gather, assemble.
إحتفل له	To receive with honour.
إحتفل ب	To give attention to.

حَفْلٌ	Large assembly ; care.
حَافِلٌ	Entirely full (hall &c.).
إِحْتِفَالٌ	Celebration ; pomp.
مَحْفِلٌ ج مَحَافِلُ	Assembly.
مُحْتَفَلٌ	Place of assembly.
حُفْنَةٌ ج حُفْنَاتٌ	Handful.
حَفِيَ يَحْفَى	To go bare-foot.
حَفِيَ وَٱحْتَفَى بِ	To show joy and honour.
حِفَاءٌ وَحُفُوَّةٌ	Bare-footedness.
حَافٍ	Bare-foot ; unshod.
حَقَّ يَحُقُّ	To be true, right.
حَقَّقَ	To verify, confirm.
تَحَقَّقَ	To assure one's self.
إِسْتَحَقَّ	To deserve ; fall due.
حَقٌّ ج حُقُوقٌ	Right; truth; obligation, worth; true; truthful.
حَقٌّ عَلَى	Duty.
حَقٌّ بِ	Worthy of.
حَقًّا وَبِٱلْحَقِّ	Truly, indeed.

حُقٌّ ج حِقَاقٌ	Socket.
حُقَّةٌ ج حُقَقٌ	Case, casket.
حَقِيقَةٌ ج حَقَائِقُ	Reality, truth. Essence.
حَقِيقَةً وَفِي ٱلْحَقِيقَةِ	Truly.
حَقِيقِيٌّ	Real ; proper (sense).
أَحَقُّ بِ	More worthy of.
إِسْتِحْقَاقٌ ج إِسْتِحْقَاقَاتٌ	Merit.
تَحْقِيقٌ	Verification.
مُحَقَّقٌ	Verified, confirmed.
مُسْتَحِقٌّ	Worthy of, deserving.
حُقْبٌ ج أَحْقَابٌ	A long time.
حَقِيبَةٌ	Saddle-bag.
حَقَدَ يَحْقِدُ	To bear spite.
حِقْدٌ	Hatred, grudge, spite.
حَاقِدٌ وَحَقُودٌ	Spiteful.
حَقَرَ يَحْقِرُ وَٱحْتَقَرَ	To despise.
حَقُرَ يَحْقُرُ	To be contemptible.
حَقَارَةٌ	Contempt ; vileness.
حَقِيرٌ	Despised ; mean ; paltry.

حَقْلٌ ج حُقُولٌ	Field.
حَقَنَ يَحْقُنُ	To retain. Inject.
إِحْتَقَنَ	To be congested.
حُقْنَةٌ ج حُقَنٌ	Clyster; syringe.
حَقْوٌ ج حِقَاءٌ	Waist; loins.
حَكَّ يَحُكُّ	To rub, scrape.
إِحْتَكَّ بِ	To rub against.
حَكٌّ	Rubbing; scratching.
حُكٌّ	Magnetic compass.
حِكَّةٌ وَحُكَاكٌ	An itching.
مِحَكٌّ	Touchstone.
حَكَرَ وَاحْتَكَرَ	To withhold grain for sale at high prices
حُكْرَةٌ	Usurious grain-trade.
حَكَمَ يَحْكُمُ	To give judgement.
حَكَمَ لِ	To judge in favour of.
حَكَمَ عَلَى	To judge against.
حَكَّمَ	To appoint one to judge
حَاكَمَ	To contest in law.
أَحْكَمَ	To do a thing well.
تَحَاكَمَ	To go together to law.
حُكْمٌ ج أَحْكَامٌ	Judgement; government; authority, rule
حِكْمَةٌ ج حِكَمٌ	Wisdom.
حَاكِمٌ	Judge; governor.
حُكُومَةٌ	Judgement; empire.
حَكِيمٌ ج حُكَمَاءُ	Wise.
مُحْكَمٌ	Well made.
مَحْكَمَةٌ ج مَحَاكِمُ	Tribunal.
حَكَى يَحْكِي	To tell, relate.
حَكَى وَحَاكَى	To resemble.
حِكَايَةٌ	Story, tale, narrative.
حَلَّ يَحُلُّ	To alight, abide.
حَلَّ يَحُلُّ حَلًّا	To solve (a problem) dissolve(a solid); loosen.
حَلَّ عَلَى	To come upon one.
حَلَّ يَحِلُّ	To be lawful.
حَلَّلَ	To permit. Analyze.
أَحَلَّ	To allow, permit.

إستحلّ	To deem lawful.
حلّ	A solving, dissolving.
حِلّ	Lawful.
حُلّة ج حُلَل	Garment.
حَلال	Lawful ; right.
حُلول	An alighting, abiding.
حَلِيل م حَلِيلة	Husband ; wife.
إستحلال	Deeming lawful.
تحليل	Dissolving ; analysis.
محلّ ج محالّ	Place ; quarter.
محلّة	Inn ; stopping-place.
حَلَبَ يَحْلُبُ	To milk.
تحلّبَ وإنحلبَ	To flow ; exude.
حَلَب	Aleppo.
حُلْبة	Fenugreek.
حالِب وحلّاب	Milkman.
حليب	Fresh milk.
مستحلَب	Emulsion.
حلتيت	Assafœtida.
حَلَجَ يَحْلِجُ	To card cotton.
حِلاجة	Carding of cotton.
حلّاج	Cotton-carder.
مِحْلَج	Instrument for carding.
حلزون	Snail.
حلزوني	Spiral.
حَلَفَ يَحْلِفُ	To swear.
حلّفَ وإستحلفَ	To make swear.
حالفَ	To be in league with.
تحالفَ	To confederate.
حِلْف	Oath ; league.
حَلِيف ج حُلَفاء	Confederate.
تحالُف ومُحالَفة	Alliance.
حَلَقَ يَحْلِقُ	To shave.
حَلْق ج حُلوق	Throat, palate.
حُروف الحَلْق	Guttural letters.
حَلْقة	Circle ; link, ear-ring.
حلّاق	Barber.
حِلاقة	Barber's trade.

Shaved, shorn.	حَلِيقٌ ج حَلْقَى
Shaved.	مَحْلُوقٌ
Throat.	حُلْقُومٌ ج حَلَاقِيمُ
Intense blackness.	حَلَكٌ
Very black.	حَالِكٌ
To dream.	حَلَمَ يَحْلُمُ
To be gentle, mild.	حَلُمَ يَحْلُمُ
Gentleness, clemency.	حِلْمٌ
Dream, vision.	حُلْمٌ ج أَحْلَامٌ
Teat, nipple.	حَلَمَةٌ
Gentle, mild.	حَلِيمٌ ج حُلَمَاءُ
To be sweet.	حَلَا يَحْلُو
To sweeten.	حَلَّى تَحْلِيَةً
To find sweet.	إِسْتَحْلَى
Sweet, agreeable.	حُلْوٌ
Present; gratuity.	حُلْوَانٌ
Confectioner.	حَلْوَانِيٌّ
Sweetmeats.	حَلْوَى
Sweetness.	حَلَاوَةٌ

Sweetened, sugared.	مُحَلًّى
To be adorned.	حَلِيَ يَحْلَى
To adorn (with jewels.)!	حَلَّى
To gild.	حَلَّى بِذَهَبٍ
To be adorned.	تَحَلَّى
Jewels; ornaments.	حَلْيٌ ج حُلِيٌّ
Adornment.	حِلْيَةٌ ج حِلًى
To have fever.	حُمَّ
To take a bath.	إِسْتَحَمَّ
Fever.	حُمَّى ج حُمَّيَاتٌ
Thermal spring.	حَمَّةٌ
Fate; death.	حِمَامٌ
Dove, pigeon.	حَمَامَةٌ ج حَمَامٌ
Bath.	حَمَّامٌ ج حَمَّامَاتٌ
Suffering from fever.	مَحْمُومٌ
To praise; thank.	حَمِدَ يَحْمَدُ
Praise; thanks.	حَمْدٌ
Praise be to God.	أَلْحَمْدُ لِلّٰهِ
Praised.	حَمِيدٌ

مَحْمُودٌ	Praised, praiseworthy.
حَمَّرَ	To dye red; redden.
إِحْمَرَّ	To become red; blush.
حُمَّرٌ	Bitumen.
حُمْرَةٌ	Redness. Erysipelas.
حِمَارٌ ج حَمِيرٌ	Ass, donkey.
حِمَارُ ٱلْوَحْشِ	Wild ass.
حَمَّارٌ ج حَمَّارَةٌ	Ass-driver.
أَحْمَرُ م حَمْرَآءُ ج حُمْرٌ	Red.
مُحَمِّرٌ	Rubefacient.
حَمِسَ يَحْمَسُ	To be hard in religion, etc.
حَمَّسَ وَأَحْمَسَ	To irritate.
حَمَاسَةٌ	Bravery, energy.
حَمَّصَ	To roast, toast.
تَحَمَّصَ	To be roasted.
حِمْصُ	Hems (city)
حِمِّصٌ	Chick-peas.
حَمِضَ يَحْمَضُ	To be sour, acid.
حَامِضٌ وَحَامِضٌ	Acid; sour.
حُمُوضَةٌ	Acidity; sourness.
حُمَّاضٌ وَحُمَيْضٌ	Sorrel (plant).
مُحَمَّضٌ	Acidulated, acid, sour.
حَمُقَ يَحْمُقُ	To be foolish.
حُمْقٌ وَحَمَاقَةٌ	Stupidity, folly.
حُمَاقٌ	Chicken-pox.
أَحْمَقُ	Stupid, foolish.
حَمَلَ يَحْمِلُ	To carry, lift.
حَمَلَتْ	To conceive (woman).
حَمَلَ عَلَى	To attack, charge.
حَمَلَ يَحْمِلُ	To bear fruit.
حَمَلَ ٱلنَّهْرُ	To overflow (river).
حَمَّلَ	To burden, load.
تَحَمَّلَ	To suffer patiently.
إِحْتَمَلَ	To bear, suffer
إِحْتَمَلَ أَنْ	To be possible.
حَمْلٌ	Carrying. Pregnancy
حِمْلٌ ج أَحْمَالٌ	Burden, load.
حَمَلٌ ج حُمْلَانٌ	Lamb.

أَلحمَلُ	Sign of the Ram (Aries).
حَملَةٌ	Attack; charge in battle.
حَمَّال	Porter.
إِحتِمالٌ	Patience; endurance.
مَحمِلٌ ج مَحامِلُ	Litter.
مَحمُولٌ	Borne; suffered.
مُحتَمَلٌ	Bearable. Possible.
حَمُو ج أَحماءٌ	Father-in-law.
حَماةٌ ج حَمَوَاتٌ	Mother-in-law.
حَمَى يَحمِي	To protect, defend.
حَمِيَ يَحمَى	To be very hot.
أَحمَى إِحماءٌ	To make hot.
حَامَى عَن	To defend.
إِحتَمَى	To protect one's self.
حِمىً ج أَحماءٌ	Interdicted place.
حِميَةٌ	Care of diet.
حَمِيَّةٌ	Anger, rage. Disdain
حُمَةٌ	Venom, sting.
حَامٍ	Protector. Hot.
حَامِيَةٌ	Guard, garrison.
حِمَايَةٌ	Protection. Protégé.
مُحمىً	Heated.
مُحَامٍ	Protector; advocate.
حَنَّ يَحِنُّ إِلَى	To yearn.
تَحَنَّنَ عَلَى	To have compassion.
حَنَّانٌ وَحَنُونٌ	Compassionate, tender.
حَنَّأَ	To dye with Henna.
حِنَّاءٌ	The plant *henna.*
حَانُوتٌ ج حَوَانِيتُ	Shop.
حَنِثَ يَحنَثُ	To break an oath.
حِنثٌ	Perjury. Sin, crime.
حَانِثٌ	A perjurer.
حَنَشٌ ج أَحنَاشٌ	Snake.
حَنَّطَ وأَحنَطَ	To embalm
حِنطَةٌ ج حِنَطٌ	Wheat.
حَنظَلٌ	Colocynth.
حَنَفِيَّةٌ	Tap
حَنِقَ يَحنَقُ	To be enraged.

Violent anger; spite.	حَنَقٌ
To make wise.	حَنَّكَ وأَحْنَكَ
Palate.	حَنَكٌ ج أَحْنَاكٌ
Experienced.	مُحَنَّكٌ
To bend, incline.	حَنَى يَحْنِي
To be bent.	تَحَنَّى وإنْحَنَى
Tenderness, compassion.	حُنُوٌّ
Wine-house, tavern.	حَانِيَةٌ
Bent, crooked; inclined.	مُنْحَنٍ
Large fish. Whale.	حُوتٌ ج حِيتَانٌ
To compel.	أَحْوَجَ
To want, need, require.	إِحْتَاجَ
Want, need; necessity; object; desire.	حَاجَةٌ ج حَاجَاتٌ وحَوَائِجُ
Want; having need.	إِحْتِيَاجٌ
In want or need of.	مُحْتَاجٌ إِلَى
To overcome.	إِسْتَحْوَذَ عَلَى
Coachman, cabman.	حُوذِيٌّ
To be bewildered.	حَارَ يَحُورُ
To converse, debate.	حَاوَرَ
Leather. Poplar tree.	حَوَرٌ
Disciple of a prophet.	حَوَارِيٌّ
A quarter of a town.	حَارَةٌ
Panier. Oyster.	مَحَارَةٌ
Pivot.	مِحْوَرٌ ج مَحَاوِرُ
Conversation; debate.	مُحَاوَرَةٌ
To get; possess.	حَازَ يَحُوزُ
To draw aside from.	إِنْحَازَ عَنْ
To turn to and join.	إِنْحَازَ إِلَى
Space occupied by a body.	حَيِّزٌ
To gather, collect.	حَوَّشَ
To be taken in.	إِنْحَاشَ
Fold; court.	حَوْشٌ ج أَحْوَاشٌ
Mixed peopl; rabble.	حَوَشٌ
Saddle-girth, girdle.	حِيَاصَةٌ
Stomach of a bird.	حَوْصَلَةٌ
Reservoir, tank.	حَوْضٌ ج أَحْوَاضٌ
To surround; enclose.	حَوَّطَ
To invest, surround.	أَحَاطَ بِ

حَائِطٌ ج حِيطَانٌ	Wall.
إحْتِيَاطٌ	Investment. Caution.
مُحِيطٌ	Circumference.
اَلْبَحْرُ الْمُحِيطُ	The ocean.
حَافَةٌ ج حَافَاتٌ	Edge, border.
حَاقَ يَحُوقُ بِ	To surround.
حَوَّقَ	To strike out, erase.
حَاكَ يَحُوكُ	To weave.
حَائِكٌ ج حَاكَةٌ	Weaver.
حِيَاكَةٌ	The art of weaving
حَالَ وَتَحَوَّلَ	To be changed.
حَالَ بَيْنَ	To come between.
حَوَّلَ إلَى	To change, alter.
حَاوَلَ	To attempt.
إحْتَالَ	To use stratagem.
إسْتَحَالَ	To be changed Absurd.
حَالٌ ج أحْوَالٌ	State, condition.
حَالاً وَفِي الْحَالِ	Immediately.
حَالَمَا	As soon as.

حَالَةٌ ج حَالاَتٌ	State, condition.
حَوْلٌ ج أحْوَالٌ	Power. Year.
حَوْلَ	All around, around.
حَوَلٌ	Squint.
حَوَالَةٌ	Transfer of a debt.
حِيلَةٌ ج حِيَلٌ	Stratagem; means.
عِلْمُ الْحِيَلِ	Mechanics.
حِيَالٌ	In front of, opposite to.
أحْوَلُ م حَوْلاَءُ	Squint-eyed.
أحْيَلُ	More cunning, crafty.
تَحْوِيلٌ	Transferring,
مُحَالٌ	Absurd, unreasonable.
لاَ مَحَالَةَ	Undoubtedly.
مُحْتَالٌ	Cunning, sly, wily.
مُسْتَحِيلٌ	Impossible; absurd.
حَامَ يَحُومُ	To run around; hover.
حَانَةٌ وَحَانُوتٌ	Wine-shop.
حَوَّاءُ	Eve (mother of mankind).
حَوَى يَحْوِي	To possess; contain.

إحتوى على	To comprise.
حاوٍ	Snake-charmer. Containing.
حيثُ	Where, there where.
حيثما	Wherever.
من حيث	In respect of, since.
بحيث أن	So that.
حاد يحيد	To deviate; turn aside.
حايد محايدة	To avoid, shun.
حار يحار	To bewildered.
حيّر	To bewilder, perplex.
تحيّر في	To be perplexed.
حيرة وتحيّر	Perplexity.
حارة ج حارات	Street; quarter.
حائر	Confused, perplexed.
متحيّرة ج متحيّرات	Planet.
حيّز	Space occupied by a body.
حاضت تحيض	To menstruate.
حيض	Menstruation; menses.
حاف يحيف	To be unjust.
حيف	Injustice, oppression.
حاق يحيق ب	To surround, befall.
حيل	Strength, power, might.
حان يحين	To draw near (time).
حانٌ وحانة	Wine-house, tavern.
حين ج أحيان	Time. season.
للحين	Instantneously; at once.
أحياناً	From time to time.
حينئذٍ	Then; at that time.
حيي يحيا حياة	To live.
حيي حياء من	To be ashamed of.
حيّا تحية	To salute, greet.
أحيا	To bring to life.
إستحيا	To spare one's life.
إستحيا وإستحى	To be ashamed.
حيّ	Come! come quickly!
حياء	Shame; modesty.
حياة او حيوة	Life; life-time.
حيّ ج أحياء	Alive. Tribe. Quarter of a town.

حَيَّةٌ ج حَيَّاتٌ	Snake.
حَيَوَانٌ ج حَيَوَانَاتٌ	Animal.
عِلْمُ الْحَيَوَانِ	Zoology.
حَيَوَانِيٌّ	Animal (*Adj.*)
حَيَوِيٌّ	Vital.
تَحِيَّةٌ ج تَحِيَّاتٌ	Greeting.
مُحَيَّا	Face.
مُحْيِي	Vivifying, giving life.

خ

خ	As a numeral sign = 600.
خَبَّ يَخُبُّ	To trot, amble.
خَبَبٌ	Ambling pace, trot.
خَبَأَ يَخْبَأُ وَخَبَّأَ	To conceal, hide.
إِخْتَبَأَ وَتَخَبَّأَ	To be concealed.
خِبَاءٌ ج أَخْبِيَةٌ	Small tent.
خَابِيَةٌ ج خَوَابِي	Large jug.
مَخْبَأٌ ج مَخَابِئُ	A hiding place.
خَبُثَ يَخْبُثُ	To be corrupt.
خُبْثٌ وَخَبَاثَةٌ	Wickedness.
خَبِيثٌ ج خُبَثَاءُ	Vile, malicious.
خَبَائِثُ	Infamous actions.
مَخْبَثَةٌ	A cause of evil.
خَبَرَ يَخْبُرُ	To test, try, prove.
خَابَرَ	To negotiate.
خَبَّرَ وَأَخْبَرَ بِ	To inform.
إِخْتَبَرَ	To learn by experience.
إِسْتَخْبَرَ	To ask for information.
خَبَرٌ ج أَخْبَارٌ	New report.
خِبْرَةٌ	Knowledge; experience.
خَبَرِيَّةٌ	Report; story.
خَبِيرٌ ج خُبَرَاءُ	Well informed.
أَخْبَرُ	Better informed.
خَبَزَ يَخْبِزُ	To bake bread.
خُبْزٌ	Bread.
خُبْزَةٌ	Loaf of bread.

خِبَازَةٌ	Baker's trade.
خَبَّازٌ م خَبَّازَةٌ	Baker.
خُبَّازَى وَخُبَيْزَةٌ	Mallow (plant.)
مَخْبُوزٌ وَخَبِيزٌ	Any thing baked.
خَبَصَ يَخْبِصُ	To mix; bungle.
خَبَّاصٌ	Rash bungler.
خَبَطَ يَخْبِطُ	To strike.
خَبْطَ عَشْوَاء	At random.
خَبِلَ يَخْبَلُ	To be, or make insane.
خَبِلٌ وَأَخْبَلُ وَمُخَبَّلٌ	Mad, insane.
مَخْبُولٌ	Fatigued; weakened.
خِبَاءٌ ج أَخْبِيَةٌ	Tent of wool.
خَابِيَةٌ ج خَوَابٍ	Large jug, jar.
خَتَلَ يَخْتِلُ وَخَاتَلَ	To cheat.
مُخَاتَلَةٌ	Fraud, deceit.
خَتَمَ يَخْتِمُ	To seal, stamp.
خَتَّمَ	To conclude, terminate.
خَاتَمٌ ج خَوَاتِمُ	Seal-ring, signet.
خَاتِمَةٌ	End, conclusion.
خِتَامٌ ج خُتُمٌ	End, conclusion.
مَخْتُومٌ	Sealed; closed.
خَتَنَ يَخْتِنُ	To circumcise.
إِخْتَتَنَ	To be circumcised.
خَتَنٌ	Any relation on side of wife.
خَاتُونٌ ج خَوَاتِينُ	Noble lady.
خِتَانٌ وَخِتَانَةٌ	Circumcision.
خَثَرَ يَخْثُرُ وَتَخَثَّرَ	To coagulate.
خَثَّرَ وَأَخْثَرَ	To thicken.
خُثَارَةٌ	Sediment, dregs.
خَاثِرٌ	Coagulated; thickened.
خَجِلَ يَخْجَلُ	To be ashamed, blush.
خَجَّلَ وَأَخْجَلَ	To put to shame.
خَجَلٌ	Shame, confusion.
خَجْلَانُ وَمَخْجُولٌ	Modest, bashful.
خَدٌّ ج خُدُودٌ	Cheek.
خَدٌّ وَأُخْدُودٌ	Furrow, pit.
خُدَّةٌ ج خُدَدٌ	Furrow, track.
خُدَيْدِيَةٌ	Small cushion.

Cushion, pillow. مِخَدَّةٌ

To be benumbed. خَدِرَ يَخْدَرُ

To benumb. خَدَّرَ

Curtain, veil. خِدْرٌ ج خُدُورٌ

Numbness; stupefaction. خَدَرٌ

Sedative, anæsthetic. مُخَدِّرٌ

Girl kept in seclusion. مُخَدَّرَةٌ

To scratch. خَدَشَ يَخْدِشُ خَدْشاً

To deceive. خَدَعَ يَخْدَعُ وَخَادَعَ

Deceit, guile. خُدْعَة

To be deceived. اِنْخَدَعَ

Deceit. خَدِيعَةٌ ج خَدَائِعُ

Impostor; deceitful. خَادِعٌ

Impostor, great cheat. خَدَّاعٌ

Chamber. مِخْدَعٌ ج مَخَادِعُ

Deceived, deluded. مَخْدُوعٌ

To serve. خَدَمَ يَخْدِمُ خِدْمَةً

To employ. اِسْتَخْدَمَ

Service; official duty. خِدْمَةٌ

Servant. خَادِمٌ ج خَدَمٌ وَخُدَّامٌ

Friend. خِدْنٌ ج أَخْدَانٌ

Prince, viceroy. خُدَيْوِيٌّ

To forsake. خَذَلَ يَخْذُلُ خَذْلاً

To be forsaken. اِنْخَذَلَ

Forsaken, unaided. مَخْذُولٌ

To gurgle, rumble. خَرَّ يَخِرُّ

To prostrate one's self. خَرَّ لِ

Gurgling, murmur. خَرِيرٌ

To ease the bowels. خَرِئَ يَخْرَأُ

Excrement. خُرْءٌ وَخُرَاءٌ

To be ruined. خَرِبَ يَخْرَبُ

To demolish, ruin. خَرَّبَ يُخَرِّبُ

To be destroyed. تَخَرَّبَ

A ruin, waste. خَرِبَةٌ ج خِرَبٌ

Devastation; ruin. خَرَابٌ

Carob-tree. خَرُّوبٌ وَخُرْنُوبٌ

Devastation, destruction. تَخْرِيبٌ

To scratch a writing. خَرْبَشَ

خَرْبَقٌ Hellebore.

خَرَجَ يَخْرُجُ To go out;emerge.

أَخْرَجَ To take out; expel.

تَخَرَّجَ To be well trained.

إِسْتَخْرَجَ To drawout, extract.

خَرْجٌ Expenditure.

خُرْجٌ ج أَخْرَاجٌ Saddle-bags.

خَارِجٌ Exterior: quotient.

اَلْأُمُورُ ٱلْخَارِجِيَّةُ Fareign affairs.

خَرَاجٌ Land-tax; tribute, tax.

خُرَاجٌ ج خُرَاجَاتٌ Abscess.

مَخْرَجٌ Outlet; issue.

مُخَرَّجٌ Skilful, well-trained.

خَرْخَرَ To rattle, snore.

خُرْدُقٌ Small shot.

خَرْدَلٌ Mustard.

خَرَزَ يَخْرِزُ To pierce; bcre.

خَرَزٌ Small shells, beads.

خَرَزَاتُ ٱلظَّهْرِ Vertebræ of the back.

مِخْرَزٌ ج مَخَارِزُ Awl.

خَرِسَ يَخْرَسُ To be dumb.

خَرَسٌ Dumbness.

أَخْرَسُ Dumb.

خُرْصٌ ج خِرْصَانٌ Ear-ring.

خَرَطَ يَخْرُطُ To turn on a lathe.

إِخْتَرَطَ To unsheathe a sword.

خِرَاطَةٌ Trade of a turner.

خُرَاطَةٌ Shavings of a lathe.

خَرَّاطٌ Turner. Liar.

مِخْرَطَةٌ ج مَخَارِطُ Lathe.

مَخْرُوطٌ Cone.

مَخْرُوطِيٌّ Conical.

خُرْطُومٌ ج خَرَاطِيمُ Snout.

إِخْتَرَعَ To invent, devise.

خِرْوَعٌ Castor-oil-plant.

إِخْتِرَاعٌ ج إِخْتِرَاعَاتٌ Invention.

خَرِفَ يَخْرَفُ To dote from old age.

خَرَفٌ وَخَرَافَةٌ Dotage.

خَرِفٌ وَخَرِفَانٌ	Doting, idiotic.
خُرَافَةٌ	Fictitious tale, fable.
خَرُوفٌ ج خِرَافٌ	Lamb, sheep.
خَرِيفٌ	Autumn.
خَرَقَ يَخْرِقُ خَرْقًا	To pierce.
اِنْخَرَقَ	To be pierced.
اِخْتَرَقَ —	To traverse.
خَرْقٌ ج خُرُوقٌ	Rent, hole.
خَرِقٌ وَأَخْرَقُ	Stupid, awkward.
خِرْقَةٌ ج خِرَقٌ	Reg, tatter.
خَارِقٌ ج خَوَارِقُ	Unusual.
خَرَمَ يَخْرِمُ	To slit. Fail.
خَرَّمَ	To embroider.
اِنْخَرَمَ	To be torn, slit, pierced.
خُرْمٌ ج خُرُومٌ	Bore.
أَلْأَخْرَمُ	Acromion (*Anatomy*).
تَخْرِيمٌ	Embroidery.
مُخَرَّمٌ	Embroidered, chased.
خَرْمَشَ	To scratch.

خَرْنُوبٌ	*See* خَرُّوبٌ
خَزٌّ ج خُزُوزٌ	Silk-stuff.
بَحْرُ ٱلْخَزَرِ	Crspian Sea.
خَيْزُرَانٌ	Ratan, bamboo.
خُزَعْبَلَةٌ ج خُزَعْبَلَاتٌ	A fable.
خَزَفٌ	Earthenware, pottery.
خَزَفِيٌّ وَخَزَّافٌ	Potter.
خَزَقَ يَخْزِقُ	To penetrate; tear.
خَوْزَقَ	To impale.
خَزَلَ يَخْزِلُ خَزْلًا	To cut off.
خَزَمَ يَخْزِمُ	To pierce the nose.
خِزَامٌ	Nose-ring.
خُزَامَى	Lavender. Hyacinth.
خَزَنَ يَخْزُنُ	To store, hoard.
خَزْنَةٌ وَخِزَانَةٌ	Treasury.
خَزْنَةٌ وَخَزِينَةٌ ج خَزَائِنُ	Treasure.
خِزَانَةُ ٱلْكُتُبِ	Library.
خِزَانَةُ ٱلسِّلَاحِ	Armoury.
خَازِنٌ ج خَزَنَةٌ	Treasurer.

Magazine.	مَخْزَنٌ ج مَخَازِنُ
To subdue.	خَزَا يَخْزُو خَزْوًا
To be despised.	خَوِيَ يَخْزَى
To be ashamed of.	خَزِيَ مِنْ
Shame, disgrace.	خِزْيٌ وَخَزَايَةٌ
Shameful thing.	خَزْيَةٌ
To be mean.	خَسَّ يَخِسُّ خَسَاسَةً
Lettuce.	خَسٌّ
Vile, mean (miserly).	خَسِيسٌ
To lose.	خَسِرَ يَخْسَرُ
To cause loss, damage.	خَسَّرَ
Loss.	خُسْرٌ وَخَسَارَةٌ وَخُسْرَانٌ
Losing, loser.	خَاسِرٌ
To sink into the earth and vanish. Be eclipsed.	خَسَفَ يَخْسِفُ
To be eclipsed.	إِنْخَسَفَ
Eclipse.	خُسُوفٌ
Eclipsed.	مَخْسُوفٌ
To enter, penetrate.	خَشَّ يَخُشُّ
Timber-wood.	خَشَبٌ
A piece of wood.	خَشَبَةٌ
Coarse; hard.	خَشِبٌ
Wood-seller.	خَشَّابٌ
To rustle; clink.	خَشْخَشَ
Poppy.	خَشْخَاشٌ
Charnel-house.	خَشْخَاشَةٌ
Refuse, *n.*	خُشَارٌ وَخُشَارَةٌ
To be submissive.	خَشَعَ يَخْشَعُ
To humble one's self.	تَخَشَّعَ
Lowliness; humility.	خُشُوعٌ
Humble.	خَاشِعٌ ج خَاشِعُونَ
Young gazelle.	خِشْفٌ وَخِشْفَةٌ
Bat (animal).	خُشَّافٌ
Nose.	خَشْمٌ . خَيْشُومٌ ج خَيَاشِيمُ
To be rough.	خَشُنَ يَخْشُنُ
To treat one harshly.	خَاشَنَ
Roughness.	خُشْنَةٌ وَخُشُونَةٌ
Rough.	خَشِنٌ ج خِشَانٌ

To fear, dread.	خَشِيَ يَخْشَى
Fear.	خَشْيَةٌ وَخَشْيَانٌ
For fear that...	خَشْيَةَ أَنْ
Fearful.	خَاشٍ وَخَشْيَانُ
To distinguish by...	خَصَّ يَخُصُّ بِ
To be special to.	خَصَّ خُصُوصاً
To assign.	خَصَّصَ بِ
To be one's property.	إِخْتَصَّ بِ
Hut, booth.	خُصٌّ ج خِصَاصٌ
Special to.	خَاصٌّ لِ وبِ
Quality, property.	خَاصَّةٌ ج خَوَاصٌّ
Particularly.	خَاصَّةً
The notables.	اَلْخَاصَّةُ وَالْخَوَاصُّ
Particular property.	خَاصِّيَّةٌ
Especially.	عَلَى الْخُصُوصِ وَخُصُوصاً
Special, particular.	خُصُوصِيٌّ
To be fertile.	خَصِبَ يَخْصِبُ
Fertility.	خِصْبٌ
Fertile.	خَصِبٌ وَمُخْصِبٌ

To abridge.	إِخْتَصَرَ
Waist.	خَصْرٌ ج خُصُورٌ
Side ; flank.	خَاصِرَةٌ ج خَوَاصِرُ
Abridgment.	إِخْتِصَارٌ
In short; briefly.	بِالإِخْتِصَارِ
Whip, staff.	مِخْصَرَةٌ ج مَخَاصِرُ
Abridged; compend.	مُخْتَصَرٌ
Habit, quality.	خَصْلَةٌ ج خِصَالٌ
Lock of hair. Bunch.	خُصْلَةٌ ج خُصَلٌ
To dispute, contend with.	خَاصَمَ
Adversary.	خَصْمٌ ج خُصُومٌ
Adversary.	خَصِيمٌ ج خُصَمَاءُ
Dispute, quarrel.	خِصَامٌ
To geld, castrate.	خَصَى يَخْصِي
Eunuch.	خَصِيٌّ ج خِصْيَانٌ
Testicle.	خُصْيَةٌ ج خُصًى
To stir (water).	خَضَّ وَخَضْخَضَ
To dye.	خَضَبَ يَخْضِبُ
To be dyed.	تَخَضَّبَ وَاخْتَضَبَ

Dye, colour.	خِضَابٌ
To be green.	خَضِرَ يَخْضَرُ
To become green.	إِخْضَرَّ
Greenness. Vegetables.	خُضْرَةٌ ج خُضَرٌ
Green.	أَخْضَرُ م خَضْرَاءُ ج خُضْرٌ
Fruits; herbs.	خَضْرَوَاتٌ
To submit; obey.	خَضَعَ يَخْضَعُ
To subdue.	خَضَّعَ وَأَخْضَعَ
To humble one's self.	تَخَضَّعَ
Submissive.	خَاضِعٌ وَخَضُوعٌ
Submission.	خُضُوعٌ
To trace; write.	خَطَّ يَخُطُّ
To mark with lines.	خَطَّطَ
Line, streak.	خَطٌّ ج خُطُوطٌ
Equator.	خَط ٱلإِسْتِوَاءِ
Equinoctial line.	خَطُّ ٱلإِعْتِدَالِ
Meridian.	خَطُّ نِصْفِ ٱلنَّهَارِ
Imperial edict.	خَطٌّ شَرِيفٌ
Affair. Line of action.	خُطَّةٌ
To err, sin.	خَطِئَ يَخْطَأُ
To charge with mistake.	خَطَّأَ
To err, transgress; miss one's aim.	أَخْطَأَ
Error; sin, mistake.	خَطَأٌ وَخَطَآءٌ
Sin.	خَطِيئَةٌ ج خَطَايَا
Sinner.	خَاطِئٌ ج خُطَاةٌ وَخَطَأَةٌ
Erring, missing.	مُخْطِئٌ
To make a speech.	خَطَبَ يَخْطُبُ
To betroth, ask in marriage.	خَطَبَ يَخْطُبُ
To talk or converse with.	خَاطَبَ
Calamity.	خَطْبٌ ج خُطُوبٌ
Address, speech.	خُطْبَةٌ وَخِطَابٌ
Betrothal.	خِطْبَةٌ
Preacher.	خَطِيبٌ ج خُطَبَاءُ
Second person, (*Gram*).	مُخَاطَبٌ
To occur to his mind.	خَطَرَ لَهُ
To expose to danger.	خَاطَرَ بِ
Danger, risk.	خَطَرٌ ج أَخْطَارٌ
Thought, idea.	خَاطِرٌ خَوَاطِرُ

إخطارٌ Admonition, warning.

خطيرٌ Great; important.

مُخطِرٌ وخَطِرٌ Dangerous.

مَخَاطِرُ Risks, dangers, perils.

خَطِفَ يَخطَفُ To seize, abduct.

إختطَفَ To snatch away, rob.

خَطْفٌ Robbery; abduction.

خَاطِفٌ Seizing with violence.

خُطَّافٌ ج خَطَاطِيفُ Swallow (bird).

خَطَمَ يَخطِمُ To muzzle.

خِطْمِيٌّ Marsh-mallow.

خَطَا يَخطُو To step, walk.

تَخَطَّى To pass beyond.

خُطوَةٌ ج خُطُوَاتٌ Step, pace.

خَطِيَّةٌ Sin, transgression.

خَفَّ يَخِفُّ To be light (in weight).

خَفَّفَ To make light, ease.

إستخَفَّ To make light of.

خُفٌّ ج أخفَافٌ Boot, shoe.

خِفَّةٌ Lightness; agility.

خَفِيفٌ Light (in weight); quick.

إستخفَافٌ Slighting, despising.

تخفِيفٌ Alleviating, lightening.

خَفَرَ يَخفِرُ To protect, guard.

خَفَرٌ Sentry, guard.

خَفِيرٌ ج خُفَرَاءُ Sentry, escort.

خُفَّاشٌ ج خَفَافِيشُ Bat (animal).

خَفَضَ يَخفِضُ To depress, lower.

خَفَّضَ To let down, lower.

إنخَفَضَ To become low.

خَفْضٌ Abasement.

خَفَقَ يَخفِقُ To beat. Flutter.

أخفَقَ To fail, miss.

خَفَقَانٌ Palpitation.

خَفِيَ يَخفَى خَفَاءً To be hidden.

خَفِيَ خُفْيَةً To go out of sight.

أخفَى إخفَاءً To conceal.

تَخَفَّى To be concealed.

To disappear. إختفى من

Secret; unperceived. خفا وخفاء

Cocealed, secret. خفي ج خفايا

Secretly; in secret. خفية

King. خاقان ج خوانين

To become vinegar. خلّ

To be remiss in, neglect أخلّ ب

To penetrate, enter. تخلّل في

To be shaky, faulty. إختلّ

Vinegar. Slit, rent. خلّ خلول

Intimate friend. خِلّ أخلال

Defect, injury. خَلَل ج خِلال

Quality, habit. خلّة ج خِلال

Friend. خليل ج أخلّاء وخلّان

Mental disorder; fault. إختلال

Leading to disorder. مُخِلّ

Claw, talor. مِخْلَب ج مَخالِب

To quiver. خلج يخلج خلجا

To contend with. خالج

To tremble, quiver. إختلج

Bay, gulf; canal. خليج ج خلجان

To be displaced. تخلخل

Ankle-ring. خلخال ج خلاخيل

To be eternal. خلد يخلد

Eternity; immortality. خلود

Mole (animal). خلد ج مناجذ

Everlasting. خالد ومخلّد

To steal. خلس يخلس وإختلس

Theft, robbery. إختلاس

Thief, robber. مختلس وخالس

To be pure. Escape. خلص يخلص

To deliver, rescue, save. خلّص

To be sincere. أخلص

To be saved; escape. تخلّص

Rescue; salvation. خلاص

Essence; extract. خلاصة

Pure, unmixed; free. خالص

Sincerity. إخلاص وخلوص

مُخْلِصٌ	Sincere.
اَلْمُخَلِّصُ	The Saviour.
خَلَطَ يَخْلِطُ	To mix, mingle.
خَلَّطَ	To confuse, disorder.
خَالَطَ وَتَخَالَطَ	To associate with.
اِخْتَلَطَ	To be mixed, mingled.
خِلْطٌ ج أَخْلَاطٌ	Mixture.
مُخَالَطَةٌ	Social intercourse
خَلَعَ يَخْلَعُ	To cast off, strip. Depose; unhinge; dislocate.
خَلَّعَ	To disjoint, pull to pieces.
اِنْخَلَعَ	To be removed; dislocated.
خَلْعٌ	Dislocation. Deposition.
خِلْعَةٌ ج خِلَعٌ	Robe of honour.
خَلَاعَةٌ	Disorderly life. Vice.
مُخَلَّعٌ	Unhinged; feeble, weak.
خَلَفَ يَخْلُفُ	To succeed; replace.
خَلَّفَ	To leave behind.
خَالَفَ مُخَالَفَةً وَخِلَافًا	To oppose.
أَخْلَفَ الْوَعْدَ	To break one's promise.
تَخَلَّفَ عَنْ	To remain behind.
تَخَالَفَ وَاخْتَلَفَ	To disagree.
خَلْفٌ	Behind, after.
خَلَفٌ	Successor, descendant.
خُلْفَةٌ وَاخْتِلَافٌ	Difference.
خِلَافٌ	Disagreement.
خِلَافًا لِذٰلِكَ	Contrary to that.
خِلَافَةٌ	Caliphate. Succession.
خَلِيفَةٌ ج خُلَفَاءُ	Successor. Caliph.
مُخَالَفَةٌ	Opposition.
مُخْتَلِفٌ	Varied, different.
خَلَقَ يَخْلُقُ خَلْقًا	To create.
خَلُقَ يَخْلُقُ	To be worn out.
خَلُقَ بِ وَلِ	To be adapted to.
اِخْتَلَقَ	To invent, forge lies.
تَخَلَّقَ بِ	To affect, feign.
خَلْقٌ	Creation; creatures. Mankind.
خِلْقَةٌ ج خِلَقٌ	Natural shape.
خُلْقٌ ج أَخْلَاقٌ	Inborn quality.

خِلْقِيٌّ Congenital.	خَالٍ Empty, vacant. Free.
خَالِقٌ وَخَلَّاقٌ Creator (God).	أَلْقُرُونُ ٱلْخَالِيَةُ Past ages.
خَلِيقٌ ج خُلَقَاءُ بِ Fit, suitable.	مِخْلَاةٌ Feed-bag (for animals).
خَلِيقَةٌ ج خَلَائِقُ Creature.	خَمَّ يَخِمُّ To be putrid.
أَلْمَخْلُوقَاتُ Created things.	خَمَّ يَخُمُّ خَمًّا To examine a country.
خَلَا يَخْلُو To be vacant; alone.	خُمٌّ Hen-coop.
خَلَا مِنْ وَعَنْ To be free from.	خَمَدَ يَخْمُدُ To subside; abate.
خَلَا بِ To meet privately.	خَامِدٌ Silent; dead.
خَلَّى To leave, let alone.	خُمُودٌ Abatement, subsidence.
أَخْلَاهُ To vacate a place.	خَمَرَ يَخْمُرُ To veil, conceal.
تَخَلَّى عَنْ To withdraw from.	خَمَّرَ To conceal. Leaven.
تَخَلَّى لِ To confine himself to.	خَامَرَ To be mixed with.
خَلَاءٌ Empty space; solitude.	تَخَمَّرَ To veil the head, face.
بَيْتُ ٱلْخَلَاءِ Water-closet.	إِخْتَمَرَ To ferment; rise (dough.)
خَلَا وَمَا خَلَا Except.	خَمْرٌ وَخَمْرَةٌ Wine.
خُلُوٌّ Emptiness.	خِمَارٌ ج خُمُرٌ Covering; veil.
خَلْوَةٌ Privacy, solitude.	خَمِيرٌ وَخَمِيرَةٌ Leaven.
عَلَى خَلْوَةٍ Aside, apart.	خَمَّارٌ Wine-merchant.
خَلِيَّةٌ ج خَلَايَا Bee-hive; cell.	خَمَّارَةٌ Wine-shop.

Fermented.	مُخْمَرٌ
To be the fifth.	خَمَسَ يَخْمُسُ
To make pentagonal.	خَمَّسَ
The fifth part.	خُمْسٌ ج أَخْمَاسٌ
Five.	خَمْسَةٌ م خَمْسٌ
Fifth.	خَامِسٌ
Fifty, fiftieth.	خَمْسُونَ
Thursday.	يَوْمُ ٱلْخَمِيسِ
Pentagon, pentagonal.	مُخَمَّسٌ
To scratch.	خَمَشَ يَخْمِشُ
Hollow of the foot.	أَخْمَصُ
To limp.	خَمَعَ يَخْمَعُ
Nap of clöth.	خَمَلٌ
To be obscure (man)	خَمَلَ يَخْمُلُ
Villi of stomach.	خَمَلُ ٱلْمِعْدَةِ
Velvet.	مُخْمَلٌ
To surmise.	خَمَنَ يَخْمُنُ وَخَمَّنَ
By supposition.	عَلَى ٱلتَّخْمِينِ
To snuffle.	خَنَّ يَخِنُّ خَنِينًا
Nasal twang.	خُنَّةٌ
Snuffles (disease).	خُنَانٌ
To be effeminate.	خَنِثَ يَخْنَثُ
Hermaphrodite.	خُنْثَى
Poniard.	خَنْجَرٌ ج خَنَاجِرُ
Trench, moat.	خَنْدَقٌ ج خَنَادِقُ
Canals of the Nile.	خَنَادِلُ
Hog, pig.	خِنْزِيرٌ ج خَنَازِيرُ
Wild boar.	خِنْزِيرٌ بَرِّيٌّ
Scrofula.	دَاءُ ٱلْخَنَازِيرِ
The stars.	أَلْخُنَّسُ
Satan.	أَلْخَنَّاسُ
Fern (plant).	خِنْشَارٌ
Sucking pig	خِنَّوْصٌ ج خَنَانِيصُ
The little finger.	خِنْصِرٌ ج خَنَاصِرُ
Black beetle.	خُنْفُسَاءُ ج خَنَافِسُ
To strangle.	خَنَقَ يَخْنُقُ
To be strangled·	إِخْتَنَقَ وَٱنْخَنَقَ
Quinsy (disease).	خُنَاقٌ

Strangled.	خنيق و مخنوق
Foul words.	خنى و خنى
Suffocation; asphyxia.	إختناق
(Mister, Mr.	(خواجا و خواجه
(Teacher.	(خوجه ج خوجات
Plum; peach.	خوخ
Helmet.	خوذة ج خوذ
To bellow.	خار يخور
To fail (strength).	خار خؤورا
Bellowing of cattle.	خوار
Curate, person.	خوري ج خوارنة
To be unsaleable.	خاس يخوس
Leaves of the palm-tree.	خوص
Having a deformed eye.	أخوص
To wade; ford.	خاض يخوض
Ford.	مخاضة ج مخاوض
To fear, be afraid of.	خاف يخاف
To frighten.	خوف و أخاف
Fear, fright.	خوف و مخافة و خيفة
Timid, fearing.	خائف
Intimidation.	تخويف ج تخاويف
Fearful, perilous.	مخوف
Terrible, inspiring fear.	مخيف
Cause of fear	مخافة ج مخاوف
To bestow upon.	خول
Maternal uncle.	خال ج أخوال
Mole on the face.	خال ج خيلان
Maternal aunt.	خالة ج خالات
Steward.	خولي ج خول
Calico.	خام ج أخوام
To be unfaithful.	خان يخون
To accuse of treachery.	خون
Inn [Prince].	خان ج خانات
Deceit, treachery.	خون و خيانة
Table for food.	خوان ج أخونة
Unfaithful; traitor.	خائن
Treacherous.	خؤون و خوان
To be waste, empty.	خوى يخوي

خاوٍ	Empty, hollow; void.
خَابَ يَخِيبُ	To be disappointed.
خَيَّبَ وأَخَابَ	To disappoint.
خَيْبَة	Failure, disappointment.
خائِبٌ	Frustrated.
خَيَّرَ عَلَى	To deem better, prefer.
خَيَّرَ	To give one a choice.
إِختارَ	To choose, select, prefer.
خيرٌ ج خِيارٌ	A good thing.
خَيْرٌ مِن	Better than.
خَيْرُ النَّاسِ	The best of men.
خَيْرِيٌّ	Good, benevolent.
خِيارٌ	Choice. Cucumber.
خَيِّرٌ	Good, liberal.
أَخْيَرُ	Better; preferable.
إِختِيارٌ	Choice, election
إِختِيارِيٌّ	Voluntary.
مُخَيَّرٌ	Free to choose.
مُختارٌ	Preferred.
خَارِصِينِي	Zinc.
خَيْشٌ	Coarse canvas.
خَيْشَةٌ ج خَيْشَاتٌ	Large sack.
خَاطَ يَخِيطُ وَخَيَّطَ	To sew.
خَيْطٌ ج خيوطٌ وَخِيطانٌ	Thread.
خِيَاطَةٌ	Needle-work, sewing
خَيَّاطٌ	Tailor.
مَخِيطٌ وَمَخْيُوطٌ	Sewn, stitched.
خَالَ يَخَالُ	To conceive; imagine.
خَيَّلَ لِ وَإِلَى	To seem to.
تَخَيَّلَ لِ	To imagine, fancy.
خَيْلٌ ج خُيُولٌ	Horse; cavalry.
خَيَالٌ ج أَخْيِلَةٌ	Spectre, phantom.
خَيَالِيٌّ	Imaginary, ideal.
أَلْمُخَيِّلَةُ	Faculty of imagination.
خَيَّالٌ ج خَيَّالَةٌ	Horseman.
خَيَّمَ	To pitch a tent; abide.
خَامٌ	Unbleached cloth.
خَيْمَةٌ ج خِيَامٌ	Tent; booth.

د

As a numeral sign = 4.	د
State, condition; habit.	دَأْبٌ
To crawl, creep.	دَبَّ يَدِبُّ
Bear (animal).	دُبٌّ ج أَدْبَابٌ
Animal; beast.	دَابَّةٌ ج دَوَابُّ
Little animal; reptile.	دُوَيْبَّةٌ
Silk brocade.	دِيبَاجٌ ج دَبَابِيجُ
Introduction, preface.	دِيبَاجَةٌ
To tread, crawl.	دَبْدَبَ
To plan; manage well.	دَبَّرَ
To go back. retreat.	أَدْبَرَ
To regard attentively.	تَدَبَّرَ
Back, hind part.	دُبْرٌ ج أَدْبَارٌ
Management.	تَدْبِيرٌ ج تَدَابِيرُ
One who turns back.	مُدْبِرٌ
Administrator; director.	مُدَبِّرٌ
Thick juice of grapes.	دِبْسٌ
Mace. Pin.	دَبُّوسٌ ج دَبَابِيسُ
To tan (leather).	دَبَغَ يَدْبِغُ
Trade of a tanner.	دِبَاغَةٌ
Tanner.	دَبَّاغٌ
Tannery.	مَدْبَغَةٌ ج مَدَابِغُ
Tanned.	مَدْبُوغٌ
To adhere to.	دَبِقَ يَدْبَقُ بِ
Glue, bird-lime.	دِبْقٌ
To be effaced.	دَثَرَ يَدْثُرُ
To cover with a blanket.	دَثَّرَ
To be destroyed.	إِنْدَثَرَ
That which perishes.	دَاثِرٌ
Poultry.	دَجَاجٌ
A hen.	دَجَاجَةٌ
Turkey.	دَجَاجُ ٱلْهِنْدِ

دجاج الأرض	Woodcock.
دجاج البرّ	Partridge.
مدجّج	Completely armed.
دجل يدجل	To lie; cheat.
دجّال	Liar; impostor; quack.
دجلة	Tigris (river).
دجن يدجن	To be cloudy, dark. To become tame.
دجن دجوناً ب	To abide.
دجنة ج دجن	Darkness.
داجن ج دواجن	Tame animal.
دجى	Darkness.
دحر يدحر	To drive away.
دحرج	To roll down (*tran.*).
تدحرج	To be rolled.
دحيريجة	Lucern.
داحس	Whitlow.
دحش يدحش	To force into.
أدحض	To rebut, refute.
اندحض	To be refuted, rebutted.
دخل يدخل	To enter.
دخل تحت وفي	To be included.
أدخل	To cause to enter.
تداخل في	To intermeddle.
دخل	Income, revenue.
دخلك ودخيلك	I beseech you.
داخل	Interior, inside.
ناظر الداخلية	Home Secretary.
دخيل ج دخلاء	Stranger. Guest.
مدخل ج مداخل	Door; access.
مدخول ج مداخيل	Revenue.
دخن ودخّن وأدخن	To smoke.
دخن	Millet.
دخان	Smoke. Tobacco.
مدخنة ج مداخن	Chimney.
درّ يدرّ	To flow copiously.
درّ	Copious flow of milk.
لله درّه	How exquisite!
درّة ج درّات	Pearl. Parrot.

Copious flow.	مِدْرَارٌ
To guide, direct.	دَرَّبَ
To be practised in.	تَدَرَّبَ
Path; way.	دَرْبٌ ج دُرُوبٌ
Training; drill.	تَدْرِيبٌ
Trained; excercised.	مُدَرَّبٌ
Balustrade.	دَرَبْزِينٌ وَدَرَابْزُونٌ
To proceed gradually.	دَرَجَ يَدْرُجُ
To introduce.	أَدْرَجَ وَدَرَّجَ فِي
To proceed by degrees.	تَدَرَّجَ
Roll of paper.	دَرْجٌ ج أَدْرَاجٌ
Box, case.	دُرْجٌ ج أَدْرَاجٌ
Road, path.	دَرَجٌ ج أَدْرَاجٌ وَدِرَاجٌ
Step; degree.	دَرَجَةٌ ج دَرَجَاتٌ
Gradually.	تَدْرِيجًا وَبِالتَّدْرِيجِ
Common, current.	دَارِجٌ
Francolin.	دُرَّاجٌ
To lie unconscious.	إِنْدَرَجَ
Elm.	دَرْدَارٌ
To sew, stitch.	دَرَزَ يَدْرُزُ
Seam.	دَرْزٌ ج دُرُوزٌ
Druze.	دُرْزِيٌّ ج دُرُوزٌ
To efface.	دَرَسَ يَدْرُسُ
To read, study.	دَرَسَ يَدْرِسُ
To tread out corn, thresh.	دَرَسَ
To study or read under a teacher.	دَرَسَ عَلَى
To teach, lecture.	دَرَّسَ
To be effaced.	إِنْدَرَسَ
Lesson, study.	دَرْسٌ ج دُرُوسٌ
Threshing.	دِرَاسٌ وَدِرَاسَةٌ
School.	مَدْرَسَةٌ ج مَدَارِسُ
Teacher, professor.	مُدَرِّسٌ
To put on a coat of mail.	إِدَّرَعَ وَتَدَرَّعَ
Coat of mail.	دِرْعٌ ج دُرُوعٌ
Armoured.	مُدَرَّعٌ
Water jug.	دَوْرَقٌ ج دَوَارِقُ
Peach.	دُرَّاقِنٌ وَدُرَّاقٌ
To make responsible for.	دَرَّكَ

To overtake.	دَارَكَ
To reach.; comprehend.	أَدْرَكَ
To overtake; rectify.	تَدَارَكَ
To seek to obviate.	إِسْتَدْرَكَ
Comprehension.	إِدْرَاكٌ
To be filthy.	دَرِنَ يَدْرَنُ
Dirt. Tubercle.	دَرَنٌ ج أَدْرَانٌ
Polluted, dirty.	دَرِنٌ
Drachm; money.	دِرْهَمٌ ج دَرَاهِمُ
Dervish.	دَرْوِيشٌ ج دَرَاوِيشُ
To know.	دَرَى يَدْرِي
To treat kindly, cajole.	دَارَى
To acquaint, inform.	أَدْرَى بِ
Knowledge.	دِرَايَةٌ
To hide, insert.	دَسَّ يَدُسُّ
To plot against.	دَسَّ عَلَى
To be hidden, concealed.	إِنْدَسَّ
Spy.	دَاسُوسٌ ج دَوَاسِيسُ
Intrigue.	دَسِيسَةٌ ج دَسَائِسُ
A game. Copper pot.	دَسْتٌ ج دُسُوتٌ
Rule, regulation.	دُسْتُورٌ
Town, village.	دَسْكَرَةٌ ج دَسَاكِرُ
To be fatty.	دَسِمَ يَدْسَمُ
Fat, grease.	دَسَمٌ وَدُسُومَةٌ
To dismiss; leave.	دَشَّرَ
Let! (*imp. from* وَدَعَ)	دَعْ
To sport, jest with.	دَعَبَ وَدَاعَبَ
Wickedness.	دَعَرٌ وَدَعَارَةٌ
To tread under foot.	دَعَسَ يَدْعَسُ
A track, foot-print.	دَعْسَةٌ
To rub.	دَعَكَ يَدْعَكُ
To contend with.	دَاعَكَ مُدَاعَكَةً
To prop.	دَعَمَ يَدْعَمُ دَعْمًا
Support, prop.	دِعَامَةٌ ج دَعَائِمُ
To call; pray.	دَعَا يَدْعُو
To invite.	دَعَا دَعْوَةً
To pray for.	دَعَا لِ
To invoke a curse upon.	دَعَا عَلَى

To claim; pretend.	إدّعى بِ
To claim against.	إدّعى على
To call, invite.	إستدعى
Call; prayer.	دُعاء ج أدعِيَة
Invocation; invitation. Imprecation.	دَعْوَة
Claim; law-suit	دَعْوَى ج دَعاوٍ
Calling. Preacher.	داعٍ ج دُعاة
Cause; motive.	داعٍ ج دَواعٍ
Claim, ptetention.	إدِّعاء
Pretender; plaintiff.	مُدَّعٍ
Defendant.	مُدَّعَى عليهِ
To tickle.	دَغْدَغَ دَغْدَغَة
Darkness; nightfall.	دَغَش
Corruption. Thicket.	دَغَل ج أدغال
Tambourine.	دَفّ ج دُفوف
Side; rudder.	دَفَّة
To be warm.	دَفِئَ يَدْفَأُ
To warm.	دَفَّأ وأَدْفأ
To warm one's self.	تَدَفَّأ
Heat, warmth.	دِفْء
Register. Account-book.	دَفْتَر ج دَفاتِر
Minister of Finances.	دَفْتَردار
To bush back.	دَفَرَ يَدْفُرُ
Juniper tree.	دِفْران
To push.	دَفَشَ يَدْفُشُ
To push back, repel.	دَفَعَ يَدْفَعُ
To hand over to.	دَفَعَ إلى ولِ
To contend with. Defer.	دافَعَ
To protect, defend.	دافَعَ عن
To be thrust back.	إندَفَعَ
Pushing back. Payment.	دَفْع
Expulsive force.	قُوَّة دافِعة
Cannon.	مِدْفَع ج مَدافِع
To pour forth (water).	دَفَقَ يَدْفُقُ
To be poured out.	تَدَفَّقَ وإنْدَفَقَ
Overflowing.	مُتَدَفِّق
Oleander.	دِفْل ودِفْلَى
To bury; conceal.	دَفَنَ يَدْفِنُ

إِندَفَنَ	To be buried.
دَفْنٌ	Burying, burial.
دَفِينَةٌ ج دَفَائِنُ	Buried treasure.
مَدْفَنٌ ج مَدَافِنُ	Tomb.
دَقَّ يَدِقُّ	To be fine, thin.
دَقَّ يَدُقُّ	To crush; knock.
دَقَّ ٱلْجَرَسَ	To ring the bell.
دَقَّقَ فِي	To be precise.
دَقَّقَ ٱلنَّظَرَ	To examine minutely.
دِقَّةٌ	Exactness, accuracy.
مِدَقٌّ وَمِدَقَّةٌ	Pestle.
دَقِيقٌ ج أَدِقَّةٌ وَدِقَاقٌ	Fine; thin. Fine flour.
دَقِيقَةٌ ج دَقَائِقُ	Minute (time).
تَدْقِيقٌ	Exactness, precision.
مُدَقِّقٌ	Exact, precise.
دَكَّ يَدُكُّ	To demolish. To charge a gun.
دَكَّةٌ	Wide bench, seat.
مِدَكٌّ	Ramrod.
مَدْكُوكٌ	Loaded (gun).
دَكِنَ يَدْكَنُ	To be blackish.
دُكْنَةٌ	Blackish colour.
دُكَّانٌ ج دَكَاكِينُ	Shop.
دُكَّنْجِيٌّ	Shop-keeper.
أَدْكَنُ م دَكْنَاءُ	Blackish.
دَلَّ يَدُلُّ عَلَى	To point out, show.
دَلَّلَ	To spoil (a child).
دَلَّلَ عَلَى	To sell at auction.
تَدَلَّلَ	To be coquettish.
إِسْتَدَلَّ عَلَى	To seek, or to find a proof.
دَلَالٌ	Coquetry.
دَلَّالٌ	Broker, auctioneer.
دَلِيلٌ ج أَدِلَّةٌ	Sign, proof.
دَلِيلٌ ج أَدِلَّاءُ	Guide.
دُلْبٌ	Plane-tree.
دُولَابٌ ج دَوَالِيبُ	Water-wheel.
دَلَسٌ وَدُلْسَةٌ	Deceit.
دَلَعَ لِسَانَهُ	To loll the tongue.
دَلَفَ يَدْلِفُ دَلْفًا	To leak.

Dolphin.	دُلْفِينٌ ج دَلَافِينُ
To pour out (a liquid)	دَلَقَ يَدْلُقُ
To rub.	دَلَكَ يَدْلُكُ دَلْكاً
Rubbing stone.	مِدْلَكٌ وَمِدْلَكَةٌ
To be very dark.	إِدْلَهَمَّ
Very black.	مُدْلَهِمٌّ
To draw a bucket.	دَلَا يَدْلُو
To let down.	دَلَّى وَأَدْلَى
To be let down.	تَدَلَّى
Bucket. Aquarius.	دَلْوٌ ج أَدْلٍ
Aquarius.	أَلدَّلْوُ
Grape-vine.	دَالِيَةٌ ج دَوَالٍ
Blood.	دَمٌ
Bloody.	دَمَوِيٌّ
To be gentle.	دَمِثَ يَدْمَثُ
Mild, soft.	دَمِثٌ وَدَمِيثٌ
Gentleness, delicacy.	دَمَاثَةٌ
To be joined.	دَمَجَ يَدْمُجُ وَإِنْدَمَجَ
Compact.	مُدْمَجٌ وَمُنْدَمِجٌ
To murmur against.	دَمْدَمَ عَلَى
To perish utterly.	دَمَرَ يَدْمُرُ
To annihilate, destroy.	دَمَّرَ
Destruction, annihilation.	دَمَارٌ
Palmyra.	تَدْمُرُ
To be dense, (darkness).	دَمَسَ يَدْمُسُ
To conceal, bury.	دَمَسَ يَدْمِسُ
Dark, (night).	دَامِسٌ
Damascus.	دِمَشْقُ
To shed tears, (eyes).	دَمَعَ يَدْمَعُ
Tears.	دَمْعٌ ج دُمُوعٌ وَأَدْمُعٌ
A tear, a drop.	دَمْعَةٌ
To mark by branding.	دَمَغَ يَدْمَغُ
Mark, brand.	دَمْغَةٌ
Brain.	دِمَاغٌ ج أَدْمِغَةٌ
To manure land.	دَمَلَ يَدْمُلُ
To be healed.	دَمَلَ يَدْمُلُ وَإِنْدَمَلَ
Pustule, boil.	دُمَّلٌ ج دَمَامِيلُ
Manure.	دَمَالٌ

Bracelet.	دُمْلُجٌ ج دَمَالِجُ
To manure land.	دَمَنَ وَدَمَّنَ
To be permanent.	دَمَنَ يَدْمَنُ
To persevere in, cleave to.	أَدْمَنَ
Constant practice.	إِدْمَانٌ
Addicted to.	مُدْمِنٌ
To bleed, flow (blood).	دَمِيَ يَدْمَى
To cause to bleed.	دَمَّى وَأَدْمَى
Blood.	دَمٌ ج دِمَاءٌ
Bloody.	دَمِيٌّ ودَمَوِيٌّ
Large wine-jar.	دَنٌّ ج دِنَانٌ
To be low, vile.	دَنَأَ يَدْنَأُ
Meanness; weakness.	دَنَاءَةٌ
Low; worthless.	دَنِيءٌ ج أَدْنِيَاءُ
A gold coin.	دِينَارٌ ج دَنَانِيرُ
To be defiled.	دَنِسَ يَدْنَسُ
To stain, pollute.	دَنَّسَ
To be defiled.	تَدَنَّسَ
Filth, pollution.	دَنَسٌ ج أَدْنَاسٌ
Soiled, foul.	دَنِسٌ ج أَدْنَاسٌ
To be near death.	أَدْنَفَ
To perish with cold.	دَنِقَ يَدْنَقُ
Small coin.	دَانِقٌ ج دَوَانِقُ
To approach.	دَنَا يَدْنُو
Nearness; proximity.	دَنَاوَةٌ
Meanness, baseness.	دَنَايَةٌ
Vile. Near.	دَنِيٌّ ج أَدْنِيَاءُ
Anything base.	دَنِيَّةٌ ج دَنَايَا
The (present) world.	دُنْيَا
Worldly.	دُنْيَوِيٌّ
Nearer. Viler, worse.	أَدْنَى
Time; age.	دَهْرٌ ج دُهُورٌ
For ever and ever.	دَهْرَ الدَّاهِرِينَ
To be bewildered.	دَهِشَ يَدْهَشُ
To perplex.	دَهَّشَ وَأَدْهَشَ
Astounded.	دَهِشٌ وَمَدْهُوشٌ
Confusion; perplexity.	دَهْشَةٌ
Vestibule.	دِهْلِيزٌ ج دَهَالِيزُ

To scatter.	دَهَكَ يَدْهَكُ دَهْكاً
To comeunexpectedly.	دَهَمَ يَدْهَمُ
Blackness.	دُهْمَةٌ
Black (horse).	أَدْهَمُ
To anoint, paint.	دَهَنَ يَدْهَنُ
To beguile; coax.	دَاهَنَ
To be anointed.	تَدَهَّنَ
Oil, grease.	دُهْنٌ ج أَدْهَانٌ
Paint. Ointment.	دِهَانٌ وَدَهُونٌ
Painter.	دَهَّانٌ
Dissimulation; flattery.	مُدَاهَنَةٌ
Painted.	مُدْهَنٌ وَمَدْهُونٌ
To be sly, subtle.	دَهِيَ يَدْهَى
Cunning, craft.	دَهَاءٌ
Calamity.	دَاهِيَةٌ ج دَوَاهٍ
Sagacious, cunning.	دَاهٍ وَدَاهِيَةٌ
To throw down.	دَهْوَرَ
To tumble down.	تَدَهْوَرَ
Illness, disease.	دَاءٌ ج أَدْوَاءٌ
Gout.	دَاءُ ٱلْمُلُوكِ
Hydrophobia.	دَاءُ ٱلْكَلْبِ
Elephantiasis.	دَاءُ ٱلْفِيلِ
To be giddy, sea-sick.	دَاخَ يَدُوخُ
To subdue, conquer.	دَوَّخَ
Giddiness.	دَوْخَةٌ
A worm.	دُودَةٌ ج دِيدَانٌ وَدُودٌ
Silk-worm.	دُودَةُ ٱلْقَزِّ
David.	دَاوُدُ
To revolve, circulate.	دَارَ يَدُورُ
To set going; administer.	أَدَارَ
To be round.	تَدَوَّرَ وَٱسْتَدَارَ
House.	دَارٌ ج دُورٌ وَدِيَارٌ
The world to come.	دَارُ ٱلْبَقَاءِ
The world that is.	دَارُ ٱلْفَنَاءِ
The two worlds (of time and eternity).	اَلدَّارَانِ
Turn; age, period.	دَوْرٌ ج أَدْوَارٌ
Rotation, circulation.	دَوَرَانٌ
Sparrow.	دُورِيٌّ

دَائِرٌ	Revolving; roaming.
دَائِرَةٌ ج دَوَائِرُ	Circle; orbit of a planet. Calamity. Department.
دَائِرَةُ ٱلْعُلُومِ	Encyclopedia.
دُوَارٌ	Giddiness.
دَيْرٌ ج أَدْيِرَةٌ	Convent.
إِدَارَةٌ	Administration.
إِسْتِدَارَةٌ	Circular form.
مَدَارٌ	Pivot, axis.
مُدَوَّرٌ وَ مُسْتَدِيرٌ	Round, circular.
مُدِيرٌ	Inspector; director.
مُدِيرِيَّةٌ	Territory of a Mudir.
دَاسَ يَدُوسُ	To tread, trample.
إِنْدَاسَ	To be trodden upon.
مَدَاسٌ	Shoe, sandal.
دَاوَلَ مُدَاوَلَةً	To alternate.
تَدَاوَلَ	To do by turns.
دَوْلَةٌ ج دُوَلٌ	Dynasty; empire.
دَوَالِي	Vine, grapes.

مُدَاوَلَةً	By turns, alternately.
مُتَدَاوَلٌ	Used, employed commonly.
دَامَ يَدُومُ	To continue; endure.
مادَامَ قَائِماً	As long as it stands.
دَاوَمَ عَلَى	To persist in.
أَدَامَ	To prolong.
إِسْتَدَامَ	To continue.
دَوَامٌ وَدَيْمُومَةٌ	Continuance.
دَوْمٌ	Theban palm.
عَلَى ٱلدَّوَامِ	Continually; for ever.
دُوَّامَةٌ	Spinning-top.
دَائِمٌ	Continuing, lasting.
دَائِماً	Always.
مُدَامٌ وَمُدَامَةٌ	Wine.
مُدَاوَمَةٌ	Perseverance.
دَوَّنَ	To write out.
دُونَ	Beneath. Before; behind.
دُونَ أَنْ	Except.

بِدُونِ وَمِنْ دُونِ	Without.
دُونٌ	Low, mean, vile, bad.
دُونَكَ	Take it!
دِيوَانٌ ج دَوَاوِينُ	Court of justice; tribunal. Poems.
مُدَوَّنٌ	Inserted, registered.
دَاوَى	To treat medically.
دَوَاءٌ ج أَدْوِيَةٌ	Medicine, remedy.
دَوَاةٌ وَدَوَايَةٌ	Inkstand.
دَوِيٌّ	Hum, buzz; rustling.
مُدَاوَاةٌ	Treatment, cure.
مُدَاوٍ	Physician.
دِيكٌ ج دُيُوكٌ	Cock.
دَانَ يَدِينُ	To borrow; lend.
دَانَ دِينًا	To judge, requite. Follow a religion.
دَانَ لِ	To submit, yield to.
دَيَّنَ وَأَدَانَ	To lend money.
تَدَيَّنَ وَإِسْتَدَانَ مِنْ	To borrow.
تَدَيَّنَ بِ	To follow a religion.
دَيْنٌ ج دُيُونٌ وَأَدْيُنٌ	Debt, loan.
دِينٌ ج أَدْيَانٌ دِيَانَةٌ ج دِيَانَاتٌ	Religion; belief.
يَوْمُ ٱلدِّينِ	The Judgment Day.
دَيْنُونَةٌ	Judgment.
دَائِنٌ	Debtor; creditor.
دَيَّانٌ	Judge.
مَدِينَةٌ	City. (*see* مدن)
مَدْيُونٌ ج مَدْيُونُونَ	Debtor.

ذ

As a numeral sign = 700. ذ

This, this one. ذَا ج أُولَاءِ

That, that one. ذَاكَ ج أُولَئِكَ

That, that one. ذَلِكَ ج أُولَائِكَ

What? مَاذَا Why? لِمَاذَا

Thus, like this. كَذَا

This. هٰذَا مث هٰذَانِ ج هٰؤُلَاءِ

Thus, like this. هٰكَذَا

Wolf. ذِئْبٌ ج ذِئَابٌ

To repel; defend. ذَبَّ يَذُبُّ عَنْ

Fly. ذُبَابٌ ج ذِبَّانٌ

A fly. ذُبَابَةٌ وذُبَانَةٌ

To slaughter, slay. ذَبَحَ يَذْبَحُ

To kill one another. تَذَابَحَ

Act of slaughtering. ذَبْحٌ

Angina, croup. ذُبَحَةٌ

Slaughtered. ذَبِيحٌ

Sacrifice. ذَبِيحَةٌ ج ذَبَائِحُ

Alter. مَذْبَحٌ ج مَذَابِحُ

Slaughtered, immolated. مَذْبُوحٌ

To swing to and fro. ذَبْذَبَ

Wavering. مُذَبْذَبٌ ومُذَبْذِبٌ

To wither. ذَبَلَ يَذْبُلُ ذُبُولاً

To cause to wither. dry up. أَذْبَلَ

Withered, withering. ذَابِلٌ

To teasure up. ذَخَرَ يَذْخَرُ وَاذَّخَرَ

ذُخْرٌ ج أَذْخَارٌ وَذَخِيرَةٌ ج ذَخَائِرُ

Treaure; stores.

To scatter, sprinkle. ذَرَّ يَذُرُّ ذَرًّا

Young or small ants. ذَرٌّ

An atom. ذَرَّةٌ

Descendants. ذُرِّيَّةٌ ج ذَرَارِيُّ

ذُرَّاحٌ ج ذَرَارِيحُ Spanish fly.
ذَرْذَرَ To scatter, strew.
ذَرْعٌ Power, capacity.
ضَاقَ ذَرْعًا To be unable.
ذِرَاعٌ ج أَذْرُعٌ Arm; cubit.
ذَرِيعٌ Sudden, rapid.
ذَرَفَ يَذْرِفُ To flow; shed (tears).
ذَرَى يَذْرِي To winnow; scatter.
ذَرَّى وَأَذْرَى To winnow.
ذَرَى وَاسْتَذْرَى To seek shelter.
ذُرَةٌ A kind of millet.
ذُرَةٌ صَفْرَاءُ Maize.
ذَرًى Dispersed dust. Shelter.
ذُرْوَةٌ ج ذُرًى Summit.
مِذْرًى Winnowing fork.
ذَعَرَ يَذْعَرُ وَأَذْعَرَ To frighten.
ذُعِرَ وَانْذَعَرَ To be terrified.
ذُعْرٌ Fright, terror.
ذَعَرٌ Bewilderment.

مَذْعُورٌ Bewildered; frightened.
ذَعِنَ يَذْعَنُ وَأَذْعَنَ لِ To obey.
أَذْعَنَ بِ To confess, submit.
إِذْعَانٌ Submission.
مُذْعِنٌ Obedient. submissive.
ذَفَرٌ Strong odour.
ذَقَنٌ ج ذُقُونٌ Chin; beard.
ذَكَرَ يَذْكُرُ To remember.
ذَكَرَ To mention, relate.
ذَكَّرَ وَأَذْكَرَ To remind of.
ذَاكَرَ فِي To confer with.
تَذَكَّرَ To remember, think of.
تَذَاكَرَ فِي To confer together.
ذِكْرٌ Memory; praise. Mention.
ذَكَرٌ ج ذُكُورٌ Male. Male organ.
ذِكْرَى Remembrance.
ذَاكِرَةٌ Faculty of memory.
تَذْكِرَةٌ ج تَذَاكِرُ Permit, passport.
تَذْكَارٌ Remembrance.

Frequent remembrance.	تَذَكُّرٌ
Conference.	مُذَاكَرَةٌ
Masculine, (word).	مُذَكَّرٌ
Mentioned. Praised.	مَذْكُورٌ
To be quick (in intellect).	ذَكِيَ يَذْكَى
Quick understanding.	ذَكَآءٌ
Intelligent.	ذَكِيٌّ ج أَذْكِيَآءُ
Quicker in perception.	أَذْكَى
To be low; submissive.	ذَلَّ يَذِلُّ
To humble, humiliate.	ذَلَّلَ وَأَذَلَّ
To render tractable.	ذَلَّلَ
To humble one's self.	تَذَلَّلَ
Submissiveness.	ذُلٌّ
Humiliation.	ذِلٌّ وَمَذَلَّةٌ
Low, abject.	ذَلِيلٌ ج أَذِلَّآءُ
This; that. (*see* ذَا)	ذٰلِكَ
To blame, censure.	ذَمَّ يَذُمُّ
Blame, rebuke.	ذَمٌّ وَمَذَمَّةٌ
Covenant; security.	ذِمَّةٌ ج ذِمَمٌ
Protected tributaries.	أَهْلُ ٱلذِّمَّةِ
Conscience; moral sense.	ذِمَّةٌ
Blamed; censured.	ذَمِيمٌ
Blameworthy action.	مَذَمَّةٌ
Blamed; censured.	مَذْمُومٌ
To murmur against.	تَذَمَّرَ عَلَى
To be guilty.	أَذْنَبَ
Crime, guilt.	ذَنْبٌ ج ذُنُوبٌ
Tail, extremity.	ذَنَبٌ ج أَذْنَابٌ
Comet.	نَجْمٌ ذُو ذَنَبٍ
Guilty; criminal.	مُذْنِبٌ
To go, depart.	ذَهَبَ يَذْهَبُ
To think, believe.	ذَهَبَ إِلَى
To gild.	ذَهَّبَ وَأَذْهَبَ
To cause to dissappear.	أَذْهَبَ
Gold.	ذَهَبٌ
Golden, of gold.	ذَهَبِيٌّ
Nile-boat.	ذَهَبِيَّةٌ
Going; passing.	ذَاهِبٌ

ذَهَابٌ	Departure.
مُذَهَّبٌ	Gilt.
مَذْهَبٌ ج مَذَاهِب	Way. Creed.
تَمَذْهَبَ	To embrace a creed.
مَاءُ ٱلذَّهَبِ	Gold powder.
ذَهَلَ يَذْهَلُ عَنْ	To forget, neglect.
ذَهَلَ وَٱنْذَهَلَ	To be astonished.
أَذْهَلَ عَنْ	To cause to forget.
إِنْذِهَالٌ	Astonishment.
مُنْذَهِلٌ	Astonished, bewildered.
ذِهْنٌ ج أَذْهَانٌ	Mind, intellect.
ذِهْنِيٌّ	Intellectual, subjective.
ذُو ج ذَوُو	Master, possessor.
ذَاتٌ	Essence; person, self.
ذَاتَ ٱلْيَمِينِ	To the right.
ذَاتَ يَوْمٍ	On a certain day.
بِذَاتِهِ	In person.
فِي ذَاتِهِ	In itself.
ذَاتِيٌّ	Essential, personal.
مَحَبَّةُ ٱلذَّاتِ	Selfishness.
ذَابَ يَذُوبُ	To dissolve, melt.
ذَوَّبَ وَأَذَابَ	To cause to melt.
ذَائِبٌ	Melting, in a fluid state.
مِذْوَدٌ ج مَذَاوِدُ	Manger.
ذَاقَ يَذُوقُ	To taste; try.
أَذَاقَ	To give to taste.
ذَوْقٌ	Taste, sense of taste.
ذَوْقٌ سَلِيمٌ	Sound taste.
مَذَاقٌ	Flavour.
ذَاكَ	That, yonder. (*See* ذَا)
ذَوَى يَذْوِي	To wither, (plant).
ذِي وَهذِي	This (*fem. of* ذَا)
ذَاعَ يَذِيعُ	To be public, (news).
أَذَاعَ وَبِ	To make public.
إِذَاعَةٌ	Publication.
ذَيَّلَ	To add an appendix.
ذَيْلٌ ج ذُيُولٌ	Tail, skirt. Fringes. Appendix.
تَذْيِيلٌ	Appendix, supplment.

ر

ر	As a numeral sign=200.
رَاتِينَجٌ	Resin.
رَأَسَ يَرْأَسُ	To be a chief.
رَأَّسَ	To make one a leader.
تَرَأَّسَ	To become a chief.
رَأْسٌ ج رُؤُوسٌ	Head; peak; cape; chief, leader ; principal part.
رَأْساً	Directly ; completely.
عَلَى ٱلرَّأْسِ وَٱلْعَيْنِ	Most willingly.
رَأْسُ ٱلْمَالِ	Capital ; stock.
رِئَاسَةٌ	Headship, authority.
رَئِيسٌ ج رُؤَسَاءُ	President, chief.
ٱلْأَعْضَاءُ ٱلرَّئِيسَةُ	The vital organs.
مَرْؤُوسٌ	Under authority.
رَأَفَ يَرْأَفُ	To show pity.
رَأْفَةٌ	Compassion, pity, mercy.
رَؤُوفٌ وَرَئِفٌ	Compassionate.
رِئْمٌ ج أَرْآمٌ	White antelope.
رَأَى يَرَى	Te see, perceive ; judge
رَأَى رُؤْيَا	To have a vision.
رَاءَى مُرَاءَاةً	To dissemble.
يَا تُرَى	Do you suppose?
أَرَى إِرَاءَةً وَإِرَاءَهُ	To show.
تَرَاءَى وَتَرَآءَى لِ	To appear to.
إِرْتَأَى	To consider.
رَأْيٌ ج آرَاءٌ	Opinion, view.
رَايَةٌ	Military banner.
رِيَاءٌ	Hypocrisy.
رِئَةٌ ج رِئَاتٌ	Lung.
ذَاتُ ٱلرِّئَةِ	Inflammation of lung.
رُؤْيَا ج رُؤًى	Dream, vision.
رُؤْيَةٌ ج رُؤًى	Act of seeing.

مِرْآةٌ ج مَرَايَا Mirror.
مُرَآءٍ Hypocrite.
مُرَآءَاةٌ Hypocrisy.
رَبٌّ ج أَرْبَابٌ Lord, master.
اَلرَّبُّ The Lord.
رُبٌّ ج رِبَابٌ Syrup.
رُبَّ وَرُبَّمَا Often. Seldom.
رَبَّانِيٌّ Divine. Rabbi.
رَبَابٌ A kind of violoncello.
رُبَّانٌ Captain of a ship; chief.
رَبِحَ يَرْبَحُ رِبْحًا To gain.
رَبَّحَ To cause one to gain.
رِبْحٌ ج أَرْبَاحٌ Profit, gain.
رِيبَاسٌ A kind of sorrel (plant).
تَرَبَّصَ To wait, expect.
رُوبَاصٌ Pure, refined, (silver).
رَبَضَ يَرْبِضُ To lie in wait.
رَبَضٌ ج أَرْبَاضٌ Suburb.
مَرْبِضٌ ج مَرَابِض Enclosure.

رَبَطَ يَرْبِطُ To tie, bind, fasten.
تَرَابَطَ To agree upon.
اِرْتَبَطَ To be tied.
رَبْطَةٌ ج رَبْطَاتٌ Bundle, parcel.
رَابِطُ ٱلدَّرْبِ Highway-robber.
رِبَاطٌ ج رُبُطٌ Bond, rope.
رَابِطَةٌ Connectiv, copula.
مَرْبَطٌ ج مَرَابِطُ Stable.
مِرْبَطٌ Cord, rope; halter.
رَبَعَ بِ Pasture freely in.
رَبَّعَ To square.
تَرَبَّعَ To sit cross-legged.
رُبْعٌ ج أَرْبَاعٌ Fourth part.
رَبْعَةٌ Medium in stature.
رَابِعٌ م رَابِعَةٌ ج رَوَابِعُ Fourth.
رُبَاعِيٌّ Quadriliteral.
رَبِيعٌ Spring-time.
رَبِيعُ ٱلأَوَّلُ The third month of the Mohammedan year.

The fourth month.	رَبِيعُ ٱلآخِرُ
Four.	أَرْبَعَةٌ م أَرْبَعٌ
Quadrupeds.	ذَوَاتُ ٱلأَرْبَعِ
Wednesday.	ٱلأَرْبِعَاءُ
Forty.	أَرْبَعُونَ
Square form or number.	مُرَبَّعٌ
Of medium stature.	مَرْبُوعٌ
Jerboa.	يَرْبُوعٌ ج يَرَابِيعُ
To entangle, bind.	رَبَقَ يَرْبُقُ رَبْقًا
Loop, noose.	رِبْقٌ وَرِبْقَةٌ
To mix, confuse.	رَبَكَ يَرْبُكُ
To be entangled.	رَبِكَ وَٱرْتَبَكَ
Confused entangled.	مُرْتَبِكٌ
Captain of a ship.	رُبَّانٌ
To increase; grow.	رَبَا يَرْبُو
To nourish; train up.	رَبَّى
To take usury.	رَابَى مُرَابَاةً
To increase v. t.	أَرْبَى
To be brought up.	تَرَبَّى
Usury, interest.	رِبًا وَرِبَاءٌ
Asthma, panting.	رَبْوٌ
Hill, height.	رَبْوَةٌ ج رُبًى
Ten thousand.	رِبْوَةٌ ج رِبْوَاتٌ
Hill, height.	رَابِيَةٌ ج رَوَابٍ
Education, training.	تَرْبِيَةٌ
Groin.	أُرْبِيَّةٌ
Usurer.	مُرَابٍ
Educator, trainer.	مُرَبٍّ
Educated, trained up.	مُرَبًّى
To set in order.	رَتَّبَ
To be arranged.	تَرَتَّبَ
To result from.	تَرَتَّبَ عَلَى
Rank, position.	رُتْبَةٌ ج رُتَبٌ
Salary, pension.	رَاتِبٌ
Arrangement, order.	تَرْتِيبٌ
Grade, rank.	مَرْتَبَةٌ ج مَرَاتِبُ
To live in abundance.	رَتَعَ يَرْتَعُ
To repair.	رَتَقَ يَرْتُقُ رَتْقًا

رَتَّلَ To sing.

رُتَيْلاَءُ ج رُتَيْلاَوَاتٌ Large spider.

تَرْتِيلٌ ج تَرَاتِيلُ Singing, chanting.

رَثَّ يَرِثُّ To be ragged.

رَثٌّ ج رِثَاثٌ Worn out. Rags.

رَثَاثَةٌ Squalor, raggedness.

رَثَا يَرْثُو To bewail (the dead).

رَثَا لِ To sympathize with, pity.

رِثَاءٌ Elegy.

مَرْثِيَةٌ وَمَرْثَاةٌ ج مَرَاثٍ Elegy.

رَجَّ يَرُجُّ To move, shake.

إِرْتِجَاجٌ Agitation, trembling.

أَرْجَأَ To put off, defer.

رَجَبٌ The seventh month of the Moslem year.

رَجَحَ يَرْجَحُ To over-weigh.

رَجَّحَ عَلَى To prefer.

تَرَجَّحَ To be more probable.

رَاجِحٌ Outweighing, preferable.

أَرْجَحُ Preferable, more probable.

أُرْجُوحَةٌ Swing.

تَرْجِيحٌ Prefernce, probability.

رَجَزٌ A poetical metre.

أُرْجُوزَةٌ Poem of رَجَزٌ metre.

رَجِسَ يَرْجَسُ To dfile one's self.

رِجْسٌ وَرَجَسٌ وَرَجَاسَةٌ Pollution.

رَجِسٌ Dirty, foul.

رَجَعَ يَرْجِعُ To return.

رَجَعَ إِلَى To have recourse to.

رَجَعَ عَنْ To renounce.

رَجَّعَ To restore.

رَاجَعَ To review.

أَرْجَعَ To restore.

إِسْتَرْجَعَ To reclaim.

رُجُوعٌ Return.

مُرَاجَعَةٌ Review, repetition.

رَجَفَ يَرْجُفُ To quake, tremble.

أَرْجَفَ To shake, agitate.

إِرْتَجَفَ To tremble.

Trembling, shaking.	رَجْفَةٌ
Seditious rumours.	أَرَاجِيفُ
To go on foot.	رَجِلَ يَرْجَلُ
To dismount.	تَرَجَّلَ
To speak extempore.	إِرْتَجَلَ
Foot, leg.	رِجْلٌ ج أَرْجُلٌ
A man.	رَجُلٌ ج رِجَالٌ
Pedestrian.	رَجِلٌ وَرَاجِلٌ
Manliness; virility.	رُجُولِيَّةٌ
Extemporizing.	إِرْتِجَالٌ
Caldorn.	مِرْجَلٌ ج مَرَاجِلُ
Improvised (speech).	مُرْتَجَلٌ
To stone; kill.	رَجَمَ يَرْجُمُ
To guess.	رَجَمَ بِالْغَيْبِ
To be heaped up.	إِرْتَجَمَ
Heap of stones.	رَجْمٌ ج رِجَامٌ
Tomb-stone.	رُجْمَةٌ ج رُجَمٌ
Stoned, killed. Cursed.	رَجِيمٌ
Coral.	مَرْجَانٌ

To hope, expect.	رَجَا يَرْجُو
To hope for.	تَرَجَّى وَإِرْتَجَى
To beg, entreat.	تَرَجَّى
To put off, defer.	أَرْجَى
Hope.	رَجَاءٌ
To be spacious (place).	رَحُبَ يَرْحُبُ
To make wide.	رَحَّبَ وَأَرْحَبَ
To welcome.	رَحَّبَ وَتَرَحَّبَ بِ
Ample, spacious.	رَحْبٌ وَرَحِيبٌ
Welcome.	تَرْحَابٌ
Welcome!	مَرْحَباً بِكَ
To wash.	رَحَضَ يَرْحَضُ
Wash-tub.	مِرْحَاضٌ ج مَرَاحِيضُ
Choice wine.	رُحَاقٌ وَرَحِيقٌ
To depart, migrate.	رَحَلَ يَرْحَلُ وَإِرْتَحَلَ
Pack-saddle.	رَحْلٌ ج رِحَالٌ
Journey.	رِحْلَةٌ وَإِرْتِحَالٌ
Migration.	رَحِيلٌ وَإِرْتِحَالٌ
Traveller.	رَاحِلٌ ج رُحَّلٌ

رَحَّالٌ وَرَحَّالَةٌ	Great traveller.
مَرْحَلَةٌ ج مَرَاحِلُ	Day's journey.
رَحِمَ يَرْحَمُ	To pity, to be merciful.
تَرَحَّمَ عَلَى	To have, or pray for, pity for one.
إِسْتَرْحَمَ	To implore pity.
رَحِمٌ ج أَرْحَامٌ	Uterus, womb.
رَحْمَةٌ	Pity, compassion.
رَحِيمٌ ج رُحَمَاءُ	Compessionate.
اَلرَّحْمَانُ اَلرَّحِيمُ	The Merciful
مَرْحَمَةٌ ج مَرَاحِمُ	Act of mercy.
مَرْحُومٌ	Deceased (person).
رَحًى ج أَرْحَاءٌ	Mill-stone.
رُخٌّ	A fabulons bird.
رَخْتٌ ج رُخُوتٌ	Saddle.
رَخُصَ يَرْخُصُ	To be cheap.
رَخُصَ رَخَاصَةً	To be soft, supple.
رَخَّصَ	To lower the price.
رَخَّصَ لِ	To allow, permit.
إِسْتَرْخَصَ	To consider a thing cheap. To ask leave.
رَخْصٌ م رَخْصَةٌ	Soft, tender.
رُخْصٌ	Cheapness of price.
رَخِيصٌ	Cheap. Soft, tender.
رَخُمَ يَرْخُمُ	To be soft (voice).
رُخَامٌ	Marble.
رَخِيمٌ وَرَخِيمٌ	Soft (voice).
تَرْخِيمٌ	Elision of last letter of a word.
رَخِيَ يَرْخَى	Tobe soft, flaccid.
أَرْخَى	To loosen, let down.
تَرَاخَى	To flag, be slow.
إِرْتَخَى وَإِسْتَرْخَى	To become lax.
رَخَاءٌ	Relaxation ; abundance.
رِخْوٌ	Lax, soft ; loose.
رَخَاوَةٌ	Softness, slackness.
رَخِيُّ ٱلْبَالِ	Free from care.
إِرْتِخَاءٌ وَإِسْتِرْخَاءٌ	Relaxation.
رَدَّ يَرُدُّ	To return, send back, turn away. Refer.
رَدَّدَ	To ponder ; repeat.
تَرَدَّدَ إِلَى	To frequent (a place).

To waver; hesitate.	تَرَدَّدَ فِي
To go back, retreat, revert.	إِرْتَدَّ
To be converted to.	إِرْتَدَّ إِلَى
To depart from.	إِرْتَدَّ عَنْ
To reclaim; revoke.	إِسْتَرَدَّ
Repulse. Return. Reply.	رَدٌّ
Conversion to.	إِرْتِدَادٌ إِلَى
Apostasy.	إِرْتِدَادٌ عَنْ
Reclamation, recovery.	إِسْتِرْدَادٌ
Frequenting. Wavering.	تَرَدُّدٌ
Setting aside, repelling.	مَرَدٌّ
Convert; apostate.	مُرْتَدٌّ
Vacillating, hesitating.	مُتَرَدِّدٌ
Rejected; refuted.	مَرْدُودٌ
Divorced woman.	مَرْدُودَةٌ
Evil, malice.	رَدَاءَةٌ وَرَدَاوَةٌ
Bad, wicked.	رَدِيٌّ ج أَرْدِيَاءُ
Worse, more wicked.	أَرْدَأُ
Corn measure.	إِرْدَبٌّ
Restrain, prevent.	رَدَعَ يَرْدَعُ عَنْ
To be restrained.	إِرْتَدَعَ عَنْ
To follow.	رَدَفَ يَرْدُفُ
To be synonymous (words).	تَرَادَفَ
The reserves, (soldiers).	رَدِيفٌ
Synonymous (words).	مُتَرَادِفٌ
To stop, fill up.	رَدَمَ يَرْدِمُ
To be stopped up.	إِرْتَدَمَ
Ruins of a wall, debris.	رَدْمٌ
To spin. Purr (cat).	رَدَنَ يَرْدِنُ
Sleeve.	رُدْنٌ ج أَرْدَانٌ
The Jordan.	الْأُرْدُنُّ
Spindle.	مِرْدَنٌ ج مَرَادِنُ
A large hall.	رَدْهَةٌ ج رِدَاهٌ
To perish.	رَدِيَ يَرْدَى رَدًى
To put on a mantle.	تَرَدَّى
Mantle, cloak.	رِدَاءٌ ج أَرْدِيَةٌ
Enveloped in a mantle.	مُتَرَدٍّ
To be mean, base.	رَذُلَ يَرْذُلُ

To reject. رَذَلَ يَرْذُلُ رَذْلاً

Ignoble, base. رَذِيلٌ ج رُذَلاَءُ

Vileness. رَذَالَةٌ ج رَذَالاَتٌ

Vice. رَذِيلَةٌ ج رَذَائِلُ

Rice. رُزٌّ (for. أَرُزٌّ)

Iron peg. رَزَّةٌ ج رَزَّاتٌ

To diminish. Afflict. رَزَأَ يَرْزَأُ

Misfortune. رَزِيئَةٌ ج رَزَايَا

Iron rod. إِرْزَبَّةٌ وَمِرْزَبَةٌ

Satrap. مَرْزُبَانٌ ج مَرَازِبَةٌ

To fall from fatigue. رَزَحَ يَرْزَحُ

Extreme fatigue. رُزُوحٌ

Fatigued, exhausted. رَازِحٌ

District. رُزْدَقٌ ج رُزْدَاقَاتٌ

To grant, bestow. رَزَقَ يَرْزُقُ

To receive means of life. إِرْتَزَقَ

To seek means of life. إِسْتَرْزَقَ

Means of living. رِزْقٌ ج أَرْزَاقٌ

God, Providence ٱلرَّازِقُ وَٱلرَّزَّاقُ

Blessed with worldly goods. مَرْزُوقٌ

To wrap up a package. رَزَمَ يَرْزِمُ

Package, bale. رِزْمَةٌ ج رِزَمٌ

To be grove, dignified. رَزُنَ يَرْزُنُ

Gravity, dignity. رَزَانَةٌ

Weighty, grave, calm. رَزِينٌ

Almanac. رُزْنَامَةٌ

To settle down. (liquid) رَسَبَ يَرْسُبُ

Sediment. رُسُوبٌ وَرُسَابَةٌ

Theatre. رَسَحَ — مَرْسَحٌ ج مَرَاسِحُ

To be firm, stable. رَسَخَ يَرْسَخُ

Firm, stable. رَاسِخٌ ج رَاسِخُونَ

Well instructed. رَاسِخٌ فِي ٱلْعِلْمِ

The ankle, wrist. رُسْغٌ ج أَرْسَاغٌ

To correspond about. رَاسَلَ

To dismiss, send. أَرْسَلَ

To hang loose, (hair). إِسْتَرْسَلَ

Message, letter, epistle. Mission. رِسَالَةٌ ج رَسَائِلُ

Messenger, apostle. رَسُولٌ ج رُسُلٌ

مُرْسَلٌ	One sent, missionary.
مُرَاسِلٌ	Correspondent.
مُرَاسَلَةٌ	Correspondence.
رَسَمَ يَرْسُمُ عَلَى	To trace; design.
رَسَمَ لِ	To prescribe, enjoin.
رَسَمَ رِسَامَةً	To ordain to a sacred office.
رَسْمٌ ج رُسُومٌ	Trace; sign. Tax.
رَسْمِيٌّ	Official, authoritative.
مَرْسُومٌ	Marked. Ordained.
رَسَنٌ ج أَرْسُنٌ وَأَرْسَانٌ	Halter.
رَسَا يَرْسُو	To be firm.
أَرْسَى إِرْسَاءً	To cast anchor.
رَاسٍ ج رَوَاسٍ	At anchor, (ship).
مَرْسًى ج مَرَاسٍ	Port. Anchorage.
مِرْسَاةٌ ج مَرَاسٍ	Anchor.
رَشَّ يَرُشُّ	To sprinkle.
مِرَشَّةٌ ج مَرَاشُّ	Watering-pot.
رَشَحَ يَرْشَحُ رَشْحًا	To exude, ooze.
رَشَّحَ لِ	To train, bring up.

تَرَشَّحَ لِ	To be trained for.
رَشْحٌ	Cold in the head.
مُرَشَّحٌ	Trained. Candidate.
أَرْشَدَ	To direct, guide.
إِسْتَرْشَدَ	To ask for guidance.
رُشْدٌ	Rectitude. Maturity.
رَشَادٌ	Cress, pepperwort.
رَاشِدٌ وَرَشِيدٌ	Follower of right way
رَشَفَ يَرْشُفُ	To sip, suck.
رَشَقَ يَرْشُقُ	To hurl (a weapon).
رَشِيقٌ	Fine, elegant form.
رَشَاقَةٌ	Elegance of form.
رَوْشَنٌ ج رَوَاشِنُ	Window.
رَشَا يَرْشُو رَشْوًا	To bribe.
إِرْتَشَى	To receive a bribe.
إِسْتَرْشَى	To ask for a bribe.
رِشْوَةٌ ج رُشًى وَرِشًا	Bribe.
رَصَّ يَرُصُّ	To press, squeeze.
رَصَّصَ	To overlay with lead.

Lead.	رَصَاصٌ
Piece of lead ; bullet.	رَصَاصَةٌ
Lead-colour.	رَصَاصِيٌّ
Firm, compact.	مَرْصُوصٌ
To watch for.	رَصَدَ يَرْصُدُ
To lie in wait for.	رَصَدَ لِ
To observe, watch.	تَرَصَّدَ
Watching, observation.	رَصْدٌ
Balance of account.	رَصِيدٌ
Observatory.	مَرْصَدٌ ج مَرَاصِدُ
Highway, lurking-place.	مِرْصَادٌ
To set with jewels.	رَصَّعَ
Inlaid with gold-work.	مُرَصَّعٌ
To pave.	رَصَفَ يَرْصُفُ رَصْفًا
Firmness, solidity.	رَصَافَةٌ
Firm. Paved road.	رَصِيفٌ
To be solid, grave.	رَصُنَ يَرْصُنُ
Gravity, sedateness.	رَصَانَةٌ
Firm, dignified, grave.	رَصِينٌ
To pound, bruise.	رَضَّ يَرُضُّ
To be bruised.	تَرَضَّضَ وَارْتَضَّ
Bruise, contusion.	رَضٌّ وَرَضَّةٌ
Saliva.	رُضَابٌ
To submit.	رَضَخَ يَرْضَخُ رَضْخًا لِ
To nurse, (infant).	رَضِعَ يَرْضَعُ
To nurse, (mother).	أَرْضَعَ
Infant at the breast.	رَضِيعٌ
Act of nursing a child.	إِرْضَاعٌ
Wet-nurse.	مُرْضِعَةٌ ج مُرْضِعَاتٌ
To be pleased.	رَضِيَ يَرْضَى
To consent to.	رَضِيَ بِ
To satisfy, conciliate.	رَاضَى
To satisfy, please.	أَرْضَى إِرْضَاءً
To be content with.	إِرْتَضَى
Satisfaction.	رِضًى وَرِضْوَانٌ
Satisfied, content.	رَاضٍ ج رُضَاةٌ
Comfortable life.	عِيشَةٌ رَاضِيَةٌ
Mutual agreement.	تَرَاضٍ

مُرْضٍ Satisfying, pleasing.
رَطِبَ يَرْطَبُ To be moist, damp.
رَطَّبَ To moisten ; cool.
تَرَطَّبَ To be moistened.
رُطَبٌ Fresh, ripe dates.
رُطُوبَةٌ Moisture ; humidity.
رَطْلٌ ج أَرْطَالٌ 449. 28 grammes.
إِرْتَطَمَ To stick in mire.
رَعَاعٌ The rabble, dregs of men.
رَعَبَ يَرْعُبُ To frighten.
رَعَّبَ وأَرْعَبَ To terrify.
إِرْتَعَبَ To be frightened.
رُعْبٌ ورُعُبٌ Fright, fear.
رَاعِبٌ ومُرْعِبٌ Causing fear.
رَعَدَ يَرْعُدُ To thunder.
إِرْتَعَدَ To tremble, be afraid.
رَعْدٌ ج رُعُودٌ Thunder.
رَعَشَ يَرْعَشُ وإِرْتَعَشَ To tremble.
أَرْعَشَ To cause to tremble.

رَعْشٌ A trembling, shaking.
رَعَفَ يَرْعُفُ To bleed, (nose).
رُعَافٌ Bleeding from the nose.
رَعْنٌ Sun-stroke.
رَعَنٌ ورُعُونَةٌ Stupidity.
رَعَى يَرْعَى To graze ; tend (cattle). Rule (subjects). Have regard to
رَاعَى To have regard for.
إِرْتَعَى وتَرَعَّى To pasture, graze.
رِعَايَةٌ Guarding ; pasturing.
رَعِيَّةٌ ج رَعَايَا Subjects (of a ruler).
رَاعٍ ج رُعَاةٌ Shepherd. Pastor.
مَرْعًى ج مَرَاعٍ Pasturage, Pasture.
مَرْعِيٌّ Observed, regarded.
مُرَاعَاةً لِ Out of regard for.
رَغِبَ يَرْغَبُ فِي To desire, long for.
رَغِبَ عَنْ To have no desire for, refrain from.
رَغِبَ إِلَى To implore, entreat.
رَغَّبَ To inspire. with desire.

رَغْبَة Strong desire, eagerness.

رَغِيبَة ج رَغَائِب A desired object.

رَغْد ورَغِيد Comfortable, easy.

رَغِيف ج أَرْغِفَة Loaf (of bread).

أَرْغَمَ To humiliate, vex; force.

رَغْمًا عَنْهُ In spite of him.

رَغَا يَرْغُو To effervesce. froth.

رِغْوَة Foam, froth, cream.

رَفَّ يَرِفُّ To shine; flutter.

رَفّ ج رُفُوف Flock. Shelf.

رَفَأَ يَرْفَأُ To mend (a garment).

رَفَأَ بَيْنَ To make peace between.

رِفَاء Peace, concord, accord.

مَرْفَأ Harbour for ships.

رَفَتَ يَرْفُتُ To refuse, reject.

رَفْتِيَّة Permit (for goods).

رَفَخَ To rise, swell (dough).

رَفَدَ يَرْفِدُ To aid. Dress (a wound)

إِسْتَرْفَدَ To ask help.

رِفْد ج أَرْفَاد Assistance.

رِفَادَة Cushion; bandage.

رَفْرَفَ To flap the wings.

رَفَسَ يَرْفِسُ To kick

رَفْسَة A kick.

رَفَشَ يَرْفُشُ رَفْشًا To shovel.

رَفْش Winnowing-shovel.

رَفَضَ يَرْفُضُ To leave, reject.

إِرْفَضَّ To be separated, disperse.

رَافِض ج رَفَضَة One who rejects.

مُتَرَفِّض A fanatic.

مَرْفُوض Rejected.

رَفَعَ يَرْفَعُ To raise; take away.

رَفُعَ يَرْفُعُ To be exalted.

رَفَعَ إِلَى To present to; inform.

رَافَعَ إِلَى To cite before a judge.

تَرَافَعَ To bring a cause together before a judge.

إِرْتَفَعَ To rise high; carried off.

رَفْع Act of raising, elevating.

رِفْعَة	High rank, dignity.
رَفِيع	High, elevated.
إِرْتِفَاع	Elevation, height.
مَرْفَع ج مَرَافِع	Carnival.
مَرْفُوع	Raised up. Carried off.
رَفَقَ يَرْفُقُ بِ	To be gentle towards.
رَافَقَ	To accompany one.
تَرَفَّقَ بِ	To treat with kindness.
تَرَافَقَ	To be companions.
رِفْق	Kindness, compassion.
رِفْقَة ج رُفَق	Company.
رَفِيق ج رُفَقَاء	Companion.
مِرْفَق وَمَرْفِق ج مَرَافِق	Elbow.
مُرْتَفَق	Water-closet.
رَفَهَ يَرْفَهُ	To live in luxury.
رَفُهَ يَرْفُهُ	To be comfortable, (life).
رَفَاهَة وَرَفَاهِيَة	Good living.
رَقَّ يَرِقُّ	To be thin, fine.
رَقَّ لَهُ	To pity one.
رَقَّ رِقًّا	To become a slave.
رَقَّقَ وَأَرَقَّ	To make thin, fine.
إِسْتَرَقَّ	To enslave.
رِقّ	Slavery.
رَقّ ج رُقُوق	Parchment; paper.
رِقَّة	Fineness. Compassion.
رِقَّةُ ٱلْقَلْبِ	Tender-heartedness.
رُقَاق ج رِقَاق	Thin bread.
رَقِيق ج رِقَاق	Thin. Slave.
رَقِيقُ ٱلْحَالِ	Not rich.
رَقَبَ يَرْقُبُ	To watch, observe.
رَاقَبَ	To guard, keep. Observe.
تَرَقَّبَ	To expect, look for.
رَقَبَة ج رِقَاب	Neck. Slave.
رَقِيب ج رُقَبَاء	Guardian.
مَرْقَب ج مَرَاقِب	Watch-tower.
مِرْقَب	Telescope.
رَقَدَ يَرْقُدُ	To sleep.
أَرْقَدَ	To put to sleep.

Sleep. رُقَادٌ
Bed; dormitory. مَرْقَدٌ ج مَرَاقِدُ
To variegate. رَقَشَ يَرْقُشُ وَرَقَّشَ
To be embellished. تَرَقَّشَ
Variegated. أَرْقَشُ م رَقْشَاءُ ج رُقْشٌ
To dance. رَقَصَ يَرْقُصُ رَقْصًا
To cause to dance. رَقَّصَ وَأَرْقَصَ
Dancing, leaping. رَقْصٌ
Dancer. Pendulum. رَقَّاصٌ
To be spotted. تَرَقَّطَ
Spotted. أَرْقَطُ م رَقْطَاءُ ج رُقْطٌ
To patch. رَقَعَ يَرْقَعُ وَرَقَّعَ
To be foolish. رَقُعَ يَرْقُعُ رَقَاعَةً
Patch, scrap. رُقْعَةٌ ج رِقَاعٌ
Folly, stupidity. رَقَاعَةٌ
Firmament. رَقِيعٌ ج أَرْقِعَةٌ
Patched, mended. مُرَقَّعٌ
To write. رَقَمَ يَرْقُمُ رَقْمًا
To mark with stripes. رَقَّمَ وَرَقَمَ
Numerical sign. رَقْمٌ ج أَرْقَامٌ
Indian numerals. الرَّقْمُ الْهِنْدِيُّ
Written. Embroidered. مَرْقُومٌ
Clavicle, collar-bone. تَرْقُوَةٌ
To ascend, rise. رَقِيَ يَرْقَى
To use magic. رَقَى يَرْقِي رُقْيَةً
To raise high, elevate. رَقَّى
To rise high. تَرَقَّى وَارْتَقَى فِي وَإِلَى
Magic, incantation. رُقْيَةٌ
Charmer, magician. رَاقٍ ج رُقَاةٌ
Rising, progress. تَرَقٍّ وَارْتِقَاءٌ
Ladder, stairs. مَرْقًى ومِرْقَاةٌ ج مَرَاقٍ
To be weak. رَكَّ يَرِكُّ رَكَاكَةً
To make a foundation. رَكَّ يَرُكُّ
Rubble used in masonry. رَكَّةٌ
Weak. رَكِيكٌ ج رِكَاكٌ
Pressed. مَرْكُوكٌ
To ride; embark. رَكِبَ يَرْكَبُ
To follow one's fancy. رَكِبَ هَوَاهُ

To brave danger.	رَكِبَ ٱللَّيْلَ
To compose, mix.	رَكَّبَ
To be constructed, mixed.	تَرَكَّبَ
To commit a crime.	إِرْتَكَبَ
Band of horsemen.	رَكْبٌ
Knee.	رُكْبَةٌ ج رُكْبَاتٌ
Stirrup.	رِكَابٌ ج رُكُبٌ
Rider. Passenger.	رَاكِبٌ ج رُكَّابٌ
Composition, structure.	تَرْكِيبٌ
Ship, vessel.	مَرْكَبٌ ج مَرَاكِبُ
Carriage.	مَرْكَبَةٌ
Shoes.	مَرْكُوبٌ ج مَرَاكِيبُ
Compound. Joined.	مُرَكَّبٌ
To be still, motionless.	رَكَدَ يَرْكُدُ
Still, stagnant.	رَاكِدٌ
To fix in (the ground).	رَكَزَ يَرْكُزُ
Prop, buttress.	رَكِيزَةٌ ج رَكَائِزُ
Centre.	مَرْكَزٌ ج مَرَاكِزُ
To run.	رَكَضَ يَرْكُضُ رَكْضًا

To vie with in running.	رَاكَضَ
Good runner.	رَكُوضٌ
To bow (in prayer); kneel.	رَكَعَ يَرْكَعُ
To cause one to bow.	رَكَّعَ وَأَرْكَعَ
Bowing in (prayer).	رَكْعَةٌ ج رَكَعَاتٌ
To heap up.	رَكَمَ يَرْكُمُ رَكْمًا
To be heaped up.	تَرَاكَمَ وَٱرْتَكَمَ
Heap, pile.	رُكْمٌ وَرُكَامٌ
To rely upon.	رَكَنَ يَرْكُنُ إِلَى
To trust in.	أَرْكَنَ إِلَى
To take to flight.	أَرْكَنَ إِلَى ٱلْفِرَارِ
Support, prop.	رُكْنٌ ج أَرْكَانٌ
The elements (of things)	ٱلْأَرْكَانُ
Firmness; gravity.	رُكُونَةٌ وَرَكَانَةٌ
To rely upon.	تَرَكَّى وَٱرْتَكَى عَلَى
Small vessel.	رَكْوَةٌ ج رَكَوَاتٌ
Well.	رَكِيَّةٌ ج رَكَايَا
To mend, restore.	رَمَّ يَرُمُّ وَرَمَّمَ
To become decayed.	رَمَّ وَأَرَمَّ

تَرَمَّمَ	To repair by degrees.
بِرُمَّتِهِ	Altogether.
رِمَّةٌ ج رِمَمٌ	Decayed bones.
رَمِيمٌ	Decayed (bone).
رُمْحٌ ج رِمَاحٌ	Lance, spear.
رَامِحٌ	Lancer, spearman.
رَمِدَ يَرْمَدُ	To have sore eyes.
رَمَدٌ	Ophthalmia.
رَمَادٌ	Ashes.
رَمْدَانُ	Having ophthalmia.
رَمَادِيٌّ	Grey, ash-coloured.
رَمَزَ يَرْمُزُ	To indicate by a sign.
رَمُزَ يَرْمُزُ رَمَازَةً	To be intelligent.
رَمْزٌ ج رُمُوزٌ	Sign. Allegory.
رَامُوزٌ ج رَوَامِيزُ	Model, specimen.
مَرْمُوزٌ إِلَيْهِ	Alluded to.
رَمَسَ يَرْمُسُ	To conceal; bury.
رَمْسٌ ج رُمُوسٌ	Tomb, grave.
تُرْمُسٌ	Lupine (herb)
رَمِضَ يَرْمَضُ	To be very hot.
رَمْضَاءُ	Intense heat.
رَمَضَانُ	The ninth month of the Moslem year.
رَمَقَ يَرْمُقُ	To glance furtively.
رَمَقٌ	The last breath of life.
رَمَّلَ	To put sand into.
أَرْمَلَ	To become sandy.
أَرْمَلَ وَتَرَمَّلَ	To become a widow, or widower.
رَمْلٌ ج رِمَالٌ وَأَرْمَالٌ	Sand.
سَاعَةٌ رَمْلِيَّةٌ	Hour-glass.
أَرْمَلٌ ج أَرَامِلَةٌ	Widower, widow.
رُمَّانٌ	Pomegranate.
أَلْأَرْمَنُ	The Armenians.
أَرْمَنِيٌّ	Armenian.
رَمَى يَرْمِي	To throw; hit; accuse.
إِرْتَمَى إِرْتِمَاءً	To be thrown.
رَمْيَةٌ ج رَمَيَاتٌ	Throw, hit.
رَامٍ ج رُمَاةٌ	Archer, slinger.
أَلرَّامِي	Sagittarius (of the Zodiac).

Instrument for throwing (projectile, arrow). مِرْمًى ج مَرَامٍ

Arrow, missile. مِرْمَاةٌ ج مَرَامٍ

To twang, ring. رَنَّ يَرِنُّ رَنِينًا

Sound, tone, echo. رَنِينٌ وَرَنَّةٌ

Hare. أَرْنَبٌ م أَرْنَبَةٌ ج أَرَانِبُ

To make giddy, (wine) رَنَّحَ

To stagger. تَرَنَّحَ

Lustre, brilliancy. رَوْنَقٌ

To sing. رَنَمَ يَرْنُمُ وَرَنَّمَ وَتَرَنَّمَ

Poem. Hymn. تَرْنِيمَةٌ

Singing, psalmody. تَرَنُّمٌ

To fear, dread. رَهِبَ يَرْهَبُ رَهْبَةً

To frighten. رَهَّبَ وَأَرْهَبَ

To become a monk. تَرَهَّبَ

Fear. رَهْبَةٌ

Monachism. رَهْبَنَةٌ وَرَهْبَانِيَّةٌ

Monk. رَاهِبٌ ج رُهْبَانٌ

Nun. رَاهِبَةٌ ج رَاهِبَاتٌ

Fearful, awful. رَهِيبٌ

Dust. Excitement. رَهَجٌ

To assemble, congregate. إِرْتَهَطَ

Company of men. رَهْطٌ ج أَرْهُطٌ

To be thin, sharp. رَهَفَ يَرْهُفُ

Thin, slender. رَهِيفٌ وَمُرْهَفٌ

To approach puberty. رَاهَقَ

Boy at puberty. مُرَاهِقٌ

Ointment. مَرْهَمٌ ج مَرَاهِمُ

To be firm. رَهَنَ يَرْهَنُ رَهْنًا

To pledge with. رَهَنَ عِنْدَ

To bet, lay a wager. رَاهَنَ

To bet together. تَرَاهَنَ

To receive a pledge. إِرْتَهَنَ

To require a pledge. إِسْتَرْهَنَ

Pledge, mortgage. رَهْنٌ ج رِهَانٌ

Fixed, stable, durable. رَاهِنٌ

Pledged. رَهِينٌ وَمُرْتَهَنٌ وَمَرْهُونٌ

Pledge, security. رَهِينَةٌ ج رَهَائِنُ

رَهْوَانٌ	Ambling-horse.
رَوَّأَ تَرْوِئَةً	To consider well.
رَابَ يَرُوبُ	To curdle, (milk).
رَائِبٌ وَمَرُوبٌ	Curdled; churned.
رَوْبَةٌ	Ferment of milk.
رَاثَ يَرُوثُ رَوْثًا	To void excrement, (horse).
رَاجَ يَرُوجُ	To be current.
رَوَّجَ	To put in circulation.
رَوَاجٌ	Currency. Good market.
رَائِجٌ	Selling well. Current.
رَاحَ يَرُوحُ	To go, depart.
أَرَاحَ إِرَاحَةً	To give rest.
إِرْتَاحَ وَاسْتَرَاحَ	To rest, be pleased.
رَاحٌ	Wine. Mirth.
رَاحَةٌ	Rest, ease, quietude.
رَاحَةٌ ج رَاحَاتٌ	Palm of the hand.
بَيْتُ ٱلرَّاحَةِ	Water-closet.
رُوحٌ ج أَرْوَاحٌ	Breath, spirit.
اَلرُّوحُ ٱلْقُدُسُ	The Holy Spirit.
طَوِيلُ ٱلرُّوحِ	Long-suffering.
رُوحَانِيٌّ	Spiritual, incorporeal.
رِيحٌ ج رِيَاحٌ	Wind. Odour.
رِيحُ ٱلشَّوْكَةِ	Whitlow.
رِيحَةٌ	Odour. Puff of wind.
رَيْحَانٌ ج رَيَاحِينُ	Myrtle.
رَائِحَةٌ ج رَوَائِحُ	Odour.
أَرْيَحِيٌّ	Generous, liberal.
مُرَاحٌ	Cattle-fold.
مِرْوَحٌ وَمِرْوَحَةٌ ج مَرَاوِحُ	Fan.
مُسْتَرَاحٌ	Water-closet.
رَادَ يَرُودُ	To ask for. Seek (food)
رَاوَدَ	To beguile, seduce; entice.
أَرَادَ	To wish, desire.
أَرَادَ بِ	To mean, intend.
رُوَيْدًا	Slowly, gently.
إِرَادَةٌ	Will; volition.
إِرَادِيٌّ	Voluntary.
مُرَادٌ	Desired. Purpose; meaning.

To train, discipline.	رَوَّضَ
Garden, flower-bed.	رَوْضٌ
Meadow.	رَوْضَةٌ ج رِيَاضٌ
Exercise,training.	رِيَاضَةٌ
Mathematics.	عِلْمُ الرِّيَاضِيَّاتِ
To fear.	رَاعَ يَرُوعُ وَارْتَاعَ
To frighten.	رَاعَ وَرَوَّعَ وَأَرَاعَ
Fear, fright.	رَوْعٌ وَرَوْعَةٌ
To act slyly.	رَاغَ يَرُوغُ رَوْغاً
To employ a ruse.	رَاوَغَ
Ruse, trick.	رَوَاغٌ
To be clear, limpid.	رَاقَ يَرُوقُ
To render clear, clarify.	رَوَّقَ
To pour out or forth.	أَرَاقَ
To breakfast.	تَرَوَّقَ
Tent, portico.	رِوَاقٌ ج أَرْوِقَةٌ
Clear, limpid, pure.	رَائِقٌ
To desire strongly.	رَامَ يَرُومُ
Roman. Greek.	رُومٌ ج أَرْوَامٌ
Mediterranean Sea.	بَحْرُ الرُّومِ
Rafter.	رُومِيَّةٌ ج رَوَامِيٌّ
Desire, purpose.	مَرَامٌ ج مَرَامَاتٌ
Rhubarb.	رِوَنْدٌ وَرَاوَنْدٌ
To report, quote.	رَوَى يَرْوِي رِوَايَةً
To quench one's thirst.	رَوِيَ يَرْوَى
To consider attentively.	تَرَوَّى
To quench thirst.	أَرْوَى إِرْوَاءً
Narration, tale.	رِوَايَةٌ
Narrator.	رَاوٍ ج رُوَاةٌ وَرَاوُونَ
Rain; irrigation.	رَيٌّ
Well watered.	رَيَّانُ
Well watered. Cited.	مَرْوِيٌّ
To make doubtful.	رَابَ يَرِيبُ
To trouble, disquiet.	أَرَابَ
To have doubts.	اِرْتَابَ
Doubt.	رَيْبٌ وَرِيبَةٌ ج رِيَبٌ
Doubt, hesitation.	اِرْتِيَابٌ
Causing doubt.	مُرِيبٌ

ريثما — As long as ; while.

ريش ج رياش — Feathers.

ريشة — A feather.

رياش — Furniture, goods.

ريعان — The best part.

ريف ج أرياف — A fertile land along the banks of a river.

ريف البحر — Sea-coast.

راق يريق — To pour out.

أراق — To pour out a liquid.

ريق ج أرياق — Saliva.

على الريق — Before breakfast.

رال يريل ريلاً — To drool (child).

ريال — Saliva. Dollar.

ريم — White gazelle or antelope.

راية ج رايات — Flag ; standard.

ز

ز — As a numerical sign = 7

زئبر وزوبر — Nap of cloth.

زئبق — Mercury, quicksilver.

زأر يزأر وزئر — To roar, (lion).

زائر — Roaring ; angry ; enemy.

زؤان — Tares, (seed and plant).

زبب — Hairiness. Down.

زبيب — Raisins; dried figs.

أزبّ م زبّاء ج زبّ — Hairy.

عام أزبّ — Fertile year.

زبد يزبد — To churn (butter).

زبد وأزبد — To foam, froth.

زبد ج أزباد — Foam, froth.

زبد وزبدة — Butter.

زُبْدَة ج زُبَد	Cream.
زَبَاد	A kind of perfume; civet.
مُزْبِد	Foaming. Enraged.
زَبُور ج زُبُر	Psalms of David.
زِبِّير	Powerful man.
زَبَرْجَد	Chrysolite.
زَوْبَعَة ج زَوَابِع	A whirlwind.
زَبَّلَ يُزَبِّلُ وَزَبَلَ	To manure.
زِبْل وَزِبْلَة	Manure.
زُبَالَة	Dirt; sweepings.
زَبَّال	Manure-gatherer.
زَنْبِيل ج زَنَابِيل	Basket, pannier.
مَزْبَلَة ج مَزَابِل	Dung-hill.
زَبُون ج زَبَائِن وَزَبُونَات	Customer.
زَجَّ يَزُجُّ زَجًّا	To thrust with a lance.
زُجّ ج زِجَاج	Point of a spear.
زُجَاج	Glass; glass vessels.
زُجَاجَة	Piece, or cup, of glass.
زَجَّاج	Glass-manufacturer.
زُجَاجِيّ	Glass-merchant.
أَزَجُّ م زَجَّاء	Having long eyebrows.
زَجَرَ يَزْجُرُ	To forbid. Rebuke.
إِنْزَجَرَ	To be forbidden.
زَجَل	Play. Uproar.
حَمَامُ ٱلزَّاجِلِ	Carrier-pigeons.
زَحَّ يَزُحُّ	To remove a thing.
زَحَرَ يَزْحِرُ	To strain in breathing.
زَحِير	Straining. Dysentery.
زَحْزَحَ عَنْ	To remove a thing.
زَحَفَ يَزْحَفُ	To march. Creep.
زَحْف	Marching. An army.
ٱلزَّحَّافَة وَٱلزَّحَّافَات	Reptiles.
زَحَلَ يَزْحَلُ عَنْ	To depart; retire.
زَحَّلَ وَأَزْحَلَ	To move a thing.
زُحَل	The planet Saturn.
زَحَمَ يَزْحَمُ وَزَاحَمَ	To crowd; press.
تَزَاحَمَ وَٱزْدَحَمَ	To be crowded.
زَحْمَة وَزِحَام	Pressure; throng.

Full; copious.	زَاخِرٌ
Munitions of war.	زَخِيرَةٌ ج زَخَائِرُ
To adorn.	زَخْرَفَ زَخْرَفَةً
Vain show.	زُخْرُفٌ ج زَخَارِفُ
Adorned with tinsel.	مُزَخْرَفٌ
Whip of thong. Strap.	زَخْمَةٌ
To button.	زَرَّ يَزُرُّ زَرًّا وَزَرَّرَ
Button. Knob.	زِرٌّ ج أَزْرَارٌ
To make a sheep-fold.	زَرَبَ يَزْرُبُ
To flow; leak.	زَرِبَ يَزْرَبُ زَرْبًا
Payment for stabling.	زِرَابَةٌ
Fold for cattle; lurking place.	زَرِيبَةٌ ج زَرَائِبُ
Narrow street.	زَارُوبٌ ج زَوَارِيبُ
Water-course.	مِزْرَابٌ ج مَزَارِيبُ
To swallow.	زَرِدَ يَزْرَدُ وَازْدَرَدَ
Coat of mail.	زَرَدٌ ج زُرُودٌ
Ring, or link of a chain.	زَرَدَةٌ
A kind of pndding.	زَرْدَى
Starling.	زُرْزُورٌ ج زَرَازِيرُ

To sow; plant.	زَرَعَ يَزْرَعُ
To sow in shares.	زَارَعَ مُزَارَعَةً
Seed. Off-spring.	زَرْعٌ ج زُرُوعٌ
Husbandman.	زَارِعٌ ج زُرَّاعٌ
Seed. Agriculture.	زِرَاعَةٌ
Plantation.	مَزْرَعَةٌ ج مَزَارِعُ
Giraffe.	زُرَافَةٌ ج زَرَافَى
To thrust; dung, (bird).	زَرَقَ يَزْرُقُ
To become blue.	اِزْرَقَّ اِزْرِقَاقًا
Blue (colour).	زَرَقٌ وَزُرْقَةٌ
Sky; heavens.	الزَّرْقَاءُ
A black singing bird.	زُرَيْقٌ
A kind of bread-salad.	زُرَيْقَاءُ
Blue.	أَزْرَقُ م زَرْقَاءُ ج زُرْقٌ
Bitter enemy.	عَدُوٌّ أَزْرَقُ
Short spear.	مِزْرَاقٌ ج مَزَارِيقُ
To press, vex.	زَرَكَ يَزْرُكُ
Crowd, throng.	زَرْكَةٌ
To embroider.	زَرْكَشَ

زَرْكَش	Brocade of silk.
زِرْنِيخ	Arsenic.
زَرَى يَزْرِي عَلَى	To reproach.
إِزْدَرَى أَزْدِرَاء بِ	To despise.
زَرِيّ	Contemptible.
مُزْدَرٍ	Despiser.
زَعْبَرَ زَعْبَرَة	To cheat by tricks.
مُزَعْبِر	Juggler.
زَعْتَر (*See* صَعْتَر)	Thyme.
زَعَجَ يَزْعَجُ وَأَزْعَجَ	To disturb.
إِنْزَعَجَ	To be troubled.
زَعْجٌ وَانْزِعَاجٌ	Agitation; trouble.
زُعْرُور	Medlar (tree and fruit).
أَزْعَرُ ج زُعْرَان	Thin-haired. Thief.
زَعْزَعَ	To shake; move.
تَزَعْزَعَ	To be shaken; moved.
زَعْزَعٌ ج زَعَازِع	Violent wind.
مُتَزَعْزِع	Inconstant; unstable.
زُعَاف	Quick in killing.

زَعْفَرَان	Saffron.
زَعَقَ يَزْعَقُ	To cry out, shout.
زَعَقَ بِ وَأَزْعَقَ	To frighten.
زَاعِقَة (*See* صَاعِقَة)	Thunderbolt.
زَعِلَ يَزْعَلُ	To be angry; bored.
زَعْلَان	Angry. Bored.
زَعَمَ يَزْعَمُ زُعْمًا	To assert.
زُعْم وَزَعْمَة	Assertion.
زَعَامَة	Honour. Authority.
زَعِيم	Chief. Spokesman.
زِعْنِفَة ج زَعَانِف	Fin.
زَغَب	Down; fine hair, feathers.
زِغْبِر وَزَغْبَر	Nap of cloth.
زَغَلَ يَزْغَلُ زَغْلًا	To adulterate.
زُغْلُول ج زَغَالِيل	Young pigeon.
زَفَّ يَزُفُّ	To lead a bride home.
زَفَّة	Procession of joy.
زَفَّتَ	To cover with pitch.
زِفْت	Pitch.

مزفت	Covered with pitch.
زفر يزفر	To expire breath.
زفرة ج زفرات	Deep sigh.
زفير	Expiration. Deep sigh.
زيزفون	Oleaster.
زق ج زقاق	Water-skin.
زقاق ج أزقة	Street, lane,
زكيبة	A sack made of hair.
زكرة ج زكر	A wine-skin.
زكزك	To tickle,
زكم	To have a cold in the head.
زكام وزكمة	A cold in the head; catarrh.
زكن يزكن	To consider.
زكا يزكو	To be pure.
زكى	To give alms. Justify.
تزكى	To be justified.
زكوة (زكاة) ج زكا	Alms.
زكي ج أزكياء	Pure; just.
زل يزل زلا	To stumble; slip.
زلل	A slip; fault.
زلة ج زلات	A fault, fall.
زلال	Clear. pure, cool (water) (White of an egg).
(زلحفة ج زلاحف)	Tortoise.
زلزل زلزلة وزلزالا	To shake.
زلزلة ج زلازل	Earth-quake.
(تزلط)	To strip one's self.
زلعوم ج زلاعيم	Throat.
زلف	To exaggerate.
أزلف	To bring near.
زلفة وزلفى	Nearness.
زلق يزلق زلقا	To slip, glide.
زلق ومزلقة	Slippery (place).
زلق الأمعاء	Diarrhœa.
زليق	A kind of fish.
زلم ج أزلام	Arrow for divining.
(زلمة ج زلم)	Man. Footman.
زم يزم زما	To tighten. Strap.
زمام ج أزمة	Halter. Shoe-strap.

زَمْجَرَ زَمْجَرَة	To shout; roar.
زَمَرَ يَزْمُرُ	To play on a reed.
زَمْرٌ ج زُمُورٌ	Musical reed.
زُمْرَةٌ ج زُمَرٌ	Group; party.
زَمَّارٌ	A piper.
زَمَّارَةٌ وَمِزْمَارٌ ج مَزَامِيرُ	A pipe.
لِسَانُ الْمِزْمَارِ	Epiglottis.
مَزْمُورٌ ج مَزَامِيرُ	Psalm.
زُمُرُّدٌ وَزُمُرُّذٌ	Emerald.
أَزْمَعَ	To be about to happen.
مُزْمِعٌ	About to happen.
زَامِلَةٌ ج زَوَامِلُ	Beast of burden.
زَمِيلٌ ج زُمَلَاءُ	Comrade; companion.
إِزْمِيلٌ ج أَزَامِيلُ	Chisel.
أَزْمَنَ	To continue a long time.
زَمَنٌ وَزَمَانٌ ج أَزْمِنَةٌ	Time.
زَمَنِيٌّ	Temporal; transient.
مُزْمِنٌ (مَرَضٌ)	Chronic disease.
زَمْهَرَ وَازْمَهَرَّ	To be inflamed.
زَمْهَرِيرٌ	Intense cold.
تَزَنْبَرَ عَلَى	To scorn; frown.
زُنْبُورٌ ج زَنَابِيرُ	Wasp; hornet.
زُنْبُرُكٌ	Spring of a watch.
زَنْبَقٌ	Lily. Iris, (flower and plant).
زَنْجٌ ج زُنُوجٌ	The black races.
زَنْجِيٌّ	A black; negro.
زَنْجَبِيلٌ	Ginger.
زَنْجَرَ	To bind with a chain.
زِنْجَارٌ	Verdigris.
زِنْجِيرٌ (جِنْزِيرٌ) ج زَنَاجِيرُ	Chain.
حِسَابُ الزِّنْجِيرِ	Book-keeping.
زُنْجُفْرٌ وَزِنْجُفْرٌ	Cinnabar.
زَنِخَ يَزْنَخُ	To beeome rancid.
زَنْدٌ ج زِنَادٌ	Ulna, (bone).
زِنَادٌ	Steel for striking fire.
تَزَنْدَقَ	To disbelieve religion.
زِنْدِيقٌ ج زَنَادِقَةٌ	Unbeliever.
تَزَنَّرَ	To gird one's self.

زُنّارٌ ج زَنانيرُ	Girdle.
زَنْزَلَخْتٌ (أَزَدْرَخْتٌ)	Melia, (tree).
زِناقٌ	Necklace. Shackle.
زَنَى يَزْنِي	To commit adultery.
زانٍ ج زُناةٌ	Adulterer.
زِهْبٌ وزَهَبَةٌ	Munition.
زَهِدَ يَزْهَدُ (فِي وعَن)	To renounce.
تَزَهَّدَ	To become an ascetic.
زُهْدٌ	Indifference.
زاهِدٌ ج زُهّادٌ	Ascetic; indifferent.
زَهِيدٌ	Little. Insignificant.
زَهَرَ يَزْهَرُ زُهُورًا	To shine.
أَزْهَرَ	To blossom; flourish.
زَهْرَةٌ ج زُهُورٌ	Flower.
زَهْرُ النَّرْدِ	Dice.
الزُّهَرَةُ	The planet Venus.
الجامعُ الأَزْهَرُ	A Mosque in Cairo
أَزْهَرِيٌّ . الأَزْهَرُ	A graduate of
مُزْهِرٌ	In blossom; flourishing.
مِزْهَرٌ ج مَزاهِرُ	Lute. Timbrel.
زَهَقَ يَزْهَقُ زُهُوقًا	To vanish.
زَهَا يَزْهُو زَهْوًا وأَزْهَى	To blossom.
زُهَا الدُّنْيَا	Pomp of this world.
زُهاءٌ	Quantity; number.
زُهاءَ مِئَةٍ	About a hundred.
زاهٍ	Beautiful; bright.
زَوَّجَ	To give in marriage.
تَزَوَّجَ	To marry a woman.
زاجٌ	Copperas; vitriol.
زَوْجٌ ج أَزْواجٌ	Husband. Pair.
زَوْجانِ	Pair, couple.
زَوْجَةٌ ج زَوْجاتٌ	Wife.
زَواجٌ وزِيجَةٌ	Marriage.
مُزَوَّجٌ ومُتَزَوِّجٌ	Married.
مُزْدَوِجٌ	Double; doubled.
زاحَ يَزُوحُ	To leave its place.
أَزاحَ	To move from its place.
زَوَّدَ	To provide food for journey.

تزوّد To take provisions.

زاد Food for the journey.

مزود ج مزاود Sack fo food.

مزاد ج مزاود Water-skin.

زار يزور زيارة ومزارا To visit.

زوّر To falsify; forge.

زور Falsehood.

زائر ج زوّار Visitor. Pilgrim.

الزوراء Baghdad.

زيارة Visit. Pilgrimage.

أزور Crooked.

تزوير Falsification; forgery.

مزار ج مزارات Shrine.

مزوّر Falsifier; counterfeiter.

مزوّر Falsified; conterfeited.

زورق ج زوارق Small boat.

زاغ يزوغ زوغا To deviate.

زوفا وزوفى Hyssop (plant).

زوّق تزويقا To embellish.

مزوّق Embellished, decorated.

زال يزول To pass away; cease.

ما زال ولا يزال To continue.

زوّل وأزال To remove.

زاول مزاولة To strive, prevail.

زوال Disappearance. Cessation.

زائل Vanishing; transient.

زوم Juice.

إنزوى To be apart; removed.

زوان Tares.

زاوية ج زوايا Angle, corner.

زاوية حادة Acute angle.

زاوية منفرجة Obtuse angle.

زاوية قائمة Right angle.

زيبق وزئبق Quicksilver.

زيّت To oil.

زيت ج زيوت Oil.

زيتون Olive (tree and fruit).

زيتوني Olive-coloured.

زِيجٌ	Astronomical tables. Plumb-line.
زَاحَ يَزِيحُ	To depart; deviate.
أَزَاحَ	To move away; remove.
زِيحٌ ج أَزْيَاحٌ	Line.
زَادَ يَزِيدُ	To increase, (v. t. & i.)
زَادَ عَنْ وَعَلَى	To exceed.
زَايَدَ وَتَزَايَدَ	To bid higher.
تَزَايَدَ	To increase gradually.
إِزْدَادَ	To be increased.
زِيَادَةٌ ج زِيَادَاتٌ	An increase.
زَائِدٌ	In excess; superfluous.
أَزْيَدُ	More; more abundant.
مَزَادٌ ج مَزَادَاتٌ	Auction.
مَزِيدٌ ج مَزِيدَاتٌ	Increased.
زِيرٌ ج أَزْيَارٌ	Large water-jar.
زِيزٌ	A kind of cricket.
زَاغَ يَزِيغُ زَيْغًا وَزَيَغَانًا	To deviate.
أَزَاغَ	To cause to deviate.
زَاغٌ ج زِيغَانٌ	A kind of crow.
زَافَ يَزِيفُ	To be counterfeit
زَيَّفَ	To counterfeit money.
زَيْفٌ ج أَزْيَافٌ	Counterfeit.
زَانَ يَزِينُ وَزَيَّنَ	To adorn.
تَزَيَّنَ تَزَيُّنًا وَازْدَانَ	To be adorned
زِينَةٌ ج زِيَنٌ	Ornament; finery.
مُزَيِّنٌ	Barber; hair-dresser.
تَزَيَّا بِـ	To assume the costume, or habits of others.
زِيٌّ ج أَزْيَاءٌ	Form. Costume.

س

س	As a numerical sign = 60.
سَائِرٌ	Remaining ; the rest ; all.
سَأَلَ يَسْأَلُ	To ask ; request.
تَسَاءَلَ وَتَسَوَّلَ	To beg (alms).
سُؤَالٌ	Question, request.
سَائِلٌ	Questioner. Beggar.
مَسْأَلَةٌ ج مَسَائِلُ	Question ; request.
مَسْؤُولٌ	Questioned. Responsible.
مَسْؤُولِيَّةٌ	Responsibility.
سَئِمَ يَسْأَمُ مِنْ	To loathe.
سَبَّ يَسُبُّ	To revile, defame.
سَبَّبَ	To cause, occasion.
تَسَبَّبَ	To be caused.
تَسَبَّبَ بِ	To live by.
سَبٌّ	Abuse, invective.
سَبَبٌ ج أَسْبَابٌ	Cause, reason ; means ; means of living.
سَبَبِيَّةٌ	Causality.
سَبَّابَةٌ	Forefinger, index.
مُسَبَّبٌ وَمُتَسَبَّبٌ عَنْ	Caused.
مُتَسَبِّبٌ	Trader.
سَبْتٌ ج سُبُوتٌ	Sabbath. Saturday.
سُبَاتٌ	Heavy sleep, lethargy.
سَبَحَ يَسْبَحُ سِبَاحَةً	To swim, float.
سَبَّحَ	To praise, magnify God.
سُبْحَانَ اللهِ	Praise be to God !
سُبْحَةٌ ج سُبَحٌ وَسُبُحَاتٌ	Rosary.
سِبَاحَةٌ	Swimming, floating.
سَابِحَاتٌ	Ships. Stars.
سَوَابِحُ	Fleet horses.

تَسْبِحَةٌ ج تَسَابِيحُ	Hymn.
تَسْبِيحٌ	Act of praising God.
مِسْبَحَةٌ ج مَسَابِحُ	Rosary.
سَبِخٌ	Salty, marshy (sod).
سَبْخَةٌ ج سِبَاخٌ	Salty marsh.
سَبَرَ يَسْبُرُ	To probe. Try, test.
سَبْرٌ	Probing, sounding.
مِسْبَرٌ ج مَسَابِرُ	Surgeon's probe.
سِبْطٌ ج أَسْبَاطٌ	Tribe (Jewish).
سُبَاطُ وَشُبَاطُ	February (month).
سَبَّعَ	To make (it) seven.
أَسْبَعَ	To become seven.
سَبْعَةٌ م سَبْعٌ	Seven.
سُبْعٌ ج أَسْبَاعٌ	Seventh part.
سَبُعٌ ج سِبَاعٌ	Lion.
سَابِعٌ	Seventh.
سُبَاعِيٌّ	Composed of seven.
سَبْعُونَ	Seventy; seventieth.
أُسْبُوعٌ ج أَسَابِيعُ	Week.
مُسَبَّعٌ	Heptagon.
أَسْبَغَ عَلَى	To give abundantly.
سَبَقَ يَسْبِقُ	To go before, precede.
سَبَقَ إِلَى	To go hastily to one.
سَابَقَ سِبَاقًا	To try to precede.
تَسَابَقَ	To contend for precedence.
سَابِقٌ	Previous, former.
سَابِقًا	Formerly, before, of old.
سَابِقَةٌ ج سَوَابِقُ	Antecedent.
سِبَاقٌ وَمُسَابَقَةٌ	Racing; a race.
سَبَكَ يَسْبِكُ سَبْكًا	To melt metals; cast into a mould.
سَبِيكٌ وَمَسْبُوكٌ	Melted; moulded.
سَبِيكَةٌ ج سَبَائِكُ	Ingot.
مَسْبَكٌ ج مَسَابِكُ	Foundery.
أَسْبَلَ	To lower the veil; let fall.
أَسْبَلَ الزَّرْعُ	To put forth ears, (grains).
سَبَلٌ ج سِبَالٌ	Ears of grain.
سَبِيلٌ ج سُبُلٌ	Road, way; manner; means. Public fountain.

إِبْنُ ٱلسَّبِيلِ	Traveller, wayfarer.
سَبَانِخُ وَأَسْبَانَاخُ	Spinage.
سَبَى يَسْبِي	To take prisoner, captivate.
سَبْيٌ وَسَبْيٌ ج سَبَايَا	Captives. Booty
سِتَّةٌ م سِتٌّ	Six.
(سِتٌّ ج سِتَّاتٌ)	Lady.
سِتُّونَ	Sixty; sixtieth.
سَتَرَ يَسْتُرُ	To cover, veil.
تَسَتَّرَ وَٱسْتَتَرَ	To be covered.
سِتْرٌ ج سُتُورٌ	Veil, curtain, cover.
سِتَارٌ ج سُتُرٌ . وَسِتَارَةٌ	Veil, cover.
أَلسَّتَّارُ	God who covers sins.
مُسْتَتِرٌ	Concealed. Understood, (pronoun)
أَلإِسْتَانَةُ	Constantinople.
إِسْتٌ ج أَسْتَاهٌ	Anus, podex.
سَجَدَ يَسْجُدُ	To worship, adore.
سَاجِدٌ ج سُجَّدٌ	Worshipper.
سَجَّادَةٌ	Prayer-carpet.
سُجُودٌ	Prostration, adoration.
مَسْجِدٌ مَسَاجِدُ	Mosque.
سَجْسٌ	Turbidness; agitation.
سَجَعَ يَسْجَعُ	To coo; rhyme.
سَجْعٌ وَتَسْجِيعٌ	Rhymed prose.
مُسَجَّعٌ وَمَسْجُوعٌ	Rhymed (prose).
سِجْفٌ ج سُجُوفٌ	Curtain, veil.
سَجَّلَ	To register, record.
سِجِلٌّ ج سِجِلَّاتٌ	Record; scroll.
سَجَمَ يَسْجُمُ وَٱنْسَجَمَ	To flow, stream.
سَجَمَ يَسْجِمُ وَأَسْجَمَ	To shed.
إِنْسِجَامٌ	Flowing, effusion.
سَجَنَ يَسْجُنُ سَجْنًا	To imprison.
سِجْنٌ ج سُجُونٌ	Prison.
سَجَّانٌ	Jailor.
سَجِينٌ ج سُجَنَاءُ	Imprisoned.
سَجِيَّةٌ ج سَجَايَا	Natural disposition.
سَحَّ يَسُحُّ سَحًّا	To flow.
سَحَبَ يَسْحَبُ سَحْبًا	To drag, trail.
إِنْسَحَبَ	To be dragged, drawn.

Cloud. سحاب وسحابة ج سحب

To scratch, rub off. سحج يسحج

To be rubbed off. تسحج وانسحج

Dysentery. سحج

To bewitch, fascinate. سحر يسحر

To take a morning meal. تسحر

Magic, enchantment. سحر

Early daybreak. سحر ج أسحار

Sorcerer, magician. ساحر ج سحرة

Wooden box. سحارة

Meal before daybreak. سحور

To pound, crush. سحق يسحق

To be crushed. تسحق وانسحق

Bruised, powdered. مسحوق

Contrition. انسحاق القلب

Shore; coast. ساحل ج سواحل

To break, crush. سحن يسحن

Aspect; complexion. سحنة

Tanned leather. سختيان

To compel to labour without wages. سخر يسخر وسخر

To laugh at, mock. سخر يسخر من

Compulsory labour. سخرة

To be angry. سخط يسخط وتسخط

To provoke to anger. أسخط

Anger, displeasure. سخط وسخط

To be weak. سخف يسخف سخافة

Shallowness, weakness. سخافة

To blacken with soot. سخم

Soot, crock. سخام

To be hot; have fever. سخن يسخن

To warm, heat. سخن وأسخن

Heat. Fever; illness. سخونة

Warm, hot. سخن

Hot; sick, ill. ساخن ج سخان

To be liberal. سخا وسخو يسخو

Generosity. سخاء وسخاوة

Generous, liberal. سخي ج أسخياء

To close, stop up. سَدَّ يَسُدُّ سَدًّا

To take the place of. سَدَّ مَسَدًّا

Balance, pay an account. سَدَّدَ

To be stopped. إِنْسَدَّ وَٱسْتَدَّ

To collect a debt. إِسْتَدَّ

Barrier; dam. سَدّ أَسِدَّة

Vestibule, porch. سُدَّةٌ

A stopper, a cork. سِدَادَةٌ

Right, true. سَدٌّ وَسَدِيدٌ

Stopped, corked. مَسْدُودٌ

Simplicity of mind. سَدَاجَةٌ

A species of lotus. سِدْرٌ ج سُدُورٌ

To be the sixth. سَدَسَ يَسْدِسُ

To make six. سَدَّسَ

Sixth part. سُدْسٌ ج أَسْدَاسٌ

Sixth. سَادِسٌ

Consisting of six. سُدَاسِيٌّ

Hexagon. مُسَدَّسٌ

To let down. سَدَلَ يَسْدِلُ وَأَسْدَلَ

To be let down. تَسَدَّلَ وَٱنْسَدَلَ

Mist. Nebula. سَدِيمٌ

In vain, to no purpose. سُدًى

Warp (of cloth). سَدَاةٌ ج أَسْدِيَةٌ

Rue-plant. سَذَابٌ

To gladden, cheer. سَرَّ يَسُرُّ

To rejoice at. سُرَّ سُرُورًا بِ

To cheer. gladden. أَسَرَّ

To impart a secret. سَارَّ مُسَارَّةً

To keep secret, conceal. أَسَرَّ

To confide a secret to. أَسَرَّ إِلَى

Secret, mystery. سِرٌّ ج أَسْرَارٌ

Secretary. كَاتِمُ ٱلْأَسْرَارِ

Navel. سُرَّةٌ ج سُرَّاتٌ وَسُرَرٌ

Happy state of life. سَرَّاءُ

Mysterious, secret. سِرِّيٌّ

Joy, pleasure. سُرُورٌ وَمَسَرَّةٌ

Bed, cradle; throne. سَرِيرٌ ج أَسِرَّةٌ

Hidden thought. سَرِيرَةٌ ج سَرَائِرُ

Pasture.	مَسْرَحٌ ج مَسَارِحُ
Comb.	مِسْرَحٌ ج مَسَارِحُ
Cellar, vault.	سِرْدَابٌ ج سَرَادِيبُ
Strip of leather.	سَرِيدَةٌ ج سَرَائِدُ
Awning.	سُرَادِقٌ ج سُرَادِقَاتٌ
Sticking-paste. (*for* شِرَاسٌ)	سِرَاسٌ
Way, street, road.	سِرَاطٌ وَصِرَاطٌ
Crab. Cancer.	سَرَطَانٌ
Cancer (of the Zodiac).	السَّرَطَانُ
To hasten, hurry.	سَرَعَ يَسْرُعُ
To hasten to do,	أَسْرَعَ فِي
Quickness, haste, speed.	سُرْعَةٌ
Quick, rapid, swift.	سَرِيعٌ
To be extravagant, act immoderately.	أَسْرَفَ
Extravagance.	سَرَفٌ وَإِسْرَافٌ
A spendthrift.	مُسْرِفٌ
To steal, rob.	سَرَقَ يَسْرِقُ
To steal away.	إِنْسَرَقَ
Theft, robbery.	سِرْقَةٌ وَسَرِقَةٌ

Concubine.	سُرِّيَّةٌ ج سَرَارِيُّ
Joy, pleasure.	مَسَرَّةٌ ج مَسَارُّ
Happy, pleased.	مَسْرُورٌ
To drive to pasture.	سَرَّبَ
Troop, flock.	سِرْبٌ ج أَسْرَابٌ
Aqueduct, canal.	سَرَبٌ ج أَسْرَابٌ
Mirage.	سَرَابٌ
Shirt; dress.	سِرْبَالٌ ج سَرَابِيلُ
To saddle (a horse).	سَرَجَ يَسْرِجُ
Saddle.	سَرْجٌ ج سُرُوجٌ
Dung, manure.	سِرْجِينٌ
Lamp, torch.	سِرَاجٌ ج سُرُجٌ
Glow-worm.	سِرَاجُ اللَّيْلِ
Glanders. Saddlery.	سِرَاجَةٌ
Saddler.	سَرَّاجٌ وَسُرُوجِيٌّ
Sesame oil.	سِيرَجٌ وَشِيرَجٌ
Lamp-stand.	مَسْرَجَةٌ ج مَسَارِجُ
To pasture at will.	سَرَحَ يَسْرَحُ
To send away; set free.	سَرَّحَ

سَرِقَة وَسُرَاقَة	Thing stolen.
سَارِق ج سُرَّاق وَسَرَقَة	Thief.
سَرَّاق	Great thief.
سِرْقِين	Dung.
سَرْمَد	Continuing endlessly.
سَرْمَدِيّ	Eternal.
سَرْو	Cypress (tree).
سَرِيّ ج سُرَى	Liberal, noble.
سِرْوَال ج سَرَاوِيل	Trowsers.
سَرَى يَسْرِي	To travel.
أَسْرَى بِ	To cause to travel.
سُرَى	Night-journey.
سَارٍ ج سُرَاة	Night-traveller.
سَارِيَة ج سَوَارٍ	Column ; mast.
سَرَايَا ج سَرَايَات	Palace.
اَلسُّرْيَانِيَّة	The Syriac language.
سَطَحَ يَسْطَحُ وَسَطَّحَ	To spread out.
تَسَطَّحَ	To be spread out.
سَطْح ج سُطُوح	Surface ; terrace.
مُسَطَّح	Flat, plane, even.
سَطَرَ يَسْطُرُ	To write.
سَطْر ج سُطُور وَأَسْطُر	Line ; row.
سَاطُور ج سَوَاطِير	Large knife.
أُسْطُورَة ج أَسَاطِير	Fable, legend.
مِسْطَرَة	Ruler (for lines). Sample.
مُسْطَار	New wine.
سَيْطَرَة	Authority, guardianship.
سَطَعَ يَسْطَعُ	To rise ; gleam.
سَطْل	Pail, bucket.
أُسْطُول	Ship of war. Fleet.
سَطَمَ يَسْطُمُ	To stop up, bar.
سِطَام	Cork, stopper ; bolt.
أُسْطُوَانَة ج أَسَاطِين	Cylinder.
أُسْطُوَانِيّ	Cylindrical.
سَطَا يَسْطُو عَلَى	To attack ; assail.
سَطْوَة ج سَطَوَات	Attack ; power.
سَعْتَر (أَو صَعْتَر)	Thyme (plant)
سَعِدَ يَسْعَدُ	To be fortunate.

سَاعَدَ To help, assist.

أَسْعَدَ To make happy.

سَعْدٌ ج سُعُودٌ Luck, success.

سَعْدَانٌ ج سَعَادِينُ Monkey.

سَاعِدٌ ج سَوَاعِدُ Fore-arm.

سَعَادَةٌ Happiness, felicity.

سَعَادَتُكَ Your Excellency.

سَعِيدٌ ج سُعَدَاءُ Fortunate.

سَعَرَ يَسْعَرُ To light a fire.

سَعَّرَ To fix, estimate a price.

تَسَعَّرَ To be fixed, (price)

إِسْتَعَرَ To blaze, spread.

سِعْرٌ ج أَسْعَارٌ Price.

سَعِيرٌ Flame, blaze. Fire.

سَعُوطٌ Snuff.

سَعَفَ يَسْعَفُ وَأَسْعَفَ بِ To assist.

سَاعَفَ To assist, help.

سَعَفٌ Branches of palm-tree.

سَعَلَ يَسْعُلُ سُعَالًا To cough.

سُعَالٌ Cough.

سَعَى يَسْعَى سَعْيًا To run. Seek.

سَعَى بِ To calumniate.

سَعْيٌ Effort, exertion.

سَاعٍ ج سُعَاةٌ Messenger.

مَسْعًى ج مَسَاعٍ Effort; enterprise.

سَفُوفٌ Medicine (in powder).

سُفْتَجَةٌ ج سَفَاتِجُ Bill of exchange.

سَفَحَ يَسْفَحُ سُفُوحًا وَسَفْحًا To shed.

سَافَحَ To fornicate.

سَفْحٌ Foot of a mountain.

سِفَاحٌ Fornication.

سَفُّودٌ ج سَفَافِيدُ Roasting-fork.

سَفَرَ يَسْفِرُ سَفَرًا To travel.

سَفَّرَ To send on a journey.

سَافَرَ To depart, travel.

أَسْفَرَ To shine, (dawn).

سِفْرٌ ج أَسْفَارٌ Written book.

سَفَرٌ ج أَسْفَارٌ Journey.

سَفْرَة ج سَفَرَات — A journey.
سُفْرَة — Table-cloth; table.
مُسَافِر — Traveller.
سِفَارَة — Embassy.
سَفِير ج سُفَرَاء — Ambassador.
سَفَرْجَل ج سَفَارِج — Quince.
سَفْسَطَة وَسَفْسِطَة — Sophism.
سَفْسَطِي — Sophistical; sophist.
سَفَقَ يَسْفِق — To shut, slap.
سَفِيق — Thick, compact.
سَفِيق الْوَجْه — Impudent, insolent.
سَفَكَ يَسْفُكُ سَفْكاً — To shed.
إِنْسَفَكَ — To be shed
سَفَّاك لِلدِّمَاء — Blood-shedder.
مَسْفُوك — Shed, (blood, &c.).
سَفَلَ يَسْفُلُ — To be low, sink.
سَفُلَ سَفَالَة — To be mean.
سِفْل — The lowest part, bottom.
سُفْلِي — The lower part.

سَفَالَة — Baseness, vileness.
سَافِل ج سَفَلَة — Low, vile.
أَسْفَل — The lowest part.
سَفِين وَإِسْفِين — Wedge.
سَفِينَة ج سُفُن — Ship, boat.
سَفَنْج وَسِفِنْج — Sponge.
سَفِهَ يَسْفَهُ سَفَهاً — To be foolish.
تَسَفَّهَ عَلَى — To revile.
سَفَه وَسَفَاهَة — Stupidity.
سَفِيه ج سُفَهَاء — Stupid, foolish.
سَقَطَ يَسْقُطُ — To fall, fall down.
أَسْقَطَ — To cause to fall, let fall. Discount. Subtract.
تَسَاقَطَ — To fall by degrees.
سَقَط ج أَسْقَاط — Refuse. Defect.
سَقْطَة — Fall, slip, fault, error.
سَاقِط ج سُقَّاط — Low, worthless.
سُقَاطَة — Refuse, what is rejected.
سَقَّاطَة — Door-latch.
سُقُوط — Falling, downfall.

إسقاطٌ	Discount. Subtraction.
مَسقَطُ الرَّأسِ	Native place.
سَقَفَ يسقُفُ سَقفًا وسَقَّفَ	To roof.
سَقفٌ ج سُقُوفٌ	Roof; ceiling.
سَقِيفَةٌ ج سَقَائِفُ	Porch, roof.
أُسقُفٌ ج أَسَاقِفَةٌ	Bishop.
أُسقُفِيَّةٌ	Bishopric.
سَقلَبِيٌّ ج سَقَالِبَةٌ	A Slavonian.
سَقِمَ يَسقَمُ	To be weak, diseased
أَسقَمَ	To make ill.
سُقمٌ ج أَسقَامٌ	Disease, illness.
سَقِيمٌ ج سُقَمَاءُ	Diseased, weak.
سَقَمُونِيَا	Scammony, (plant).
سَقَى يَسقِي	To give to drink, irrigate.
إستَقَى	To draw water; ask for water.
إستَسقَى	To be dropsical.
سَقيٌ	Giving to drink, watering.
سِقَاءٌ أَسقِيَةٌ	Water-skin.
سَقَّاءٌ ج سَقَّاؤُونَ	Water-carrier.
سَاقٍ	Cup-bearer.
سَاقِيَةٌ ج سَوَاقٍ	Water wheel. Irrigation-Canal.
إستِسقَاءٌ	Dropsy.
مُستَسقٍ	Dropsical.
سَكَّ النُّقُودَ	To coin money.
سِكَّةٌ سِكَكٌ	Ploughshare. Road, high road. Coined money.
سِكَّةٌ حَدِيدٍ	Railway.
سَكَبَ يَسكُبُ	To pour out; melt.
سَكَبَ سُكُوبًا وانسَكَبَ	To flow.
سَكبٌ ومَسكُوبٌ	Melting; flowing.
سَكَتَ يَسكُتُ	To be silent, still.
سَكَّتَ وأَسكَتَ	To silence, still.
سَكتٌ وسُكُوتٌ	Silence; pause.
سَكتَةٌ	Apoplexy. A pause.
سَكُوتٌ	Silent, reserved.
سَكِرَ يَسكَرُ	To become intoxicated.
سَكَّرَ وأَسكَرَ	To intoxicate.
سُكرٌ	Drunkenness.

سَكْرَةُ ٱلْمَوْتِ	Agony of death.
سُكْرَةٌ	Wooden lock to a door.
سُكَّرٌ	Sugar.
سَكْرَانُ ج سُكَارَى	Intoxicated.
سِكِّيرٌ	Habitual drunkard.
سِكَافَةٌ	Trade of a shoemaker.
إِسْكَافٌ ج أَسَاكِفَةٌ	Shoemaker.
أُسْكُفَّةٌ	Threshold.
سَكَنَ يَسْكُنُ سُكُونًا	To subside.
سَكَنَ سَكَنًا وَفِي	To dwell in.
سَكَنَ إِلَى	To rely upon, trust in.
سَكَّنَ	To calm, pacify, quiet.
أَسْكَنَ	To make to dwell.
سَكَنٌ	Habitation.
سَاكِنٌ ج سُكَّانٌ	An inhabitant.
سُكُونٌ	Rest, quiescence.
سِكِّينٌ ج سَكَاكِينُ	Knife.
سَكِينَةٌ ج سَكَائِنُ	Quiet.
مَسْكَنٌ ج مَسَاكِنُ	House, abode.
مَسْكَنَةٌ	Poverty; lowliness.
مَسْكُونٌ	Inhabited; possessed.
أَلْمَسْكُونَةُ	The world.
مِسْكِينٌ ج مَسَاكِينُ	Poor; lowly.
سَلَّ يَسُلُّ وَٱسْتَلَّ	To draw a sword.
تَسَلَّلَ وَٱنْسَلَّ	To slip away
سَلٌّ وَسَلَّةٌ ج سِلَالٌ	Basket.
دَآءُ ٱلسِّلِّ	Consumption, (disease).
سُلَالَةٌ	Offspring, progeny.
سَلِيلٌ	Child; male offspring.
مِسَلَّةٌ	Large needle. Obelisk.
مَسْلُولٌ	Unsheathed. Phthisical.
سَلَا يَسْلَا	To melt, clarify (butter).
سَلَبَ يَسْلُبُ وَٱسْتَلَبَ	To rob. Seize.
سَلْبٌ	Robbery. Negation.
مَسْلُوبٌ	Robbed, plundered.
أُسْلُوبٌ ج أَسَالِيبُ	Method, way.
سَلَّحَ بِ	To arm, equip.
تَسَلَّحَ	To arm one's self.

سِلَاحٌ ج أَسْلِحَةٌ Arms, weapons.

سُلَحْفَاةٌ ج سَلَاحِفُ Tortoise.

سَلَخَ يَسْلَخُ سَلْخًا To skin, flay.

إِنْسَلَخَ To be stripped off.

سَلْخٌ وَمُنْسَلَخٌ End (of the month).

مَسْلَخٌ ج مَسَالِخُ Slaughter-house.

سَلِسَ يَسْلَسُ To be loose, docile.

سَلَسٌ وَسَلَاسَةٌ Docility.

سَلِسٌ Docile; compliant.

سَلْسَلَ بِ To chain.

سَلْسَلَ إِلَى To trace a pedigree.

سِلْسِلَةٌ ج سَلَاسِلُ Chain.

سَلْسَبِيل Artificial fountain.

تَسَلْسُلٌ A continued series.

سَلَّطَهُ To make one a ruler.

تَسَلَّطَ عَلَى To overcome; rule.

سَلْطَةٌ وَتَسَلُّطٌ Rule, dominion.

سَلْطَنَةٌ Power, dominion.

سُلْطَانٌ Absolute power.

سُلْطَانٌ ج سَلَاطِينُ Sultan.

سُلْطَانِيٌّ Imperial.

طَرِيقٌ سُلْطَانِيٌّ High road.

سِلْعَةٌ ج سِلَعٌ Article for sale.

سَلَفَ يَسْلُفُ To pass away; precede.

سَلَّفَ وَأَسْلَفَ To give in advance.

تَسَلَّفَ وَاسْتَلَفَ To borrow; receive payment in advance.

سَلَفٌ Payment in advance.

سَلَفٌ ج أَسْلَافٌ Predecessor.

سُلَافُ ٱلْعَسْكَرِ Vanguard of army.

سَالِفٌ Preceding, former.

سَلَقَ يَسْلُقُ سَلْقًا To boil.

تَسَلَّقَ To scale or climb a wall.

سُلَاقٌ Ulceration of eye-lids.

سَلُوقِيٌّ Greyhound.

سَلِيقَةٌ ج سَلَائِقُ Natural trait.

بِٱلسَّلِيقَةِ Naturally, instinctively.

مَسْلُوقٌ Boiled.

سَلَكَ يَسْلُكُ — To travel, enter. Behave.

أَسْلَكَ — To make to enter.

سِلْكٌ ج سُلُوكٌ — String; wire.

سُلُوكٌ — Conduct, behaviour.

عِلْمُ السُّلُوكِ — Good manners.

سَالِكٌ — Ordinary, usual, current.

مَسْلَكٌ ج مَسَالِكُ — Path, road.

سَلِمَ يَسْلَمُ — To be sound, safe.

سَلِمَ مِنْ — To be free from.

سَلَّمَ مِنْ — To save; preserve.

سَلَّمَ بِ — To admit.

سَلَّمَ لِ — To surrender. yield.

سَلَّمَ إِلَى — To give over, hand to.

سَلَّمَ عَلَى — To salute, greet.

سَالَمَ — To keep peace with.

أَسْلَمَ — To deliver up.

أَسْلَمَ — To profess Islâm.

تَسَلَّمَ — To take possession of.

إِسْتَسْلَمَ — To yield, surrender.

سِلْمٌ — Peace, reconciliation.

سُلَّمٌ ج سَلَالِمُ — Ladder, stairs.

سَلَامٌ وَسَلَامَةٌ — Peace, well-being.

سَلَامٌ — Greeting; salutation.

سَالِمٌ — Sound and safe.

أَلْجَمْعُ السَّالِمُ — Sound plural.

سَلِيمٌ ج سُلَمَاءُ — Sound, safe.

سُلَيْمَانِيٌّ — Corrosive sublimate.

أَسْلَمُ — More secure, safer.

أَلْإِسْلَامُ — Religion of Islâm. Moslems.

تَسْلِيمٌ — Delivery; surrender.

مُسْلِمٌ ج مُسْلِمُونَ — Moslem.

مُسَلَّمٌ — Delivery; conceded.

سَلَا يَسْلُو — To forget.

سَلَّى — To divert, cheer, amuse.

تَسَلَّى — To be diverted.

سَلْوَةٌ وَتَسْلِيَةٌ وَتَسَلٍّ — Diversion.

سَلْوَى — Quail. Consolation.

سُلْوَانٌ — Consolation.

To poison.	سَمَّ يَسُمُّ سَمًّا
Hole. Poison.	سُمٌّ ج سُمُومٌ
Arsenic; ratsbane.	سَمُّ ٱلْفَأْرِ
Poisonous.	سَامٌّ
Hot wind.	سَمُومٌ ج سَمَائِمُ
Holes; pores.	مَسَامُّ
Poisoned.	مَسْمُومٌ
Way: manner.	سَمْتٌ
Azimuth.	ٱلسَّمْتُ ج سُمُوتٌ
Zenith.	سَمْتُ ٱلرَّأْسِ
To be ugly.	سَمُجَ يَسْمُجُ سَمَاجَةً
Ugly, horrid; foul.	سَمْجٌ وسَمِيجٌ
To grant, permit; pardon.	سَمَحَ يَسْمَحُ
To pardon, excuse.	سَامَحَ
Kindness; grace.	سَمَاحٌ وسَمَاحَةٌ
Allowed; permitted.	مَسْمُوحٌ بِهِ
Periosteum.	سِمْحَاقٌ
To manure the soil.	سَمَّدَ
Manure.	سَمَادٌ
Semolino.	سَمِيذٌ وسَمِيدٌ
To be brownish.	سَمُرَ يَسْمُرُ وَٱسْمَرَّ
To nail.	سَمَرَ وسَمَّرَ
To converse with.	سَامَرَ وتَسَامَرَ
Brownish colour.	سُمْرَةٌ
Samaria (in Palestine).	ٱلسَّامِرَةُ
Samaritan.	سَامِرِيٌّ
Sable (animal).	سَمُّورٌ
Brownish.	أَسْمَرُ م سَمْرَاءُ ج سُمْرٌ
Nail. Foot-corn.	مِسْمَارٌ ج مَسَامِيرُ
To act as a broker.	سَمْسَرَ
Brokerage; fee of a broker.	سَمْسَرَةٌ
Broker.	سِمْسَارٌ ج سَمَاسِرَةٌ
Sesame; coriander-seed.	سِمْسِمٌ
Sesamoid bone.	سِمْسِمَانِيٌّ
To strap with thongs.	سَمَّطَ
Thong.	سِمْطٌ ج سُمُوطٌ
Table-cloth.	سِمَاطٌ ج أَسْمِطَةٌ
To hear, listen.	سَمِعَ يَسْمَعُ وَٱسْتَمَعَ

سمع ب	To hear of.
سمع لِ و مِن	To accept, obey.
سمع	Sense of hearing.
سمعاً وطاعةً	You shall be obeyed.
سُمعة	Report, fame.
سماعي	Irregular, traditional.
السميع	The hearer of all, (God).
سمّاق	Sumach, (tree and fruit).
سَمُك سماكة	To become thick.
سمّك	To thicken, make thick.
سَمك وسماكة	Depth, thickness.
سمك ج أسماك	Fish.
سمكة	A fish.
سميك	Deep, thick.
سمِن يسمن سِمَناً	To grow fat.
سمّن	To butter; fatten.
سَمن	Clarified butter.
سمّان	Seller of butter. Grocer.
سُمّنة ج سُمّن وسمامِن	Quail.
سمين ج سِمان	Fat, corpulent.
سما يسمو	To be high; rise high.
سمّى	Give a name; name.
تسمّى	To be named; mentioned.
إسم ج أسماء	Name; noun.
إسم الجلالة	The name of God.
سُموّ	Height; greatness.
سماء ج سموات	Heaven.
سماوي وسمائي	Heavenly.
سام ج سُماة	High; sublime.
أمر سام	Grand vizierial order.
مُسمّى	Named, determined.
سنّ يسنّ	To sharpen, whet.
سنّ سنّة	To introduce a law.
أسنّ	To become aged.
سِنّ ج أسنان	Tooth. Age in life.
طعن في السنّ	To become old.
سُنّة ج سُنن	Law; usage.
سنان ج أسنّة	Head of a spear.

سُنِّيٌّ ج سُنِّيَّةٌ A Sunnite.

مِسَنٌّ Whet-stone.

مُسِنٌّ Advanced in age.

سُنْبُوقٌ Skiff, small boat.

سُنْبُلَةٌ ج سَنَابِلُ An ear of corn.

اَلسُّنْبُلَةُ Virgo (of the Zodiac).

سِنْجَابٌ Squirrel.

سِنْجَقٌ ج سَنَاجِقُ Standard, flag.

سَنَحَ يَسْنَحُ To occur to the mind.

سَنَحَ عَنْ To dissuade.

سِنْخٌ ج أَسْنَاخٌ Socket of a tooth.

سَنَدَ يَسْنُدُ وإِسْتَنَدَ إِلَى To lean upon.

سَنَّدَ To support firmly.

أَسْنَدَ إِلَى To ascribe, trace up.

سَنَدٌ ج أَسْنَادٌ Support; refuge.

سَنْدَانٌ ج سَنَادِينُ Anvil.

سِنْدِيَانٌ Evergreen oak; ilex.

مَسْنَدٌ ج مَسَانِدُ Cushion, pillow.

مُسْنَدٌ Supported, propped.

اَلْمُسْنَدُ Predicate.

اَلْمُسْنَدُ إِلَيْهِ Subject.

سَنْدَرُوسٌ Sandarach.

سُنْدُسٌ Silk brocade; fine silk.

سِنَّوْرٌ ج سَنَانِيرُ Cat.

سَنْطٌ Acacia (*Nilotica*).

سَنْطِيرٌ وَسَنْطُورٌ A kind of harp.

سَنْكَرِيٌّ ج سَنَاكِرَةٌ Tinker.

سَنَامٌ ج أَسْنِمَةٌ Hump of a camel.

مُسَنَّمٌ Raised; convex.

تَسَنَّى To ascend. Be easy.

سَنًى Brightness, gleaming.

سَنَاءٌ Sublimity; high rank.

سَنَا مَكَّةَ Senna, (plant).

سَنَةٌ ج سِنُونٌ وَسَنَوَاتٌ Year.

سَنِيٌّ High, sublime, noble.

سَنَوِيٌّ Annual, yearly.

سُنُونُو Swallow.

أَسْهَبَ To be lengthy, prolix.

أَسْهَبَ فِي ٱلْعَطَاءِ	To give largely.
إِسْهَابٌ	Prolixity; amplification.
مُسْهِبٌ	Loquacious; diffuse.
سَهِدَ يَسْهَدُ	To be sleepless.
سَهَّدَ	To deprive of sleep.
سُهْدٌ وَسُهَادٌ وَسَهْدَةٌ	Sleeplessness.
سَهِرَ يَسْهَرُ	To keep awake.
سَاهِرٌ وَسَهْرَانُ	Awake.
سَهُلَ يَسْهُلُ	To be level; easy.
سَهَّلَ	To smooth; facilitate.
تَسَهَّلَ	To be level; become easy.
تَسَاهَلَ	To be accommodating.
إِسْتَسْهَلَ	To regard as easy.
سَهْلٌ ج سُهُولٌ	Plain; level.
سَهْلُ ٱلْخُلُقِ	Gentle.
سَهْلٌ	Easy; smooth, soft.
سُهُولَةٌ	Ease, facility. Evenness.
سُهَيْلٌ	Canopus, (star).
إِسْهَالٌ	Diarrhoea.
مُسْهِلٌ	Purgative, laxative.
سَهْمٌ ج سِهَامٌ	Arrow.
سَهْمٌ ج أَسْهُمٌ	Lot, share.
سَهْمُ ٱلرَّامِي	Sagittarius.
سَهَا يَسْهُو عَنْ	To overlook, neglect
سَهْوٌ	Oversight, forgetfulness.
سَهْوًا	Thoughtlessly.
سَاهٍ	Forgetful, negligent.
سَآءَ يَسُوءُ	To be evil, bad.
سَآءَ سُوءًا	To treat badly; offend.
أَسَآءَ إِلَى	To be evil to; offend
أَسَآءَ ٱلظَّنَّ	To suspect evil.
سُوءٌ ج أَسْوَاءٌ وَمَسَاوِئُ	Evil.
سَيِّءٌ م سَيِّئَةٌ	Evil, bad.
سَيِّئَةٌ ج سَيِّئَاتٌ	Sin; calamity.
سَاجٌ	Teak-tree.
سَاخَ يَسُوخُ	*See under* سيج
سَاحَةٌ ج سَاحَاتٌ	Court; yard.
سَائِحٌ ج سُوَّاحٌ	Traveller.

To rule.	ساد يسود سيادة
To become black.	إسودّ
To blacken; write a rough draft.	سوّد
To be blackened.	تسوّد
Dominion; honour.	سؤدد وسيادة
Black bile. Melancholy.	سوداء
Sudan (country).	بلاد السودان
Blackness. Large number.	سواد
Power, authority.	سيادة
Master, lord.	سيّد ج سادة
Black.	أسود م سوداء ج سود
First copy, rough draft.	مسوّدة
Glass bottle.	مسودة ج مسودات
To wall in a town.	سوّر
Wall, ramparts.	سور ج أسوار
Chapter of Koran.	سورة ج سور
Syria.	سورية
Bracelet.	سوار وإسوار ج أساور
Surrounded with walls.	مسوّر
To rule a people. To groom a horse.	ساس يسوس
To be moth-eaten.	سوّس
Moth, worm. Liquorice.	سوس
Political administration.	سياسة
Groom.	سائس ج ساسة وسوّاس
Lily.	سوسن وسوسان
To whip.	ساط يسوط سوطًا
Whip, lash.	سوط ج سياط
Hour. Watch.	ساعة ج ساعات
Sun-dial.	ساعة شمسية
Hour-glass.	ساعة رملية
Watch-maker.	ساعاتي
To be permitted, lawful.	ساغ لِ
To allow, permit.	سوّغ لِ
Lawful, allowable.	سائغ
To put off, defer.	سوّف
Row, course.	ساف ج سافات
A particle which changes the *present* tense into a future;	سوف
e.g. Thou shalt see.	سوف ترى

مَسَافَةٌ Distance.

سَاقَ يَسُوقُ To drive, urge on.

سَاقَ إِلَى To lead to.

إِنْسَاقَ To be driven, urged on.

سَاقٌ ج سُوقٌ وَسِيقَانٌ Leg. Stem (of a plant). Side of a triangle.

سُوقٌ ج أَسْوَاقٌ Market.

سَوِيقٌ Fine flour.

سِيَاقٌ Logical connection.

سَائِقٌ Driver, driving.

تَسَوَّكَ To clean one's teeth.

سِوَاكٌ وَمِسْوَاكٌ Toothpick.

سَوَّلَ لِ To deceive, incite to evil.

سَامَ يَسُومُ To compel.

سَاوَمَ مُسَاوَمَةً To bargain.

سِيمَةٌ وَسِيمَاءُ Sign, mark.

سَوِيَ يَسْوَى وَسَاوَى To be worth.

سَوَّى تَسْوِيَةً To adjust, rectify.

تَسَاوَى وَٱسْتَوَى To be equal.

إِسْتَوَى To be ripe, well cooked.

إِسْتَوَى عَلَى To sit upon.

سَوَاءٌ Just, right. Same, alike.

عَلَى حَدٍّ سَوَاءٍ Alike, equally.

سَوِيَّةً وَسَوَاءً Equally; together.

لَا سِيَّمَا Chiefly, principally.

هُمَا سِيَّانِ Equally, alike, (both).

خَطُّ ٱلْإِسْتِوَاءِ Equator.

مُسَاوَاةٌ Equality. Moderation.

مُسَاوٍ وَمُتَسَاوٍ Equal.

مُسْتَوٍ Common gender.

سَيَّبَ To set free.

سَائِبٌ Left free, at liberty.

مُسَيَّبٌ Unguarded; free.

سَيَّجَ To hedge in, enclose.

سِيَاجٌ ج سِيَاجَاتٌ Hedge.

مُسَيَّجٌ Surrounded by a hedge.

سَاحَ يَسِيحُ To travel. Flow.

سِيَاحَةٌ Long journey.

سَائِحٌ ج سُيَّاحٌ	Traveller.
سَيَّاحٌ	Great traveller.
مَسَاحَةٌ	Area.
عِلْمُ ٱلْمَسَاحَةِ	Land surveying.
سِيخٌ ج أَسْيَاخٌ	Large knife.
سَارَ يَسِيرُ	To go; travel.
سَارَ بِ	To carry away.
سَيْرٌ ج سُيُورٌ	Journey. Thong.
سِيرَةٌ ج سِيَرٌ	Conduct. Biography.
سَائِرٌ	Current, customary.
سَيَّارَةٌ ج سَيَّارَاتٌ	Planet.
مَسِيرٌ	Journey, road.
سَيْفٌ ج سُيُوفٌ	Sword.
سَالَ يَسِيلُ	To flow; become liquid.
سَيَّلَ وَأَسَالَ	To liquify.
سَيْلٌ ج سُيُولٌ	Stream; torrent.
سَيَلَانٌ	Flow, flux.
سَيْلَانُ	Ceylon.
سِيلَانٌ	Ruby; carbuncle.
سَائِلٌ ج سَوَائِلُ	Liquid, fluid.
مَسِيلٌ	Water-course.

ش

As a numerical sign = 300. ش

To be inauspicious. شَوُمَ وَشَئِمَ

To take as a bad omen. تَشَآءَمَ

Evil omen, ill luck. شُؤْمٌ

Syria. Damascus. أَلشَّامُ وَٱلشَّأْمُ

Syrian. Damascene. شَامِيٌّ

Nature, disposition. شِئْمَةٌ

Inauspicious, unlucky. مَشْؤُومٌ

Thing; state; honour. شَأْنٌ

Of great importance. عَظِيمُ ٱلشَّأْنِ

White falcon. شَاهِينٌ ج شَوَاهِينُ

To grow up, (youth). شَبَّ يَشِبُّ

To blaze (fire, war). شَبَّ يَشُبُّ

Vitriol Alum. شَبٌّ

Young man. شَابٌّ ج شُبَّانٌ

Young woman. شَابَّةٌ ج شَابَّاتٌ

Youth. شَبَابٌ وَشَبِيبَةٌ وَشَبُوبِيَّةٌ

A reed or musical pipe. شَبَّابَةٌ

To take firm hold. تَشَبَّثَ بِ

Dill (plant). شِبِثٌّ

Object of vision. شَبَحٌ ج أَشْبَاحٌ

A horse's shackle. شِبْحَةٌ

Span. شِبْرٌ ج أَشْبَارٌ

To scarify. شَبَّطَ

February. شُبَاطُ وَصُبَاطُ

To be satiated. شَبِعَ يَشْبَعُ

To satiate, satisfy. أَشْبَعَ

Satiety, satiation. شَبَعٌ

Satiated, satisfied. شَبْعَانُ

To entwine, entangle. شَبَكَ يَشْبِكُ

تَشَبَّكَ وَاشْتَبَكَ To be entangled.

شَبَكَةٌ ج شَبَكٌ Fishing-net.

شُبَّاكٌ ج شَبَابِيكُ Window.

شِبْلٌ ج أَشْبَالٌ Cub of a lion.

شَبِينٌ م شَبِينَةٌ Groomsman.

شَبَّهَ ب To liken, compare.

شَابَهَ وَأَشْبَهَ To resemble.

تَشَبَّهَ ب To imitate.

تَشَابَهَ To resemble one another.

إِشْتَبَهَ To be obscure.

إِشْتَبَهَ فِي To be in doubt.

شِبْهٌ A similar person or thing.

شَبَهٌ Similarity; likeness.

وَجْهُ ٱلشَّبَهِ Point of resemblance.

شُبْهَةٌ ج شُبُهَاتٌ Doubt, suspicion.

شَبِيهٌ Resembling, like.

إِشْتِبَاهٌ Ambiguity; doubt.

تَشْبِيهٌ Comparison; metaphor.

مُشْتَبِهٌ Doubtful, obscure.

مُشَابَهَةٌ Resemblance.

شَتَّ يَشِتُّ To be scatter.

شَتَّ وَشَتَّتَ وَأَشَتَّ To scattered.

تَشَتَّتَ To be dispersed.

شَتٌّ وَشَتَاتٌ Disunion.

شَتَّانَ Great is the difference!

أَشْيَاءُ شَتَّى Various things.

شَتْلَةٌ Nursery-plant.

مَشْتَلٌ Plant-nursery.

شَتَمَ يَشْتُمُ شَتْمًا To revile.

شَتِيمَةٌ ج شَتَائِمُ Defamation.

شَتِيمٌ وَمَشْتُومٌ Reviled.

شَتَا يَشْتُو وَشَتَّى To pass the winter.

شِتَاءٌ ج أَشْتِيَةٌ Winter; rain.

شَتَوِيٌّ Pertaining to winter.

شَاتٍ Wintry; rainy.

مَشْتًى Winter abode.

شَجَّ يَشُجُّ To wound the head.

شَجَّةٌ Wound in the head.

شَجُرَ To become woody.
شَاجَرَ مُشَاجَرَةً To quarrel with.
شَجَّرَ To abound in trees.
تَشَاجَرَ To dispute, quarrel.
شَجَرٌ ج أَشْجَارٌ Tree; shrub, bush.
شَجَرَةٌ A tree.
شَجِرٌ وَمُشْجِرٌ Abounding in trees.
مُشَاجَرَةٌ Dispute. contest.
شَجُعَ يَشْجُعُ شَجَاعَةً To be brave.
شَجَّعَ To encourage, embolden.
تَشَجَّعَ To take courage.
شَجَاعَةٌ Courage, bravery.
شُجَاعٌ ج شُجْعَانٌ Brave, bold.
شَجَنَ يَشْجُنُ شَجْنًا To grieve. Coo.
شَجَنٌ ج شُجُونٌ Grief.
شَجَا يَشْجُو To cause anguish.
شَجِيَ يَشْجَى شَجًا To be grieved.
شَجًا وَشَجْوٌ Anxiety, grief.
شَجٍ وَشَجِيٌّ Grieved, anxious, sad.

شَحَّ يَشُحُّ شَحًّا To be niggardly.
تَشَاحَّ To contend together.
شُحٌّ Avarice, covetousness.
شَحِيحٌ ج شِحَاحٌ Avaricious.
لَا مُشَاحَّةَ فِي Incontestable.
شَحَذَ يَشْحَذُ To ask for alms, beg.
شِحَاذَةٌ Mendicity.
شَحَّاذٌ Importunate beggar.
شَحَّاذُ ٱلْعَيْنِ Stye on the eyelid.
شَحَطَ يَشْحَطُ To drag along.
شَحْمٌ ج شُحُومٌ Grease, lard, fat.
شَحْمَةُ ٱلْأُذُنِ Lobe of the ear.
شَحَنَ يَشْحَنُ وَأَشْحَنَ بِ To fill, load.
شَاحَنَ To treat with enmity.
شَحْنٌ وَشَحْنَةٌ Freight, cargo.
شَحْنَاءُ وَشِحْنَةٌ Hatred, enmity.
شِحْنَةٌ Garrison.
مُشَاحَنَةٌ Hatred, enmity.
شَخَّ يَشُخُّ شَخًّا To micturate.

شِخَاخٌ Urine.
شَخَرَ يَشْخِرُ شَخِيرًا To snore; snort.
شَخَصَ بِبَصَرِهِ إِلَى To gaze at.
شَخَصَ مِنْ إِلَى To go from... to...
شَخَّصَ To distinguish.
تَشَخَّصَ To be distinct.
شَخْصٌ ج أَشْخَاصٌ Person, individual.
تَشْخِيصٌ Diagnosis of (disease).
شَدَّ يَشُدُّ شَدًّا To strap, bind.
شَدَّدَ To bind fast, strengthen.
شَدَّدَ عَلَى To treat with severity.
تَشَدَّدَ وَاشْتَدَّ To be strengthened.
إِشْتَدَّ To be strong, intense.
شِدَّةٌ Violence, intensity.
شِدَّةٌ ج شَدَائِدُ Hardship, distress.
شَدَّةٌ Name of the sign (ّ)
شَدِيدٌ ج أَشِدَّاءُ Violent, strong.
شَدِيدُ الْبَأْسِ Courageous, brave.
أَشَدُّ More intense; stronger.

أَشَدُّ سَوَادًا Blacker.
أَشَدُّ غَضَبًا More or most angry.
إِشْتِدَادٌ Violence. Strength.
شِدْقٌ Cheek.
شَدْيَاقٌ ج شَدَايِقَةٌ Deacon.
مُتَشَدِّقٌ Diffuse in speech.
شَادِنٌ A young gazelle.
شَدَا يَشْدُو وَأَشْدَى To sing.
شَذَّ يَشِذُّ To be exceptional.
شَاذٌّ ج شَوَاذٌّ Irregular, rare.
شُذُوذٌ Irregularity; rarity.
شَرٌّ ج شُرُورٌ Anything bad, evil.
شَرٌّ ج أَشْرَارٌ Wicked. Worse.
شَرَارَةٌ A spark.
شَرِيرٌ ج أَشْرَارٌ Bad, wicked.
شِرِّيرٌ ج شِرِّيرُونَ Very wicked.
اَلشِّرِّيرُ The Evil One, Satan.
شَرِبَ يَشْرَبُ To drink, swallow.
شَرِبَ الدُّخَانَ To smoke tobacco.

To saturate.	شَرَّبَ
To absorb, imbibe.	تَشَرَّبَ
Act of drinking.	شُرْبٌ
Draught. Water-jug.	شَرْبَةٌ
Drink, beverage.	شَرَابٌ ج أَشْرِبَةٌ
Syrup.	شَرَابٌ ج شَرَابَاتٌ
Tassel.	شَرَّابَةٌ ج شَرَارِيبُ
Moustache.	شَارِبٌ ج شَوَارِبُ
Addicted to drink.	شِرِّيبٌ
Inclination	مَشْرَبٌ ج مَشَارِبُ
To entangle, confuse.	شَرْبَكَ
A species of fir.	شَرْبِينٌ
To baste.	شَرَّجَ
Sesame-oil.	شَيْرَجٌ وَسِيرَجٌ
To explain.	شَرَحَ يَشْرَحُ
To dissect.	شَرَّحَ
To be enlarged. Happy.	إِنْشَرَحَ
Commentary.	شَرْحٌ ج شُرُوحٌ
Commentator	شَارِحٌ ج شُرَّاحٌ
Long slice of meat.	شَرِيحٌ وَشَرِيحَةٌ
Dissection.	تَشْرِيحٌ
Anatomy.	عِلْمُ التَّشْرِيحِ
Anatomist.	مُشَرِّحٌ ج مُشَرِّحُونَ
Prime of youth.	شَرْخٌ ج شُرُوخٌ
To flee, take fright.	شَرَدَ يَشْرُدُ
To depart from.	شَرَدَ عَنْ
Roaming, fugitive.	شَارِدٌ
Strange, unusual.	شَوَارِدُ
Small number of men	شِرْذِمَةٌ
To be ill-natured.	شَرِسَ يَشْرَسُ
Ill-natured.	شَرِسٌ
Sticking-paste.	شِرَاسٌ وَسِرَاسٌ
Extremity of a rib.	شُرْسُوفٌ
Epigastric region.	أَلْقِسْمُ الشَّرَاسِيفِيُّ
Root.	شِرْشٌ ج شُرُوشٌ
A fringe.	شَرْشَرَةٌ ج شَرَاشِرُ
Bed-sheet.	شَرْشَفٌ ج شَرَاشِفُ
To stipulate.	شَرَطَ يَشْرِطُ وَاشْتَرَطَ

To make incisions.	شَرَطَ وَشَرَّطَ
To stipulate with.	شَارَطَ وَتَشَارَطَ
Condition, stipulation, contract.	شَرْطٌ ج شُرُوطٌ
Guard's-man.	شُرْطِيٌّ ج شُرْطَةٌ
Wire; tape.	شَرِيطٌ ج شُرُطٌ
Bistoury.	مِشْرَطٌ ج مَشَارِطُ
Stipulation. Betting.	مُشَارَطَةٌ
To make a law.	شَرَعَ يَشْرَعُ وَاشْتَرَعَ
To begin.	شَرَعَ شُرُوعًا
He began to say.	شَرَعَ يَقُولُ
To engage in an affair.	شَرَعَ فِي
Divine or religious law.	شَرْعٌ
Legitimate, legal.	شَرْعِيٌّ
Main street. Legislator.	شَارِعٌ ج شَوَارِعُ
A sail.	شِرَاعٌ ج أَشْرِعَةٌ
Law, statute.	شَرِيعَةٌ ج شَرَائِعُ
Jordan (river).	اَلشَّرِيعَةُ
Deuteronomy,	تَثْنِيَةُ ٱلْاِشْتِرَاعِ
Legislator.	مُشْتَرِعٌ
To be noble.	شَرُفَ يَشْرُفُ
To be high.	شَرِفَ يَشْرَفُ شَرَفًا
To exalt, honour.	شَرَّفَ
To be near to; overtop.	أَشْرَفَ عَلَى
To be honoured.	تَشَرَّفَ
Elevated place. Eminence.	شَرَفٌ ج أَشْرَافٌ
Honour, nobility; height.	شَرَفٌ
Battlement.	شُرْفَةٌ ج شُرُفَاتٌ
Noble.	شَرِيفٌ ج أَشْرَافٌ
An edict by the Sultan's own hand.	اَلْخَطُّ ٱلشَّرِيفُ
Projecting, overlooking.	مُشْرِفٌ
To rise (sun).	شَرَقَ يَشْرُقُ
To go eastward.	شَرَّقَ
To rise, shine, beam,	أَشْرَقَ
East, Orient.	شَرْقٌ
Eastern; Oriental,	شَرْقِيٌّ
East, Orient. Levant.	مَشْرِقٌ ج مَشَارِقُ
To share with.	شَارَكَ مُشَارَكَةً
To take a partner.	أَشْرَكَ فِي

أَشْرَكَ بِٱللّٰه — To be a polytheist.
تَشَارَكَ وَٱشْتَرَكَ — To share.
شِرْكٌ — Polytheism.
شَرَكٌ ج أَشْرَاكٌ — Snare.
شِرْكَةٌ — Company ; partnership.
شِرَاكٌ ج شُرُكٌ — Shoe-string.
شَرِيكٌ ج شُرَكَاء — Partner.
مُشْرِكٌ — Polytheist, idolater.
مُشْتَرِكٌ — Associate. Subscriber.
مُشْتَرَكٌ — Common to several.
شَرَمَ يَشْرِمُ شَرْمًا — To split, slit.
شَرِمَ وَتَشَرَّمَ وَٱنْشَرَمَ — To be split.
شَرْمٌ ج شُرُومٌ — Split, rent.
شَرْنَقَةٌ ج شَرَانِق — Cocoon.
شَرِهَ يَشْرَهُ إِلَى — To be greedy for.
شَرَهٌ وَشَرَاهَةٌ — Inordinate desire.
شَرِهٌ وَشَرْهَانُ — Greedy. Glutton.
شَرْوَالٌ وَسِرْوَالٌ — Trowsers.
شَرَى يَشْرِي شِرَاءً وَشِرًى — To buy.

إِشْتَرَى — To buy.
شِرَاءٌ وَشِرًى — Purchase.
شَرًى — Nettle-rash ; urticaria.
شَرْيَانٌ ج شَرَايِين — Artery.
شَارٍ وَمُشْتَرٍ ج شُرَاةٌ — Buyer.
ٱلْمُشْتَرِي — Jupiter (planet)
شَزَرَ يَشْزِرُ إِلَى — To look askance at.
شَسَعَ يَشْسَعُ شُسُوعًا — To be distant.
شَاسِعٌ — Very remote, distant.
شِشْمَةٌ — Water-closet.
شَشْنَةٌ — Sample.
شِصٌّ ج شُصُوصٌ — Fish-hook.
شَطَّ فِي — To go beyond bounds.
شَطٌّ ج شُطُوطٌ — Shore, bank.
شَطَطٌ — Excess. Injustice.
شَاطِئٌ ج شَوَاطِئُ — Shore. Coast
شَطَبَ يَشْطُبُ — To cut into strips. Deviate.
شَطَرَ يَشْطُرُ — To divide, halve.
شَاطَرَ — To halve with another.

Half; part. شَطْرٌ ج شُطُورٌ

Wicked; sharper. شَاطِرٌ ج شُطَّارٌ

Divided into halves. مَشْطُورٌ

Adjacent, neighbouring. مُشَاطِرٌ

Chess, شِطْرَنْجٌ

To wash; rinse. شَطَفَ يَشْطُفُ شَطْفًا

To be rebellious. شَيْطَنَ وَتَشَيْطَنَ

Devilishness. شَيْطَنَةٌ

Satan, devil. شَيْطَانٌ ج شَيَاطِينُ

Splinter. Fibula. شَظِيَّةٌ ج شَظَايَا

To disperse. شَعَّ يَشِعُّ شَعَاعًا

To be dispersed. شُعَّ يُشَعُّ

To emit rays. أَشَعَّ

Sun-beam. شُعَاعٌ ج أَشِعَّةٌ وَشِعَاعٌ

To ramify. تَشَعَّبَ وَانْشَعَبَ

Mountain-pass. شِعْبٌ ج شِعَابٌ

People, nation. شَعْبٌ ج شُعُوبٌ

Branch. Portion. شُعْبَةٌ ج شُعَبٌ

The eighth lunar month. شَعْبَانُ

Ramified. مُشَعَّبٌ

To juggle. شَعْبَذَ

Juggler. مُشَعْبِذٌ

To be dishevelled. شَعِثَ وَتَشَعَّثَ

To know; feel. شَعَرَ يَشْعُرُ بِ

To inform. أَشْعَرَهُ بِ

Poetry, verse. شِعْرٌ ج أَشْعَارٌ

Hair. شَعْرٌ ج شُعُورٌ

A hair. شَعْرَةٌ ج شَعَرَاتٌ

Poetical. شِعْرِيٌّ

Syrius, Dog-Star. اَلشِّعْرَى

Would that I knew! لَيْتَ شِعْرِي

Hairy, shaggy. أَشْعَرُ ج شُعْرٌ

Rites. شِعَارٌ وَشَعَائِرُ

Trellis-work. شَعْرِيَّةٌ ج شَعْرِيَّاتٌ

Poet. شَاعِرٌ ج شُعَرَاءُ

Knowing, perceiving. شُعُورٌ

Barley. شَعِيرٌ

Sense (sight, &c.); مَشْعَرٌ ج مَشَاعِرُ

شَعَلَ يَشْعَلُ وَشَعَّلَ وَأَشْعَلَ	To kindle.
شَعِلَ وَأُشْتُعِلَ	To be kindled.
إِشْتَعَلَ غَضَبًا	To be enraged.
شُعْلَةٌ ج شُعَلٌ	Firebrand, flame.
شَعِيلَةٌ ج شُعُلٌ	Burning wick.
إِشْتِعَالٌ	Conflagration.
مِشْعَلٌ ج مَشَاعِلُ	Lamp; torch.
عِيدُ ٱلشَّعَانِينِ	Palm-Sunday.
شَعْوَذَ	To juggle.
شَعْوَذَةٌ	Jugglery.
مُشَعْوِذٌ	Juggler.
شَغَبَ يَشْغَبُ	To stir up discord, evil.
شَغَبٌ	Discord, tumult; revolt.
شَغَفَ حُبًّا	To inflame with love.
شُغِفَ بِ	To be smitten.
شَغَفٌ	Passionate love.
مَشْغُوفٌ	Passionately taken up.
شَغَلَ يَشْغَلُ وَأَشْغَلَ	To occupy.
شَغَلَ عَنْ	To divert from.
شَغَّلَ	To busy, occupy much.
إِشْتَغَلَ	To be occupied. To act.
شُغْلٌ ج أَشْغَالٌ	Occupation, work.
شَاغِلٌ ج شَوَاغِلُ	Busying affair.
إِشْتِغَالٌ	Occupation.
مَشْغُولٌ	Occupied; busy.
شَفَّ يَشِفُّ	To be very fine, transparent.
شَفٌّ ج شُفُوفٌ	Thin, fine dress.
شَفَّافٌ	Transparent.
شُفُوفٌ	Transparency.
شَفْرٌ ج أَشْفَارٌ	Edge, border.
شَفْرَةٌ ج شِفَارٌ	Blade.
شَفِيرُ ٱلْوَادِي	Border of a valley.
شَفَعَ يَشْفَعُ	To plead, intercede. Couple, double.
شَفَّعَ	To make double.
شُفْعَةٌ	Right of pre-emption.
شَفَاعَةٌ	Intercession, mediation.
شَافِعٌ وَشَفِيعٌ ج شُفَعَاءُ	Intercessor.
شَفِقَ يَشْفَقُ وَأَشْفَقَ عَلَى	To pity.

Evening twilight. شَفَقٌ ج أَشْفَاقٌ

Compassion; tenderness. شَفَقَةٌ

Compasionate. شَفُوقٌ وَشَفِيقٌ

To speak mouth to mouth. شَافَهَ

Lip. شَفَةٌ ج شَفَهَاتٌ وَشَفَوَاتٌ وَشِفَاهٌ

Labial. شَفَهِيٌّ وَشَفَوِيٌّ

By word of mouth. مُشَافَهَةً وَشِفَاهًا

To cure, heal. شَفَى يَشْفِي شِفَاءً مِنْ

To be very near. أَشْفَى عَلَى

To recover (one's health). إِشْتَفَى

To seek a cure. إِسْتَشْفَى

Cure, recovery. شِفَاءٌ ج أَشْفِيَةٌ

Brink, edge, extremity. شَفَا

Curing, healing. شَافٍ

A clear answer. جَوَابٌ شَافٍ

Hospital. مُسْتَشْفًى وَدَارُ ٱلشِّفَاءِ

To split, cleave شَقَّ يَشُقُّ شَقًّا

To trouble, distress. شَقَّ مَشَقَّةً عَلَى

To rebel. شَقَّ ٱلْعَصَا

To split into pieces. شَقَّقَ

To be split or separated. إِنْشَقَّ

Split, rent; crack. شَقٌّ ج شُقُوقٌ

Great hardship. شَقٌّ وَمَشَقَّةٌ

Half, one side of a thing. شِقٌّ

Piece of cloth. شُقَّةٌ ج شُقَقٌ

Troublesome, hard. شَاقٌّ

Separation, discord. شِقَاقٌ

Full brother. شَقِيقٌ ج أَشِقَّاءُ

Red anemone. شَقَائِقُ ٱلنُّعْمَانِ

Derivation of a word. إِشْتِقَاقٌ

Separation, division. إِنْشِقَاقٌ

Great hardship. مَشَقَّةٌ ج مَشَاقُّ

Derived (word). مُشْتَقٌّ

Light red, sorrel colour. شُقْرَةٌ

Of fair complexion, sorrel. أَشْقَرُ

The green wood-pecker. شِقِرَّاقٌ

Verbosity. شَقْشَقَةُ ٱللِّسَانِ

شَقَعَ يَشْقَعُ شَقْعًا To pile up.

شَقَّفَ To split, cut into pieces

شَقْفَةٌ ج شِقَفٌ Earthen pot; piece.

شَقَلَ يَشْقُلُ شَقْلاً To lift up.

شَقِيَ يَشْقَى To be miserable.

شَقِيَ فِي To labour, toil.

شَاقَى To struggle with.

أَشْقَى To make miserable.

شَقًا وَشَقَاءٌ وَشَقَاوَةٌ Misery.

شَقِيٌّ ج أَشْقِيَاءُ Miserable,

شَكَّ يَشُكُّ وَتَشَكَّكَ فِي To doubt.

شَكَّ To pierce through.

شَكَّكَ فِي To throw into doubt.

شَكٌّ ج شُكُوكٌ Uncertainty, doubt.

شَكَّةٌ Thrust (of a lance, &c.)

شَاكُ ٱلسِّلَاحِ Armed.

مَشْكُوكٌ فِيهِ Doubtful, uncertain.

شَكَرَ يَشْكُرُ وَتَشَكَّرَ لِ To thank.

شُكْرٌ وَشُكْرَانٌ ج شُكُورٌ Thanks.

شَاكِرٌ وَشَكُورٌ Thankful.

شَوْكَرَانٌ وَشَيْكَرَانٌ Hemlock.

شَكِسَ يَشْكُسُ To be stubborn.

شَكِسٌ وَشَكْسٌ Refractory.

شَكَلَ يَشْكُلُ وَأَشْكَلَ عَلَى To be obscure.

شَكَلَ وَشَكَّلَ To tether, tie up.

شَاكَلَ To resemble.

تَشَكَّلَ To be fashioned, shaped.

تَشَاكَلَ To resemble one another.

إِشْتَكَلَ To be ambiguous.

إِسْتَشْكَلَ To deem dubious.

شَكْلٌ ج أَشْكَالٌ Likeness; form. Fashion. Kind, sort. Vowel point.

شِكَالٌ ج شُكُلٌ Tether.

شَاكِلَةٌ ج شَوَاكِلُ Side. Way.

مُشَاكَلَةٌ وَتَشَاكُلٌ Resemblance.

مُشْكِلٌ ج مَشَاكِلُ Difficulty.

شَكِيمَةٌ Mouth-bit.

شَكَا يَشْكُو إِلَى To complain to.

شكا أَلَماً To complain of pain.

تَشَكَّى وَاشْتَكَى إِلَى To complain.

شِكَايَةٌ Complaint; accusation.

شَاكٍ وَمُشْتَكٍ Plaintiff.

مَشْكُوٌّ وَمُشْتَكًى عَلَيْهِ Accused.

شَلَّ يَشُلُّ وَشُلَّ To be paralyzed.

أَشَلَّ To paralyze, disable.

شَلَلٌ Paralysis.

شَلَّالٌ ج شَلَّالَاتٌ Cataract.

شَلَحَ يَشْلَحُ To strip, undress.

شَلَّحَ To strip, plunder.

مَشْلَحٌ Mantle.

شِلْوٌ ج أَشْلَاءٌ Body after decay.

شَيْلَمٌ Darnel-grass.

شَمَّ يَشُمُّ شَمّاً To smell.

شَمَّمَ وَأَشَمَّ To make one smell.

شَمٌّ Sense of smell.

شَمَّامٌ A fragrant, striped melon.

شَمِتَ يَشْمَتُ شَمَاتَةً بِ To rejoice at the affliction of an enemy.

شَمَّتَ To disappoint.

شَمَخَ يَشْمَخُ To be high, lofty.

تَشَامَخَ To be high; be proud.

شَامِخٌ ج شُمَّخٌ High; proud.

تَشَامُخٌ Pride, haughtiness.

مُتَشَامِخٌ Proud, haughty.

شَمَّرَ يُشَمِّرُ To tuck up a garment.

تَشَمَّرَ وَانْشَمَرَ لِ To be ready for.

شَمَرٌ وَشَمَارٌ وَشَمْرَةٌ Fennel.

شَمَزَ يَشْمُزُ مِنْ To abhor.

إِشْمَأَزَّ إِشْمِئْزَازاً To shrink from.

شَمِسَ يَشْمَسُ وَأَشْمَسَ To be sunny.

شَمَسَ يَشْمُسُ To be restive.

شَمَّسَ To expose in the sun.

شَمْسٌ ج شُمُوسٌ Sun.

شَمْسِيٌّ Solar.

شَمْسِيَّةٌ Umbrella; sun-shade.

شَمَّاسٌ ج شَمَامِسَةٌ Deacon.

شَمُوسٌ Restive, refractory.

مُشَمَّسٌ Exposed to the sun.
شَمَطٌ Whiteness, hoariness.
أَشْمَطُ Gray-haired, grizzled.
شَمَّعَ To wax; cover with wax.
شَمْعٌ ج شُمُوعٌ Wax.
شَمْعَةٌ ج شَمَعَاتٌ Wax-candle.
مُشَمَّعٌ Waxed. Oil-cloth.
شَمْعَدَانٌ Candlestick.
شَمَلَ يَشْمُلُ To shift to the north.
شَمَلَ يَشْمَلُ To take the left side.
شَمِلَ يَشْمَلُ To include, contain.
إِشْتَمَلَ عَلَى To comprise, contain.
شَمْلٌ Union.
شَامِلٌ Comprehensive; general.
شِمَالٌ Left side; north.
شِمَالِيٌّ Northern, northerly.
مَشْمُولٌ Endowed. Included.
شَمَنْدَرٌ وَشَمَنْدُورٌ Beet (root).
شَنَّ وَأَشَنَّ الغَارَةَ عَلَى To attack.

شَنِئَ وَشَنَأَ يَشْنَأُ To hate, detest.
شِنْءٌ Hatred, detestation.
شَانِئٌ ج شُنَّاءٌ Hater, enemy.
مَشْنُوءٌ Hated, hateful.
شَنَبٌ ج أَشْنَابٌ Moustache.
شُنْبُلٌ ج شَنَابِلُ A grain-measure.
تَشَنُّجٌ Spasmodic contraction.
شِنْشِنَةٌ ج شَنَاشِنُ Nature, disposition.
شَنُعَ يَشْنُعُ شَنَاعَةً To be bad.
شَنَعَ شَنْعًا To disgrace, revile.
شَنَّعَ عَلَيْهِ To accuse him of evil.
إِسْتَشْنَعَ To regard as foul.
شُنْعَةٌ وَشَنَاعَةٌ Infamy, ugliness
شَنِعٌ وَشَنِيعٌ وَأَشْنَعُ Foul, ugly.
شَنَّفَ To embellish.
شَنْفٌ ج شُنُوفٌ Ear-ring.
شَنَقَ يَشْنِقُ شَنْقًا To hang.
شَنْقٌ Hanging.
شَنِقٌ وَشَائِقٌ Longing, yearning.

شِناقٌ ج أَشْنِقَة — Cord, rope.

مِشْنَقَة ج مَشانِق — Gibbet, gallows.

مَشْنُوق — Hanged.

شُهْبَة وشَهَب — Gray colour.

شِهابٌ ج شُهُب — Meteor.

أَشْهَبُ م شَهْباءُ ج شُهْب — Gray.

الشَّهْباءُ — Aleppo.

شَهِدَ يَشْهَدُ — To witness, be present.

شَهِدَ يَشْهَدُ على — To witness against.

شَهِدَ بِ — To bear witness to.

شاهَدَ — To be an eye-witness; see.

أَشْهَدَ واسْتَشْهَدَ — Call to witness.

اُسْتُشْهِدَ — To die as a martyr.

شَهْدٌ ج شِهادٌ — Honeycomb.

شاهِدٌ ج شُهُود — Eye-witness.

شَهادة — Testimony. Diploma.

شَهادة واسْتِشْهاد — Martyrdom.

شَهِيدٌ ج شُهَداء — Witness. Martyr.

مَشْهَد — Assembly. Aspect.

مُشاهَدَة — Vision, sight, scene.

شَهَرَ يَشْهَرُ — To make puplic.

أَشْهَرَ — To make known, publish.

اِشْتَهَرَ — To become known; be celebrated; notorius.

شَهْرٌ ج شُهُورٌ وأَشْهُر — Month.

شُهْرَة — Celebrity, fame, repute.

شَهِير — Celebrated, notorious.

مَشْهُورٌ ج مَشاهِير — Well-known.

على المَشْهُور — According to usage.

شَهَقَ يَشْهَقُ — To draw the breath.

شَهْقَة — A single cry.

شاهِقٌ ج شَواهِق — High, lofty.

الشَّهِيقُ والزَّفِيرُ — Inspiration and expiration in breathing.

شَهْلٌ — A mixture of two colours.

شَهُمَ يَشْهُمُ — To be sagacious.

شَهْمٌ ج شِهام — Honourable.

شَهامة — Sagacity. Honour.

شاهِينٌ ج شَواهِين — Falcon.

شَهَا يَشْهُو — To crave for.

شَهَّى — To excite a desire.

إِشْتَهَى — To desire eagerly.

شَهْوَةٌ ج شَهَوَاتٌ — Strong desire, appetite, passion, lust.

شَهِيٌّ وَمُشْتَهًى — Desired, pleasant.

شَهَوَانِيٌّ — Sensual.

أَشْهَى — More desirable, delicious.

إِشْتِهَآءٌ — Desire, craving.

مُشْتَهًى ج مُشْتَهَيَاتٌ — Craved.

شَابَ يَشُوبُ شَوْبًا — To mix.

شَائِبَةٌ ج شَوَائِبُ — Blemish.

شُوحَةٌ — A species of kite.

أَشَارَ إِلَى — To point out or at.

أَشَارَ عَلَى بِ — To counsel, advise.

شَاوَرَ وَٱسْتَشَارَ — To consult.

تَشَاوَرَ عَلَى — To consult together.

مَشُورَةٌ ج مَشُورَاتٌ — Consultation.

أَهْلُ ٱلشُّورَى — Concillors.

مَجْلِسُ ٱلشُّورَى — Council.

إِشَارَةٌ — Sign, signal; allusion.

إِسْمُ ٱلإِشَارَةِ — Demonstrative pronoun.

مُشَارٌ إِلَيْهِ — Indicated, referred to.

مُشِيرٌ — Councillor; minister.

مُسْتَشَارٌ — Councillor.

شُورْبَةٌ — Soup.

شَوَّشَ — To trouble, confuse.

تَشَوَّشَ — To be confused; sick.

شَاشٌ — Thin muslin.

شَاوِيشٌ (جَاوِيشٌ) — Sergeant.

شُوشَةٌ — Hair of head.

تَشْوِيشٌ — Confusion. Sickness.

مُشَوَّشٌ — Confused. Ill.

أَشْوَصُ م شَوْصَآءُ — Squint-eyed.

شَافَ يَشُوفُ شَوْفًا — To see.

شَوَّفَ — To show.

شَاقَ وَشَوَّقَ إِلَى — To fill with longing.

تَشَوَّقَ وَٱشْتَاقَ إِلَى — To long for.

Strong desire. شَوْقٌ ج أَشْوَاقٌ

Desirable, charming. شَائِقٌ

Ardently longing. مُشْتَاقٌ

To pierce with a thorn. شَاكَ وَشَوَّكَ

Thorns, prickles. شَوْكٌ ج أَشْوَاكٌ

A thorn, sting. شَوْكَةٌ

Shawl. شَالٌ ج شَالَاتٌ

Desert. شَوْلٌ ج أَشْوَالٌ

Large sack. شُوَالٌ ج شُوَالَاتٌ

The tenth lunar month. شَوَّالٌ

Watch-tower. Barn. شُونَةٌ ج شُوَنٌ

To disfigure. شَوَّهَ

To be ugly, disfigured. تَشَوَّهَ

Deformity, ugliness. شَوَهٌ

Deformed; ugly. أَشْوَهُ م شَوْهَاءُ

King; Shah, (*Persian*). شَاهٌ

Royal, imperial. شَاهَانِيٌّ

Sheep, lamb. شَاةٌ ج شَاءٌ وَشِيَاهٌ

Ugly, deformed. Stupid. مُشَوَّهٌ

To roast, broil (meat). شَوَى يَشْوِي

To be roasted, grilled. إِنْشَوَى

Roasted, grilled. شَوِيٌّ وَمَشْوِيٌّ

Gridiron. مِشْوَى وَمِشْوَاةٌ

To will, wish, desire. شَاءَ يَشَاءُ

Thing, something. شَيْءٌ ج أَشْيَاءُ

Gradually. شَيْئًا فَشَيْئًا

A small thing; a little. شُوَيَّةٌ

Will, wish, desire. مَشِيئَةٌ

To become gray. شَابَ يَشِيبُ

To make gray. أَشَابَ وَشَيَّبَ

Old age. شَيْبٌ وَمَشِيبٌ

White or hoary beard. شَيْبَةٌ

Hoary; old. شَائِبٌ وَأَشْيَبُ

Cotton-prints. شِيتٌ ج أَشْيَاتٌ

Artemesia; wormwood. شِيحٌ

To grow old. شَاخَ يَشِيخُ وَشَيَّخَ

Old man. Sheikh. شَيْخٌ ج شُيُوخٌ

Religious Chief of the Moslems. شَيْخُ الإِسْلَامِ

Old age.	شَيْخُوخَةٌ
Republic. Senate.	مَشْيَخَةٌ
To build up.	شَادَ يَشِيدُ وَشَيَّدَ
High, elevated.	مَشِيدٌ وَمُشَيَّدٌ
To be slightly burnt.	شَاطَ يَشِيطُ
To get angry.	إِسْتَشَاطَ عَلَى
Satan, devil.	شَيْطَانٌ
Inflamed by anger.	مُسْتَشِيطٌ
To be spread abroad.	شَاعَ يَشِيعُ
To publish.	شَاعَ بِ وَأَشَاعَ
To see a guest off.	شَيَّعَ
To escort, follow.	شَايَعَ
To publish the news.	أَشَاعَ ٱلْخَبَرَ
Party, sect; the Shiites	شِيعَةٌ
A Shiite.	شِيعِيٌّ
Public; common.	شَائِعٌ وَمُشَاعٌ
Partisan of.	مُشَايِعٌ لِ
To lift up, carry.	شَالَ يَشِيلُ شَيْلًا
The trade of a porter.	شِيَالَةٌ
A porter.	شَيَّالٌ
Black spot; mole.	شَامَةٌ ج شَامَاتٌ
Syria.	اَلشَّامُ
Character, nature.	شِيمَةٌ ج شِيَمٌ
Of noble qualities.	كَرِيمُ ٱلشِّيَمِ
To disgrace.	شَانَ يَشِينُ شَيْنًا
A disgraceful thing.	شَيْنٌ
Tea.	شَايٌ

ص

ص	As a numerical sign = 90.
صَبَّ يَصُبُّ صَبًّا	To pour out.
صَبَّ عَلَى	To dart or rush upon.
صَبَّ يَصَبُّ صَبَابَةً	To be in love.
أَصَبَّ	To descend.
إِنْصَبَّ	To be poured out. Incline.
صَبٌّ	Longing lover.
صُبَّةٌ	Catarrh of the nose.
صَبَابَةٌ	Excessive love or desire.
صَبِيبٌ	Poured forth.
مَصَبٌّ	Mouth of a river.
صَابِئٌ ج صَابِئُونَ	Sabian.
صَبُحَ يَصْبُحُ	To be handsome.
صَبَّحَ	To bid good morning.
أَصْبَحَ	To rise in the morning.
أَصْبَحَ عَالِمًا	He becaame learned.
أَصْبَحَ يَفْعَلُ	To take to doing.
صُبْحٌ ج أَصْبَاحٌ	Dawn. Morning.
صُبْحَةٌ	Early part of forenoon.
صَبَاحٌ	Morning.
صَبَاحَةٌ	Beauty, comeliness.
صَبِيحَةٌ	Morning.
مِصْبَاحٌ ج مَصَابِيحُ	Lamp.
صَبَرَ يَصْبِرُ	To be patient. Confine.
صَبَّرَ	To ask one to be patient. Embalm. Ballast.
تَصَبَّرَ وَاصْطَبَرَ	To be patient.
صَبْرٌ	Patience, endurance.
صَبْرٌ وَصَبِرٌ	Aloe. Aloe-plant.
صَابِرٌ ج صَابِرُونَ	Patient.
صَبَّارٌ وَصَبُورٌ	Very patient.

صَبِرٌ — Cactus.

صَابُورَةٌ — Ballast (of a ship).

صَابُورِيَّةٌ — A kind of basket.

أُصْبُعٌ ج أَصَابِعُ — Finger, toe.

مُصَبَّعٌ — Gridiron.

صَبَغَ يَصْبُغُ — To dye, colour.

إِصْطَبَغَ — To be baptized; dyed.

صِبْغٌ وَصِبَاغٌ — Dye; paint.

صِبْغَةٌ — Dye. Religion. Baptism.

صَبَّاغٌ — Dyer.

صِبَاغَةٌ — Art of dyeing.

مَصْبَغَةٌ — A dye-house.

صَبَّنَ وَصَوْبَنَ — To wash with soap.

صَبَّانٌ — Soap-maker.

صَابُونٌ — Soap.

مَصْبَنَةٌ — Soap factory.

صَبَا إِلَى — To incline to, long for.

صَبَا — Light east-wind.

صِبًا — Youth, boyhood. Love.

صَبْوَةٌ — Youth.

صَبِيٌّ ج صِبْيَانٌ — Boy, youth.

صَبِيَّةٌ ج صَبَايَا — Young woman.

صَحَّ يَصِحُّ — To recover from disease. To be sound; true.

صَحَّحَ تَصْحِيحًا — To cure a sick person. Correct; render sound.

صِحَّةٌ — Health. Soundness. Truth.

صَحِيحٌ ج أَصِحَّاءُ — Healthy, sound. True.

أَصْحَاحٌ ج إِصْحَاحَاتٌ — Chapter.

تَصْحِيحٌ — Correction.

صَحِبَ يَصْحَبُ وَصَاحَبَ — To accompany.

تَصَحَّبَ لِ — To take the part of

تَصَاحَبَ مَعَ — To associate with.

إِصْطَحَبَ — To associate together.

صُحْبَةٌ — Companionship.

صَاحِبٌ ج أَصْحَابٌ — Friend. Owner.

صَاحِبُ مَالٍ — Wealthy.

مَصْحُوبٌ — Accompanied.

صَحْرَآءُ ج صَحْرَاوَاتٌ — Desert.

صَحَّفَ تَصْحِيفاً To alter a word.

صَحْفَةٌ ج صِحَافٌ Large plate.

صَحِيفَةٌ ج صَحَائِفُ A written page.

مُصْحَفٌ ج مَصَاحِفُ The Koran.

صَحْنٌ ج صُحُونٌ Plate (for food).

صَحْنُ الدَّارِ Court (of a house).

صَحَا يَصْحُو وَصَحِيَ يَصْحَى To become clear (sky).
To recover consciousness after intoxication or sleep.

أَصْحَى To rouse.

صَحْوٌ Fair weather; clear sky.

صَحْوَةٌ Mental clearness.

صَاحٍ Clear (sky); conscious.

صَخِبَ To shout, clamour.

صَخِبٌ وَصَخُوبٌ Clamourous.

صَخْرٌ وَصَخْرَةٌ ج صُخُورٌ Rock.

صَخِرٌ وَمُصْخِرٌ Rocky; stony.

صَدَّ يَصُدُّ عَن To turn away from.

صَدَّ صَدًّا To oppose; prevent.

صَدٌّ Aversion; opposition.

صَدَدٌ Subject in hand.

صَدِيدٌ Pus; matter.

صَدِئَ يَصْدَأُ To become rusty.

تَصَدَّا لِ To confront; face.

صَدَأٌ Rust.

صَدَحَ يَصْدَحُ To sing.

صَادِحٌ Singer.

صَدَرَ ـُ To take place; occur.

صَدَرَ مِن To proceed from.

صَدَرَ عَن To arise, result from.

صَدَرَ إِلَى To go to.

صَدَّرَ بِ To begin (a book) with.

أَصْدَرَ To show forth; issue.

صَدْرٌ ج صُدُورٌ Chest; bosom.
The first part. Chief.

اَلصَّدْرُ الأَعْظَمُ Prime Minister.

صُدْرَةٌ وَصُدَيْرِيَّةٌ Vest.

صَدَارَةٌ The office of Prime Minister.

صَادِرٌ Going out.
(*opp. to* وَارِدٌ coming in).

مَصْدَرٌ ج مَصَادِرُ Origin, source. Noun of action.

صَدِعَ وَصُدِعَ To have a sprain.

صَدَّعَ To trouble; annoy.

إِنْصَدَعَ To be sprained.

صَدْعٌ ج صُدُوعٌ Fissure. Sprain.

صُدَاعٌ Headache.

صَدَغَ يَصْدَغُ إِلَى To incline to.

صُدْغٌ ج أَصْدَاغٌ Temple; temporal region.

صَدَفَ يَصْدِفُ To meet by chance.

صَادَفَ مُصَادَفَةً To encounter.

تَصَدَّفَ To happen by chance.

تَصَادَفَ To meet together.

صَدَفٌ ج أَصْدَافٌ Sea-shells.

صَدَفَةٌ ج صَدَفَاتٌ A sea-shell.

صُدْفَةٌ ج صُدَفٌ Chance.

صَدَقَ يَصْدُقُ To say the truth.

يَصْدُقُ عَلَى It applies correctly to.

صَدَّقَ To believe. Verify.

صَادَقَ To treat as a friend.

صَادَقَ عَلَى To ratify, confirm.

تَصَدَّقَ To give alms, charity.

صِدْقٌ Truth; veracity; sincerity.

صَدَقَةٌ ج صَدَقَاتٌ Alms; charity.

صَدَاقٌ Dower given to a wife.

صَدَاقَةٌ True friendship.

صَادِقٌ True, sincere.

صَدِيقٌ ج أَصْدِقَاءُ True friend.

صِدِّيقٌ ج صِدِّيقُونَ Righteous.

أَصْدَقُ More, most, true.

تَصْدِيقٌ Belief; faith. Verification

مُصَدِّقٌ Believer. Verifying.

مُصَدِّقٌ Verifying, confirming.

مُتَصَدِّقٌ One who gives alms.

صَيْدَلَةٌ An apothecary's trade.

صَيْدَلَانِيٌّ ج صَيَادِلَةٌ Druggist.

صَيْدَلِيَّةٌ A pharmacy.

صَدَمَ يَصْدِمُ To strike; repel.

صَادَمَ To dash against; thrust.

To collide. تَصَادَمَ واصْطَدَمَ
Shock, collision. صَدْمَةٌ
To return an echo. أَصْدَى إِصْدَاءً
Echo; sound. صَدًى ج أَصْدَاءٌ
To tie up. صَرَّ يَصُرُّ صَرًّا
Creak; chirp; tingle. صَرَّ يَصِرُّ
To persist in. أَصَرَّ عَلَى
Parcel; packet. صُرَّةٌ ج صُرَرٌ
Persistence. إِصْرَارٌ
Grating noise. صَرِيرٌ
To be pure, clear. صَرُحَ يَصْرُحُ
To make clear, proclaim صَرَّحَ
Pure, clear. Explicit. صَرِيحٌ
Clearness. Purity. صَرَاحَةٌ
Clear expression. تَصْرِيحٌ
To cry out. صَرَخَ يَصْرُخُ
A loud cry. صَرْخَةٌ
Cries, screams. صُرَاخٌ وَصَرِيخٌ
Crying out. صارِخٌ

Intense cold. صَرْصَرٌ
A cockroach. صُرْصُرٌ وَصُرْصُورٌ
Violent, cold wind. رِيحٌ صَرْصَرٌ
Way; path. صِرَاطٌ
To strike down. صَرَعَ يَصْرَعُ
To have a fit. صُرِعَ
To wrestle. صَارَعَ وتَصَارَعَ
To be thrown down. إِنْصَرَعَ
Epilepsy. صَرْعٌ
Epileptic. صَرِيعٌ وَمَصْرُوعٌ
Hemistich. مِصْرَاعٌ ج مَصَارِيعُ
Half of a folding door.
Wrestler, combatant. مُصَارِعٌ
To send away; صَرَفَ يَصْرِفُ
change or spend (money)
To avert from. صَرَفَ عَنْ
To turn him to... صَرَفَهُ إِلَى
To conjugate, decline. صَرَّفَ
To commit to. صَرَّفَ فِي
To be inflected. تَصَرَّفَ

To carry out.	تصرّف في
To depart; be inflected.	إنصرف
Etymology.	صرفٌ
Pure, unmixed.	صِرفٌ
Evils of fortune.	صُروف الدهرِ
Broker's trade; brokerage.	صِرافةٌ
Money-changer.	صرّافٌ ج صيارِفةٌ
Departing, going off.	إنصرافٌ
Freedom of action.	تصرّفٌ
Inflection of words.	تصريفٌ
Vicissitudes of time.	تصاريف الدهرِ
Expense.	مَصروفٌ ج مصاريفُ
Having free action. Inflected word. Governor.	متصرِّف
A governor's district.	متصرِّفيّة
A word capable of inflection.	متصرَّف
To cut off, sever.	صرمَ يصرِمُ
To cease.	تصرّمَ وانصرمَ
Sharp. severe.	صارِمٌ ج صوارمُ
Severity.	صرامةٌ
Shoe.	صِرمايةٌ ج صرامي
The past year.	ألعامُ المنصرِمُ
Mast.	صارٍ وصاريةٌ ج صوارٍ
Platform.	مِصطبةٌ ج مصاطِبُ
To be difficult.	صعُبَ يصعُبُ
To make difficult.	صعّبَ وتصعّبَ
To find difficult.	إستصعبَ
To be difficult.	تصعّبَ واستصعبَ
Difficult, hard.	صعبٌ ج صِعابٌ
Difficulty.	صعوبةٌ
Difficulties, troubles.	مَصاعِبُ
Thyme.	صعترٌ (أو سعترٌ)
To ascend.	صعِدَ يصعَدُ صعودًا
To take or carry up.	صعِدَ بِ
To cause to ascend.	أصعدَ
Distress, calamity.	صعداءُ
Sighing, deep sigh.	صُعَداءُ
Henceforth.	من الآن فصاعِدًا

صَعِيدٌ Earth. Elevated land.

صَعِيدُ مِصْرَ Upper Egypt.

مَصْعَدٌ ج مَصَاعِدُ Place of ascent.

صَعْقٌ Vehement sound, cry.

صَاعِقَةٌ ج صَوَاعِقُ Thunderbolt.

صُعْلُوكٌ ج صَعَالِيكُ Poor, pauper.

صَغُرَ يَصْغُرُ To be small.

صَغِرَ يَصْغَرُ To be base.

صَغَّرَ وَأَصْغَرَ To make small.

صَغَّرَ الْإِسْمَ To change a noun into the diminutive form.

تَصَاغَرَ To become small, or base.

إِسْتَصْغَرَ To esteem as little.

صِغَرٌ وَصَغَارَةٌ Smallness.

صَاغِرٌ ج صَاغِرُونَ Abject.

صَغِيرٌ ج صِغَارٌ Little, small.

صَغِيرَةٌ ج صَغَائِرُ A small sin.

أَصْغَرُ Smaller, younger; least

أُصْغْرَى The minor proposition of a syllogism.

تَصْغِيرٌ Act of diminishing.

مُصَغَّرٌ Noun in the diminutive form.

صَغَا يَصْغُو إِلَى To incline to.

صَغِيَ وَأَصْغَى إِلَى To listen to.

إِصْغَاءٌ Attention, listening.

صَفَّ يَصُفُّ To set in a line.

إِصْطَفَّ To take position in line.

صَفٌّ ج صُفُوفٌ Row, line, class.

مَصَفٌّ ج مَصَافُّ Line of battle.

صَفَحَ ـَ To consider, examine.

صَفَحَ ـَ عَنْ To turn away from, leave. Pardon, forgive.

صَفَّحَ To cover with plates (metal).

صَفَّحَ بِالْيَدِ To clap the hands.

صَافَحَ مُصَافَحَةً وَصِفَاحًا To take by the hands (in saluting).

تَصَفَّحَ To examine attentively.

صَفْحٌ Forgiveness.

ضَرَبَ عَنْهُ صَفْحًا To disregard.

صَفْحَةٌ ج صَفَحَاتٌ Page of a book.

صَفُوحٌ Generous, forgiving.

Plate of metal.	صَفِيحَةٌ ج صَفَائِحُ
Grasp of the hand.	مُصَافَحَةٌ
Broad, flat. Plated.	مُصْفَحٌ
To shackle, fetter.	صَفَدَ يَصْفِدُ
Bond, fetter.	صَفَدٌ ج أَصْفَادٌ
To whistle.	صَفَرَ يَصْفِرُ صَفِيرًا
To be empty.	صَفِرَ يَصْفَرُ صَفَرًا
To make, or dye, yellow.	صَفَّرَ
To make vacant.	صَفَّرَ وَأَصْفَرَ
To become poor.	أَصْفَرَ
To become yellow, pale.	إِصْفَرَّ
Empty.	صِفْرٌ ج أَصْفَارٌ
Having nothing.	صِفْرُ ٱلْيَدَيْنِ
Zero.	صِفْرٌ وَصِفِرٌ ج أَصْفَارٌ
Second month of lunar year.	صَفَرٌ
Yellowness, paleness.	صُفْرَةٌ
Whistle.	صَافُورَةٌ وَصُوفَيْرَةٌ
Yolk of an egg.	صَفَارُ ٱلْبَيْضِ
Golden oriole.	صُفَارِيَّةٌ
Yellow.	أَصْفَرُ م صَفْرَآءُ ج صُفْرٌ
(Yellow) bile.	صَفْرَآءُ
A poor man, destitute.	مُصْفِرٌ
Desert, plain.	صَفْصَفٌ
Willow, osier.	صَفْصَافٌ
To slap.	صَفَعَ يَصْفَعُ صَفْعًا
A slap.	صَفْعَةٌ
To strike; flap.	صَفَقَ يَصْفِقُ صَفْقًا
To be strong.	صَفُقَ يَصْفُقُ صَفَاقَةً
To clap the hands.	صَفَّقَ
To agree upon.	أَصْفَقَ عَلَى
They ratified a compact.	تَصَافَقُوا
Side, flank, face.	صَفْقٌ ج صُفُوقٌ
Contract, bargain.	صَفْقَةٌ
Fascia; aponeurosis.	صِفَاقٌ
Thick, firm (texture).	صَفِيقٌ
Scrotum.	صَفَنٌ ج أَصْفَانٌ
Saphena vein.	صَافِنٌ ج صَوَافِنُ
To be clear.	صَفَا يَصْفُو

صَفَّى وَأَصْفَى	To purify, filter.
صَافَى وَأَصْفَى الْوُدَّ	To be sincere.
إِصْطَفَى	To choose, select.
صَفَاةٌ ج أَصْفَاءٌ	Smooth stone.
صَفَاءٌ	Serenity of life, pleasure.
صَفْوٌ وَصَفَاءٌ وَصَفْوَةٌ	Clearness.
صَفِيٌّ ج أَصْفِيَاءُ	Pure; chosen.
صَافٍ	Pure, clear, limpid.
مِصْفَاةٌ ج مَصَافٍ	Strainer.
مُصَفًّى	Purified, filtered.
مُصْطَفًى	Chosen.
صَقَرَ يَصْقُرُ	To strike.
صَقْرٌ ج أَصْقُرٌ	Hawk.
صَقَرُ	Hell.
صَاقُورٌ	A pickaxe
صُقِعَ	To be covered with frost.
صَقِعَ	To be cold, icy.
صُقْعٌ ج أَصْقَاعٌ	Region, district.
صَقْعَةٌ	Intenseness of cold.
صَقِيعٌ	Hoar-frost.
صَقَلَ يَصْقُلُ	To polish, give lustre
صِقَالَةٌ ج صَقَائِلُ	Staging.
صَقَّالٌ ج صَيَاقِلَةٌ	Polisher.
صَقِيلٌ	Polished. Sword.
صَقْلَبِيٌّ ج صَقَالِبَةٌ	Sclav.
صَكَّ يَصُكُّ	To strike coin (money).
صَكَّ يَصَكُّ	To trip, stumble.
إِصْطَكَّ	To strike each other.
صَكٌّ ج صُكُوكٌ	A legal deed.
صِلٌّ ج أَصْلَالٌ	Deadly serpent.
صَلَبَ يَصْلُبُ صَلْبًا	To crucify.
صَلُبَ يَصْلُبُ	To become hard, tough.
صَلَّبَ	To render hard. To make the sign of the cross.
تَصَلَّبَ	To become hard, firm.
صَلْبٌ وَتَصْلِيبٌ	Crucifixion.
صُلْبٌ ج أَصْلَابٌ	The loins.
صَلَابَةٌ	Hardness, firmness.
صَلِيبٌ ج صُلْبَانٌ	Cross.

صَلِيبِيٌّ ج صَلِيبِيَّة	Crusader.
مُصَالَبَة	Crosswise.
مُصَلَّبٌ	Crossing at right angles.
مَصْلُوبٌ ج مَصَالِيبُ	Crucified.
صَلْتٌ	Fair; wide.
صَوْلَجَانٌ وَصَوْلَجَانَة	Sceptre.
صَلُحَ يَصْلُحُ	To be good, right.
صَلُحَ لِ	To be suitable, good for.
صَالَحَ مُصَالَحَة	To make peace.
صَالَحَ عَلَى	To agree upon.
أَصْلَحَ	To repair, improve.
أَصْلَحَ بَيْنَ	To make peace between (two parties).
تَصَالَحَ وَاصْطَلَحَ	To be reconciled.
إِصْطَلَحَ	To become better.
إِصْطَلَحَ عَلَى	To agree upon ...
صُلْحٌ	Peace, reconciliation.
صَالِحٌ	Good; fit; just. (one's good, self-interest)
صَالِحَة ج صَالِحَاتٌ	A good deed.
صَلَاحٌ	Goodness, virtue.
اِصْلَاحٌ	Reformation: improvement.
إِصْطِلَاحٌ	Technical use.
إِصْطِلَاحِيٌّ	Conventional.
مُصْلِحٌ	Peacemaker, reformer.
مَصْلَحَةٌ ج مَصَالِحُ	Advantage. Department.
مُصَالَحَةٌ	Reconciliation.
صَلَدَ يَصْلِدُ صَلْدًا	To be hard.
صَلْصَلَ وَتَصَلْصَلَ	To sound.
صَلْصَالٌ	Clay.
صَلَعٌ	Baldness of the head.
صَلْعَةٌ وَصُلْعَةٌ	Bald spot.
أَصْلَعُ م صَلْعَاءُ ج صُلْعٌ	Bald.
صَلْعَمْ	*Abbreviation of the formula:* صَلَّى ٱللّٰهُ عَلَيْهِ وَسَلَّمَ
صَلِفَ يَصْلَفُ وَتَصَلَّفَ	To boast.
صَلَفٌ	Boasting.
صَلَّى صَلَاةً أَوْ صَلْوَة	To pray.
صَلَّى عَلَى	To pray for; bless.
صَلَاةٌ ج صَلَوَاتٌ	Prayer. Mercy.

مُصَلًّى	Place of prayer.
مُصَلٍّ	One who prays.
صَلَى يَصْلِي	To roast, broil.
أَصْلَى	To put into the fire.
تَصَلَّى وَٱصْطَلَى بِٱلنَّارِ	To warm one's self by the fire.
صِلَاءٌ	Fuel; fire.
صَمَّ يَصُمُّ صَمًّا	To stop (a flask).
صَمَّ وَأَصَمَّ	To become deaf.
صَمَّمَ عَلَى	To determine upon.
صَمَمٌ	Deafness.
صِمَامٌ	Stopper, cork. Valve.
مِنْ صَمِيمِ ٱلْقَلْبِ	Most sincerely.
أَصَمُّ م صَمَّاءُ ج صُمٌّ	Deaf.
حَجَرٌ أَصَمُّ	Hard stone.
جَذْرٌ أَصَمُّ	A surd root.
صَمَتَ يَصْمُتُ صَمْتًا	To be silent.
صَمَّتَ وَأَصْمَتَ	To silence.
صَمْتٌ وَصُمَاتٌ وَصُمُوتٌ	Silence.
مُصْمَتٌ	Solid (not hollow).
صِمَاخٌ ج أَصْمِخَةٌ	Canal of the ear.
صَمَدَ يَصْمُدُ صَمْدًا	To arrange; adorn.
صَمَّدَ	To lay up, save.
مُصَمَّدٌ	Solid; not hollow.
ٱلصَّمَدُ	The Eternal (God).
صَوْمَعَةٌ ج صَوَامِعُ	Cell of a recluse.
صَمَّغَ	To gum, put gum into...
صَمْغٌ ج صُمُوغٌ	Gum.
ٱلصَّمْغُ ٱلْعَرَبِيُّ	Gum Arabic.
أَصَنَّ	To have a fetid odour.
صِنَّةٌ وَصُنَانٌ	Stench.
صُنْبُورٌ	Tube, pipe.
صَنَوْبَرٌ	Pine tree.
صَنَوْبَرِيٌّ	Cone-shaped.
صَنْجٌ ج صُنُوجٌ	Cymbal.
صِنْدِيدٌ ج صَنَادِيدُ	Valiant.
صُنْدُوقٌ ج صَنَادِيقُ	Chest, trunk.
صَنْدَلٌ	Sandal-wood.
صِنَّارَةٌ ج صَنَانِيرُ	Fish-hook.

To make, construct. صَنَعَ يَصْنَعُ

To arrange skilfully. صَنَّعَ

To coax, flatter. صَانَعَ مُصَانَعَةً

To effect good manners. تَصَنَّعَ

To make; have made. اصْطَنَعَ

Act of making; deed. صُنْعٌ

Good deed; benefit. صُنْعٌ

Work. Craft, trade. صَنْعَةٌ

Craft, trade, industry. Art. صِنَاعَةٌ ج صَنَائِعُ وَصِنَاعَاتٌ

Artisans. أَصْحَابُ ٱلصَّنَائِعِ

Maker, artisan. صَانِعٌ ج صُنَّاعٌ

Artificial. صِنَاعِيٌّ

Deed. Good deed. صَنِيعَةٌ ج صَنَائِعُ

Affectation. تَصَنُّعٌ

Factory. مَصْنَعٌ وَمَصْنَعَةٌ ج مَصَانِعُ

Affected; artifical. مُصَنَّعٌ

Made. Fabricated. مَصْنُوعٌ

To assort; compose. صَنَّفَ

Sort, kind. صِنْفٌ ج صُنُوفٌ

تَصْنِيفٌ ج تَصَانِيفُ وَمُصَنَّفٌ ج مُصَنَّفَاتٌ

Literary composition or work.

Author. مُصَنِّفٌ

Idol. Camel's hump. صَنَمٌ ج أَصْنَامٌ

Hush! Be silent! صَهْ

A reddish colour. صَهَبٌ وَصُهْبَةٌ

Reddish. أَصْهَبُ م صَهْبَاءُ ج صُهْبٌ

A very cold day. يَوْمٌ أَصْهَبُ

(Red) wine. ٱلصَّهْبَاءُ

To melt. Smite. صَهَرَ يَصْهَرُ

To become related to by marriage. صَاهَرَ

Son-in-law, brother-in-law. صِهْرٌ ج أَصْهَارٌ

Water-tank. صِهْرِيجٌ ج صَهَارِيجُ

To neigh (horse). صَهَلَ يَصْهِلُ

Neighing. صَهِيلٌ وَصُهَالٌ

To hit the mark. صَابَ ـُ وَأَصَابَ

To aprove. Point, aim. صَوَّبَ

To attain one's purpose. أَصَابَ

أصابَ في قوله	To be right.
أصابَ في عمله	To do right.
أصابَ	To assail, smite.
إنصابَ	To descend, (rain)
إستصوبَ	To hold to be right.
صوبٌ	Side, course, direction.
صائبٌ ومصيبٌ	Right, correct.
صوابٌ	What is right, correct.
مصابٌ	Struck, stricken.
ومصيبةٌ ج مصائبُ	Affliction.
صاتَ يصوتُ وصوتَ	To make a noise.
صوتٌ ج أصواتٌ	Sound, voice.
صيتٌ	Reputation, fame.
صوّرَ	To fashion, shape, picture.
صوّرَ له	To imagine.
تصوّرَ	To be formed. To imagine.
صورٌ	Tyre (city). Horn, trumpet.
صورةٌ ج صوَرٌ	Picture, form.
تصوّرٌ	Imagination, idea.
مصوّرٌ	Sculptor, Painter.
صوصٌ ج صيصانٌ	Young chick.
صاعَ يصوعُ	To measure grain.
صاعٌ	A measure for grain.
صاغَ يصوغُ صوغاً	To form, fashion.
صاغٌ	Pure, unmixed.
صاغٌ	Money at its legal value.
صيغةٌ ج صيغٌ	Grammatical form.
صائغٌ ج صاغةٌ وصيّاغٌ	Goldsmith.
صياغةٌ	Goldsmith's art.
مصاغٌ	Jewelry.
تصوّفَ	To become a *Sûfi*.
صوفٌ ج أصوافٌ	Wool.
صوفةٌ	A tuft of wool.
صوفانٌ	Tinder, agaric.
صوفيٌّ	Religious mystic; *Sûfi*.
صالَ يصولُ على	To overpower, subdue.
صوّلَ الحنطةَ	To clean wheat.
صوّلَ	To soak, slake.

Power; rule; force. صَوْلَةٌ

Rubbish, refuse matter. صُوَالَةٌ

Implement for cleaning wheat; trough. مِصْوَلٌ ج مَصَاوِلُ

Sceptre. صَوْلَجَانٌ

To fast. صَامَ يَصُومُ صَوْمًا وَصِيَامًا

To abstain from. صَامَ عَنْ

To cause to fast. صَوَّمَ

Fast; abstinence. صَوْمٌ وَصِيَامٌ

Fasting. صَائِمٌ ج صُوَّامٌ وَصِيَّامٌ

Hermit's cell. صَوْمَعَةٌ ج صَوَامِعُ

To keep, preserve, guard. صَانَ يَصُونُ

To enclose with a wall. صَوَّنَ

Act of preserving. صَوْنٌ وَصِيَانَةٌ

Flint, flint-stone. صَوَّانَةٌ ج صَوَّانٌ

Guarded, preserved. مَصُونٌ

To cry out; crow, (cock). صَاحَ يَصِيحُ

To call out to. صَاحَ بِ

To cry out against. صَاحَ عَلَى

Cry; crowing of a cock. صِيَاحٌ

Cry, shout. صَيْحَةٌ

Clamorous (man). صَيَّاحٌ

To hunt; trap, snare; catch fish. صَادَ يَصِيدُ وَتَصَيَّدَ وَاصْطَادَ

Hunting, fishing; game. صَيْدٌ

Hunter, fisherman. صَيَّادٌ

Sidon (city). صَيْدَاءُ

Trap, snare. مِصْيَدَةٌ ج مَصَايِدُ

Prey taken in hunting. مَصِيدٌ

Pharmacy. صَيْدَلَةٌ

Druggist. صَيْدَلَانِيٌّ

To become; change into. صَارَ يَصِيرُ

To happen to, befall. صَارَ لَهُ

To begin to do. صَارَ يَفْعَلُ

To arrive at. صَارَ مَصِيرًا إِلَى

To cause to become. صَيَّرَ

Fold (for sheep). صِيرَةٌ ج صِيَرٌ

Act of becoming. صَيْرُورَةٌ

مَصِيرٌ Destination, end, result.

صَافَ يَصِيفُ To pass the summer.

صَيْفٌ ج أَصْيَافٌ Summer.

صَيْفِيٌّ Belonging to summer.

يَوْمٌ صَائِفٌ A hot day.

مَصِيفٌ Summer residence.

اَلصِّينُ China.

صِينِيٌّ Chinese, Chinese porcelain.

صِينِيَّةٌ Tray.

صِيوَانٌ Large tent. Pavilion.

صِيوَانُ ٱلْأُذُنِ External ear.

ض

ض As a numeral sign = 800.

ضَأْضَأَ To shout in battle.

ضَوْضَي وَضَوْضَاةٌ Shouts of war.

ضَئِيلٌ ج ضُؤَلَاءُ Thin ; small.

ضَأْنٌ Sheep, (*coll. noun*).

ضَبَّ وَأَضَبَّ عَلَى To grasp, keep.

ضَبٌّ ج ضِبَابٌ Lizard.

ضَبَابَةٌ ج ضَبَابٌ Mist; thin cloud.

ضَبَطَ يَضْبُطُ ضَبْطًا To guard. Do a thing well; perfect.

ضَبَطَ عَلَى To withhold, restrain.

ضَبْطٌ Exactness, correctness.

ضَابِطٌ ج ضَوَابِطُ Rule ; canon.

ضَابِطٌ ج ضُبَّاطٌ Military officer.

ضَابِطُ ٱلْكُلِّ Almighty (God).

ضَابِطِيٌّ ج ضَابِطِيَّةٌ Policeman.

مَضْبَطَةٌ ج مَضَابِطُ Written sentence, decision, (*law*).

مَضْبُوطٌ Well-regulated; exact.

ضَبْعٌ وَضَبُعٌ ج ضِبَاعٌ Hyena.

ضَجَّ يَضِجُّ وَأَضَجَّ To cry, shout.

ضَاجَّ To contend with.

ضَجَّةٌ وَضَجِيجٌ Tumult, cry.

ضَجِرَ يَضْجَرُ وَتَضَجَّرَ مِن To be irritated, impatient, bored.

أَضْجَرَ To bore, vex, distress.

ضَجَرٌ وَضَجْرَةٌ Uneasiness.

ضَجِرٌ وَمُتَضَجِّرٌ Uneasy; irritable.

مُضْجِرٌ ج مَضَاجِرُ Vexing, distressing.

ضَجَعَ يَضْجَعُ وَاضْطَجَعَ To lie down.

ضَاجَعَ To lie with (a woman).

أَضْجَعَ To make one to lie down.

ضَجِيعٌ Bed-fellow.

مَضْجَعٌ ج مَضَاجِعُ Bed, bed-chamber.

ضَحِكَ يَضْحَكُ ضَحِكًا To laugh.

ضَحِكَ مِنْ وَعَلَى To laugh at.

أَضْحَكَ To make one laugh.

ضُحْكَةٌ وَأُضْحُوكَةٌ Pleasantry.

مُضْحِكٌ Comic, causing laughter.

ضَحَا يَضْحُو ضَحْوًا To appear.

ضَحَّى To come in the morning.

ضَحَّى بِ To sacrifice an animal.

أَضْحَى وَضَحَّى عن To show, reveal.

أَضْحَى يَضْحَكُ He took to laughing.

ضَحَاءٌ وَضَحْوَةٌ وَضُحًى وَضَحِيَةٌ
Early morning after sunrise.

ضَحِيَّةٌ ج ضَحَايَا Sacrifice.

ضَاحِيَةٌ ج ضَوَاحٍ Suburb, region.

أَضْحَى م ضَحْيَاءُ Bright; cloudless.

يَوْمُ ٱلْأَضْحَى Day of sacrifice.

(tenth of the month ذُو ٱلْحِجَّةِ)

ضَخُمَ يَضْخُمُ To be large.

ضَخَامَةٌ Large bulk; corpulence.

ضَخْمٌ ج ضِخَامٌ Large; heavy.

ضَدَّ يَضُدُّ To overcome.

ضَادَّ مُضَادَّةً To oppose.

تَضَادَّ تَضَادًّا To disagree.

ضِدٌّ ج أَضْدَادٌ Contrary; enemy.

ضِدَّانِ Two opposites.

تَضَادٌّ Contrast; opposition.

ضَرَّ يَضُرُّ وَأَضَرَّ بِ To injure.

تَضَرَّرَ To receive an injury.

اِضْطَرَّ إِلَى To force, compel.

أُضْطُرَّ إِلَى To be forced.

ضَرٌّ وَضَرَرٌ Harm; evil.

ضَرَّاءُ Adversity.

ضَرَّةُ ٱلْمَرْأَةِ ج ضَرَائِرُ A fellow-wife to a woman's husband.

ضَرُورَةٌ ج ضَرُورَاتٌ Necessity.

بِٱلضَّرُورَةِ وَضَرُورَةً Necessarily.

ضَرُورِيٌّ Indispensable.

ضَرُورِيَّاتٌ Necessary things.

ضَرِيرٌ ج أَضِرَّاءُ Blind.

اِضْطِرَارٌ Necessity.

مُضِرٌّ Injurious, harmful.

مَضَرَّةٌ Injury; means of harm.

ضَرَبَ يَضْرِبُ ضَرْبًا To strike. Multiply, (*Arith.*). Pitch (tent). Strike (money).

ضَرَبَ عَلَى To impose a tax.

ضَرَبَ عَنْهُ صَفْحًا To overlook.

ضَرَبَ إِلَى ٱلسَّوَادِ To incline to blackness.

ضَرَبَ فِي ٱلْبُوقِ To blow a trumpet.

ضَرَبَ فِي ٱلْأَرْضِ To travel.

ضَرَبَ مَثَلًا To give a parable.

أَضْرَبَ To be silent.

أَضْرَبَ عَنْ To quit, cease.

ضَارَبَ مُضَارَبَةً To speculate.

تَضَارَبَ To fight together.

اِضْطَرَبَ To be agitated.

اِضْطَرَبَ ٱلْأَمْرُ To be confused.

ضَرْبٌ Multiplication, (*Arith*).

ضَرْبٌ ج ضُرُوبٌ Kind, form.

ضَرْبَةٌ ج ضَرَبَاتٌ — A blow, stroke.

ضَارِبٌ — Striking. Multiplier.

ضَرِيبَةٌ ج ضَرَائِبُ — Impost, tax.

إِضْطِرَابٌ — Agitation.

مِضْرَبٌ ج مَضَارِبُ — Large tent.

مَضْرُوبٌ — Struck. Multiplicand.

مُضَارِبٌ — Sharer in traffic.

مُضْطَرِبٌ — Agitated, confused.

ضَرَجَ يَضْرُجُ ضَرْجًا — To smear.

ضَرَّجَ — To dye red. Adorn.

ضَرِيحٌ ج ضَرَائِحُ — Grave.

ضَرِسَ يَضْرَسُ — To be set on edge (teeth).

ضَارَسَ — To contend with.

ضِرْسٌ ج أَضْرَاسٌ — Molar tooth.

أَضْرَاسُ ٱلْعَقْلِ — Wisdom teeth.

مُضَرَّسٌ — Experienced man.

ضَرِعَ يَضْرَعُ إِلَى — To beseech.

ضَارَعَ مُضَارَعَةً — To resemble.

تَضَرَّعَ إِلَى — To beseech.

ضَرْعٌ ج ضُرُوعٌ — Udder.

تَضَرُّعٌ — Prayer with humility.

مُضَارِعٌ — Present-future tense of verbs; (*e. g.* يَضْرِبُ)

ضِرْغَامٌ — Lion. Brave man.

ضَرِمَ يَضْرَمُ وَٱضْطَرَمَ — To burn, blaze

أَضْرَمَ — To kindle a fire.

إِضْطَرَمَ — To be kindled.

ضِرَامٌ — Firewood. Blazing.

مُضْطَرِمٌ — Blazing.

ضَارٍ ج ضَوَارٍ — Rapacious animal.

ضِعَةٌ — Humiliation, (*from* وَضَعَ)

ضَعْضَعَ ضَعْضَعَةً — To pull down, rase.

ضَعُفَ يَضْعُفُ — To be weak, feeble.

ضَعَّفَ يُضَعِّفُ وَضَاعَفَ — To double.

أَضْعَفَ — To weaken; enfeeble.

تَضَاعَفَ — To be doubled.

ضُعْفٌ — Weakness, feebleness.

ضِعْفٌ ج أَضْعَافٌ — Double.

ضَعِيفٌ ج ضُعَفَاءُ Weak, feeble.

ضَغَثَ يَضْغَثُ To mix, confuse.

ضَغَطَ يَضْغَطُ ضَغْطًا To press, squeeze.

إِنْضَغَطَ To be pressed.

ضَغْطَةٌ Pressure. Compulsion.

ضَاغُوطٌ Night-mare.

ضَغِنَ يَضْغَنُ عَلَى To bear malice.

تَضَاغَنَ To bear malice or hatred against each other.

ضَغِنٌ Spiteful, malevolent.

ضِغْنٌ ج أَضْغَانٌ Hatred, malice.

ضَغِينَةٌ ج ضَغَائِنُ Malice; spite.

ضَفَّةٌ Side of a river.

ضِفْدَعٌ ج ضَفَادِعُ Frog.

ضَفَرَ يَضْفِرُ وَضَفْرًا To braid, plait.

اِنْضَفَرَ To be braided, twisted.

ضَفِيرَةٌ ج ضَفَائِرُ Braid; tress.

ضَفَا يَضْفُو To be ample.

ضَلَّ يَضِلُّ To err; wander from.

أَضَلَّ إِضْلَالًا To lead into error.

ضَلٌّ وَضَلَالٌ وَضَلَالَةٌ Error.

ضَالٌّ ج ضَالُّونَ Strayed; erring.

ضَالَّةٌ A stray animal.

أُضْلُولَةٌ ج أَضَالِيلُ Error.

مُضِلٌّ Leading astray.

مَضِلَّةٌ Cause of error.

ضَلُعَ يَضْلُعُ ضَلَاعَةً To be strong.

تَضَلَّعَ To be full, strong.

ضِلْعٌ ج ضُلُوعٌ وَأَضْلَاعٌ وَأَضْلُعٌ (م) Rib. Side of a triangle, &c.

ضَلِيعٌ Strong, powerful; large.

مُضَلَّعٌ Ribbed; striped.

ضَمَّ يَضُمُّ ضَمًّا To join, add. To vocalize a letter with (ُ).

ضَمَّ عَلَى To grasp, seize.

إِنْضَمَّ To be joined, annexed.

ضَمٌّ وَضَمَّةٌ The vowel-point (ُ).

مَضْمُومٌ Collected, joined. Having the vowel-point (ُ).

إِضْمَحَلَّ To vanish.

ضَمَدَ يَضْمِدُ وضَمَّدَ To dress a wound.

ضِمَادٌ Dressing for a wound.

ضِمَادَةٌ Bandage.

ضَمِرَ يَضْمُرُ To be thin, emaciated.

أَضْمَرَ To conceal, hide.

أَضْمَرَ فِي نَفْسِهِ To resolve.

تَضَمَّرَ وَٱنْضَمَرَ To be shrivelled.

ضُمُورٌ Emaciation, atrophy

ضَمِيرٌ ج ضَمَائِرُ Secret thought. Heart. Conscience. Pronoun.

مُضْمَرٌ Secret; understood (*Gram.*).

ضَمِنَ يَضْمَنُ To stand surety. To farm or rent.

ضَمَّنَ To make one responsible for. To put in; inclose.

تَضَمَّنَ To include, comprise.

ضِمْنٌ Within. Inclosed.

ضَمَانٌ Suretyship. Responsibility.

ضَامِنٌ وضَمِينٌ Responsible for.

مَضْمُونٌ ج مَضَامِينُ Sense; meaning. Ensured; assured.

ضَنَّ يَضِنُّ ضَنًّا To be avaricious.

ضِنٌّ ج ضَنَائِنُ A prized thing.

ضَنِينٌ Avaricious, stingy.

ضَنُكَ يَضْنُكُ To be narrow; feeble.

ضَنْكٌ Distress. Narrowness.

ضَنِيَ يَضْنَى ضَنًى To be sickly.

ضَانَى مُضَانَاةً To suffer, endure.

أَضْنَى To consume, (disease)

إِنْضَنَى To be consumed slowly.

ضَنًى Disease; weakness.

مُضْنًى Sickly, emaciated.

ضَهَدَ يَضْهَدُ To overcome.

إِضْطَهَدَ To maltreat; persecute.

إِضْطِهَادٌ Persecution.

مُضْطَهِدٌ Persecutor.

ضَاهَى مُضَاهَاةً To resemble.

ضَاءَ يَضُوءُ To shine; glitter.

ضَوَّأَ تَضْوِئَةً To illuminate.

أَضَاءَ إِضَاءَةً To shine.

To seek light. إستضاءَ
Light. ضِياءٌ وَضوءٌ ج أضواءٌ
Light-giving; brilliant. مُضِيءٌ
Tumult of war. ضَوْضَى وَضَوْضاءٌ
To injure. ضارَ يَضيرُ ضَيرًا
To suffer pain. تَضَوَّرَ
To be lost; perish. ضاعَ يَضيعُ
To lose Destroy. ضَيَّعَ وَأضاعَ
Lost. Neglected. ضائِعٌ
Unmissed. ضَياعًا
Village. ضَيعَةٌ ج ضِيَعٌ وَضِياعٌ
To be a guest. ضافَ يَضيفُ
To treat with hospitality. أضافَ
To join, add. To put a أضافَ إلى
noun in the construct state.
To be joined. إنضافَ إلى
To seek horpitality. إستَضافَ
Guest. ضَيفٌ ج أضيافٌ وَضُيوفٌ
Entertainment. ضِيافَةٌ

Annexation. إضافَةٌ
Two nouns أَلْمُضافُ وَأَلْمُضافُ إلَيهِ
in the construct state (*e. g.* كِتابُ زَيدٍ)
Host. مُضيفٌ وَمُضَيِّفٌ
Hospitable. مِضيافٌ
To be narrow. ضاقَ يَضيقُ ضِيقًا
To be inadequate. ضاقَ عَنْ
To make narrow. ضَيَّقَ
To annoy; oppress. ضايَقَ
To feel oppressed. تَضايَقَ
Narrowness. Distress. ضِيقٌ
Poverty. Misery. ضِيقَةٌ
Narrow; contracted. ضَيِّقٌ
Narrower. أضيَقُ
Norrow place. مَضيقٌ ج مَضايِقُ
To oppress. ضامَ يَضيمُ ضَيمًا
Wrong; injury. ضَيمٌ ج ضُيومٌ

ط

ط	As a numeral sign = 9.
طَأْطَأَ	To bend down.
تَطَأْطَأَ	To be depressed, abased.
طَبَّبَ تَطْبِيبًا	To treat the sick.
طِبٌّ	Medical treatment.
عِلْمُ ٱلطِّبِّ	The science of medicine.
طِبِّيٌّ	Medical.
طَبِيبٌ ج أَطِبَّآءُ	Physician.
طَبَخَ يَطْبُخُ طَبْخًا	To cook.
إِنْطَبَخَ	To be cooked.
طَبْخٌ	Cooking. Food cooked.
طَبَّاخٌ	Cook.
طِبَاخَة	Art of cookery.
طَبِيخٌ	Cooked food.
مَطْبَخٌ ج مَطَابِخُ	Kitchen.
مَطْبُوخٌ	Cooked.
طَبَرِيَّة	Tiberias.
طَابُورٌ	Battalion.
طَبَاشِيرُ	Chalk.
طَبَعَ يَطْبَعُ	To stamp. Print.
طَبَّعَ	To break in (a horse).
تَطَبَّعَ	To assume a character.
إِنْطَبَعَ	To be imprinted.
طَبْعٌ ج طِبَاعٌ	Natural disposition.
طِبَاعَةٌ	Art of printing.
طَبِيعَةٌ ج طَبَائِعُ	Nature.
طَبِيعِيٌّ	Natural. Naturalist.
عِلْمُ ٱلطَّبِيعِيَّاتِ	Physics.
مَطْبَعَةٌ ج مَطَابِعُ	Printing-press.
مَطْبُوعٌ	Impressed, printed.

طابق مطابقة	To fit, suit.
طبق وطابق بين	To make to agree.
أطبق	To cover, close, shut.
أطبق على	To agree upon.
تطابق	To agree.
إنطبق على	To apply to something.
طبق	Suitable, conformable to.
طبق ج أطباق	Cover. Tray.
طبقة ج طبقات	Layer; stratum. Class; grade. Stage.
سنة مطبقة	A hard year.
مطابق	Conformable to.
مطابقة	Agreement, accord.
طبل	To beat the drum.
طبل ج طبول	Drum.
طبال	Drummer.
طبنجة ج طبنجات	Pistol.
طجن يطجن طجنا	To fry.
طاجن ج طواجن	Frying-pan.
طحر يطحر	To strain in breathing.
طحار و طحير	Straining.
طحال ج طحل	Spleen.
طحلب وطحلب	Water-moss.
طحم يطحم على	To rush upon.
طحوم	Impetuous; violent.
طحن يطحن طحنا	To grind (flour).
طحان	Miller.
طاحون و طاحونة ج طواحين	Mill.
طواحن	Grinders, (teeth).
طحين	Flour.
طحينة	Dregs of sesame-oil.
مطحنة	Mill-machine.
مطحنة ج مطاحن	Mill.
طرا	All; every one.
طرأ يطرأ على	To happen to.
أطرأ	To overwhelm with praise.
طري	Fresh, juicy, moist.
طارئة	Unexpected calamity.
إطراء	Exaggerated praise.

طَرِبَ يَطْرَبُ طَرَبًا To be joyful.
طَرَّبَ To sing, chant, trill.
طَرَّبَ وَأَطْرَبَ To gladden.
طَرَبٌ Mirth, glee.
طَرِبٌ One who feels merry.
مُطْرِبٌ Exciting mirth or delight.
طَرْبُوشٌ ج طَرَابِيشُ Red cap, fez.
طَرَحَ يَطْرَحُ To throw. Subtract.
طَرْحٌ Casting. Subtraction.
طِرْحٌ Abortion, miscarriage.
طَرْحَةٌ Veil worn by a female.
طَرِحِيَّةُ وَرَقٍ Sheet of paper.
طَرَّاحَةٌ Cushion to sit on.
طَرِيحٌ ج طَرْحَى Cast down.
مَطْرَحٌ ج مَطَارِحُ Place.
طَرْخُونٌ Tarragon.
طَرَدَ يَطْرُدُ To drive away; chase.
طَارَدَ To attack, charge, assault.
إِنْطَرَدَ To be sent away.

إِطَّرَدَ To follow regularly.
إِسْتَطْرَدَ اسْتِطْرَادًا To digress.
طَرْدٌ ج طُرُودٌ Bale of goods.
طِرَادٌ Attack; charge; pursuit.
طَرِيدٌ Expelled, outcast.
طَرِيدَةٌ ج طَرَائِدُ Chased game.
مُطَّرِدٌ Having no exception.
طَرَّزَ To embroider.
طَرْزٌ Form, shape, manner.
طِرَازٌ Mode, manner.
طَرَّازٌ وَمُطَرِّزٌ Embroiderer.
مُطَرَّزٌ Embroidered.
طَرِشَ يَطْرَشُ To be deaf.
طَرَشَ يَطْرُشُ To whitewash.
طَرَشٌ Deafness.
طَرْشٌ Llime for whitewashing.
طَرَّاشٌ Whitewasher.
أَطْرَشُ م طَرْشَاءُ ج طُرْشٌ Deaf.
طُرْطُورٌ A high pointed cap,

طَرَفَ يَطْرِفُ	To hurt the eye.
تَطَرَّفَ	To go to an extreme.
طَرْفٌ	The eye.
طَرْفُ ٱلْعَيْنِ	The eyelid.
طَرَفٌ ج أَطْرَافٌ	Side. End part.
ٱلْأَطْرَافُ	Limbs, extremities.
أَطْرَافُ ٱلْحَدِيثِ	Choice subjects of conversation.
أَطْرَافُ ٱلنَّاسِ	The lower classes.
طَرْفَةٌ	Twinkling of an eye.
طَرْفَاءُ	Tamarisk (tree).
طَرَقَ يَطْرُقُ طَرْقًا	To strike, knock.
أَطْرَقَ	To be silent.
تَطَرَّقَ إِلَى	To find or seek a way.
إِسْتَطْرَقَ	To take a way.
طَارِقَةٌ ج طَوَارِقُ	Calamity; evil.
طَرِيقٌ ج طُرُقٌ	Way, road, path.
طَرِيقَةٌ ج طَرَائِقُ	Way; manner.
مِطْرَقَةٌ ج مَطَارِقُ	Hammer.
مَطْرُوقٌ وَمُسْتَطْرَقٌ	Beaten (road).
طَارِمَةٌ	Cabin of a ship.
طَرَّى	To soften, moisten.
أَطْرَى إِطْرَاءً	To praise highly.
طَرِيٌّ	Tender; fresh; juicy.
طَسْتٌ وَطِشْتٌ ج طُسُوتٌ وَطُشُوتٌ	Basin for washing.
طَعَّمَ	To graft. Vaccinate.
أَطْعَمَ	To give food.
تَطَعَّمَ	To be grafted, inoculated.
إِسْتَطْعَمَ	To taste.
طَعْمٌ ج طُعُومٌ	Taste; flavour.
طُعْمٌ	Bait thrown to fish.
طَعَامٌ ج أَطْعِمَةٌ	Food.
مَطْعَمٌ ج مَطَاعِمُ	Food. Place of food
طَعَنَ يَطْعَنُ ب	Thrust, pierce.
طَعَنَ فِي وَعَلَى	To defame.
طَعَنَ فِي ٱلسِّنِّ	To become old.
طَعْنَةٌ	A thrust.
طَاعُونٌ ج طَوَاعِينُ	Plague.

طُغْرَآة ج طُغْرَآءَاتٌ The Turkish Imperial cypher.

طُغْمَةٌ A company; order.

طَفَا يَطْفُو To overflow.

طَاغٍ ج طُغَاةٌ Highly wicked.

طَاغُوتٌ Idol. Tempter.

أَطْفَ عَلَى To look down upon.

طَفِيفٌ Small quantity.

أَطْفَأَ To put out (fire); allay.

إِنْطَفَأَ أَنْطِفَآءً To be extinguished.

طَفَحَ يَطْفَحُ To be full; overflow.

طَفَّحَ وَأَطْفَحَ To fill to overflowing.

طَفْحَانٌ وَطَافِحٌ Overflowing.

طَفَرَ يَطْفِرُ طَفْرًا To jump, leap.

طَفْرَةٌ A leap. Eruption.

طَفِقَ يَفْعَلُ To commence to do.

أَطْفَلَ To have a child, (woman).

أَطْفَلَتِ ٱلشَّمْسُ To approach setting.

تَطَفَّلَ To intrude.

طَفَلٌ Time before sunset.

طِفْلٌ ج أَطْفَالٌ Infant.

طُفُولِيَّةٌ Infancy. Childhood.

طُفَيْلِيٌّ Intruder.

طَفَا يَطْفُو To rise high, (water).

طَفَا فَوْقَ ٱلْمَاءِ To float.

طُفَاوَةٌ Scum.

طَقَّ يَطِقُّ To make a sound.

طَقْسٌ ج طُقُوسٌ Weather. Religious rite.

طَقْطَقَ طَقْطَقَةً To make a noise.

طَقْمٌ ج طُقُومَةٌ Suit of clothes. Set.

أَطَلَّ عَلَى To look down upon

طَلٌّ ج طِلَالٌ Finest rain; dew.

مَطَلٌّ Overlooking place.

طَلَبَ يَطْلُبُ To seek; ask; desire.

طَلَبَ إِلَى To beseech; pray.

طَالَبَ To demand; claim.

تَطَلَّبَ To demand; repeatedly.

طَلَبٌ وَطِلْبَةٌ Desire. Request.

طَالِبٌ ج طُلَّابٌ وَطَلَبَةٌ Seeker.
طَالِبُ عِلْمٍ A student.
مَطْلَبٌ ج مَطَالِبُ Demand; desire.
مَطْلُوبٌ ج مَطَالِيبُ Claim. Object sought or desired.
طَلَحَ يَطْلَحُ طَلَاحًا To be wicked.
طَلْحٌ A kind of thorny acacia.
طَالِحٌ ج طُلَّحٌ وَطَالِحُونَ Wicked.
طَلَاحٌ Wickedness.
طَلْحِيَّةٌ ج طَلَاحِي Sheet of paper.
طَلَسَ يَطْلِسُ To blot. Obliterate.
أَطْلَسُ Satin. Atlas.
طَيْلَسَانٌ ج طَيَالِسَةٌ A particular robe worn by learned men.
طَلْسَمَ To write a talisman.
طَلْسَمٌ ج طَلَاسِمُ Talisman.
طَلَعَ يَطْلُعُ To rise, (sun). Sprout.
طَلَعَ وَطَلِعَ يَطْلَعُ To ascend.
طَالَعَ مُطَالَعَةً To Study; read.
أَطْلَعَ To appear. Sprout.
أَطْلَعَ عَلَى To inform.
تَطَلَّعَ إِلَى To look at, or for.
إِطَّلَعَ عَلَى To know, see.
إِسْتَطْلَعَ To examine.
طَلْعٌ Spadix, spathe.
طَلْعَةٌ Face. Aspect.
طَالِعٌ ج طَوَالِعُ Star (of fortnne).
طُلُوعٌ Rising; appearance.
طَلِيعَةٌ ج طَلَائِعُ Vanguard.
مَطْلَعٌ First line of a poem.
طَلَقَ يَطْلُقُ To be freed.
طَلُقَ يَطْلُقُ To have a cheerful face.
طَلَّقَ To divorce (his wife).
أَطْلَقَ To free, liberate.
أَطْلَقَ ٱلْقَوْلَ To generalize.
أَطْلَقَ لَهُ To permit him.
أُطْلِقَ To be applied, apply.
إِنْطَلَقَ To go, depart.
طَلْقٌ Pains of childbirth.

Liberal. طَلْقُ ٱلْيَدَيْنِ

Cheerful. طَلْقُ ٱلْوَجْهِ

Eloquent. طَلْقُ ٱللِّسَانِ

Divorce. طَلَاقٌ

Divorced (woman). طَالِقٌ وَطَالِقَةٌ

Absolutely. عَلَى ٱلْإِطْلَاقِ وَمُطْلَقًا

Free. Absolute. مُطْلَقٌ

Loaf of bread. طُلْمَةٌ ج طُلَمٌ

Beauty; grace. طَلَاوَةٌ

To anoint; cover with. طَلَى يَطْلِي

Ointment; tar; plaster. طِلَاءٌ

Smeared, covered. مَطْلِيٌّ

Calamity. طَامَّةٌ

To cover up. طَمَّ يَطُمُّ طَمًّا

To be filled, covered up. اِنْطَمَّ

Menstruation; menses. طَمْثٌ

To gaze at. طَمَحَ يَطْمَحُ إِلَى

Aspiring. Proud. طَامِحٌ وَطَمُوحٌ

To bury, conceal. طَمَرَ يَطْمُرُ

Accumulated. مُطَمَّرٌ

To efface. طَمَسَ يَطْمُسُ وَطَمَّسَ

To be effaced. تَطَمَّسَ وَٱنْطَمَسَ

Obliterated. طَمِيسٌ وَمَطْمُوسٌ

To covet, hope. طَمِعَ يَطْمَعُ فِي وَبِ

Covetousness; avidity. طَمَعٌ

A coveted object. طَمَعٌ ج أَطْمَاعٌ

Covetous. طَمِعٌ وَطَمُوعٌ وَطَمَّاعٌ

Thing coveted. مَطْمَعٌ ج مَطَامِعُ

To tranquillize; reassure. طَمَّنَ

To be low, (land). To be free from disquietude. إِطْمَأَنَّ

To abide, dwell. إِطْمَأَنَّ بِٱلْمَوْضِعِ

To trust implicitly. إِطْمَأَنَّ إِلَى

Tranquility. طُمَأْنِينَةٌ وَٱطْمِئْنَانٌ

Tranquil; composed. مُطْمَئِنٌّ

To rise high, (water). طَمَا يَطْمُو

High (water, sea). طَامٍ

To buzz; ring. طَنَّ يَطِنُّ طَنِينًا

Humming; ringing. طَنِينٌ.

طَنَّانٌ Sonorous. Wide-spread.

أَطْنَبَ فِي To be eloquent; exert one's self in.

طُنُبٌ ج أَطْنَابٌ Tent-rope.

إِطْنَابٌ Superfluity, prolixity.

مُطْنِبٌ An immoderate praiser.

مُطَنَّبٌ Made fast with ropes

طُنْبُورٌ ج طَنَابِيرُ Tambour.

طَنْجَرَةٌ ج طَنَاجِرُ A cooking pan.

طَنْطَنَ طَنْطَنَةً To hum, ring.

طُنُفٌ ج أَطْنَافٌ Peak.

طِنْفِسَةٌ ج طَنَافِسُ A carpet.

طَهُرَ يَطْهُرُ To be clean, pure.

طَهَّرَ To cleanse. Circumcise.

تَطَهَّرَ To be cleansed, purified.

طَهَارَةٌ Purity. Holiness.

طَاهِرٌ ج أَطْهَارٌ Pure. Holy.

مَطْهَرٌ Purgatory.

مُطَهَّرٌ Purified.

طَاهٍ ج طُهَاةٌ A cook.

طُوبٌ Brick, canon.

طُوبْجِيٌّ Gunner; artillery-man.

طُوبَى Blessedness.

طَاحَ يَطُوحُ To perish.

طَوَّحَ وَأَطَاحَ To mislead.

تَطَوَّحَ To wander; perish.

طَوَائِحُ وَمَطَاوِحُ Adversities.

طَوْدٌ ج أَطْوَادٌ High mountain.

مُنْطَادٌ Lofty; rising high.

طَوْرًا بَعْدَ طَوْرٍ Time after time.

طَوْرٌ ج أَطْوَارٌ State, manner.

طُورٌ Mountain.

أَلطُّورُ Mount Sinai.

طَاسٌ ج طَاسَاتٌ Drinking-cup.

طَاوُوسٌ ج طَوَاوِيسُ Peacock.

طَوْشٌ Frivolity.

طَوَاشِيٌّ ج طَوَاشِيَةٌ Eunuch; gelding.

طَاعَ يَطُوعُ وَأَطَاعَ To obey.

طَاوَعَ مُطَاوَعَةً To consent; follow.

تَطَوَّعَ	To volunteer.
إِسْتَطَاعَ	To be able.
طَوْعٌ وَطَائِعٌ	Obedient.
طَوْعًا	Voluntarily; willingly.
طَاعَةٌ	Obedience; submission.
أَطْوَعُ	More submissive.
إِسْتِطَاعَةٌ	Ability; power.
تَطَوُّعٌ	Voluntary action.
مُطَاعٌ	Obeyed. Accepted.
طَافَ يَطُوفُ حَوْلَ وَفِي	To go around. To travel. Circumambulate.
طَوَّفَ	To lead around.
أَطَافَ بِ	To surround.
طَوْفٌ	Night-police. Raft.
طُوفَانٌ	Flood; deluge.
طَائِفَةٌ ج طَوَائِفُ	Party, sect.
طَوَافٌ	Circumambulation.
مُطَوِّفٌ	A Mecca guide.
طَاقَ يَطُوقُ وَأَطَاقَ	To be able.
طَوَّقَ	To put a collar on.
طَاقٌ ج طَاقَاتٌ	Window.
طَوْقٌ ج أَطْوَاقٌ	Collar.
طَاقَةٌ	Ability. Window.
إِطَاقَةٌ	Ability, power.
طَالَ يَطُولُ طُولًا	To be long.
طَوَّلَ وَأَطَالَ	To lengthen.
طَاوَلَ فِي	Defer, put off.
تَطَاوَلَ عَلَى	To wrong.
إِسْتَطَالَ	To be long, extend.
طَالَمَا	During a long time.
طُولٌ	Length. Duration.
خُطُوطُ الطُّولِ	Longitude.
طَائِلٌ	Advantage; benefit.
طَاوِلَةٌ	Table.
طَوِيلٌ ج طِوَالٌ	Long. Tall.
طَوِيلُ الْبَاعِ	Competent.
أَطْوَلُ	Longer.
تَطْوِيلٌ	Lengthening.

Parallelogram. مُسْتَطِيلٌ

To fold, fold up. طَوَى يَطْوِي طَيًّا

To suffer hunger. طَوِيَ يَطْوَى

To be folded up. إِنْطَوَى

Folding Traversing. طَيٌّ

Within it. فِي طَيِّهِ

Hunger. طَوًى

Folded up. مَطْوِيٌّ

To be good. طَابَ يَطِيبُ طِيبًا

To be cheerful. طَابَتْ نَفْسُهُ

To perfume. طَيَّبَ

To be perfumed. تَطَيَّبَ

To find good اسْتَطَابَ وَاسْتَطْيَبَ

Perfume. طِيبٌ ج أَطْيَابٌ

Ball used in play. طَابَةٌ

Good. In good health. طَيِّبٌ

Cheerful, happy. طَيِّبُ النَّفْسِ

A good thing. طَيِّبَةٌ ج طَيِّبَاتٌ

A tax on houses, &c. طَابُو

How good it is! مَا أَطْيَبَهُ

Blessedness. طُوبَى

To fly, (bird). طَارَ يَطِيرُ طَيَرَانًا

To hasten to... طَارَ إِلَى

To make to fly طَيَّرَ وَأَطَارَ

To draw a bad omen. تَطَيَّرَ

To de dispersed. تَطَايَرَ تَطَايُرًا

Evil augury or omen. طِيَرَةٌ

Flight (of birds, &c.). طَيَرَانٌ

Bird. طَائِرٌ ج طَيْرٌ وَطُيُورٌ

Paper-kite. طَيَّارَةٌ ج طَيَّارَاتٌ

Spreading. مُسْتَطِيرٌ

To be light-headed. طَاشَ يَطِيشُ

To miss, (an arrow). طَاشَ عَنْ

Frivolity. طَيْشٌ وَطَيَشَانٌ

Light, fickle, frivolous. طَائِشٌ

Apparition; spectre. طَيْفٌ

To plaster with clay. طَيَّنَ

Clay; mortar. طِينٌ ج أَطْيَانٌ

A lump of clay. طِينَةٌ

Plasterer. طَيَّانٌ

ظ

ظ As a numeral sign = 900.

ظَبْيٌ ظَبْيَةٌ ج ظِبَاءٌ Gazelle.

ظَرَّفَ To adorn, embellish.

إِسْتَظْرَفَ To deem beautiful.

ظَرْفٌ ج ظُرُوفٌ Vessel, receptacle. Adverbial noun of time or place.

ظَرِيفٌ ج ظُرَفَاءُ Beautiful. Witty.

ظَعَنَ يَظْعَنُ ظَعْنًا To travel.

ظَعُونٌ ج ظُعُنٌ Camel.

ظَعِينَةٌ ج أَظْعَانٌ Litter for woman.

ظَفَرَ يَظْفِرُ To scratch with the nail

ظَفِرَ بِ وَعَلَى To obtain. Overcome.

ظَفَّرَ وَأَظْفَرَ To give victory.

ظُفْرٌ ج أَظْفَارٌ Nail; claw; hoof.

ظُفْرٌ وَظَفَرَةٌ Pterygium.

ظَفَرٌ Success; victory.

مُظَفَّرٌ Victorious; conqueror.

ظَلَّ يَظَلُّ To continue.

ظَلَّ يَفْعَلُ To continue to act.

ظَلَّلَ وَأَظَلَّ To cover; shade.

تَظَلَّلَ بِ To be in the shade of.

إِسْتَظَلَّ بِ To seek the shade.

ظِلٌّ أَظْلَالٌ Shade; protection.

ظُلَّةٌ ج ظُلَالٌ Cover. Cloud.

ظَلَالٌ وَظِلَالٌ وَظِلَالَةٌ Cloud.

ظَلِيلٌ وَمُظِلٌّ Giving shade.

مُظِلٌّ وَمُظَلِّلٌ Shady. Cloudy.

مِظَلَّةٌ ج مَظَالٌّ Tent. Umbrella.

ظِلْفٌ ج ظُلُوفٌ وأَظْلَافٌ Hoof.

ظَلَمَ يَظْلِمُ To wrong; oppress.

ظَلِمَ يَظْلَمُ وَأَظْلَمَ	To be dark.
ظَلَّمَ	To accuse of injustice.
تَظَلَّمَ مِنْ	To accuse of injustice.
إِنْظَلَمَ	To suffer injustice.
ظُلْمٌ	Injustice; oppression.
ظُلْمَةٌ ج ظُلُمَاتٌ	Darkness.
بَحْرُ الظُّلُمَاتِ	Atlantic Ocean.
ظَالِمٌ ج ظَالِمُونَ وَظَلَمَةٌ	Tyrant.
ظَلَامٌ وَظَلْمَاءُ	Darkness.
ظَلَّامٌ وَظَلُومٌ	Great tyrant.
مَظْلِمَةٌ ج مَظَالِمُ	Wrong; injustice.
مَظْلُومٌ وَظَلِيمٌ	Wronged
مُظْلِمٌ	Dark; obscure.
ظَمِيَ يَظْمَأُ	To be thirsty.
ظِمْءٌ ج أَظْمَاءٌ	Thirst. Longing.
ظَمِيٌّ وَظَمْآنُ	Thirsty; desirous.
ظَنَّ يَظُنُّ ظَنًّا	To suppose.
ظَنَّ وَاظَّنَّ وَأُظَنَّ بِ	To suspect.
ظَنٌّ ج ظُنُونٌ	Supposition.
ظِنَّةٌ ج ظِنَنٌ	Suspicion.
مَظَنَّةٌ	Presumption.
مَظْنُونٌ	Supposed.
مَظْنُونَاتٌ	Probable propositions.
ظَهَرَ يَظْهَرُ ظُهُورًا	To appear.
ظَهَرَ عَلَى	To overcome, subdue.
ظَاهَرَ مُظَاهَرَةً	To aid, assist.
أَظْهَرَ	To show, manifest.
تَظَاهَرَ بِ	To show forth.
إِسْتَظْهَرَ بِ	To seek help or aid.
إِسْتَظْهَرَ عَلَى	To overcome.
ظَهْرٌ ج ظُهُورٌ	Back.
عَنْ ظَهْرِ ٱلْقَلْبِ	From memory.
ظُهْرٌ ج أَظْهَارٌ	Mid-day; noon.
ظَاهِرٌ	Clear; evident. External.
فِي ٱلظَّاهِرِ	Apparently.
ظَاهِرَةٌ ج ظَوَاهِرُ	Phenomenon.
ظُهُورٌ	Appearance.
ظَهِيرَةٌ	Mid-day; hour of noon.
إِظْهَارٌ	Disclosure, manifestation.

ع

ع	As a numeral sign = 70.
عُبٌّ ج عِبَابٌ	Covering of bosom.
عُبَابٌ	Torrent, billows.
عَبَأَ يَعْبَأُ عَبْأً	To care for.
عَبَاءَةٌ وَعَبَاءٌ ج أَعْبِئَةٌ	Woollen cloak.
عَبَثَ يَعْبَثُ عَبَثًا	To play.
عَبَثٌ	Play, sport. Useless.
عَبَثًا	To no purpose, in vain.
عَبَدَ يَعْبُدُ	To worship, adore.
تَعَبَّدَ	To take one as a slave.
تَعَبَّدَ لِ	To devote one's self to...
إِسْتَعْبَدَ	To enslave.
عَبْدٌ ج عَبِيدٌ	Servent, slave.
أَلْعِبَادُ	Mankind.
عَابِدٌ ج عَبَدَةٌ وَعُبَّادٌ	Worshipper
عِبَادَةٌ	Religious worship.
عُبُودِيَّةٌ	Slavery, servitude.
تَعَبُّدٌ	Self-consecration to God.
مَعْبَدٌ ج مَعَابِدُ	Place of worship.
مَعْبُودٌ	Object of worship.
عَبَرَ يَعْبُرُ	To pass; pass away.
عَبَّرَ	To cause to pass over.
عَبَّرَ عَنْ	To explain.
إِعْتَبَرَ	To consider.
إِعْتَبَرَ بِ	To take warning from.
عَبْرٌ	On the other side.
عَبْرَةٌ ج عَبَرَاتٌ	Tear; sobbing.
عِبْرَةٌ ج عِبَرٌ	Admonition.
عِبْرِيٌّ وَعِبْرَانِيٌّ	Hebrew.
عَابِرُ سَبِيلٍ	A wayfarer.

عِبَارَةٌ Expression. Style, diction.

هٰذَا عِبَارَةٌ عَن This means...

عُبُورٌ Act of passing over.

عَبِيرٌ Perfume.

إِعْتِبَارٌ Consideration, regard.

تَعْبِيرٌ Explanation.

مَعْبَرٌ ج مَعَابِرُ Ferry, passage.

مُعْتَبَرٌ Esteemed; important.

عَبَسَ يَعْبِسُ وَعَبَّسَ To frown.

عَابِسٌ وَعَبُوسٌ Austere, stern.

عَبَّاسٌ Very stern. Lion.

عُبُوسٌ Frowning, sternness.

عَبَطَ يَعْبِطُ عَبْطًا To injure.

أَعْبَطَ وَاعْتَبَطَ To carry off in the flower of one's age, (death).

عَبْطٌ A pure lie.

إِعْتِبَاطٌ An act without reason.

عَبِقَ — To be diffused, (perfume).

عَبَقَةٌ Sense of suffocation.

عَبْقَرِيٌّ Fine, excellent.

عَبَا يَعْبُو وَعَبَّى To pack (goods).

تَعَبَّى To be filled; arranged.

عَتَّ يَعُتُّ To importune; rebuke.

عَتَبَ يَعْتُبُ عَلَى To blame, censure.

عَاتَبَ مُعَاتَبَةً To blame, censure.

عَتَبَةٌ ج عَتَبَاتٌ Threshold.

عِتَابٌ وَمَعْتَبَةٌ ج مَعَاتِبُ Blame.

عَتُدَ يَعْتُدُ عَتَادًا To be ready.

عَتِيدٌ About to happen; ready.

عَتُقَ يَعْتُقُ عَتْقًا To become old.

عَتَقَ يَعْتِقُ To set free.

عَتَّقَ To make old, let grow old.

أَعْتَقَ To set free, emancipate.

عُتْقٌ Antiquity, oldness.

عِتْقٌ وَعَتَاقٌ Emancipation.

عَاتِقٌ ج عَوَاتِقُ Shoulder.

عَتِيقٌ ج عِتَاقٌ Old. Emancipated.

مُعَتَّقٌ Kept long, made old.

مَعْتُوقٌ Freed, emancipated.

عَتَلَةٌ Shoulder-pole.

عَتَّالٌ ج عَتَّالَةٌ Porter.

عِتَالَةٌ Porterage.

عَتَمَ يَعْتِمُ وَعَتَّمَ To become dark.

عَتْمٌ وَعَتَمَةٌ Darkness of night.

مُعْتِمٌ وَمُعَتِّمٌ Obscure, dark.

عُتِهَ عَتَاهَةً To be idiotic.

عَتَهٌ وَعَتَاهَةٌ Idiocy. stupidity.

مَعْتُوهٌ وَمُعَتَّهٌ Idiot; mad.

عَتَا يَعْتُو عُتُوًّا To be proud, rebel.

عَاتٍ ج عُتَاةٌ Proud; rebellious.

عُثَّةٌ ج عُثٌّ Moth-worm.

عَثَرَ يَعْثُرُ عَثْرًا To stumble, trip.

عَثَرَ يَعْثُرُ عَلَى To stumble upon.

عَثَّرَ وَأَعْثَرَ To cause to stumble.

عَثْرَةٌ ج عَثَرَاتٌ A false step.

عُثْمَانٌ Young bastard. Serpent.

عَثَا يَعْثُو عُثُوًّا To do evil, mischief.

عَاثٍ ج عُثَاةٌ Acting corruptly.

عَجَّ يَعِجُّ عَجًّا وَعَجِيجًا To cry out.

عَجَّجَ To raise the dust, (wind).

عَجٌّ وَعَجِيجٌ Outcry, clamour.

عُجَّةٌ Omelet.

عَجَاجٌ وَعَجَاجَةٌ Dust, smoke.

عَجِبَ يَعْجَبُ عَجَبًا مِنْ وَلِ وَتَعَجَّبَ

وَاسْتَعْجَبَ مِنْ To wonder at.

عَجَّبَ وَأَعْجَبَ To cause to wonder.

أَعْجَبَ To please.

أُعْجِبَ بِنَفْسِهِ To be vain, conceited.

عُجْبٌ Pride, vanity, self-conceit.

عَجَبٌ ج أَعْجَابٌ Astonishment.

عُجَبٌ وَعُجَابٌ Very wonderful.

يَا لِلْعَجَبِ O wonderful!

عَجِيبٌ Wonderful, extraordinary.

عَجِيبَةٌ ج عَجَائِبُ وَأُعْجُوبَةٌ ج أَعَاجِيبُ

Wonderful thing, marvel.

أَعْجَبُ More wonderful.

تَعَجُّبٌ	Wonder, astonishment.
مُعجَبٌ بِنَفْسِهِ	Vain, self-conceited.
عُجْرَةٌ ج عُجَرٌ	Knot, knob.
عَجُّورٌ	A kind of melon.
تَعَجْرَفَ عَلَى	To act haughtily.
عَجْرَفَةٌ	Coarseness, rudeness.
عَجَزَ يَعْجِزُ عَجْزًا	To lack strength.
عَجَّزَ وَأَعْجَزَ	To render unable.
عَجْزٌ	Weakness, impotence. Second hemistich of a verse.
عَجُزٌ ج أَعْجَازٌ	The posterior part.
عَاجِزٌ ج عَوَاجِزُ	Feeble.
عَجُوزٌ ج عَجَائِزُ	Old woman.
مُعْجِزَةٌ ج مُعْجِزَاتٌ	Miracle.
عَجِفَ يَعْجَفُ عَجَفًا	To be lean.
أَعْجَفُ م عَجْفَاءُ ج عِجَافٌ	Very lean.
عَجِلَ يَعْجَلُ وَٱسْتَعْجَلَ	To hasten.
عَجَّلَ وَٱسْتَعْجَلَ	To press one on.
عَجَلٌ وَعَجَلَةٌ وَٱسْتِعْجَالٌ	Haste.
عِجْلٌ ج عُجُولٌ	Calf.
عَجَلَةٌ ج عَجَلٌ	Cart; wheel.
عَجُولٌ	Hasty, quick.
أَعْجَلُ	More hasty. expeditious.
مُعَجَّلٌ	Hastened, accelerated.
عَجَمٌ	Foreigners, *sp.* Persians.
ٱلْعَجَمُ وَبِلَادُ ٱلْعَجَمِ	Persia.
عُجْمَةٌ	Foreign origin of a word.
أَعْجَمِيٌّ ج أَعْجَامٌ	Foreigner.
مُعْجَمٌ	Marked with vowel-points, (letters). Obscure.
عَجَنَ يَعْجِنُ عَجْنًا	To knead (dough).
عِجَانٌ	The perinæum.
عَجِينٌ ج عُجُنٌ	Kneaded: dough.
مِعْجَنٌ ج مَعَاجِنُ	Kneading-trough.
مُعَجَّنَاتٌ	Pastry.
مَعْجُونٌ ج مَعَاجِينُ	Electuary.
عَجْوَةٌ	Pressed dates.
عَدَّ يَعُدُّ	To number; regard.
أَعَدَّ	To prepare, make ready.
تَعَدَّدَ	To be multiplied.

لا يعتدّ به Of no account.

إستعدّ To be ready, prepare.

عَدَد ج أعداد Number.

عُدّة ج عُدَد Implements

عديد Numerous.

إستعداد Preparation.

تَعداد Enumeration.

مُعَدّ Ready, prepared.

مُعتَدّ به Important.

معدود Numbered, counted.

مستعدّ Ready, prepared.

عَدَس Lentils.

عَدَسة Leus. A small pustule.

عَدَسيّ Lenticular.

عَدَلَ يَعدِل عدلاً To act justly.

عَدَلَ عُدولاً عن To deviate.

عَدَلَ بَيْنَ To act with equity.

عَدَّلَ To make just, equal.

عادَلَ معادلة To be equal to.

تَعَدَّلَ To be valued at.

تعادَلَ To be equal, (two things)

إنعدل عن To turn aside from.

إعتدل To become right.

عَدْل Equity, justice.

عادِل ج عُدول Just, equable.

عَدالة Justice, equity.

عَدِيل وعِدْل Like, equal.

عَدِيلة Bag, sack.

إعتدال Equality, equity. Moderation. Equinox.

إعتداليّ Equinoctial.

مُعادِل Equal, like.

مُعادَلة Equation, Equilibrium.

مُعدَّل Average.

مُعتَدِل Temperate, moderate.

عَدِمَ يَعدَم عَدَماً To lack, want.

أعدَمَ To deprive of; annihilate.

إنعدَمَ To cease to exist.

عَدَم Non-existence.

عَدِيمٌ ج عُدَمَاءُ — Lacking.

مَعْدُومٌ — Non-existent.

عَدَنَ وَعَدَّنَ — To manure land.

عَدْنٌ — Eden. Abode.

جَنَّاتُ عَدْنٍ — Paradise.

مَعْدِنٌ ج مَعَادِنُ — Mine. Metal, mineral. Origin, source.

مَعْدَنِيٌّ — Mineral, metallic.

عَدَا يَعْدُو عَدْوًا — To run.

عَدَاهُ — To pass beyond it.

عَدَّى — To cause to go beyond.

عَادَى — To treat with enmity.

أَعْدَى — To infect. (disease).

تَعَدَّى — To pass the limit; transgress. Be transitive(verb).

إِعْتَدَى عَلَى — To be hostile toward.

عَدَا وَمَا عَدَا — Except.

عِدًى (قَوْمٌ) — Hostile party.

عَدْوَى — Infection or contagion.

عُدْوَانٌ — Gross injustice.

عَدَاوَةٌ — Hostility, enmity.

عَدُوٌّ ج أَعْدَاءٌ وَأَعَادٍ وَعُدًى — Enemy.

إِعْتِدَاءٌ وَتَعَدٍّ — Injustice.

مُعْدٍ — Infectious, contagious.

مُتَعَدٍّ وَمُعْتَدٍ عَلَى — Unjust.

مُتَعَدٍّ — Transitive (verb).

عَذُبَ يَعْذُبُ عُذُوبَةً — To be sweet.

عَذَّبَ — To punish, torment.

تَعَذَّبَ — To be punished; suffer.

عَذْبٌ — Sweet, (water).

عَذَابٌ — Punishment; torment.

عُذُوبَةٌ — Sweetness, agreeableness.

عَذَرَ يَعْذِرُ — To excuse.

تَعَذَّرَ وَاعْتَذَرَ — To apologize.

تَعَذَّرَ عَلَى — To be impossible.

إِسْتَعْذَرَ — To ask to be excused.

عُذْرٌ ج أَعْذَارٌ — Excuse, apology.

عَذْرَاءُ ج عَذَارَى — Virgin.

اَلْعَذْرَاءُ — The sign Virgo.

عِذَارٌ ج عُذُرٌ Halter. Cheek.
خَلَعَ ٱلْعِذَارَ To throw off restraint.
إِعْتِذَارٌ Excuse, pretext.
تَعَذُّرٌ Difficulty, impossibility.
مَعْذِرَةٌ ج مَعَاذِرُ Excuse.
مَعْذُورٌ Excused, excusable.
عَذَلَ يَعْذِلُ عَذْلاً To blame.
إِعْتَذَلَ وَتَعَذَّلَ To blame one's self.
عَذْلٌ وَعَذَلٌ Censure, blame.
عَاذِلٌ ج عُذَّالٌ One who blames.
عَذِيَةٌ (أَرْضٌ) Salubrious, (land).
عَرَّبَ To arabicize a foreign word.
أَعْرَبَ To speak clearly.
تَعَرَّبَ وَٱسْتَعْرَبَ To become an Arab.
أَلْعَرَبُ وَعُرْبَانٌ The Arabs.
أَلْعَرَبُ ٱلْعَرْبَاءُ The pure Arabs.
عَرَبَةٌ وَعَرَبَانَةٌ Carriage, coach.
عَرَبِيٌّ Arabic; an Arabian.
اَلْعَرَبِيَّةُ The Arabic language.
عَرِبٌ loving

عَرَبَجِي Coachman.
إِعْرَابٌ Syntax; parsing.
أَعْرَابِيٌّ ج أَعْرَابٌ Bedouin.
مُعْرَبٌ Declinable, capable of receiving all the vowel-points.
مُعَرَّبٌ Arabicized.
عَرْبَسَ To embroil, trouble.
عَرْبَنَ To give a pledge.
عَرْبُونٌ ج عَرَابِينُ Pledge.
عَرَجَ يَعْرُجُ فِي To ascend, mount.
عُرِجَ بِهِ To be taken up.
عَرَجَ عَرْجًا To limp, be lame.
عَرَّجَ وَتَعَرَّجَ عَلَى To halt, stop at.
إِنْعَرَجَ To incline, decline.
عَرَجٌ وَعَرَجَانٌ Lameness.
أَعْرَجُ م عَرْجَاءُ ج عُرْجٌ Lame.
مُنْعَرَجٌ Sloping. Bend.
عِرْزَالٌ ج عَرَازِيلُ Booth.
عِرْسٌ ج أَعْرَاسٌ Husband, wife.

Wedding. عُرْسٌ ج أَعْرَاسٌ

Weasel. إِبْنُ عِرْسٍ

Bridegroom. عَرِيسٌ ج عُرُسٌ

Bride. عَرُوسَةٌ ج عَرَائِسُ

Throne. Booth. عَرْشٌ ج عُرُوشٌ

Grape-vine. عَرِيشٌ ج عَرَائِشُ

Court of a house. عَرْصَةٌ ج أَعْرَاصٌ

To happen. عَرَضَ يَعْرِضُ

To offer. عَرَضَ عَلَى

To be wide, broad. عَرُضَ يَعْرُضُ

To make broad. عَرَّضَ

To expose to. عَرَّضَ لِ

To oppose; contradict. عَارَضَ

To turn away from. أَعْرَضَ عَنْ

To be exposed. تَعَرَّضَ وَٱعْتَرَضَ

To interfere in. تَعَرَّضَ لِ

To review an army. إِعْتَرَضَ ٱلْجُنْدَ

To be in the way of. إِعْتَرَضَ دُونَ

To oppose, object to. إِعْتَرَضَ عَلَى

Breadth, width. عَرْضٌ ج عُرُوضٌ

Latitude. خُطُوطُ ٱلْعَرْضِ

Day of judgement. يَوْمُ ٱلْعَرْضِ

Petition. عَرْضُ حَالٍ ج عَرْضُحَالَاتٌ

Honour. عِرْضٌ ج أَعْرَاضٌ

Accident. عَرَضٌ ج أَعْرَاضٌ

By chance, accidentally. عَرَضًا

Accidental. عَرَضِيٌّ

Cross-beam. عَارِضَةٌ ج عَوَارِضُ

Science of prosody. عِلْمُ ٱلْعَرُوضِ

Broad. عَرِيضٌ ج عِرَاضٌ

Opposition, objection. إِعْتِرَاضٌ

Exposition. مَعْرِضٌ

Opposition, contradiction مُعَارَضَةٌ

Offered, presented. مَعْرُوضٌ

Transverse; obstructing. مُعْتَرِضٌ

Parenthetic clause. جُمْلَةٌ مُعْتَرِضَةٌ

Juniper-tree. عَرْعَرٌ

To know. عَرَفَ يَعْرِفُ

To make known. Define.	عرّفَ
To be known.	تعرّفَ
To acknowledge.	إعترَفَ بِ
Odour, (*sp.* fragrant).	عَرْفٌ
Comb of a cock.	عُرْفٌ
Cock's-comb, (plant).	عُرْفُ الدِّيكِ
Common usage.	عُرْفِيٌّ
Mount Arafât.	عَرَفَاتٌ
Knowing. Skilled.	عارِفٌ
The diviner's art.	عِرَافَةٌ
Diviner, astrologer.	عَرَّافٌ
Overseer.	عَرِيفٌ ج عُرَفَاءُ
Confssion.	إعتِرَافٌ
Tariff. Defining.	تعرِيفٌ ج تعرِيفَاتٌ
The definite article.	حَرْفُ التَّعرِيفِ
Knowledge. Determinate noun.	مَعرِفَةٌ ج مَعارِفُ
Determinate, definite.	مُعرَّفٌ
Known. Kindness.	مَعرُوفٌ
To sweat.	عَرِقَ يَعرَقُ عَرَقًا
To cause to sweat.	عَرَّقَ
To extend its roots, (tree).	أعرَقَ
Sweat. Distilled spirits.	عَرَقٌ
Root. Vein.	عِرْقٌ ج عُرُوقٌ
Sweating, perspiring.	عَرقانُ
Irak.	بِلَادُ الْعِرَاقِ
Rooted. Noble.	عَرِيقٌ
Diaphoretic.	مُعرِقٌ
To hamstring (a beast).	عَرقَبَ
Hamstring.	عُرقُوبٌ ج عَرَاقِيبُ
To confuse, complicate.	عَرقَلَ
To be dangled, confused.	تَعرقَلَ
Difficulties,	عَرَاقِيلُ
To rub.	عَرَكَ يَعرُكُ عَركًا
To fight.	عارَكَ مُعارَكَةً وَعِرَاكًا
Nature.	عَرِيكَةٌ ج عَرَائِكُ
Gentle, tractable.	لَيِّنُ الْعَرِيكَةِ
Battle.	مَعرَكَةٌ ج مَعارِكُ

عُزْمَةٌ ج عُزَمٌ — A heap.

عَرَمْرَمٌ — Numerous, (army).

عَرِينٌ وَعِرِّينَةٌ — Covert, lair.

عَرَا وَاعْتَرَى — To befall.

عُرْوَةٌ ج عُرًى — Loop, button-loop.

اَلْعُرْوَةُ اَلْوُثْقَى — The firmest support.

مُعْتَرًى — Overtaken (by).

عَرِيَ يَعْرَى — To be naked: free from.

عَرَّى وَأَعْرَى — To stripe, denude.

تَعَرَّى — To be stripped.

عُرْيٌ وَعُرْيَةٌ — Nakedness.

عَارٍ ج عُرَاةٌ — Naked; free from.

عُرْيَانٌ ج عُرْيَانُونَ — Naked.

مُعَرًّى — Naked, denuded.

عَزَّ يَعِزُّ — To be mighty, noble.

عَزَّ عَلَيْهِ — To be distressing to.

اَللهُ عَزَّ وَجَلَّ — God, exalted and magnified (be His name!)

عَزَّزَ — To render powerful.

أَعَزَّ — To love.

تَعَزَّزَ — To become powerful.

اِعْتَزَّ وَاسْتَعَزَّ عَلَى — To overcome.

عِزٌّ وَعِزَّةٌ — Might. Honour.

عِزَّةُ النَّفْسِ — Self-respect.

عَزِيزٌ ج أَعِزَّاءُ — Mighty; noble; dear.

اَلْعَزِيزُ — The mighty God.

عَزِيزُ مِصْرَ — Governor of Egypt.

أَعَزُّ م عُزَّى — Dear, or dearer.

عُزْبَةٌ وَعُزُوبَةٌ — Celibacy.

عَزَبَ يَعْزُبُ — To be celibate.

أَعْزَبُ م عَزْبَاءُ ج عُزَّبٌ — Unmarried.

عَزَّرَ — To punish; reprove.

تَعْزِيرٌ — Punishment.

عِزْرَائِيلُ — The angel of death.

عَزَفَ يَعْزِفُ عَزْفًا — To play upon a musical instrument.

عَزَقَ يَعْزِقُ — To furrow (the earth).

مِعْزَقٌ وَمِعْزَقَةٌ ج مَعَازِقُ — A hoe.

عَزَلَ يَعْزِلُ — To set aside; depose.

To clean out.	عَزَّلَ
To separate one's self.	إِعتَزَلَ
Removal (of an officer).	عَزْلٌ
Retirement, seclusion.	عُزْلَةٌ
Retirement.	إِعتِزَالٌ وَانعِزَالٌ
Place of seclusion.	مَعزِلٌ
Away, aloof from.	بِمَعزِلٍ عَن
Seceder.	مُعتَزِلٌ
Removed, separated.	مَعزُولٌ
To resolve to do.	عَزَمَ يَعزِمُ عَلَى
To invite. Resite charms.	عَزَّمَ
Resolution, firm purpose.	عَزمٌ
Firm, resolute.	عَازِمٌ ج عَزَمَةٌ
Magician, charmer.	عَزَّامٌ وَمُعَزِّمٌ
Determined, resolute.	عَزُومٌ
To comfort.	عَزَّى تَعزِيَةً
To be comforted.	تَعَزَّى
Patience. Mourning.	عَزَاءٌ
Comforter, consoler.	مُعَزٍّ
Consoled, comforted.	مُعَزًّى
To ascribe, attribute.	عَزَى يَعزِي
To patrol.	عَسَّ يَعُسُّ وَاعتَسَّ
Night-patrol.	عَسٌّ وَعَسَسٌ
Male-bee. Chief.	يَعسُوبٌ
Bax-thorn.	عَوسَجٌ
Gold. Gem.	عَسجَدٌ
To be difficult for.	عَسُرَ يَعسُرُ عُسرًا عَلَى
To make difficult.	عَسَّرَ
To treat harshly.	عَاسَرَ
To become poor.	أَعسَرَ
To become difficult.	تَعَسَّرَ
To find difficult.	إِستَعسَرَ
Difficulty.	عُسرٌ وَعُسرَى وَمَعسُورَةٌ
Difficult, hard.	عَسِرٌ وَعَسِيرٌ
Left-handed.	أَعسَرُ م عَسرَاءُ
Poor, indigent.	مُعسِرٌ
To treat unjustly.	عَسَفَ يَعسِفُ
Injustice, oppression.	عَسفٌ

عَسْكَرَ To form a camp.
عَسْكَرٌ ج عَسَاكِرُ Army, troops.
عَسْكَرِيٌّ ج عَسْكَرِيَّةٌ وَعَسَاكِرُ Soldier.
عَسْكَرِيَّةٌ Military service.
مُعَسْكَرٌ Military camp.
عَسَلٌ Honey.
عَسَّلَ To make honey, (bees).
عُسْلُجٌ ج عَسَالِجُ Tender shoot.
عَسَمٌ Stiffness of the wrist.
أَعْسَمُ Having stiff wrist or ankle.
عَسَا يَعْسُو To become hard.
عَاسٍ Thick, coarse, rough.
عَسَى أَنْ It may be that, perhaps.
عَشَّشَ وَأَعْشَشَ To make a nest.
عُشٌّ ج أَعْشَاشٌ Bird's nest.
أَعْشَبَ To produce herbage.
عُشْبٌ ج أَعْشَابٌ Green herb.
عَشَرَ وَعَشَّرَ To take tithes.
عَاشَرَ To consort with.
تَعَاشَرَ To associate together.

عُشْرٌ ج أَعْشَارٌ Tithe; a tenth.
عِشْرَةٌ وَمُعَاشَرَةٌ Social intercourse.
عَشَرَةٌ م عَشْرٌ ج عَشَرَاتٌ Ten.
عِشْرُونَ Twenty.
عَاشِرٌ ج عُشْرٌ Tenth.
عَشَّارٌ ج عَشَّارُونَ Tithe-gatherer.
عَشِيرٌ ج عُشَرَاءُ Associate, friend.
عَشِيرَةٌ ج عَشَائِرُ Kinsfolk.
أَعْشَارِيٌّ Decimal, (*arith.*)
مَعْشَرٌ ج مَعَاشِرُ Community.
مُعَاشِرٌ Familiar friend
مُعَاشَرَةٌ Companionship.
عَشِقَ يَعْشَقُ To love passionately.
عِشْقٌ وَمَعْشَقٌ Passionate love.
عَشِيقٌ وَمَعْشُوقٌ Beloved one.
عَاشِقٌ ج عُشَّاقٌ Passionate lover.
عَشَا يَعْشُو وَتَعَشَّى To sup.
عَشًا وَعَشَاوَةٌ Weakness of sight.
عَشَاءٌ ج أَعْشِيَةٌ Supper.

Bound, tied.	مَعْصُوبٌ
To press, squeeze.	عَصَرَ يَعْصِرُ
To be contemporary with.	عَاصَرَ
To be pressed.	إِنْعَصَرَ وَٱنْعَصَرَ
A time, period.	عَصْرٌ ج أَعْصُرٌ
Latter part of the day.	عَصْرٌ
The afternoon prayer.	صَلاةُ ٱلْعَصْرِ
Juice, extract.	عَصِيرٌ وَعُصَارَةٌ
A press.	مَعْصَرَةٌ ج مَعَاصِرُ
Contemporary.	مُعَاصِرٌ
Tail-bone.	عُصْعُصٌ ج عَصَاعِصُ
To blow violently.	عَصَفَ يَعْصِفُ
Hurricane.	عَاصِفَةٌ ج عَوَاصِفُ
Chaff, straw.	عُصَافَةٌ
Safflower.	عُصْفُرٌ
Small bird.	عُصْفُورٌ ج عَصَافِيرُ
To prevent; defend.	عَصَمَ يَعْصِمُ
To take refuge.	إِعْتَصَمَ وَٱسْتَعْصَمَ
Prevention, defence.	عِصْمَةٌ

The Eucharist.	أَلْعَشَاءُ ٱلسِّرِّيُّ
Evening.	عَشِيَّةٌ ج عَشَايَا
Yesterday evening.	عَشِيَّةَ أَمْسِ
Darkness of night.	عَشْوَةٌ وَعَشْوَاءُ
Cook.	عَشِّيٌّ
To bind up.	عَصَبَ وَعَصَّبَ
To defend a cause.	تَعَصَّبَ فِي
To take the part of.	تَعَصَّبَ لِ
To league against.	تَعَصَّبَ عَلَى
To be leagued.	إِعْتَصَبَ
Sinew. Nerve.	عَصَبٌ ج أَعْصَابٌ
Male relations.	عَصَبَةٌ ج عَصَبَاتٌ
Troop, band.	عُصْبَةٌ ج عُصَبٌ
Nervous.	عَصَبِيٌّ
Partisanship. Male relations.	عَصَبِيَّةٌ
Bandage. Troop.	عِصَابَةٌ ج عَصَائِبُ
Obstinacy, fanaticism.	تَعَصُّبٌ
A zealous partisan.	مُتَعَصِّبٌ

Capital of a country. عَاصِمَةٌ
Wrist. مِعْصَمٌ ج مَعَاصِمُ
Preserved, protected. مَعْصُومٌ
Staff, rod, cane. عَصًا ج عِصِيٌّ
Knot-grass. عَصَا ٱلرَّاعِي
To disobey, rebel. عَصَى يَعْصِي
Rebellious. عَاصٍ ج عُصَاةٌ
The river Orontes. نَهْرُ ٱلْعَاصِي
Disobedience. عِصْيَانٌ وَمَعْصِيَةٌ
To bite. عَضَّ يَعَضُّ عَضًّا
To defame. عَضَّ بِلِسَانِهِ
To aid, assist. عَضَدَ يَعْضُدُ وَعَاضَدَ
To aid one another. تَعَاضَدَ
To seek assistance of. إِعْتَضَدَ بِ
Aid, assistance. عَضْدٌ ج أَعْضَادٌ
The upper arm. عَضُدٌ ج أَعْضَادٌ
Side, side-post. عِضَادَةٌ
To be difficult. عَضَلَ وَأَعْضَلَ
Muscular. عَضِلٌ

Muscle. عَضَلَةٌ ج عَضَلٌ وَعَضَلَاتٌ
Severe; difficult. عُضَالٌ وَمُعْضِلٌ
Difficult case. مُعْضِلَةٌ ج مُعْضِلَاتٌ
Member, limb. عُضْوٌ ج أَعْضَاءٌ
To perish. عَطِبَ يَعْطَبُ عَطَبًا
To destory. Damage. أَعْطَبَ
To perfume. عَطَّرَ
To perfume one's self. تَعَطَّرَ
Perfume. عِطْرٌ ج أَعْطَارٌ
Ottar of roses. عِطْرُ ٱلْوَرْدِ
Aromatic. عَطِرٌ م عَطِرَةٌ
Grocer. عَطَّارٌ ج عَطَّارُونَ
Grocery. عِطَارَةٌ
The planet Mercury. عُطَارِدُ
To sneeze. عَطَسَ يَعْطِسُ
To make one sneeze. عَطَّسَ
A sneezing. عَطْسَةٌ وَعُطَاسٌ
Snaff. عَطُوسٌ
To thirst. عَطِشَ يَعْطَشُ عَطَشًا

To cause to thirst.	عَطَّشَ وَأَعْطَشَ
Thirst.	عَطَشٌ
Thirsty.	عَطْشَانُ ج عِطَاشٌ
To incline towards.	عَطَفَ يَعْطِفُ إِلَى
To be kind to.	عَطَفَ وَتَعَطَّفَ عَلَى
To join one word to another by a conjunction.	عَطَفَ كَلِمَةً
To turn away from	عَطَفَ عَنْ
To be bent, inclined.	إِنْعَطَفَ
To seek favour.	إِسْتَعْطَفَ
A conjunction.	حَرْفُ عَطْفٍ
Side, flank.	عِطْفٌ ج أَعْطَافٌ
Conjunctive particle.	عَاطِفٌ
Kindness, pity.	عَاطِفَةٌ ج عَوَاطِفُ
Joined; inclined.	مَعْطُوفٌ
A word to which another is joined by a conjunction.	مَعْطُوفٌ عَلَيْهِ
A bend.	مُنْعَطَفٌ
To be without work. Be spoiled.	عَطِلَ وَتَعَطَّلَ
To leave unemployed. Ruin.	عَطَّلَ
Damage and loss.	عُطْلٌ وَضَرَرٌ
Interest on money.	عُطْلُ ٱلْمَالِ
Vacant time.	عُطْلَةٌ وَعَطَالَةٌ
Spoiled, useless.	عَاطِلٌ
Without work; useless.	مُعَطَّلٌ
Mouldiness.	عَطَنٌ وَعَطْنَةٌ
Mouldy.	عَطِنٌ وَمُعَطَّنٌ
To give present, offer.	أَعْطَى
To beg.	تَعَطَّى وَاسْتَعْطَى
To engage in.	تَعَاطَى
Gift.	عَطَا وَعَطَاءٌ وَعَطِيَّةٌ
Giver.	مُعْطٍ
To be great, large.	عَظُمَ يَعْظُمُ
To be hard upon.	عَظُمَ عَلَى
To make large; magnify.	عَظَّمَ
To be great; proud.	تَعَظَّمَ
To magnify one's self.	تَعَاظَمَ
To regard as great.	إِسْتَعْظَمَ
Bone.	عَظْمٌ ج عِظَامٌ

عُظْمٌ وَعَظَمَةٌ	Pride; majesty.
عَظِيمٌ ج عُظَمَاءُ وَعِظَامٌ	Great.
ألْعَظِيمُ	The Great (God).
عَظِيمَةٌ ج عَظَائِمُ	A great thing.
أعْظَمُ م عُظْمَى	Greater.
مُعْظَمٌ	Greater, or chief part.
مُعَظَّمٌ	Exalted, made great.
عَفَّ يَعِفُّ عَنْ	To abstain from wrong.
عَفِيفٌ ج أعِفَّاءُ	Virtuous.
عِفَّةٌ	Continence, chastity.
عَفَرَ يَعْفِرُ	To cover with dust.
عَفَرٌ وَعَفَرٌ ج أعْفَارٌ	Dust.
عِفْرِيتٌ ج عَفَارِيتُ	Demon.
عَفَشَ يَعْفِشُ	To heap up.
عَفْشٌ	Trash. Baggage.
عَفْصٌ	Galls.
عَفِنَ يَعْفَنُ وَعَفَّنَ وَتَعَفَّنَ	To become decayed, rotten, mouldy.
عَفَنٌ وَعُفُونَةٌ	Mildew.
عَفِنٌ وَمَعْفُونٌ وَمُعَفَّنٌ	Decayed.
مُتَعَفِّنٌ	Putrid, mouldy.
عَفَا يَعْفُو عَنْ	To pardon, forgive.
عَافَى	To restore to health.
عَافَاكَ	Bravo! Well done.
أعْفَى مِنْ	To exempt, excuse.
تَعَافَى	To be restored to health.
إسْتَعْفَى	To ask to be released.
عَفْوٌ	Pardon, amnesty. Young ass.
عَفْوًا	Spontaneously; easily.
عَافِيَةٌ ج عَوَافٍ وَعَافِيَاتٌ	Health.
إسْتِعْفَاءٌ	Resignation.
مُعَافَاةٌ	Restoration to health.
مُتَعَافٍ	Convalescent.
عَقِيقٌ ج عَقَائِقُ	Carnelian.
عَقَبَ ـُ عَقْبًا	To succeed.
عَقَّبَ وَأعْقَبَ وَاعْتَقَبَ	To follow.
عَاقَبَ	To punish.
تَعَقَّبَ	To follow out.

تَعَاقَبَ To follow (one another).

عَقِبٌ ج أَعْقَابٌ Heel of foot.

عَقَبَةٌ ج عِقَابٌ Mountain road.

عُقْبَى End, issue.

عَاقِبَةٌ ج عَوَاقِب End, result.

عِقَابٌ وَمُعَاقِبَه Punishment.

عُقَابٌ ج أَعْقُبٌ وَعِقْبَانٌ Eagle.

عَقِيبٌ That which follows.

عَقَدَ يَعْقِدُ To tie, knot, Conclude. Ratify.

عَقَدَ عَلَى To determine upon.

عَاقَدَ To make a contract with.

تَعَقَّدَ To be complicated.

تَعَاقَدَ To unite in a contract.

إِعْتَقَدَ To believe firmly.

عَقْدٌ ج عُقُودٌ Contract. Vault.

عِقْدٌ ج عُقُودٌ Necklace.

عُقْدَةٌ ج عُقَدٌ Knot, Joint.

عَقَّادٌ Maker of silk-cord.

عَقِيدٌ Ally, confederate.

عَقِيدَةٌ ج عَقَائِدُ Article of faith.

إِعْتِقَادٌ Belief, creed.

إِنْعِقَادٌ Bord, contract, union.

تَعْقِيدٌ Obscurity, complexity.

مُعَقَّدٌ Very knotty; tangled.

مُعْتَقَدٌ Doctrine, belief.

عَقَرَ يَعْقِرُ عَقْرًا To cut, wound.

عَاقَرَ To persevere in.

إِنْعَقَرَ To be wounded.

عَقْرٌ Wounding, wound.

عُقْمٌ وَعُقْرَةٌ وَعَقَارَةٌ Barrenness.

عَاقِرٌ ج عَوَاقِرُ Barren.

عَقَارٌ ج عَقَارَاتٌ Real estate.

عَقَّارٌ ج عَقَاقِيرُ A drug.

عَقْرَبٌ ج عَقَارِبُ Scorpion.

أَلْعَقْرَبُ Scorpion, (of the zodiac).

عَقَصَ يَعْقِصُ To plait (the hair).

عَقَصَ يَعْقِصُ وَعَقْصٌ To sting.

عِقْصَةٌ ج عِقَصٌ Plait (of hair).

Hair-fillet.	عِقاصٌ
To crook, bend.	عَقَفَ يعقِفُ
To become bent.	تَعَقَّفَ وَانْعَقَفَ
Bent, hooked.	أَعْقَفُ وَمَعْقُوفٌ
To bind.	عَقَلَ يعقِلُ وَاعْتَقَلَ
To understand.	عَقَلَ مَعْقُولاً
To conceive, know.	تَعَقَّلَ
To withhold, restrain.	إِعْتَقَلَ
Mind, intellect.	عَقْلٌ ج عُقُولٌ
Rational; mental.	عَقْلِيٌّ
Intelligent.	عَاقِلٌ ج عُقَّالٌ وَعُقَلاَءُ
Rope, cord.	عِقَالٌ ج عُقُلٌ
A noble woman.	عَقِيلَةٌ
Fortress, refuge.	مَعْقِلٌ ج مَعَاقِلُ
Intelligible, reasonable.	مَعْقُولٌ
Mental science.	عِلْمُ الْمَعْقُولاَتِ
To be barren.	عَقِمَ يَعْقَمُ
To render barren.	عَقَّمَ وَأَعْقَمَ
Barrenness.	عُقْمٌ
Barren, sterile.	عَقِيمٌ ج عُقُمٌ
Acre, (town).	عَكَّةُ وَعَكَّاءُ
To become turbid.	عَكِرَ يَعْكَرُ وَتَعَكَّرَ
To render turbid.	عَكَّرَ وَأَعْكَرَ
Dregs, lees, sediment.	عَكَرٌ
Troubled, turbid.	عَكِرٌ وَمُعَكَّرٌ
To lean upon (a staff).	عَكَزَ وَتَعَكَّزَ على
Staff; crosier.	عُكَّازٌ ج عَكَاكِيزُ
To reverse, invert.	عَكَسَ يَعْكِسُ
To invert, oppose.	عَاكَسَ
To be inverted, reflected	إِنْعَكَسَ
Inversion, reflection.	إِنْعِكَاسٌ
On the contrary.	بِالْعَكْسِ
Thick, dense.	عَكِشٌ
To detain.	عَكَفَ يَعْكُفُ عَكْفاً
To presevere in.	عَكَفَ على
To abide in.	عَكَفَ وَاعْتَكَفَ فِي
Keeping to.	عَاكِفٌ
Religious seclusion.	إِعْتِكَافٌ

عَكَمَ يَعْكِمُ To tie up. Muzzle.

عَلَّ عِلَّةً To become ill.

عَلَّلَ بِ To divert. Account for.

تَعَلَّلَ وَاعْتَلَّ To offer excuses.

تَعَلَّلَ بِ To divert one's self.

إِعْتَلَّ To become diseased, sick.

عَلَّ وَلَعَلَّ May-be, perhaps.

عِلَّةٌ ج عِلَلٌ Cause. Malady.

حُرُوفُ الْعِلَّةِ The weak letters.

عِلِّيَّةٌ ج عَلَالِيُّ Upper chamber.

عَلِيلٌ وَمَعْلُولٌ Sick, diseased.

تَعْلِيلٌ Assignment of a cause.

مُعْتَلٌّ Ill, diseased. Containing one of the weak letters.

عُلْبَةٌ ج عُلَبٌ Small box.

عَالَجَ To work at. Treat (a disease).

تَعَالَجَ To take medical treatment.

تَعَالَجَ To strive with one another.

عِلَاجٌ وَمُعَالَجَةٌ Treatment of disease. Remedy, cure.

مُعَالَجَةٌ Dispute, contention.

عَلَفَ يَعْلِفُ To feed (a beast).

عَلَفٌ Fodder, (for beasts).

عَلَّافٌ Seller of provender.

مِعْلَفٌ ج مَعَالِفُ Manger.

مُعَلَّفٌ Fattened (animal).

عَلِقَ يَعْلَقُ وَاعْتَلَقَ بِ To hang to.

عَلِقَ عُلُوقًا To conceive, (woman).

عَلِقَ عُلُوقًا بِهِ To love.

عَلِقَ يَفْعَلُ To begin to do.

عَلَّقَ To attach.

عَلَّقَ فِي To note down.

تَعَلَّقَ بِ To be attached to.

عَلَقَةٌ ج عَلَقَاتٌ وَعَلَقٌ Leech.

عَلَاقَةٌ ج عَلَائِقُ Connection.

عَلِيقٌ Forage, for animals.

عُلَّيْقٌ Climbing plant; brier.

تَعَلُّقٌ Connection.

مُعَلَّقٌ Attached suspended.

مُتَعَلِّقٌ بِ	Attached to.
عَلْقَمٌ	Very bitter plant.
عَلَكَ يَعْلُكُ عَلْكاً	To chew.
عَلِمَ يَعْلَمُ	To know, perceive.
عَلَّمَ	To teach. To mark.
أَعْلَمَ	To inform.
تَعَلَّمَ	To learn.
إِسْتَعْلَمَ	To desire to know; ask.
عَلَمٌ ج أَعْلَامٌ	Sign. Banner.
إِسْمٌ عَلَمٌ	Proper name.
عِلْمٌ ج عُلُومٌ	Science, knowledge.
عِلْمِيٌّ	Scientific.
عَالِمٌ ج عُلَمَاءُ	Knowing; learned.
عَالَمٌ ج عَوَالِمُ وَعَالَمُونَ	World d.
عَالَمُ ٱلْحَيَوَانِ	The animal kingdom.
عَالَمُ ٱلنَّبَاتِ	The vegetable kingdom.
عَالَمُ ٱلْمَعَادِنِ	The minera kingdom.
عَلَّامٌ وَعَلَّامَةٌ	Very learned.
عَلَامَةٌ	Sign mark.
عَلِيمٌ ج عُلَمَاءُ	Learned, savant.
إِعْلَامٌ	Announcement, notic.
تَعْلِيمٌ	Instruction. Doctrine.
تَعْلِيمَاتٌ	Instructions; orders.
مُعَلَّمٌ	Taught. Marked.
مُعَلِّمٌ	Teacher, master.
مَعْلُومٌ	Known. Active voice, (verb). Certainly, of course.
عَلَنَ يَعْلُنُ	To be open, manifest.
أَعْلَنَ	To publish, reveal.
إِعْتَلَنَ وَٱسْتَعْلَنَ	To be manifest.
عَلَنٌ وَعَالِنٌ	Manifest, open.
عَلَانِيَةً	Openly, publicly.
إِعْلَانٌ	Manifestation, announcement. Advertisement.
عَلَا يَعْلُو	To be high; ascend.
عَلَا عَلَى	To overcome.
عَلَّى وَأَعْلَى	To elevate.
تَعَلَّى وَتَعَالَى	To be elevated.
أَللّٰهُ تَعَالَى	God, the exalted One

تَعَالَ	Come! come here!
إِعْتَلَى وَاسْتَعْلَى	To rise high.
عَلَاءٌ وَعُلًى	Nobility; eminence.
عُلُوٌّ	Height. Grandeur.
عِلَاوَةٌ	In addition to.
عَلِيٌّ ج عَلِيُّونَ	High; elevated; noble.
اَلْعَلِيُّ	God, the most High.
عِلِّيَّةٌ ج عَلَالِيُّ	Upper chamber.
عَالٍ	High, sublime.
اَلْبَابُ ٱلْعَالِي	The Sublime Porte.
أَعْلَى ج أَعَالٍ	Higher, nobler.
اَلْمُتَعَالِي	The exalted, (God).
عَلْوَنَ	To address a letter.
عُلْوَانٌ	Address; title.
عَلِيَ يَعْلَى عَلِيًّا وَعَلِيًّا	To ascend.
عَلَى	Upon, with, for, at.
عَلَيْكَ أَنْ تَفْعَلَ	You ought to do...
عَلَيْهِ دَيْنٌ	He is in debt.
عَلَى عَهْدِهِ	In his time.
عَلَى يَدِ فُلَانٍ	By means of.
عَمَّ يَعُمُّ	To be general; include.
عَمَّمَ	To generalize.
عَمٌّ ج أَعْمَامٌ	Paternal uncle.
عَمَّةٌ ج عَمَّاتٌ	Paternal aunt.
إِبْنُ ٱلْعَمِّ	Cousin on the father's side. Husband.
بِنْتُ ٱلْعَمِّ	Cousin on the father's side. Wife.
عَمَّا وَعَمَّ (عَنْ مَا)	For what?
عَمَّنْ (عَنْ مَنْ)	For whom?
عَامٌّ	General, universal.
اَلْعَامَّةُ	The common people.
جَاءَ ٱلْقَوْمُ عَامَّةً	They all came.
اَلْعَوَامُّ	The common people.
عَامِّيٌّ	Vulgar, common.
عِمَامَةٌ ج عَمَائِمُ	Turban.
عُمُومٌ	Universality, totality
عُمُومًا	In general, universally.

General, universal.	عُمُومِيٌّ
More common or general.	أَعَمُّ
Turbaned.	مُعَمَّمٌ وَمُتَعَمِّمٌ
To prop up, spport.	عَمَدَ يَعْمِدُ
To intend, purpose.	عَمَدَ وَتَعَمَّدَ
To aim at, seek, repair to	عَمَدَ إِلَى
To baptize.	عَمَدَ وَعَمَّدَ
To be baptized.	تَعَمَّدَ وَاعْتَمَدَ
To depend upon.	إِعْتَمَدَ عَلَى
Intentionally.	عَمْدًا وَتَعَمُّدًا
Prop. Committee.	عُمْدَةٌ
Column, pillar.	عَمُودٌ ج أَعْمِدَةٌ
Perpendicular line.	خَطٌّ عَمُودِيٌّ
Representative.	مُعْتَمَدٌ
Baptism.	مَعْمُودِيَّةٌ
To live a long time.	عَمِرَ يَعْمَرُ
To be inhabited.	عَمَرَ يَعْمُرُ
To inhabit.	عَمَرَ عِمَارَةً
To build.	عَمَرَ عِمَارَةً
To make inhabited.	أَعْمَرَ
To be flourishing.	عَمَرَ يَعْمُرُ
To build, construct.	عَمَّرَ
To colonize.	أَعْمَرَ وَا
Life-time; age;	عُمْرٌ ج أَعْمَارٌ
By my life!	لَعَمْرِي
Prosperity of a land. Civilization.	عُمْرَانٌ
Edifice. Cultivation.	عِمَارَةٌ ج عَمَائِرُ
Inhabited.	عَامِرٌ وَعَمِيرٌ وَمَعْمُورٌ
Mason.	مِعْمَارٌ وَمِعْمَارِيٌّ ج مِعْمَارِيَّةٌ
Colony.	مُسْتَعْمَرَةٌ
Weakness of sight.	عَمَشٌ
Weak in sight.	أَعْمَشُ
To be deep.	عَمُقَ يَعْمُقُ
To make deep.	عَمَّقَ وَأَعْمَقَ
To go deeply into.	تَعَمَّقَ فِي
Depth.	عَمْقٌ وَعُمْقٌ ج أَعْمَاقٌ
Deep, profound.	عَمِيقٌ ج عُمُقٌ
To work, do, make.	عَمِلَ يَعْمَلُ

عَمِلَ فِي	To act upon.
عَامَلَ	To deal with. Treat.
أَعْمَلَ	To employ, use, exert.
تَعَامَلَ	To deal with one another.
إِعْتَمَلَ	To labour, work.
إِسْتَعْمَلَ	To use; employ.
عَمَلٌ ج أَعْمَالٌ	Work, service, deed, action; occupation.
عَمْلَةٌ	An evil deed.
عُمْلَةٌ	Money.
عَمَلِيٌّ	Practical. Artificial.
عَمَلِيَّةٌ	Operation.
عَامِلٌ ج عُمَّالٌ	Workman, doer.
عَامِلٌ ج عَوَامِلُ	A word that governs another (*in gram.*)
عَمِيلٌ	Commerical agent.
إِسْتِعْمَالٌ	Use, employment.
مَعْمَلٌ ج مَعَامِلُ	Mill, factory.
مُعَامَلَةٌ ج مُعَامَلَاتٌ	Transaction. Manner of treatment.
مَعْمُولٌ	Made. Governed (word).
عَمِيَ يَعْمَى	To become blind.
عَمِيَ عَنْ	To blind to.
عَمِيَ ٱلْأَمْرُ عَلَى	To be obscure to.
أَعْمَى	To render blind.
تَعَامَى	To feign blindness.
عَمًى	Blindness.
أَعْمَى م عَمْيَاءُ ج عُمْيٌ	Blind.
عَنْ	For, from, at.
ذَهَبَ عَنَّا	He left us.
عَنْ قَلِيلٍ	After a little while.
عَنْ آخِرِهِمْ	To the last man.
عَنْ يَمِينِهِ	At his right hand.
نَفْسٌ عَنْ نَفْسٍ	Life for life.
عَنْ وَعْدٍ	Because of a promise.
عَنَّ يَعِنُّ عَنًّا	To appear.
عَنَانٌ	Clouds.
عِنَانٌ ج أَعِنَّةٌ	Reins.
عِنَبٌ ج أَعْنَابٌ	Grapes.

عُنّابٌ	Jujube tree and fruit.
عَنْبَرٌ	Ambergris. Ship-hold. A kind of Mimosa.
عَنَّتَ	To treat with rigour.
عِنْدَ	At, near, with, on.
جِئْتُ مِنْ عِنْدِهِ	I came from him.
عِنْدَ طُلُوعِ ٱلشَّمْسِ	At sunrise.
جَلَسَ عِنْدَهُ	He sat with him.
عِنْدِي مَالٌ	I have property.
عِنْدِي كَذَا	Such is my opinion.
عِنْدَمَا صَارَ	When it happened.
عِنْدَ ذٰلِكَ	Then; thereupon.
عَنَدَ يَعْنُدُ	To be obstinate.
عَانَدَ عِنَادًا وَمُعَانَدَةً	To resist.
تَعَانَدَ	To oppose one another.
عَنِيدٌ ج عُنُدٌ . وَمُعَانِدٌ	Obstinate.
عَنْزٌ ج عُنُوزٌ وَعِنَازٌ	She-goat.
عُنْصُرٌ ج عَنَاصِرُ	Element. Origin.
ٱلْعَنْصَرَةُ	Feast of Pentecost.
عُنْصُرِيٌّ	Simple, elemental.
عُنْصُلٌ	Wild onion; squill.
عَنُفَ يَعْنُفُ	To be harsh; rude
عَنَّفَ وَأَعْنَفَ	To upbraid.
عُنْفٌ	Roughness, harshness.
عُنْفًا	Violently.
عُنْفُوَانٌ	The first of a thing.
عُنْفُوَانُ ٱلشَّبَابِ	Prime of youth.
عَنِيفٌ	Harsh, violent.
عَانَقَ وَٱعْتَنَقَ	To embrace.
عُنُقٌ ج أَعْنَاقٌ	Neck.
عِنَاقٌ وَمُعَانَقَةٌ	Embrace.
ٱلْعَنْقَاءُ	Fabulous bird; griffin.
عُنْقُودٌ ج عَنَاقِيدُ	Bunch.
عَنْكَبُوتٌ ج عَنَاكِبُ	Spider.
عَنَا يَعْنُو	To trouble, distress.
عَنَا (لِ)	To submit to.
عَنَّى وَأَعْنَى	To subdue.
عَنْوَةٌ	Force, violence.

عانٍ ج عُناة Captive ; submissive.
عَنْوَنَ To adress a letter.
عُنْوانٌ Title ; adress.
عَنَى يَعْنِي To mean, intend.
عَنَى عِنايةً To concern.
عَنَّى وَأَعْنَى To distress, afflict.
عانَى To suffer, endure.
إِعْتَنَى بِ To care for, manage.
عَناءٌ Difficulty, trouble.
عِنايةٌ وَاعْتِناءٌ Care, solicitude.
اَلْعِنايةُ الإلٰهيَّةُ Divine Providence.
مَعْنًى ج مَعانٍ Meaning, sense.
عِلْمُ الْمَعانِي Rhetoric.
مَعْنَوِيٌّ Ideal, mental.
عَهِدَ يَعْهَدُ عَهْدًا To know.
عَهِدَ إِلَى To enjoin, charge.
عاهَدَ To make an agreement.
عاهَدَهُ To swear to one.
تَعَهَّدَ وتعاهَدَ To be careful of.

تَعاهَدَ To make an engagement.
عَهْدٌ ج عُهُودٌ Covenant, agreement. Time, epoch.
اَلْعَهْدُ الْقَدِيمُ The Old Testament.
اَلْعَهْدُ الْجَدِيدُ The New Testament.
وَلِيُّ الْعَهْدِ Presumptive heir.
عُهْدَةٌ Compact, Responsibility.
مُعاهَدَةٌ Treaty, alliance
مَعْهُودٌ Stipulated. Known.
عَهْرٌ وَعَهارَةٌ Debauchery.
عاجَ يَعُوجُ To stop ; pass by.
عَوَّجَ To crook, bend, contort.
تَعَوَّجَ وَاعْوَجَّ To become bent.
عاجٌ Ivory.
عِوَجٌ وَاعْوِجاجٌ Crookedness.
أَعْوَجُ م عَوْجاءُ ج عُوجٌ Crooked.
مُعَوَّجٌ Crooked, tortuous.
عادَ يَعُودُ إِلَى To return to.
عادَ وَأَعادَ To repeat.
عادَ عِيادَةً To visit (the sick).

عَوَّدَ	To accustom.
أَعادَ إِلى	To restore.
تَعَوَّدَ وَٱعْتادَ	To be accustomed.
عادَةٌ ج عادَاتٌ وَعَوائِدُ	Custom.
عادِيٌّ	Old. Customary.
أَلْعادِيّاتُ	Ancient monuments.
عَوْدٌ	Return; repetition.
عُودٌ ج عِيدانٌ	Stick. Lute.
أَلْعُودُ	Aloes-wood.
عِيدٌ ج أَعْيادٌ	Festival, feast-day.
عائِدٌ	A visitor, (*sp.* of the sick).
عائِدَةٌ ج عَوائِدُ	Benefit; utility.
إِعادَةٌ	Repetition.
إِعْتِيادِيٌّ	Habitual, customary.
أَلْمَعادُ	The future life.
مُعَوَّدٌ وَمُعْتادٌ	Habituated.
عاذَ يَعُوذُ بِ	To seek protection.
عَوْذٌ وَعِياذٌ	Taking refuge.
مَعاذٌ وَمَعاذَةٌ	Refuge, asylum.
مَعاذَ ٱللهِ	God forbid!
عَوِرَ وَٱعْوَرَّ	To lose one eye.
أَعارَ	To lend.
إِسْتَعارَ	To borrow.
عَوْرَةٌ ج عَوْرَاتٌ	Private parts.
إِعارَةٌ	Loan; act of lending.
إِسْتِعارَةٌ	Borrowing. Metaphor.
إِسْتِعارِيٌّ	Metaphorical.
أَعْوَرُ م عَوْراءُ ج عُورٌ	One-eyed.
مُسْتَعارٌ	Borrowed. Metaphorical.
عازَ يَعُوزُ وَأَعْوَزَ	To want, lack.
أَعْوَزَهُ ٱلشَّيْءُ	He needed it.
أَعْوَزَهُ ٱلدَّهْرُ	Fortune has reduced him to poverty.
عَوَزٌ	Poverty, need.
عَوِزٌ وَعائِزٌ وَأَعْوَزُ وَمُعْوِزٌ	Needy.
مَعاوِزُ	Wants.
عَوِصَ يَعْوَصُ	To be difficult.

عَوَصٌ Difficulty, obscurity.

عَوِيصٌ م عَوِيصَآء Difficult.

عَاضَ يَعُوضُ وَعَوَّضَ وَأَعَاضَ To give something in exchange.

تَعَوَّضَ وَاعْتَاضَ عَنْ او مِنْ To receive in compensation for.

عِوَضٌ ج أَعْوَاضٌ Thing in exchange.

عِوَضٌ وَتَعْوِيضٌ Compensation.

عِوَضًا عَنْ أَوْ مِنْ Instead of.

عَاقَ يَعُوقُ وَعَوَّقَ وَأَعَاقَ To hinder.

تَعَوَّقَ To be hindered.

عَاقَةٌ Delay.

عَائِقٌ وَعَائِقَةٌ ج عَوَائِقُ Obstacle.

اَلْعَيُّوقُ Capella (star).

إِعَاقَةٌ وَتَعْوِيقٌ Act of retarding.

عَالَ يَعُولُ To support; nourish.

عَالَ فِي To be unfaithful in.

عَالَ وَعِيلَ صَبْرُهُ His patience was exhausted,

عَوَّلَ وَأَعْوَلَ وَاعْتَوَلَ To wail.

عَوَّلَ عَلَى وَبِ To rely upon.

أَعَالَ To sustain a family

عَوْلٌ وَعَوْلَةٌ وَعَوِيلٌ Wailing.

عَائِلَةٌ ج عَائِلَاتٌ Family.

عِيَالٌ A family, household.

مِعْوَلٌ ج مَعَاوِلُ Pickaxe.

عَامَ يَعُومُ عَوْمًا To swim, float.

عَامٌ ج أَعْوَامٌ A year.

عَائِمٌ Swimming.

عَاوَنَ وَأَعَانَ عَلَى To aid, assist.

تَعَاوَنَ To give mutual aid.

إِسْتَعَانَ بِ To seek the aid of.

عَوْنٌ وَمَعُونَةٌ Aid, assistance.

عَوْنٌ ج أَعْوَانٌ Aider, assistant.

إِعَانَةٌ وَمُعَاوَنَةٌ Aid, assistance.

مُعَاوِنٌ Assistant, coadjutor.

عَاهَةٌ Bane, pest, blight.

عَوَى يَعْوِي عُوَآءً To howl, bark.

Howling, crying, barking. عُوَآءٌ

To be faulty. عَابَ يَعِيبُ

To find fault with. عَابَ وَعَيَّبَ

Blemish; shame. عَيْبٌ ج عُيُوبٌ

Defective, faulty. عَائِبٌ

Shameful. مَعِيبٌ وَمَعْيُوبٌ

To act corruptly. عَاثَ يَعِيثُ

To celebrate a feast. عَيَّدَ

Feast, festival. عِيدٌ ج أَعْيَادٌ

Christmas. عِيدُ ٱلْمِيلَادِ

To go about; journey. عَارَ يَعِيرُ

To upbraid, reproach. To verify by weighing. عَيَّرَ

Disgrace, shame. عَارٌ

Standard of weight. عِيَارٌ

Jesus (Christ). عِيسَى

Christian. عِيسَوِيٌّ

To live. عَاشَ يَعِيشُ عَيْشًا

To nourish. عَيَّشَ وَأَعَاشَ

To seek means of living. تَعَيَّشَ

Life. عَيْشٌ وَعِيشَةٌ

Wheat, bread, food. عَيْشٌ

Living; living well. عَائِشٌ

Means of living. مَعَاشٌ وَمَعِيشَةٌ

To cry out, shout. عَيَّطَ

Shouting. عِيَاطٌ

To dislike. عَافَ يَعَافُ وَيَعِيفُ

To become poor. عَالَ يَعِيلُ

To have a large family. أَعْيَلَ

Family. عَائِلَةٌ ج عِيَالٌ

Having a large family. مُعِيلٌ

To appoint; specify. عَيَّنَ

To see. عَايَنَ مُعَايَنَةً وَعِيَانًا

To be specified; appointed. تَعَيَّنَ

Eye. Self. عَيْنٌ ج أَعْيُنٌ وَعُيُونٌ

The chief men, notables اَلْأَعْيَانُ

Fountain. عَيْنٌ ج عُيُونٌ

هُوَ هُوَ عَيْنُهُ It is he himself

عَيْنُ ٱلْيَقِينِ Certain knowledge.

عِيَانٌ وَمُعَايَنَةٌ Act of seeing.

عِيَانًا Clearly, evidently.

عِيَانِيٌّ Occular (witness)

عُوَيْنَاتٌ Spectacles, eye-glasses.

تَعْيِينٌ Specification, designation.

مُعَيَّنٌ Designated, appointed.

مُعَيَّنٌ A rhombus, (*geom.*).

اَلشَّبِيهُ بِالْمُعَيَّنِ A rhomboid.

مُتَعَيِّنٌ Designated, appointed.

عَاهَةٌ Bane, socurge, blight.

عَيِيَ يَعْيَى عِيًّا To be unable.

أَعْيَا To be disabled: disable.

عَيَاءٌ Weakness, disease.

عَيٌّ ج أَعْيَاءٌ Weak.

عَيَّانٌ Weak, incapable, sick.

غ

غ As a numeral sign = 1000.

غَبَّ ـُ To visit at intervals.

غِبًّا At intervals.

غِبَّ After.

غَبَّرَ وَأَغْبَرَ To raise the dust.

تَغَبَّرَ To become dusty.

إِغْبَرَّ To become dust-coloured.

غَبَرَةٌ وَغُبْرَةٌ وَغُبَارٌ Dust.

غَابِرٌ Remaining. Passing away.

أَغْبَرُ م غَبْرَاءُ ج غُبْرٌ Dust-coloured.

غَبَسٌ وَغُبْسَةٌ Duskiness.

أَغْبَسُ م غَبْسَاءُ Ash-coloured.

إغتبط — To be in a happy state.

غبط وغبطة — Happy state.

غبيط ج غبط — Channel of water.

مغبوط — Fortunate; blessed.

غبن يغبن غبناً — To cheat.

غبن واغتبن — To conceal.

إنغبن — To be deceived, or cheated.

غبن وغبينة — Fraud, deceit.

غبي على — To be hidden from.

غباوة — Ignorance, heedlessness.

غبيّ ج أغبياء — Ignorant, stupid.

غثّ وغثيث — Lean, meagre.

غثمة — Ash-colour.

غثا يغثي غثياناً — To be nauseated.

غدّة ج غدد — Wen; gland.

غدر يغدر غدراً ب — To deceive.

غادر — To leave, abandon.

غدر — Perfidy, treachery.

غادر وغدّار — Treacherous.

غدّارة ج غدّارات — Small pistol.

غدير ج غدران — Pool of water.

غدا يغدو — To go forth early.

تغدّى — To breakfast.

غدّى — To give breakfast.

غداً وفي الغد — To-morrow.

بعد الغد — Day after to-morrow.

غداء — Morning meal; lunch.

غدوّ وغداة — Early morning.

غذا ـ وغذّى — To nourish, (food).

تغذّى واغتذى — To be fed.

غذاء ج أغذية — Food, nutriment.

مغذ — Nourishing (food)

غرّ يغرّ غروراً ب — To beguile from

اغترّ واستغرّ — To be deceived.

غرّة ج غرر — White mark on the forehead of a horse. The new moon. The best of anything.

غرّار وغرور — Very deceitful.

غرّ ج أغرار — Inexperienced, ignorant.

غُرُورٌ	False things, vanities.
أَغَرُّ م غَرَّاءُ	Beautiful. Noble.
مَغْرُورٌ	Deceived, deluded.
غَرَبَ يَغْرُبُ	To depart; set, (sun).
غَرَّبَ وَأَغْرَبَ	To go west.
تَغَرَّبَ	To go to a strange land.
إِسْتَغْرَبَ	To regard as strange.
غَرْبٌ ج غُرُوبٌ	The west.
غُرْبَةٌ وَتَغَرُّبٌ وَاغْتِرَابٌ	Travelling in a foreign land.
غُرَابٌ ج غِرْبَانٌ	A crow.
غَرَابَةٌ	Strangeness, obscurity.
غُرُوبٌ	Setting, sun-set.
غَرِيبٌ ج غُرَبَاءُ	A stranger.
غَرِيبَةٌ ج غَرَائِبُ	Strange event.
مَغْرِبٌ ج مَغَارِبُ	The west.
مَغْرِبُ الشَّمْسِ	Hour of sun-set.
مَغْرِبِيٌّ ج مَغَارِبَةٌ	Moor, Arab of N. W. Africa.
غَرْبَلَ	To sift; disperse.
غِرْبَالٌ ج غَرَابِيلُ	Sieve.
غَرِدَ يَغْرَدُ وَغَرَّدَ	To warble.
غَرَزَ يَغْرِزُ غَرْزًا ب	To prick.
غَرَزَ وَغَرَّزَ وَأَغْرَزَ	To insert.
غَرِيزَةٌ ج غَرَائِزُ	Nature; natural, innate quality.
غَرِيزِيٌّ	Natural, innate.
غَرَسَ يَغْرِسُ غَرْساً	To plant.
إِنْغَرَسَ	To be planted.
غَرْسٌ ج أَغْرَاسٌ	Planted tree.
مَغْرِسٌ ج مَغَارِسُ	Plantation.
مَغْرُوسٌ	Planted (tree).
غُرْشٌ ج غُرُوشٌ	Piastre.
غَرَضٌ ج أَغْرَاضٌ	Aim, object.
غَرْغَرَ	To gargle.
غَرْغَرَةٌ	A gargle.
غَرَفَ يَغْرِفُ وَاغْتَرَفَ	To dip out with a ladle.
غُرْفَةٌ ج غُرَفٌ	Upper chamber.
غُرْفَةٌ ج غِرَافٌ	Handful.

مغرفة ج مغارف	Ladle.
غرق يغرق	To sink, be drowned.
غرّق وأغرق	To drown.
إستغرق	To take in, comprise.
غرق	Drowning, sinking.
غريق ج غرقى	Drowned.
غرم يغرم	To pay a tax, fine.
غرّم وأغرم	To impose a fine.
أغرم ب	To be very fond of.
تغرّم	To pay a tax, fine.
غرامة	Fine, tax; loss.
غرام	Fond attachment.
غريم ج غرماء	Debtor; litigant.
مغرم	Eagerly desirous.
غرنوق ج غرانيق	Crane; stork.
غرا يغرو وغرّى	To glue.
أغرى	To incite, urge.
تغرّى	To be glued.
غرا وغراء	Glue.
لا غرو	No wonder!
إغراء	Incitement, instigation.
مغراة	Glue pot.
غزّ يغزّ ب	To prick.
غزّة	Gaza, (town).
غزر يغزر	To be copious.
غزر وغزارة	Abundance.
غزير ج غزار	Abundant.
غزل يغزل غزلا واغتزل	To spin.
تغزّل	To say amatory words.
غزل	Spun thread or yarn.
غزل وتغزّل	Amatory words.
غزال ج غزلان	Gazelle.
غزالة	Female gazelle. The sun.
مغزل ج مغازل	Spindle.
مغزول	Spun.
غزا يغزو	To wage war, invade the enemy's country.
غزو	Military expedition.

An incursion. غَزْوَةٌ ج غَزَوَاتٌ

Warrior; invader. غَازٍ ج غُزَاةٌ

Sense, meaning. مَغْزَى ٱلْكَلَامِ

To become very dark. غَسَقَ يَغْسِقُ

Early darkness of night. غَسَقٌ

To wash. غَسَلَ يَغْسِلُ وَغَسَّلَ

To be washed. إِنْغَسَلَ

To wash one's self. إِغْتَسَلَ

Washing, ablution. غُسْلٌ

Washerwoman. غَسَّالَةٌ

Clothes that are washed غَسِيلٌ

To deceive. Falsify. غَشَّ يَغُشُّ

To be deceived. إِنْغَشَّ

Deceit, dishonesty, fraud. غِشٌّ

Deceitful. غَاشٌّ وَغَشَّاشٌ

Deceived; falsified. مَغْشُوشٌ

Inexperience. غَشْمٌ

Inexperienced. غَشِيمٌ ج غُشَمَاءُ

Film (on the eyes). غِشَاوَةٌ

To cover, conceal. غَشِيَ يَغْشَى

To be dark, (night). غَشَى وَأَغْشَى

He swooned. غُشِيَ عَلَيْهِ غَشَيَانًا

To put a covering upon. غَشَّى

Cover; membrane. غِشَاءٌ ج أَغْشِيَةٌ

Swoon. غَشْيَةٌ وَغَشَيَانٌ

Covered, enveloped. مُغَشًّى وَمُغْشًى

Swooning, senseless. مَغْشِيٌّ عَلَيْهِ

To be choked. غَصَّ يَغَصُّ وَٱغْتَصَّ

To choke. Grieve. أَغَصَّ

Choking, Grief. غُصَّةٌ ج غُصَصٌ

To force. غَصَبَ يَغْصِبُ غَصْبًا عَلَى

To take by violence. To violate. غَصَبَ وَٱغْتَصَبَ مِنْ

Violence. غَصْبٌ

In spite of him. غَصْبًا عَنْهُ

Oppressor. غَاصِبٌ وَمُغْتَصِبٌ

Violence, tyranny. إِغْتِصَابٌ

Forced. مَغْصُوبٌ وَمُغْتَصَبٌ

Branch, twig.	غُصْنٌ ج أَغْصَانٌ
To be fresh, (plant).	غَضَّ يَغَضُّ
To take no notice.	غَضَّ ٱلطَّرْفَ
Fresh, juicy, luxuriant.	غَضٌّ
To be angry.	غَضِبَ يَغْضَبُ
To make angry.	غَاضَبَ وَأَغْضَبَ
To be angry.	تَغَضَّبَ
Anger, rage, passion.	غَضَبٌ
Angry, enraged.	غَضْبَانُ ج غَضَبَى
Stern, austere, angry.	غَضُوبٌ
Object of anger.	مَغْضُوبٌ عَلَيْهِ
Ease of life, affluence.	غَضَارَةٌ
Cartilage.	غُضْرُوفٌ ج غَضَارِيفُ
Wrinkle, fold.	غَضْنٌ
During.	فِي غُضُونِ كَذَا
To become dark.	غَضَا يَغْضُو
To close the eyes to,	أَغْضَى عَنْهُ
To neglect, disregard.	تَغَاضَى عَنْ
To immerse, dip.	غَطَّ يَغُطُّ غَطًّا
To snore.	غَطَّ يَغِطُّ غَطِيطًا
To be plunged, immersed.	إِنْغَطَّ
To be proud.	غَطْرَسَ غَطْرَسَةً
To immerse. To plunge.	غَطَسَ يَغْطِسُ غَطْسًا فِي
To immerse.	غَطَّسَ
Feast of Epiphany.	عِيدُ ٱلْغِطَاسِ
Diver.	غَطَّاسٌ
Bath-tub.	مِغْطَسٌ ج مَغَاطِسُ
Magnet.	مَغْنَطِيسٌ وَمَغْنَاطِيسٌ
To cover up, conceal.	غَطَّى
To be covered, concealed.	تَغَطَّى
Cover, covering.	غِطَاءٌ ج أَغْطِيَةٌ
To cover, veil.	غَفَرَ - وَغَفَّرَ
To forgive, pardon.	غَفَرَ - لِ
To ask for pardon.	إِسْتَغْفَرَ
Guard, escort.	غَفَرٌ
Pardon, forgiveness.	غُفْرَانٌ
Forgiving, (God).	غَفَّارٌ وَغَفُورٌ

غَفِيرٌ وَخَفِيرٌ	Guard, sentinel.
مَغْفِرَةٌ	Pardon, forgiveness.
غَفَلَ يَغْفُلُ عَنْ	To be heedless of.
أَغْفَلَ	To make one unmindful.
أَغْفَلَ	Forget, disregard.
تَغَافَلَ عَنْ	To be unmindful of.
إِسْتَغْفَلَ	To watch for one's unmindfulness.
غَفَلٌ وَغَفْلَةٌ وَغُفُولٌ	Heedlessness.
غَفْلَةً وَعَلَى غَفْلَةٍ	Unawares.
غَافِلٌ	Unmindful, heedless.
مُغَفَّلٌ	Simpleton.
غَفَا يَغْفُو وَغَفِيَ يَغْفَى	To sleep.
غَافٍ	Sleepy; sleeping.
غَلَّ يَغُلُّ	To fetter, shackle.
أَغَلَّ وَغَلَّ	To yield income.
إِسْتَغَلَّ	To take the proceeds.
غِلٌّ وَغَلِيلٌ	Rancour, malice.
غُلٌّ ج أَغْلَالٌ	Manacle, shackle.
غَلِيلٌ	Burning of love &c.
غَلَّةٌ ج غَلَّاتٌ وَغِلَالٌ	Proceeds, revenue from land, crops.
غَلِيلٌ	Burning of love or grief.
مُغِلٌّ	Fruitful, productive.
مَغْلُولٌ	Manacled, shackled.
غَلَبَ يَغْلِبُ	To conquer, subdue.
غَالَبَ	To contend for victory.
تَغَلَّبَ عَلَى	To prevail, overcome.
إِنْغَلَبَ	To be overcome, defeated.
غَلَبَةٌ	Victory, conquest.
غَالِبٌ ج غَلَبَةٌ	Victor, conqueror.
غَالِبًا وَفِي ٱلْغَالِبِ	Usually.
مَغْلُوبٌ	Conquered, overcome.
غَلَسٌ	The last darkness of night.
غَلَسًا	At early dawn.
غَلِطَ يَغْلَطُ	To make a mistake.
غَالَطَ	To accuse one of mistake.
غَلَطٌ ج أَغْلَاطٌ	Mistake, error.

غَلْطَةٌ Single mistake, fault.
مُغَلَّطٌ وَمَغْلُوطٌ Erroneous.
مُغَالَطَةٌ Sophism.
غَلُظَ يَغْلُظُ To be thick, bulky.
غَلَّظَ عَلَى To be hard, severe.
أَغْلَظَ لَهُ To be rough, uncivil.
غِلَاظَةٌ Thickness, incivility.
غَلِيظٌ ج غِلَاظٌ Thick; rough.
غَلَّفَ To put into an envelope.
تَغَلَّفَ وَاغْتَلَفَ To have a cover.
غِلَافٌ ج غُلُفٌ Covering, sheath.
مُغَلَّفٌ مُغَلَّفَاتٌ Envelope.
أَغْلَفُ ج غُلْفٌ Uncircumcised.
غَلَقَ ـِ وَأَغْلَقَ To close, shut.
إِنْغَلَقَ To be closed, shut.
غَلَقٌ ج أَغْلَاقٌ Lock.
مُغْلَقٌ Closed, locked.
غِلَاقَةُ حِسَابٍ Balance of account.

غُلَامٌ ج غِلْمَانٌ Boy, youth.
غَيْلَمٌ Tortoise.
غَلَنَ To become calm, (sea).
غَلِينَةٌ Quiet, calmness of the sea.
غَلَا يَغْلُو غُلُوًّا To be excessive.
غَلَا غَلَاءً To be high in price.
غَلَّى To make the price high.
غَالَى مُغَالَاةً فِي To go too far.
إِسْتَغْلَى To find it high-priced.
غَلَاءٌ High price; dearness.
غُلُوٌّ Excess, exaggeration.
غَلْوَةٌ ج غَلَوَاتٌ Furlong.
غَالٍ High-priced, dear.
أَغْلَى Of higher price, dearer.
غَلَى يَغْلِي To boil, (pot).
غَلَّى وَأَغْلَى To cause to boil.
غَلْيٌ وَغَلَيَانٌ Boiling, ebullition.
غَلْيُونٌ ج غَلَايِينُ Tobacco-pipe.
غَلَّايَةٌ Vessel for heating water.

To cover, to grieve.	غَمَّ يَغُمُّ
To be grieved.	إِنْغَمَّ وَاغْتَمَّ
Grief, sorrow.	غَمٌّ ج غُمُومٌ
Clouds, (*coll.*).	غَمَامٌ ج غَمَائِمُ
A cloud.	غَمَامَةٌ
Sorrowful, mournful.	مُغِمٌّ
Afflicted, grieved.	مَغْمُومٌ
To sheathe; cover.	غَمَدَ يَغْمُدُ وَأَغْمَدَ
To cover, veil.	غَمَّدَ وَتَغَمَّدَ
Scabbard, sheath.	غِمْدٌ ج أَغْمَادٌ
To submerge, (water).	غَمَرَ يَغْمُرُ
To be abundant.	غَمُرَ يَغْمُرُ
To be submerged.	إِنْغَمَرَ وَاغْتَمَرَ
Abundant, (water).	غَمْرٌ
Deep water. Difficulty.	غَمْرَةٌ
Pangs of death.	غَمَرَاتُ ٱلْمَوْتِ
To wink. Press.	غَمَزَ يَغْمِزُ غَمْزًا
Sign made with the eye.	غَمْزٌ

To immerse, dip.	غَمَسَ يَغْمِسُ
To be plunged.	إِنْغَمَسَ وَاغْتَمَسَ
To be obscure.	غَمُضَ يَغْمُضُ
To shut (the eyes)	غَمَّضَ وَأَغْمَضَ
To be closed, (eye).	إِنْغَمَضَ
Obscure.	غَامِضٌ ج غَوَامِضُ
Closed, (eye). Obscure.	مُغْمَضٌ
Depth.	غُمْقٌ (*for* عُمْقٌ)
Deep.	غَمِيقٌ (*for* عَمِيقٌ)
To swoon.	غُمِيَ عَلَيْهِ وَأُغْمِيَ عَلَيْهِ
Swooning, swoon.	غَمْيٌ وَإِغْمَاءٌ
In a swoon.	مُغْمًى عَلَيْهِ
To be coquettish.	غَنِجَ ـَ
Coquetry.	غُنْجٌ وَغِنَاجٌ
Coquette.	غَنِجَةٌ وَغَنُوجَةٌ
To plunder; obtain.	غَنِمَ يَغْنَمُ
To give a free gift.	غَنَّمَ
To seize as spoil.	تَغَنَّمَ وَاغْتَنَمَ

إغتنم وَاستغنم الفُرصة	To seize the opportunity.
غُنْم وغنيمة ج غنائم	Booty,
غَنَم ج أغنام	Sheep (*coll.*).
غنّام	Shepherd.
غانِم	Spoiler; successful.
غنِيَ يغنَى	To be rich.
غنِيَ بِ	To be content with.
غنِيَ عن	To be in no need of.
غنّى	To sing, chant.
أغنى	To free from want.
إغتنى وَاستغنى	To become rich.
إستغنى عن	To be in no need of.
غِنًى وَغناء	Wealth, opulence.
ما لهُ عنهُ غِنًى	He cannot do without it.
غناء وأغنية ج أغانٍ	Song.
غنيّ ج أغنياء	Rich, opulent.
غانية ج غانيات	Beautiful woman.
مُغَنٍّ م مُغنّية	Singer.
غَيْهَب ج غياهب	Very dark, black.
غَاثَ يغُوثُ وَأغاث	To aid, succour.
إستغاث وَب	To seek aid.
غَوْث وَإغاثة	Aid, succour.
إستغاثة	Request of aid.
غَارَ يغور	To sink deep.
أغارَ عَلَى	To attack, invade.
غَار	Laurel (plant).
غارة ج غارات	Raid, incursion.
شَنّ الغَارة	He made a raid.
غَوْر	Bottom, depth. Low land.
مَغارة ج مَغاير	Cave, cavern.
غَاصَ يغُوصُ في	To plunge into.
غَوّص	To plunge, dip. (*v. t.*)
غائص	One who plunges.
غوّاص	Diver, (*sp.* pearl-fisher).
غَويص (for عَويص)	Deep.
غَاطَ يغوط	To dig, excavate. Sink.

To void excrement.	تَغَوَّطَ
Low ground.	غَوْطٌ وَغَوْطَةٌ
Excrement, fæces.	غَائِطٌ
To destroy.	غَالَ يَغُولُ وَٱغْتَالَ
To slay covertly.	إِغْتَالَ
Goblin, demon.	غُولٌ ج غِيلَانٌ
Evil, mischief.	غَائِلَةٌ ج غَوَائِلُ
To err.	غَوِيَ يَغْوَى غَوًى
To seduce.	غَوَّى وَأَغْوَى
To be led into error.	إِنْغَوَى
Error, leading astray.	غَيٌّ وَغَوَايَةٌ
Error.	غَيَّةٌ ج غَيَّاتٌ
Erring; deceiver.	غَاوٍ ج غُوَاةٌ
To be absent, distant.	غَابَ يَغِيبُ
To set; disappear.	غَابَ غِيَابًا
To lose one's reason.	غَابَ عَنِ ٱلصَّوَابِ
To slander.	غَابَ وَٱغْتَابَ
To go away, travel.	غَابَ وَتَغَيَّبَ
To conceal from.	غَيَّبَ عَنْ
Absence.	غَيْبٌ وَغَيْبَةٌ وَغِيَابٌ
Hidden thing.	غَيْبٌ ج غُيُوبٌ
From memory.	غَيْبًا وَعَلَى ٱلْغَائِبِ
The unseen world.	عَالَمُ ٱلْغَيْبِ
Forest.	غَابَةٌ ج غَابَاتٌ
Calumny, backbiting.	غِيبَةٌ
Absent, hidden	غَائِبٌ
Time or place of the setting of the sun.	مَغِيبُ ٱلشَّمْسِ
To water with rain.	غَاثَ يَغِيثُ
Rain.	غَيْثٌ ج غُيُوثٌ
Fresh, tender (woman).	غَادَةٌ
Tender.	أَغْيَدُ م غَيْدَاءُ ج غِيدٌ
To be jealous.	غَارَ يَغَارُ
To alter, change.	غَيَّرَ
To make jealous.	أَغَارَ
To be changed.	تَغَيَّرَ
To differ.	غَايَرَ وَتَغَايَرَ

غَيْرٌ Other; another. Except.

وَغَيْرُ ذَلِك Et cætera.

غَيْرُ خَالِصٍ Not pure, impure.

مِنْ غَيْرِ ذَلِكَ Without that.

غَيْرَ أَنْ Although.

لَا غَيْرَ Nothing else.

غَيْرَةٌ Jealousy; zeal.

غَيُورٌ Very jealous.

مِغْيَارٌ Unhealthy (climate).

غَيْضَةٌ ج غِيَاضٌ Thicket, wood.

غَاظَ يَغِيظُ وَأَغَاظَ To anger, enrage.

إِغْتَاظَ وَتَغَيَّظَ To become angry.

غَيْظٌ Anger, rage wrath.

مُغْتَاظٌ Angry, enraged.

غَاقٌ Crow, raven.

غَالٌ ج غَالَاتٌ Lock.

غِيلٌ ج أَغْيَالٌ Thicket, jungle.

غِيلَةٌ Subterfuge, deception.

غَائِلَةٌ Rancour, malice; evil.

غَامَ وَأَغْيَمَ وَتَغَيَّمَ To be cloudy.

غَيْمٌ ج غُيُومٌ Clouds (*coll.*).

غَايَةٌ ج غَايَاتٌ Extremity, term. Ultimate object.

لِلْغَايَةِ Extremely.

ف

ف — And; then. As a numeral sign = 80.

فُؤَادٌ ج أَفْئِدَةٌ — Heart; soul; mind.

فَأْرٌ ج فِئْرَانٌ — Rat; mouse.

فَأْرَةٌ ج فَأْرَاتٌ — A mouse.

فَأْسٌ ج فُؤُوسٌ — Axe; hatchet.

تَفَأَّلَ وَتَفَاءَلَ بِ — To draw a favourable augury.

فَأْلٌ وَتَفَاؤُلٌ — Good or evil omen.

فِئَةٌ ج فِئَاتٌ — Company, band.

فَتَّ يَفُتُّ — To break in pieces.

تَفَتَّتَ وَانْفَتَّ — To be crumbled

فُتَاتٌ — Small pieces; crumbs

فَتِيتٌ وَمَفْتُوتٌ — Crumbled.

فَتِئَ يَفْتَأُ عَنْ — To cease from.

مَا فَتِئَ يَفْعَلُ — He continued to do.

فَتَحَ يَفْتَحُ — To open. Conquer (a country).

فَتَحَ عَلَى — To succour. Reveal.

فَاتَحَ — To address one first.

تَفَتَّحَ وَانْفَتَحَ — To be opened.

إِفْتَتَحَ — To open, commence. Attack and conquer (a land).

إِسْتَفْتَحَ — To begin. Seek succour.

فَتْحٌ ج فُتُوحٌ — Victory, conquest.

فُتُوحَاتٌ — Conquered countries.

فَتْحَةٌ (َ) — The short vowel *fatha*

فُتْحَةٌ — An opening.

فَاتِحٌ — Conqueror. Light coloured.

فَاتِحَةٌ — Introduction, preface

أَلْفَاتِحَةُ — First chapter of the Koran.

فَتَّاحٌ — He who opens, conquers.

إفتتاح Introduction. Conquest.

إفتتاحيّ Introductory.

مِفتاح ج مفاتيح Key.

مفتوح Opened. Vocalized by the vowel *fatha*.

فتر يفتر To subside; be tepid.

فتر عن To desist; abate.

فتّر To allay. Make tepid.

فِتر Measure between extended thumb and index finger.

فترة ج فترات Intermission.

فاتر Languid; lukewarm.

فتور Lukewarmness, languor.

فتّش To examine, investigate.

تفتيش Examination, inquest.

مفتّش Examiner, inspector.

فتفت To crumble (*v. t.*).

فتافيت Crumbs.

فتق يفتق وفتّق To cleave, slit, rip.

تفتّق وانفتق To be split; ripped.

فتق وفتاق Rupture, hernia. Rent.

مفتوق Ruptured, ripped.

فتك ب To assault; kill.

فاتك ج فتّاك Bold, daring.

فتل يفتل فتلاً وفتّل To twist.

تفتّل وانفتل To be twisted.

فتّال Twister of rope, &c.

فتيل ومفتول Twisted (rope, &c.).

فتيلة ج فتائل Wick of a lamp.

فتن يفتن To please; infatuate.

أفتن To please; seduce.

إفتتن To lead into error.

فتنة Seduction. Trial, affliction. Sedition.

فاتن ج فتّان Seducer; charmer.

مفتون Infatuated; seduced.

فتي يفتى فتى وفتاء To be young.

أفتى (العالم) في مسألة To answer a learned question.

To affect youth. تَفَتَّى

To ask the solution of a learned question, *sp.* judicial. إِسْتَفْتَى

A young man. فَتًى ج فِتْيَانٌ

A young woman. فَتَاةٌ ج فَتَيَاتٌ

Manliness, generosity. فُتُوَّةٌ

Judicial sentence. فَتْوَى ج فَتَاوٍ

A lawyer. Mufti. مُفْتٍ (اَلْمُفْتِي)

Way, path. فَجٌّ ج فِجَاجٌ

Unripe, (fruit). فِجٌّ وَفَجٌّ

To attack or befall suddenly. فَجَأَ يَفْجَأُ وَفَاجَأَ

Suddenly; unawares. فُجَاءَةً

To give exit to water. فَجَرَ يَفْجُرُ

To live in open sin. فَجَرَ يَفْجُرُ

To flow. Dawn. تَفَجَّرَ وَانْفَجَرَ

Dawn, day-break. فَجْرٌ

Wicked (man). فَاجِرٌ ج فُجَّارٌ

Great wickedness. فُجُورٌ

To give pain. فَجَعَ يَفْجَعُ فَجْعًا

To suffer pain from loss. فُجِعَ بِ

To grieve, complain. تَفَجَّعَ

Calamitous. فَاجِعٌ وَفَجُوعٌ

Great calamity. فَاجِعَةٌ ج فَوَاجِعُ

Radish (plant). فُجْلٌ

To notch, blunt. فَجَمَ يَفْجُمُ فَجْمًا

To be excessive; foul. فَحُشَ يَفْحُشُ

To use foul words. فَحَّشَ وَأَفْحَشَ

Shameless evil. Excess. فُحْشٌ

Evil. Excessive. فَاحِشٌ

Atrocious sin. فَاحِشَةٌ ج فَوَاحِشُ

To examine. فَحَصَ — وَتَفَحَّصَ

Examination. فَحْصٌ ج فُحُوصٌ

To beeome formidable. إِسْتَفْحَلَ

Male. Strong man. فَحْلٌ ج فُحُولٌ

Elites in science. فُحُولُ الْعُلَمَاءِ

To be silenced. فَحِمَ يَفْحَمُ

To blacken. فَحَّمَ

أفحم To silence by argument.

فحم Charcoal.

فحم الحجر أو حجري Coal.

فحّام ج فحّامة Seller of charcoal.

فحومة Blackness; rkness.

مفحم (Answer) that silences.

فحوى وفحواء Meaning; sense.

فخّ ج فخاخ وفخوخ Trap, snare.

فخت يفخت To break through.

انفخت To be perforated.

فخت Hole, break, perforation.

فخذ ج أفخاذ Thigh. Sub-tribe.

فخر يفخر وافتخر To glory, boast.

فخر وفخّر وافتخر على To prefer.

فاخر To compete or vie with

فخر وفخرة Glory, excellence.

فاخر Glorious; excellent.

فخّار Pottery; earthen-ware.

فخّاري وفاخوري Potter.

مفخرة ج مفاخر Glorious trait.

فخم يفخم فخامة To be great.

فخّم To show great honour.

مفخّم Highly honoured.

أفدع ج فدع Club-footed.

فدغ يفدغ To wound the head.

فدان وفدّان ج فدادين Yoke of oxen. Field-measure, acre.

فادن ج فوادن Plum-line.

فدى يفدي To redeem, ransom.

افتدى To ransom.

فداء Ransom. Redemption.

فداك May it be a ransom to you!

الفادي The Redeemer.

فذّ يفذّ To become apart.

فذّ One alone, single.

فذاذى وفذاذا One by one.

فذلكة Resumé, gist.

فرّ يفرّ فرًّا To flee; escape.

فَارٌّ وَفَرَّارٌ	Fleeing, fugitive.
فُرِّيٌّ	Snipe, quail.
فِرَارٌ	Flight; escape.
مَفَرٌّ	Escape. Place of escape.
فَرَأٌ وَفَرَآءٌ	Wild ass; onager.
اَلْفُرَاتُ	The Euphrates (river).
فُرْتَيْكَةٌ	Fork.
فُرْتُونَةٌ	Storm at sea.
فَرْثٌ	Excrement, fæces.
فَرَجَ يَفْرِجُ فَرْجًا	To relieve.
فَرَجَ بَيْنَ	To separate.
فَرَجَ لِ	To make place for.
فَرَّجَ	To open; widen. Relieve.
فَرَّجَ عَلَى	To show.
تَفَرَّجَ	To see a new thing.
اِنْفَرَجَ	To be opened, separate; to diverge. Be relieved.
فَرَجٌ	Relief.
فُرْجَةٌ ج فُرَجٌ	Opening. Show.
فَرَجِيَّةٌ	Over-garment.
فَرُّوجٌ ج فَرَارِيجُ	Chicken.
مَفْرُوجٌ	Open Relieved.
مُنْفَرِجٌ	Diverging.
اَلزَّاوِيَةُ الْمُنْفَرِجَةُ	Obtuse angle.
فَرِحَ يَفْرَحُ فَرَحًا بِ	To rejoice.
فَرَّحَ وَأَفْرَحَ	To make glad.
فَرَحٌ	Joy, gladness, happiness.
فَرِحٌ ج فَرِحُونَ	Happy, glad.
فَرْحَانُ م فَرْحَى	Glad, rejoicing.
فَرَّخَ وَأَفْرَخَ	To sprout; hatch.
فَرْخٌ ج فُرُوخٌ	Sprout. Chick.
فَرْخَةٌ	Chicken.
فَرَدَ عَنْ	To separate one's self.
أَفْرَدَ	To make single; set apart.
تَفَرَّدَ وَانْفَرَدَ	To be alone.
اِسْتَفْرَدَ	To seek privacy.
فَرْدٌ ج فِرَادٌ وَأَفْرَادٌ	One; one of a pair. Individual.

اَلْجَوْهَرُ ٱلْفَرْدُ Atom; monad.

فَرْدٌ ج فُرُودَةٌ Pistol.

فَرْدَةٌ Bale of goods.

فِرَادًا وَفُرَادَى One by one.

فَرِيدٌ Unique, matchless.

فَرِيدَةٌ ج فَرَائِدُ Precious gem.

مُفْرَدٌ Singular number (*gram.*).

مُنْفَرِدٌ Alone; isolated.

فِرْدَوْسٌ ج فَرَادِيسُ Paradise.

فَرَزَ يَفْرِزُ وَأَفْرَزَ To set aside.

إِنْفَرَزَ To go aside, or away.

إِفْرِيزٌ ج أَفَارِيزُ Cornice, frieze.

تَفَرَّسَ To perceive; gaze at.

إِفْتَرَسَ To capture (prey).

فَرَسٌ ج أَفْرَاسٌ Horse.

فَرَسُ ٱلْبَحْرِ Hippopotamus.

فَارِسٌ ج فُرْسَانٌ Horseman.

بِلَادُ فَارِسَ وَبِلَادُ ٱلْفُرْسِ Persia.

فَارِسِيٌّ وَفُرْسِيٌّ ج فُرْسٌ Persian.

اَلْفَارِسِيَّةُ The Persian language.

فَرَاسَةٌ وَفُرُوسَةٌ Horsemanship.

فِرَاسَةٌ Skilful discernment.

عِلْمُ ٱلْفِرَاسَةِ Physiognomy.

فَرِيسَةٌ Prey (of a lion).

فَرِّيسِيٌّ ج فَرِّيسِيُّونَ Pharisee.

فَرْسَخٌ ج فَرَاسِخُ Parasang; league.

فَرَشَ يَفْرُشُ To spread out.

إِفْتَرَشَ وَٱنْفَرَشَ To be spread out.

فَرْشٌ وَمَفْرُوشٌ House-furniture.

فُرْشَةٌ Brush.

فِرَاشٌ وَفَرْشَةٌ ج فُرُشٌ Bed.

فَرَاشَةٌ . فَرَاشٌ Moth; butterfly.

مَفْرُوشٌ Furnished (house).

فَرْشَخَ To separate the feet.

فُرْصَةٌ ج فُرَصٌ Occasion; chance.

إِنْتَهَزَ ٱلْفُرْصَةَ To avail one's self of an opportunity.

فَرَضَ يَفْرِضُ To appoint; ordain. Estimate; suppose. Allot.

فَرَضَ وَفَرَّضَ To notch; cut.

فَرَضَ وَافْتَرَضَ عَلَى To impose.

اِفْتَرَضَ To enact (a law).

فَرْضٌ ج فُرُوضٌ Decree. Supposition.

عَلَى فَرْضٍ On the supposition.

فُرْضَةٌ ج فُرَضٌ Harbour.

فَرِيضَةٌ ج فَرَائِضُ Ordinance; duty. Alloted portion.

عِلْمُ الْفَرَائِضِ The science of the laws of inheritance.

اِفْتِرَاضٌ Enactment. Supposition.

مَفْرُوضٌ Supposed. Enacted.

فَرَطَ يَفْرُطُ To lose an opportunity.

فَرَطَ مِنْ To do a thing hastily.

فَرَّطَ (فِي) To miss; neglect.

أَفْرَطَ إِفْرَاطًا To go to excess.

فَرْطٌ ج أَفْرَاطٌ Excess.

فُرُطٌ Cheap.

مُفْرِطٌ Excessive, immoderate.

فَرْطَحَ To flatten; make broad.

مُفَرْطَحٌ Broad, flattened.

فَرَّعَ مِنْ To derive, deduce.

تَفَرَّعَ To ramify; branch forth

فَرْعٌ ج فُرُوعٌ Branch. Derivative.

فَرَّاعَةٌ Hatchet.

تَفَرْعَنَ To be very proud.

فِرْعَوْنٌ ج فَرَاعِنَةٌ Pharaoh.

فَرَغَ يَفْرُغُ To be empty, vacant.

فَرَغَ مِنْ To finish a thing.

فَرَّغَ وَأَفْرَغَ To pour out. Empty.

تَفَرَّغَ مِنْ To be free from, be at leisure.

تَفَرَّغَ لِ To devote one's self to.

اِسْتَفْرَغَ To exhaust; vomit.

فَرِغٌ وَفَارِغٌ Empty, vacant.

فَرَاغٌ Emptiness; cessation.

فَرْفَرَ فَرْفَرَةً To flap the wings.

فَرْفَارٌ Light-headed, noisy.

فَرَقَ يَفْرُقُ بين — To divide. Distinguish.

فَرَّقَ — To scatter; disperse.

فَرَّقَ عَلَى — To distribute among.

فَرَّقَ بينَ — To stir up dissention.

فارَقَ — To abandon. Die.

تَفَرَّقَ وَاُفْتَرَقَ — To be separated.

تفارَقَ — To leave one another.

إنفرَقَ عَنْ — To be separated from.

فِرْقٌ — Difference, distinction.

اَلْفُرْقانُ — The Koran.

فِرْقةٌ ج فِرَقٌ — Party of men.

فُرْقةٌ وَافْتِرَاقٌ — Separation.

فِراقٌ — Separation. Death.

فَرِيقٌ — General of a brigade.

أَفْرِيقِيَةُ — Africa.

تَفْرِيقٌ — Separation, dispersion.

بالتَّفْرِيقِ — In parts, in detail.

مَفْرَقٌ ج مَفَارِقُ — A point from which a road branches.

فَرَكَ يَفْرُكُ فَرْكًا — To rub.

أَفْرَكَ — To be mature. (grain).

إنفَرَكَ — To be rubbed and pressed.

إسْتَفْرَكَ — To become full, (grain),

فَرْكٌ — Act of rubbing; friction.

فَرِيكٌ — Rubbed soft grain.

فَرِمَ يَفْرِمُ فَرْمًا — To mince.

فَرَّمَ — To change the teeth, (child).

فَرْمةٌ — A small piece.

فَرَمَانٌ ج فَرَامِينُ — Firman.

فُرْنٌ ج أَفْرانٌ — Oven.

فَرَّانٌ — Baker.

فِرَنْجٌ وَإِفْرَنْجٌ — Europeans. Franks.

فَرَنْسَا — France.

فَرَنْسِيٌّ وفَرَنْسَاوِيٌّ — French.

فَرَّى تَفْرِيَةً — To line with fur.

فَرْوٌ ج فِرَاءٌ — Garment of fur.

فَرْوَةٌ — Scalp. Fur-cloak.

فَرَّاءٌ — Furrier.

افترى ٱلْكَذِبَ	To fabricate a lie.
فِرْيَةٌ ج فِرًى	Wilful lie.
فَرِيٌّ	Unusual thing.
فَزِسَ	To be excited.
فَزَّ وَأَفَزَّ	To frighten, disturb.
إِسْتَفَزَّ	To excite, incite.
فَزَرَ يَفْزُرُ فَزْرًا	To cut; break.
فَزِعَ يَفْزَعُ فَزَعًا	To be afraid.
فَزِعَ إِلَى	To flee for help to.
فَزَّعَ وَأَفْزَعَ	To frighten.
فَزَعٌ ج أَفْزَاعٌ	Fear; fright.
فَزْعَانُ	Frightened, afraid.
مَفْزَعٌ	Refuge. Succour.
فُسْتُقٌ	Pistachio (tree and fruit).
فُسْقِيَّةٌ	Basin; reservoir.
فُسْتَانٌ ج فَسَاتِينُ	Female gown.
فَسَحَ يَفْسَحُ وَأَفْسَحَ لَهُ فِي	To make place for; permit.
فَسُحَ يَفْسُحُ	To be spacious, (place).
فَسَّحَ	To make roomy, wide.
إِنْفَسَحَ صَدْرُهُ	His bosom was dilated, (with joy).
فُسْحَةٌ ج فُسَحٌ	Space; court-yard.
فَسَاحَةٌ	Spaciousness, width.
فَسِيحٌ	Spacious, roomy, ample.
فَسَخَ يَفْسَخُ	To annul, abrogate.
فَسَّخَ	To split.
إِنْفَسَخَ	To be annulled, split.
فَسْخٌ	Abrogation. Separation.
فَسْخَةٌ	A part, a piece.
فَسِيخٌ	Salted fish.
فَسَدَ يَفْسُدُ	To become corrupt.
فَسَّدَ وَأَفْسَدَ	To corrupt.
أَفْسَدَ بَيْنَ	To stir up strife.
إِنْفَسَدَ	To be corrupted, bad.
فَسَادٌ	Corruption, mischief. Invalidity. Decomposition.
فَاسِدٌ	Bad. Invalid. Spoilt.
مُفْسِدٌ	Causing mischief or strife.

مَفْسَدَةٌ ج مَفَاسِدُ Cause of evil.

فَسَّرَ To make plain; explain.

إِسْتَفْسَرَ To seek an explanation.

تَفْسِيرٌ ج تَفَاسِيرُ Explanation.

فُسْطَاطٌ Pavilion; tent.

فُسْفُورٌ وَفُصْفُورٌ Phosphorus.

فَسَافِسُ Bugs; bed-bugs.

فُسَيْفِسَاءُ Mosaic-pavement.

فَسَقَ يَفْسُقُ To be impious.

فِسْقٌ وَفُسُوقٌ Impiety.

فَاسِقٌ Impious, dissolute.

فَاسِقَةٌ Adulteress.

فَشَّ يَفُشُّ فَشًّا To pick a lock.

فَشَّ خُلْقَهُ To vent one's anger.

فَشَخَ يَفْشَخُ To take a wide step.

فَشْخَةٌ A step.

فَشَرَ وَفَشَّرَ To talk incoherently.

فُشَارٌ Incoherent talk; babbling.

فَشَكَةٌ ج فَشَكٌ Cartridge.

فَشِلَ يَفْشَلُ To be faint-hearted.

تَفَشَّلَ To fail, be disappointed.

فَشَلٌ Disappointment.

فَشَا يَفْشُو فُشُوًّا To be spread.

أَفْشَى To spread. Divulge.

تَفَشَّى To become wide; extend.

فَصٌّ ج فُصُوصٌ Stone or gem of a signet-ring. Lobe.

فِصَّةٌ A species of clover.

فَصَحَ يَفْصَحُ To break forth, (light).

أَفْصَحَ To appear clearly.

تَفَاصَحَ To affect eloquence.

فِصْحٌ Passover; Easter.

فَصَاحَةٌ Lucidity; eloquence.

فَصِيحٌ ج فُصَحَاءُ Elegant speaker.

فَصَدَ يَفْصِدُ فَصْدًا To open a vein.

إِنْفَصَدَ To be bled.

فَصَّادٌ Bleeder, phlebotomist.

مَفْصُودٌ A person who is bled.

مِفْصَدٌ Lancet.

فَصَلَ يَفْصِلُ To cut off; separate. Decide a disputed point.

فَصَّلَ To divide into parts.

فَاصَلَ To bargain for a price.

أَفْصَلَ To expire; die.

إِنْفَصَلَ To be separated; detached

إِنْفَصَلَ عَنْ To go away from.

فَصْلٌ ج فُصُولٌ Separation. Chapter. A season of the year.

فَاصِلٌ That which separates.

حُكْمٌ فَاصِلٌ Decisive judgment.

فَصِيلَةٌ ج فَصَائِلُ Family; species.

فَيْصَلٌ ج فَيَاصِلُ Judge, arbiter.

تَفْصِيلٌ ج تَفَاصِيلُ Detailed statement.

بِالتَّفْصِيلِ In detail.

مَفْصِلٌ ج مَفَاصِلُ Joint.

دَاءُ الْمَفَاصِلِ Rheumatism.

مُفَصَّلٌ Cut out. Detailed.

مُفَصَّلاً In detail.

مُفَصَّلَةٌ ج مُفَصَّلَاتٌ Hinge.

مَفْصُولٌ وَمُنْفَصِلٌ Detached.

فَصَمَ يَفْصِمُ To break, crack.

إِنْفَصَمَ To be broken, cracked.

فَضَّ يَفُضُّ فَضًّا To break open.

فَضَّضَ To cover with silver.

إِنْفَضَّ To be dispersed.

فِضَّةٌ ج فِضَضٌ Silver. Para.

فَضَحَ يَفْضَحُ To divulge, disgrace.

فَضِيحَةٌ ج فَضَائِحُ Disgrace.

فَضَلَ يَفْضُلُ To remain over.

فَضَلَ وَعَلَى To excel, surpass.

فَضَّلَ عَلَى To prefer.

أَفْضَلَ وَتَفَضَّلَ عَلَى To show favour.

تَفَضَّلْ Do me the favour.

إِسْتَفْضَلَ مِنْ To leave a part.

فَضْلٌ ج فُضُولٌ Excess. Favour.
Superiority, excellence.

فَضْلاً عَنْ Besides.

فَضْلَةٌ Portion remaining.

فَاضِلٌ وَفَضِيلٌ Superior; excellent.

فُضُولٌ Officiousness.

فُضُولِيٌّ Meddlesome.

فَضِيلَةٌ ج فَضَائِلُ Virtue. Excellence.

أَفْضَلُ ج أَفَاضِلُ Better.

اَلْأَفْضَلُ The best.

حِسَابُ ٱلتَّمَامِ وَٱلتَّفَاضُلِ Calculus, (integral and differential).

تَفْضِيلٌ Preference.

إِسْمُ ٱلتَّفْضِيلِ Adjective in the comparative degree, as: أَكْبَرُ

مُفَضَّلٌ Preferable.

مِفْضَالٌ Distinguished for excellence.

فَضَا يَفْضُو فَضَاءً To be empty.

فَضَّى To empty, turn out.

أَفْضَى إِلَى To reach. Lead to.

تَفَضَّى لِ To have leisure for.

فَضَاءٌ Open space.

فَاضٍ Empty; unoccupied.

فَطَرَ يَفْطُرُ فَطْرًا To create, (God).

فَطَرَ وَأَفْطَرَ To break one's fast.

تَفَطَّرَ وَٱنْفَطَرَ To be broken.

فُطْرٌ Fungus

عِيدُ ٱلْفِطْرِ Feast of Ramadan.

فِطْرَةٌ ج فِطَرٌ Innate quality.

فَاطِرٌ Creator.

فُطُورٌ Midday meal.

فَطِيرٌ Unleavened.

عِيدُ ٱلْفَطِيرِ Jewish feast of unleavened bread.

فَطِيرَةٌ ج فَطَائِرُ Pastry-cake.

فَطَسَ يَفْطِسُ فُطُوسًا To die.

فَطِسَ يَفْطَسُ To be suffocated.

فَطَّسَ To kill. Suffocate.

أَفْطَسُ م فَطْسَاءُ ج فُطْسٌ Flat-nosed.

فَطَمَ يَفْطِمُ To wean (an infant).

إِنْفَطَمَ To be weaned.

إِنْفَطَمَ عَنْ To cease from.

فِطَامٌ Weaning.

فَطِيمٌ وَمَفْطُومٌ Weaned (child).

فَطِنَ يَفْطَنُ بِ To remember; consider. Understand.

فَطَّنَ بِ To remind.

تَفَطَّنَ لِ To understand. Remember.

فِطْنَةٌ Understanding; sagacity.

فَطِنٌ وَفَطِينٌ Intelligent.

فَظَّ يَفَظُّ فَظَاظَةً To be rough, rude.

فَظٌّ ج فِظَاظٌ Rough, rude.

فَظُعَ يَفْظُعُ فَظَاعَةً To be horrid.

فَظِعٌ وَفَظِيعٌ Atrocious; horrid.

فَعَلَ يَفْعَلُ To do; perform; act.

إِنْفَعَلَ To be affected. Be done.

إِفْتَعَلَ To forge; invent.

فِعْلٌ ج أَفْعَالٌ Act, deed. Verb.

فَاعِلٌ ج فَعَلَةٌ Doer. Agent or subject of the verb.

إِسْمُ ٱلْفَاعِلِ Noun of agent.

نَائِبُ ٱلْفَاعِلِ Agent or subject of the passive verb.

فَعَّالٌ Effective, efficient.

إِنْفِعَالٌ ج إِنْفِعَالَاتٌ Inflence, impression.

إِنْفِعَالٌ نَفْسَانِيٌّ Emotion.

تَفْعِيلٌ ج تَفَاعِيلُ Foot (*in prosody*).

مَفْعُولٌ ج مَفَاعِيلُ Something done. Impression; influence.

مَفْعُولٌ بِهِ Object of transitive verb.

إِسْمُ ٱلْمَفْعُولِ Noun of patient.

مُفْتَعَلٌ Invented. Done purposely

فَعَمَ يَفْعَمُ To fill (a vessel).

فَعُمَ يَفْعُمُ فُعُومَةً To be full.

مُفْعَمٌ Filled, full.

أَفْعَى وَأُفْعُوَانٌ ج أَفَاعٍ Viper.

فَغَرَ يَفْغَرُ To open (the mouth).

فَغَرَ وَٱنْفَغَرَ To open.

فَقَأَ يَفْقَأُ To open (an abscess). Put out an eye.

To burst; break.	تَفَقَّأَ وَٱنْفَقَأَ
To lose.	فَقَدَ يَفْقِدُ فِقْدَانًا وَفُقُودًا
To deprive of, cause to lose.	أَفْقَدَ
To seek a lost object.	تَفَقَّدَ
To miss, fail to find. Visit a sick person.	إِسْتَفْقَدَ
Lost object. Dead.	فَقِيدٌ وَمَفْقُودٌ
To become poor. needy. To slit, perforate.	فَقَرَ يَفْقُرُ
To impoverish.	أَفْقَرَ
To become poor	إِفْتَقَرَ
To need.	إِفْتَقَرَ إِلَى
Poverty; need.	فَقْرٌ وَفَقَارَةٌ
Vertebra.	فِقْرَةٌ ج فِقَرَاتٌ
Poor; needy.	فَقِيرٌ ج فُقَرَاءُ
To hatch eggs, (bird).	فَقَسَ يَفْقِسُ فَقْسًا
To be hatched.	تَفَقَّسَ وَٱنْفَقَسَ
Small melon.	فَقُوسٌ
To break open.	فَقَشَ يَفْقُشُ فَقْشًا
Only.	فَقَطْ
To die from heat or grief.	فَقَعَ
To be cleft or rent.	إِنْفَقَعَ
Very bright-coloured.	فَاقِعٌ
Bubble of air.	فُقَّاعَةٌ ج فَقَاقِيعُ
Unripe figs.	فُقَّيْعٌ
Excessive poverty.	فَقْرٌ مُدْقِعٌ
To be full, (vessel).	فَقِمَ يَفْقَمُ
To become very serious	تَفَاقَمَ
Seal, (sea-animal).	فُقْمَةٌ وَفُقَمَةٌ
To understand.	فَقِهَ يَفْقَهُ فِقْهًا
To be skilled in the Law.	فَقُهَ يَفْقُهُ
To teach.	فَقَّهَ وَأَفْقَهَ
To understand; learn.	تَفَقَّهَ
Knowledge; intelligence.	فِقْهٌ
Science of Law.	عِلْمُ ٱلْفِقْهِ
Understanding; learning.	فَقَاهَةٌ
Skilled in Law.	فَقِيهٌ ج فُقَهَاءُ

فَكَّ يَفُكُّ فَكًّا To separate; untie.

فَكَّكَ To separate; disentangle.

إِنْفَكَّ To be separated; untied.

مَا ٱنْفَكَّ Not to cease.

إِسْتَفَكَّ To seek redemption.

فَكٌّ ج فُكُوكٌ Jaw-bone.

فَكَرَ يَفْكِرُ وَتَفَكَّرَ وَٱفْتَكَرَ فِي To think of; consider.

فَكَّرَ To remind.

فِكْرٌ ج أَفْكَارٌ Thought; reflection.

فِكِّيرٌ Very thoughtful.

فَاكُورَةٌ ج فَوَاكِيرُ Latch.

فَكِهَ يَفْكَهُ فَكَاهَةً To be gay.

فَكَّهَ To cheer by wit.

تَفَكَّهَ بِ To enjoy.

تَفَاكَهَ To jest with another.

فَكِهٌ ج فَكِهُونَ Merry; cheerful.

فَاكِهَةٌ ج فَوَاكِهُ Fruit.

فُكَاهَةٌ Jesting; merriment.

فَلَّ يَفُلُّ فَلًّا To blunt or notch.

فُلٌّ Arabian Jasmine.

فَلَتَ يَفْلِتُ To free, liberate.

أَفْلَتَ وَتَفَلَّتَ وَٱنْفَلَتَ To escape.

تَفَلَّتَ عَلَى To spring on.

فَلْتٌ Escape.

فَلْتَةٌ Sudden event.

فَلْتَةً Suddenly. Undesignedly.

فَلْتِيٌّ Vagabond.

فَالِتٌ Loose, free.

كَلَامٌ فَالِتٌ Improper language.

فُلِجَ وَٱنْفَلَجَ To be paralyzed.

إِنْفَلَجَ To shine, (day break).

فَالِجٌ Paralysis; palsy.

مَفْلُوجٌ Paralysed; paralytic.

فَلَحَ يَفْلَحُ To plough; till.

أَفْلَحَ To prosper; be successful.

فَلْحٌ ج فُلُوحٌ Furrow.

فَلَاحٌ Prosperity; success.

فلاحة Agriculture.
فلاح ج فلاحون Farmer, peasant.
فلذة ج أفلاذ A piece.
فالوذ وفالوذج A sweet pastry.
فولاذ (بولاد) Steel.
فلز Bronze. Metal.
فلس To proclaim bankrupt.
أفلس To become bankrupt.
فلس ج فلوس A small coin.
Pl. scales of fish. Money.
إفلاس Insolvency, bankruptcy.
مفلس Bankrupt; penniless.
فلسطين Palestine.
تفلسف To philosophize.
فلسفة Philosophy.
الفلسفة الطبيعية Physics.
الفلسفة العقلية Psychology.
فلسفي Philosophical.
فيلسوف ج فلاسفة Philosopher.

فلش To spread out.
انفلش To be spread out.
فلص يفلص من To escape from,
أفلص وتفلص وانفلص To escape.
فلطح To flatten, make broad,
مفلطح Flattened; broad.
فلفل To pepper.
فلفل وفلفل Pepper (tree or fruit)
فليفلة Pepper plant.
مفلفل Peppered.
فلق يفلق To cleave; split.
أفلق وافتلق To be skilled in.
تفلق وانفلق To be split, cleft.
انفلق الصبح The dawn broke.
فلق ج أفلاق Dawn. Stocks.
فلقة ج فلق Lobe. Cotyledon.
مفلق Distinguished (poet).
فلك وتفلك To augur or predict.
فلك Ship. Noah's ark.

فَلَكٌ ج أَفْلَاكٌ	Celestial sphere.
عِلْمُ ٱلْفَلَكِ	Astronomy.
فَلَكِيٌّ	Astronomer.
فُلُوكَةٌ	Small ship; boat.
فُلَانٌ	A certain person.
فُلَانِيٌّ	Such and such.
فَلَا	Open space; the open air.
فِلْوٌ ج فَلَاوَى وَأَفْلَآءٌ	Foal.
فَلَاةٌ ج فَلَوَاتٌ	Open country.
فَلَّى	To clean from lice.
فَلِّينٌ	Cork. Bottle-cork.
فَلْيُونٌ	God-son.
فَمٌ وَفُمٌ	Mouth. (see فوه)
فَنٌّ ج فُنُونٌ	Form; kind. Art.
تَفَنَّنَ	To be accomplished.
مُتَفَنِّنٌ	Accomplished; skilful.
فِنْجَانٌ ج فَنَاجِينُ	Small cup.
فَنَّدَ	To state in detail. Accuse of untruth or error.
فِنْدٌ ج فُنُودٌ	Branch. Taper.
فُنْدُقٌ ج فَنَادِقُ	Inn; hotel.
فَنَارٌ ج فَنَارَاتٌ	Lantern. Light-house.
فَانُوسٌ ج فَوَانِيسُ	Lantern. Lamp.
فَنِيَ وَفَنِيَ يَفْنَى	To perish.
أَفْنَى	To annihilate; destroy.
فَنَآءٌ	Destruction. Vanishing
فَانٍ	Transient; perishing.
فَهْدٌ ج فُهُودٌ	Panther; lynx.
فَهْرَسَ	To make index.
فِهْرِسٌ وَفِهْرِسْتٌ ج فَهَارِسُ	Catalogue. Index, table of contents.
فَهِمَ يَفْهَمُ	To understand.
فَهَّمَ وَأَفْهَمَ	To make understand.
إِنْفَهَمَ	To be understood.
إِسْتَفْهَمَ	To seek to know.
فَهْمٌ	Understanding.
فَهِيمٌ وَفَهَّامَةٌ	Very intelligent.
إِسْتِفْهَامٌ	Interrogation.
إِسْمُ ٱسْتِفْهَامٍ	Interrogative pronoun.

مَفْهُومٌ Understood. Meaning.

فَاتَ يَفُوتُ To pass. Miss.

فَوَّتَ To make pass; omit.

تَفَاوَتَ To differ; be dissimilar.

فَوْتٌ وَفَوَاتٌ Passing; missing.

تَفَاوُتٌ Dissimilarity; difference.

فَوْجٌ ج أَفْوَاجٌ Troop; company.

أَفْوَاجًا أَفْوَاجًا In troops, crowds.

فَاحَ يَفُوحُ To be diffused, (odour).

فَارَ يَفُورُ فَوْرًا وَفَوَرَانًا To boil.

أَفَارَ وَفَوَّرَ To make boil.

فَارٌ ج فِيرَانٌ Mice.

فَارَةٌ Mouse. Carpenter's plane.

عَلَى ٱلْفَوْرِ Immediately; at once.

فَوَّارَةٌ Jet d'eau; fountain.

فَازَ يَفُوزُ To win, succeed.

فَازَ بِ To obtain; attain.

فَوْزٌ Success. Escape.

مَفَازَةٌ ج مَفَازَاتٌ وَمَفَاوِزُ Desert.

فَاشَ يَفُوشُ فَوْشًا To float.

فَوَّضَ إِلَى To commit to.

فَاوَضَ To converse with.

تَفَاوَضَ To converse together.

فَوْضَى Anarchy.

مُفَاوَضَةٌ Conversation.

فُوطَةٌ ج فُوَطٌ Napkin; towel.

فَاقَ يَفُوقُ To surpass; excel.

فَاقَ فُوَاقًا To hiccough.

أَفَاقَ وَٱسْتَفَاقَ مِنْ To awake.

فَوْقَ Above; upon; beyond.

إِلَى فَوْقُ Upwards.

فَمَا فَوْقُ And upwards.

فَاقَةٌ Poverty; want; need.

فَوْقَانِيٌّ What is above.

فُوَاقٌ ج أَفْوِقَةٌ Hiccough.

فَائِقٌ Surpassing, excelling.

فَائِقُ ٱلْوَصْفِ Beyond description.

فُولٌ Horse-beans. (*sing.* فُولَةٌ)

Cook or seller of beans. فَوَّالٌ

Garlic. فُومٌ

To speak; utter. فَاهَ يَفُوهُ وَتَفَوَّهَ

Mouth. فُوهٌ وَفَمٌ ج أَفْوَاهٌ وَأَفْمَامٌ

Madder-root. فُوهٌ وَفُوَّةٌ

Opening. فُوَّهَةٌ ج فُوَّهَاتٌ وَأَفْوَاهٌ

In, among, with, at. فِي

To shade. فَآءَ وَفَيَّأَ

To shade one's self. تَفَيَّأَ

Shadow. فَيْءٌ ج أَفْيَاءٌ

Party; company. فِئَةٌ ج فِئَاتٌ

To flow. فَاحَ يَفِيحُ فَيْحًا وَفَيَحَانًا

To spill, shed. أَفَاحَ

Wide; extensive. أَفْيَحُ م فَيْحَاءُ

To benefit; serve; mean. أَفَادَ

To be benefited; acquire. إِسْتَفَادَ

Benefit; use; profit. فَائِدَةٌ ج فَوَائِدُ
Interest (on money).

Bestowal of benefit. إِفَادَةٌ

Beneficial; useful. مُفِيدٌ

Turquoise (stone). فَيْرُوزٌ

See under فَصْلٌ فَيْصَلٌ

To abound; over-flow, (river). Be full, (vessel). فَاضَ يَفِيضُ فَيَضَانًا

To pour (water); fill. أَفَاضَ

Abundance. فَيْضٌ ج فُيُوضٌ

Periodic overflow or inundation of the Nile. فَيَضَانُ النِّيلِ

Waterless desert. فَيْفَاءُ ج فَيَافٍ

Elephant. فِيلٌ ج أَفْيَالٌ وَفِيَلَةٌ

An army. فَيْلَقٌ ج فَيَالِقُ

Why? Wherefore? فِيمَ (فِي مَا)

To be niggardly. فَانَ يَفِينُ فَيْنًا

ق

ق As a numeral sign = 100.

قَبَّبَ To make convex.

قَبَّةٌ Collar (to a shirt, &c.).

قُبَّةٌ ج قُبَبٌ Cupola, dome.

قَبَّانٌ ج قَبَابِينُ Large steelyard.

مُقَبَّبٌ Surmounted with a dome.

قَبُحَ يَقْبُحُ To be ugly, vile.

قَبَّحَ To render, or deem, ugly.

قَابَحَ To revile, insult.

أَقْبَحَ To act meanly, shamefully.

إِسْتَقْبَحَ To detest, abhor.

قُبْحٌ وَقَبَاحَةٌ Ugliness, foulness.

قُبْحًا لَهُ Fie on him!

قَبِيحٌ ج قِبَاحٌ Ugly, infamous.

قَبِيحَةٌ ج قَبَائِحُ Vile action.

قَبَرَ يَقْبُرُ قَبْرًا To bury, inter.

قَبْرٌ ج قُبُورٌ Grave, sepulchre.

قُنْبُرَةٌ ج قَنَابِرُ Sky-lark, lark.

قُبَّارٌ Capers.

مَقْبَرَةٌ ج مَقَابِرُ Cemetery.

مَقْبُورٌ Interred, buried.

قُبْرُسُ Cyprus (island).

قُبْرُسِيٌّ Of Cyprus; Cypriote.

قَبَسَ يَقْبِسُ وَاقْتَبَسَ مِنْ To seek fire, or knowledge, from.

إِقْتَبَسَ مِنْ To quote an author.

قَبَسَةٌ A coal, a fire-brand.

قَبَضَ يَقْبِضُ To seize, grasp; arrest. To contract.

قَبَضَ To receive (money).

قَبَّلَ To kiss.
قَابَلَ To correspond to; meet.
قَابَلَ بِ To compare, collate.
تَقَبَّلَ To receive; accept.
تَقَابَلَ To meet; be compared.
إِسْتَقْبَلَ To go to meet, receive.
قَبْلُ وَقَبْلاً وَمِنْ قَبْلُ Previously.
قِبَلٌ Side, direction.
مِنْ قِبَلِهِ With respect to; from.
قِبْلَةٌ Direction of Mecca. South.
قُبْلَةٌ ج قُبَلٌ · وَتَقْبِيلٌ Kiss.
قِبْلِيٌّ Southern.
قَابِلٌ لِ Capable of, subject to.
قَابِلَةٌ ج قَوَابِلُ Midwife. Receiver.
قَابِلِيَّةٌ Capacity; appetite.
قُبَالَةَ Over against.
قِبَالَةٌ Midwifery.
قَبُولٌ Consent; reception.
مِنْ هذَا ٱلْقَبِيلِ As regards this.

قَبَضَهُ God caused him to die.
قُبِضَ To die.
قَبَّضَ To make a payment to.
تَقَبَّضَ وَٱنْقَبَضَ To shrink.
قَبْضٌ Grasping, taking possession. Constipation.
قَبْضَةٌ A grasp; handful.
قَبْضَةٌ Handle, haft, hilt.
قَابِضٌ Astringent.
إِنْقِبَاضٌ Contraction, constipation.
مِقْبَضٌ ج مَقَابِضُ Handle, hilt.
مَقْبُوضٌ Seized; received. Dead.
قِبْطٌ وَأَقْبَاطٌ Copts.
قِبْطِيٌّ ج قِبَاطِيٌّ A Copt; Coptic.
قُبْعٌ وَقُبْعَةٌ Hood, cowl.
قَبْقَابٌ ج قَبَاقِيبُ Clogs.
قَبِلَ يَقْبَلُ قُبُولاً To receive, accept, admit; consent, agree to.
أَقْبَلَ عَلَى To take up.
أَقْبَلَ To approach, be near.

قَبِيلَةٌ ج قَبَائِلُ	Tribe.
إِقْبَالٌ	Approach. Prosperity.
إِسْتِقْبَالٌ	The future. Reception.
مُقَابَلَةٌ	Meeting. Collation (of two texts). Antithseis.
مُقْبِلٌ	Coming, approaching.
مُقَابِلٌ	Opposite to, in front of.
مَقْبُولٌ	Accepted; received.
مُسْتَقْبَلٌ	The future. Facing.
قَبَّنَ	To weigh with steelyard.
قَبَّانٌ	Steelyard.
قِبَانَةٌ	Trade of a weigher.
قَبَّانِيٌّ	One who weighs.
قَبُّونَةٌ	Weighing.
قَبَا يَقْبُو قَبْوًا	To bend, curve.
قَبَاءٌ ج أَقْبِيَةٌ	Outer garment.
قَبْوٌ ج أَقْبِيَةٌ	Vault.
قَتَبٌ ج أَقْتَابٌ	Small pack-saddle.
قَتَرَ وَأَقْتَرَ عَلَى	To be niggardly.
قَتْرٌ وَتَقْتِيرٌ	Avarice, economy.
قَاتِرٌ وَمُقْتِرٌ	Parsimonious, economical.
قَتَلَ يَقْتُلُ	To kill, murder.
قَاتَلَ مُقَاتَلَةً	To fight against.
تَقَاتَلَ وَاقْتَتَلَ	To combat with one another, fight.
إِسْتَقْتَلَ	To seek death, stake one's life.
قَتْلٌ	Murder; execution.
قَاتِلٌ ج قَتَلَةٌ	Murderer, assassin.
قِتَالٌ وَمُقَاتَلَةٌ	Battle, combat.
قَتَّالٌ	Deadly, causing death.
قَتِيلٌ ج قَتْلَى · وَمَقْتُولٌ	Killed.
مَقْتَلٌ	Vital part (of the body).
مُقَاتِلٌ	Warrior, combatant.
قَتَامٌ	Darkness.
قَاتِمٌ وَأَقْتَمُ	Dark-coloured.
قُثَّاءٌ وَمَقْثِيٌّ	Cucumber.
قِثَّاءُ الْحِمَارِ	*Elaterium.*
قَحَّ يَقُحُّ	To cough.
قُحٌّ ج أَقْحَاحٌ	Pure, unmixed.

قحة — A cough.

قحبة ج قحاب — Cough. Prostitute.

قحط يقحط واقحط — To be rainless.

قحط — Drought, famine.

عام مقحط — Year of drought.

قحف يقحف — To sweep away.

قحف ج أقحاف — Skull.

قحافة — What is swept away.

مقحفة — Winnowing-fan; dust-pan.

قحل يقحل قحلاً — To dry up, wither.

أقحل — To dry, cause to wither.

قحولة — Dryness, aridity.

قحم يقحم قحوماً في — To rush.

قحم إلى — To draw near to.

اقتحم — To rush upon.

أقحوان — Anthemis, camomile.

قد — *Particle, e. g.* قد قام زيد Zeid has *just* arisen.

قد يصدق الكذوب — The liar *sometimes* speaks the truth.

قد أفلح — *Verily* he prospers.

قد يقد قداً — To cut, cleave.

قدد — To cut and dry (meat).

تقدد — To be cut and dried.

انقد — To be cut, slit, divided.

قد ج قدود — Stature, size.

على قده — Equal to in measure.

حسن القد — Goodly in form.

قديد ومقدد — Cured meat.

قدح يقدح — To bore, pierce.

قدح واقتدح — To strike fire.

قدح في — To revile, censure.

قدح ج أقداح — Drinking-cup.

قادح — Slanderer, calumniator.

مقدح ومقداح — Gimlet.

قدر يقدر على — To be able.

قدر وقدر — To measure; compute.

قدر وقدر على — To decree for.

قدر ل — To prepare, assign.

To hallow; sanctify. قَدَّسَ •
To be purified, sanctified. تَقَدَّسَ
Holiness. قُدْسٌ وَقَدَاسَةٌ
Jerusalem. أَلْقُدْسُ
The Holy Ghost. أَلرُّوحُ ٱلْقُدُسُ
Mass, liturgy. قُدَّاسٌ ج قَدَادِيسُ
The All-Holy (God). أَلْقُدُّوسُ
Saint. قِدِّيسٌ ج قِدِّيسُونَ
Sanctification. تَقْدِيسٌ
Jerusalem. بَيْتُ ٱلْمَقْدِسِ
Sanctified. مُقَدَّسٌ وَمُتَقَدِّسٌ
The Holy Bible. أَلْكِتَابُ ٱلْمُقَدَّسُ
To arrive from. قَدِمَ يَقْدَمُ مِنْ
To be old. قَدُمَ يَقْدُمُ • وَتَقَادَمَ
To prefer (a thing). قَدَّمَهُ عَلَى
To present, offer to. قَدَّمَ لِ
To undertake boldly. أَقْدَمَ عَلَى
To advance, lead. تَقَدَّمَ
To advance towards. تَقَدَّمَ إِلَى

To put a value upon. قَدَّرَ
To enable, قَدَّرَ عَلَى
To be preordained. تَقَدَّرَ
To be powerful, or rich. إِقْتَدَرَ
Quantity, measure. قَدْرٌ
Fate; divine decree. Power, position. قَدَرٌ ج أَقْدَارٌ
Cooking-pot. قِدْرٌ ج قُدُورٌ
Might, power, authority. قُدْرَةٌ
Powerful; able. قَادِرٌ وَقَدِيرٌ
The Omnipotent. أَلْقَدِيرُ
Predestination. تَقْدِيرٌ ج تَقَادِيرُ
Suppositon. Implied meaning. Evaluation.
Hypothetically. تَقْدِيرًا
Quantity, fixed measure. مِقْدَارٌ
As much as. بِمِقْدَارِ مَا
Power, ability. مَقْدُرَةٌ
Valuer, estimator. مُقَدِّرٌ
Predestinated. مُقَدَّرٌ وَمَقْدُورٌ

To surpass. تَقَدَّمَ عَلَى
Antiquity. قِدَمٌ وَقِدْمَةٌ
Precedence. قِدَمٌ
Foot. قَدَمٌ ج أَقْدَامٌ
Priority, precedence. قُدْمَةٌ
Comer; coming. قَادِمٌ
In front of, before. قُدَّامٌ
Courageous, bold. قَدُومٌ ج قُدُمٌ
Hatchet, adze. قَدُومٌ وَقَدُّومٌ
Ancient, old. قَدِيمٌ ج قُدَمَاءُ
The Eternal (God). اَلْقَدِيمُ
Formerly. قَدِيمًا وَفِي ٱلْقَدِيمِ
In olden times. مِنَ ٱلْقَدِيمِ
More ancient. أَقْدَمُ ج أَقْدَمُونَ
The ancients. اَلْأَقْدَمُونَ
Boldness; diligence. إِقْدَامٌ
Present; offering. تَقْدِمَةٌ ج تَقَادِمُ
Presenting, offering. تَقْدِيمٌ
Pre-eminence; progress. تَقَدُّمٌ

Antiquity, oldness, &c. تَقَادُمٌ
Front part, fore part. مُقَدَّمٌ
Advance guard of (an army). Preface; premise. مُقَدِّمَةٌ
One who is in advance. مُتَقَدِّمٌ
Afore-mentioned. مُتَقَدِّمٌ ذِكْرُهُ
Courageous, energetic. مِقْدَامٌ
To imitate, emulate. اِقْتَدَى بِ
Model for imitation. قُدْوَةٌ
Way, manner. قِدْيَةٌ
Imitation. اِقْتِدَاءٌ
To be unclean. قَذُرَ يَقْذُرُ وَقَذِرَ يَقْذَرُ
To foul, render unclean. قَذَّرَ
Filth. قَذَرٌ ج أَقْذَارٌ. وَقَاذُورَةٌ
Dirty, filthy; unclean. قَذِرٌ
To throw. Row. قَذَفَ يَقْذِفُ
To accuse of. قَذَفَ بِ
Throwing; abusing. قَذْفٌ
Rower. قَذَّافٌ

Oar.	مِقْذَافٌ وَمِقْذَفٌ ج مَقَاذِيفُ
Mote, or small particle.	قَذًى
To stay, dwell.	قَرَّ يَقِرُّ
To persist, persevere in.	قَرَّ عَلَى
He was content.	قَرَّ عَيْنًا
To settle, fix, establish.	قَرَّرَ
To cause one to stay.	قَرَّرَ وَأَقَرَّ
To cause one to confess. To settle, fix.	قَرَّرَ
To decide upon.	قَرَّرَ فِي نَفْسِهِ أَنْ
To confess, avow.	أَقَرَّ بِ
To refresh, console.	أَقَرَّ عَيْنَهُ
To be stated, determined.	تَقَرَّرَ
To dwell, inhabit.	إِسْتَقَرَّ فِي
Water-cress. Darling.	قُرَّةُ ٱلْعَيْنِ
Dwelling; stability.	قَرَارٌ
Refrain, (music).	قَرَارٌ
Continent, firm-land.	قَارَّةٌ
Glass bottle.	قَارُورَةٌ ج قَوَارِيرُ
Consoled, content.	قَرِيرُ ٱلْعَيْنِ
Affirmation; confession.	إِقْرَارٌ
Report.	تَقْرِيرٌ
Residence.	مَقَرٌّ وَمُسْتَقَرٌّ
To read.	قَرَأَ يَقْرَأُ قِرَاءَةً
To study with (a teacher).	قَرَأَ عَلَى
To send, or deliver, a greeting.	أَقْرَأَهُ ٱلسَّلَامَ
To investigate.	إِسْتَقْرَأَ
Act of reading.	قِرَاءَةٌ ج قِرَاءَاتٌ
The Coran.	اَلْقُرْآنُ
Reader, reciter.	قَارِئٌ ج قُرَّاءٌ
Read, recited.	مَقْرُوءٌ وَمَقْرِيٌّ وَمَقْرُوٌّ
To approach.	قَرُبَ يَقْرُبُ إِلَى وَمِنْ
To bring near; offer.	قَرَّبَ
To be near to.	قَارَبَ
To be on the point of...	قَارَبَ أَنْ
To approach.	تَقَرَّبَ تَقَرُّبًا إِلَى
To be near one another.	تَقَارَبَ
To approach.	إِقْتَرَبَ

قُرْبٌ	Nearness.
عَنْ قُرْبٍ	Near; soon.
بِالقُرْبِ مِنْ	In the vicinity of.
قِرْبَةٌ ج قِرْبَاتٌ وَقِرَبٌ	Skin-bag.
قُرْبَانٌ ج قَرَابِينُ	Offering to God.
قِرَابٌ ج أَقْرِبَةٌ	Sheath, scabbard.
قَرَابَةٌ وَقُرْبَى	Kinship; relations.
قَارِبٌ ج قَوَارِبُ	Boat, skiff.
قَرِيبٌ ج اقْرِبَاءُ	Near; related; neighbour, fellowman; relation.
عَنْ قَرِيبٍ	Shortly, soon.
أَقْرَبُ	Nearer; more probable.
تَقْرِيبٌ	Approximation.
تَقْرِيبًا وَبِالتَّقْرِيبِ	Approximately.
قَرَبُوسٌ ج قَرَابِيسُ	Pommel.
قَرَحَ يَقْرَحُ قَرْحًا	To wound.
قَرَحَ يَقْرَحُ	To finish teething, (horse).
اِقْتَرَحَ	To invent; improvise. Demand.
قَرْحَةٌ	A wound; an ulcer.
قَرَاحٌ ج أَقْرِحَةٌ	Pure (water).
قَرِيحَةٌ ج قَرَائِحُ	Talent, genius.
قِرْدٌ ج قُرُودٌ	Ape, monkey.
قُرَادٌ ج أَقْرِدَةٌ	Tick, (insect).
قَرْدَحَ	To burn, blaze (coal).
قَرْدَاحِيٌّ وَقَرْدَحْجِيٌّ	Armourer.
قَرِسَ يَقْرَسُ قَرْسًا	To freeze.
قَارِسٌ وَقَرِيسٌ	Intense cold.
قَرَاصِيَا	A kind of plum.
قَرَّشَ الحَلِيبُ	To curdle (milk).
قِرْشٌ ج قُرُوشٌ	Piastre.
قُرَيْشٌ	Tribe of Koreish.
قَرِيشَةٌ	Sweet curd.
مُقْرِشٌ	Rich.
قَرَصَ يَقْرُصُ قَرْصًا	To pinch.
قَرَّصَ	To cut out (dough).
قُرْصٌ ج أَقْرَاصٌ	Disc; cake.
قُرَّاصٌ وَقُرَّيْصٌ	Nettle (plant).
قُرْصَانٌ ج قَرَاصِينُ	Corsair, pirate.

To cut; nibble. قَرَضَ يَقْرِضُ

To lend one money. أَقْرَضَ

To die out, perish. إِنْقَرَضَ

To borrow. إِقْتَرَضَ وَإِسْتَقْرَضَ

Loan, debt. قَرْضٌ ج قُرُوضٌ

Cuttings, clippings. قُرَاضَةٌ

Poetry. قَرِيضٌ

Scissors. مِقْرَضٌ ج مَقَارِيضُ

To cut. قَرَطَ يَقْرُطُ

To give little to. قَرَّطَ عَلَى

Ear-ring. Cluster. قُرْطٌ ج أَقْرَاطٌ

Carat, inch. قِيرَاطٌ ج قَرَارِيطُ

Cordova (in Spain). قُرْطُبَةُ

Paper. قِرْطَاسٌ ج قَرَاطِيسُ

Reed-basket. قَرْطَلٌ ج قَرَاطِلُ

To laud, eulogize. قَرَّظَ

Eulogy, Panegyric. تَقْرِيظٌ

To knock, rap. قَرَعَ يَقْرَعُ قَرْعًا

To scold, rebuke. قَرَّعَ

To fight. قَارَعَ مُقَارَعَةً وَقِرَاعًا

To cast lots, or play dice. تَقَارَعَ

To cast lots for. إِقْتَرَعَ فِي وَعَلَى

Knocking. Gourd. قَرْعٌ

Baldness; scald-head. قَرَعَةٌ

A gourd. Chemical retort. قَرْعَةٌ

Lot. Ballot. قُرْعَةٌ ج قُرَعٌ

He wins. أَلْقُرْعَةُ لَهُ

He loses. أَلْقُرْعَةُ عَلَيْهِ

Middle part of the way. قَارِعَةٌ

Day of judgement. أَلْقَارِعَةُ

Bald, scald-headed. Bare. أَقْرَعُ

Whip, knocker. مِقْرَعَةٌ ج مَقَارِعُ

To suspect, blame. قَرَفَ وَقَرَّفَ بِ

To loathe. قَرِفَ يَقْرَفُ قَرَفًا

To cause disgust. أَقْرَفَ

To commit (a crime). إِقْتَرَفَ

Disgust, loathing. قَرَفٌ

Suspicion, Cinnamon. قِرْفَةٌ

مُقْرِفٌ	Disgusting.
قَرَقَ يَقْرُقُ قَرْقًا	To cluck, (hen).
قُرْقٌ	Hernia in the scrotum.
قُرْقَةٌ	Sitting-hen.
قَرْقَدَ	To dry, become hard.
قَرْذَانٌ وَقَرْقَدُونٌ	Squirrel.
قَرْقَرَ	To rumble, (stomach).
قَرْقَرَةٌ ج قَرَاقِرُ	Rumbling.
قَرْقُورٌ	Lamb.
قَرْقَشَ	To gnaw at.
قَرْقَطَ	To cut into small pieces.
قَرْقَعَ	To rumble, clatter.
قَرْقَعَةٌ	A rattling, rumbling.
قَرَمَ يَقْرُمُ قَرْمًا	To gnaw off.
أَلْقَرْمُ	The Crimea.
قُرْمَةٌ ج قُرَمٌ	Stump of a tree.
قِرْمِيدٌ ج قَرَامِيدُ	Tile, brick.
قِرْمِزٌ	Cochineal; crimson.
قِرْمِزِيٌّ	Of a crimson colour.
قِرْمِطِيٌّ	A Karmathian.
قَرَامِطَةٌ	Sect of Karmathians.
قَرَنَ يَقْرِنُ قَرْنًا بِ	To join.
أَقْرَنَ	To join together.
إِقْتَرَنَ بِ	To be joined; married.
قَرْنٌ ج قُرُونٌ	Horn. Century, age.
ذُو ٱلْقَرْنَيْنِ	*Alexander the Great.*
وَحِيدُ ٱلْقَرْنِ	Rhinoceros.
قِرْنٌ ج أَقْرَانٌ	One's equal.
قُرْنَةٌ	Projecting angle or corner.
قِرَانٌ وَمُقَارَنَةٌ	Close union.
قَرِينٌ ج قُرَنَاءُ	Comrade; husband.
قَرِينَةٌ ج قَرَائِنُ	Wife. Context.
مُقَرَّنٌ	Horned; angled.
مَقْرُونٌ وَمُقْتَرِنٌ	Joined, yoked.
قَرْنَبِيطٌ (قُنَّبِيطٌ)	Cauliflower.
قَرَنْفُلٌ	Cloves. Carnation (plant).
كَبْشُ ٱلْقَرَنْفُلِ	Cloves.

قَرَنْفُلَة A pink, carnation.

قَرَا ـُ . وَٱسْتَقْرَى To follow out.

إِسْتِقْرَاء . (See إِسْتَقْرَأَ) Analogy.

قَرَا يَقْرِي To receive hospitably.

قِرًى Entertainment; feasting.

قَرْيَة ج قُرًى وَقَرَايَا Village.

قَزَّ يَقُزُّ عَنْ To feel aversion to.

قَزّ ج قُزُوز Raw-silk, floss silk.

دُودُ ٱلْقَزِّ Silk-worm.

قَزَاز (زُجَاج) Glass, glass-ware.

قَزَّاز Silk, or glass merchant.

قُزَحِيَّة Iris (of the eye).

قَزْدِير (عوض : قَصْدِير) Tin.

قَزَلَ يَقْزِلُ قَزَلًا To limp.

قَزَل Limping.

أَقْزَلُ م قَزْلَاء ج قُزْل Lame.

قَزِمَ يَقْزَمُ To be small, mean.

قَزَم وَقَزْم Mean, dwarfish.

قَسّ ج قُسُوس . وَقِسِّيس ج قِسِّيسُون
Clergyman, minister.

مُقْسَاس Sebesten plum. *Cordia Myxa L.*

قَسَرَ يَقْسِرُ To force, compel.

قَسْر Violence, compulsion.

قَسْرًا By force.

قَسَطَ يَقْسِطُ قَسْطًا وَقُسُوطًا To act unjustly, swerve from what is right, to separate, distribute.

قَسَطَ يَقْسُطُ وَأَقْسَطَ To do justice.

قَسَّطَ To pay by instalments.

تَقَسَّطَ بَيْنَ To divide equally.

قِسْط Justice; just, equitable.

قِسْط ج أَقْسَاط Part, portion.

قَسْطَل ج قَسَاطِل Pipe, conduit.

قَسَمَ يَقْسِمُ قَسْمًا وَقَسَّمَ To divide.

قَاسَمَ To share mutually.

أَقْسَمَ بِٱللّٰهِ To swear by God.

تَقَسَّمَ To be divided, separated.

تَقَاسَمَ وَٱقْتَسَمَ To share.

تقاسم	To take mutual oaths.
انقسم	To be divided.
قَسَم ج أقسام	Oath.
قِسم ج أقسام	Part; share.
قِسمة ج قِسَم	Division, share, lot.
خارج القسمة	Quotient, (*arith.*).
قسيم ج أقسماء	Sharer; lot.
مقسّم	Divided, distributed.
مقسوم	Dividend, (*arith.*)
مقسوم عليه	Divisor, (*arith.*).
قسا يقسو	To be hard, unyielding.
قسّى وأقسى	To harden.
قاسى	To endure, suffer.
قساوة	Hard-heartedness.
قاسٍ ج قساة	Hard, severe.
قشّ يقشّ	To gather, collect. Sweep. Skim.
قشّ	Straw.
قشّة	A single straw.
قشّاش	Cleaner [sweeper].
مقشّة	Broom.
مقششة	Demijohn.
قشب	Chapped skin.
قشدة	Cream.
قشر يقشر قشرا	To peel, skin.
تقشّر وانقشر	To be peeled.
قشر ج قشور	Rind, bark, shell.
قشرة وقشارة	A rind, bark, shell.
مقشّر	Peeled.
قشط يقشط قشطا عن	To strip off.
اقشط	To strip; rob.
تقشّط وانقشط	To be stripped.
قشطة	Sugar-candy. Cream.
قشاط	Leather strap.
قشع يقشع	To see.
انقشع	To be dispersed, (clouds).
انقشع عن	To be dispelled.

إِنْقَشَعَ — To be seen. Dispelled.

إِقْشَعَرَّ مِن — To shudder, shiver at.

قُشَعْرِيرَةٌ — Shudder; shivering.

قَشِفَ يَقْشَفُ قَشَافَةً — To be wretched.

تَقَشَّفَ — To lead an ascetic life.

قَشَفٌ — Life in misery.

مُتَقَشِّفٌ — Ascetic.

قِشْلَةٌ — Barrack.

قَصَّ يَقُصُّ قَصًّا — To cut off, clip.

قَصَّ يَقُصُّ عَلَى — To tell; narrate.

قَاصَّ مُقَاصَّةً وَقِصَاصًا — To punish.

إِنْقَصَّ — To be clipped, cut off.

إِقْتَصَّ — To take vengeance. Tell.

قَصٌّ — Sternum.

قِصَّةٌ ج قِصَصٌ — Tale, story.

قِصَاصٌ — Punishment.

قُصَامَةٌ — Cuttings; parings.

مِقَصٌّ ج مَقَاصٌّ — Scissors.

قَصَبٌ — Reeds. Thread of gold.

قَصَبُ ٱلسُّكَّرِ او ٱلمَصِّ — Sugar-cane.

قَصَبَةٌ ج قَصَابٌ — A reed or cane. City; capital.

قَصَبَةُ ٱلْمَرِيءِ — Œsophagus.

قَصَبَةُ ٱلرِّئَةِ — Windpipe.

قَصَبَةُ ٱلأَنْفِ — Bone of the nose.

قِصَابَةٌ — Butcher's trade.

قَصَّابٌ — Butcher.

مَقْصَبَةٌ — Slaughter-house.

قَصَدَ يَقْصِدُ — To purpose; repair to.

قَصَدَ وَٱقْتَصَدَ فِي — To economise.

قَصْدٌ — Intention, purpose, aim.

قَاصِدٌ ج قُصَّادٌ — Visitor. Legate.

مَقْصُودٌ — Intended, desired.

قَصِيدَةٌ ج قَصَائِدُ — A poem.

إِقْتِصَادٌ — Moderation; economy.

مَقْصَدٌ ج مَقَاصِدُ — Intention, aim.

قَصْدِيرٌ — Tin.

قَصُرَ يَقْصُرُ — To be short.

قَصَرَ وَقَصَّرَ عَنْ — To lack power.

قَصَّرَ وأَقْصَرَ — To shorten.

قَصَرَ قَصْرًا وقِصَارَةً — To bleach.

قَصَرَهُ في — To shut up, confine.

قَصَرَ عَلَى — To limit, restrict.

قَصَّرَ بِ — To lag, fall short of.

أَقْصَرَ عَنْ — To desist from.

تَقَصَّرَ — To shrink, contract.

إِقْتَصَرَ عَلَى — To limit one's self to.

قَصْرٌ وقِصَرٌ — Shortness.

قُصُورٌ — Remissness.

قُصَارَى — End (of an affair).

قَصْرٌ ج قُصُورٌ — Castle, palace.

قَاصِرٌ — Minor, under age.

قَاصِرُ اليَدِ — Powerless.

قَصَّارٌ — Fuller, bleecher.

قِصَارَةٌ — Art of bleaching.

قَيْصَرٌ ج قَيَاصِرَةٌ — Cæsar, emperor.

قَصِيرٌ ج قِصَارٌ — Short; small.

أَقْصَرُ م قُصْرَى ج أَقَاصِرُ — Shorter.

تَقْصِيرٌ — Abbreviation; neglect.

مَقْصُورٌ — Limited. Bleached.

مَقْصُورَةٌ ج مَقَاصِيرُ — A large room.

قَصْعَةٌ ج قِصَعَاتٌ — Large dish.

قَصَفَ يَقْصِفُ قَصْفًا — To break.

قَصَفَ يَقْصِفُ — To roar, (thunder).

تَقَصَّفَ وانْقَصَفَ — To be broken.

قَصِفٌ — Brittle. easily broken.

قَاصِفٌ — Breaking, roaring.

مَقْصَفٌ — Pleasure-house.

قَصَلَ يَقْصِلُ قَصْلًا — To cut off, mow.

قَصَلٌ وقُصَالَةٌ — Stubble, chaff.

قَصِيلٌ — Green food for animals.

قَصَمَ يَقْصِمُ قَصْمًا — To break in pieces.

تَقَصَّمَ وانْقَصَمَ — To be broken.

قَصِمٌ — Brittle, fragile.

قَصِيمٌ ومَقْصُومٌ — Broken, shattered.

قَصَا يَقْصُو — To be very distant.

تَقَصَّى واسْتَقْصَى في — To penetrate deeply; follow out to the end.

Distance. قصا وقصآء

Very distant. قاصٍ ج أقصآء

Investigation. إستقصآء

More distant. أقصى م قصوى ج أقاصٍ

The extreme end; highest purpose. الغاية القصوى

The uttermost parts of the earth. أقاصي الأرض

To break, crush. قضّ يقضّ قضًّا

To swoop down, (bird) To fall. إنقضّ

To cut off, prune. قضب وأقتضب

To be pruned. تقضّب وانقضب

Prunings. قُضابة

Rod, stick. قضيب ج قضبان

Improvised, (speech). مقتضب

To nibble at, gnaw. قضم يقضم

Roasted peas. قضامة أو قضامي

To decide, fulfil (a duty); satisfy (a want); execute (an order). قضى يقضي

To judge. قضى يقضي بين

To require. قضى على

To die. قضى أو قضى أجله أو نحبه

To spend the time. قضى الزمان

To pay a debt. قضى الدين

To judge in favour of. قضى لِ

To fulfil a purpose. قضى الوطر

To execute, carry out. قضّى

To summon before a judge. قاضى

To be carried out; cease. إنقضى

They had a law-suit. تقاضيا

To be required; necessary. إقتضى

Judgment. قضى وقضآء ج أقضية

Event; fact, matter; question, proposition. قضية ج قضايا

A judge. قاضٍ ج قضاة

Supreme Judge. قاضي القضاة

Death. قاضية

End; completion. إنقضآء

Exigency; requisite. إقتضآء

قضب

مَقْضِيٌّ Accomplished.

مُقْتَضَى Required, necessary.

بِمُقْتَضَى In conformity with.

قَطَّ يَقُطُّ To cut (a reed-pen).

قَطُّ وَقَطْ Never, not at all.

مَا رَأَيْتُهُ قَطُّ I never saw him.

قِطٌّ ج قِطَاطٌ Tom-cat, cat.

قِطَّةٌ Female cat.

قَطَبَ يَقْطِبُ قَطْبًا. وَقَطَّبَ To frown.

قُطْبٌ ج قُطُوبٌ Axis, pivot.

قُطْبٌ Pole, pole-star. Leader.

نَجْمَةُ ٱلْقُطْبِ Pole-star.

قُطْبَةٌ One of the earth's poles.

قُطْبِيٌّ Polar.

قَاطِبٌ وَقَطُوبٌ One who frowns.

قَاطِبَةً All together.

قَطَرَ يَقْطُرُ قَطْرًا To trickle.

قَطَرَ يَقْطُرُ To place in line or file.

تَقَطَّرَ To fall in drops.

تَقَاطَرَ To come from all sides.

إِسْتَقْطَرَ To distil.

قَطْرٌ وَقَطَرَانٌ Dropping.

قَطْرٌ Rain; drops.

قُطْرٌ ج أَقْطَارٌ Side, region. Diameter.

قُطْرُ ٱلدَّائِرَةِ Diameter of a circle.

قُطْرُ ٱلْمُرَبَّعِ أَوِ ٱلْمُسْتَطِيلِ Diagonal of a square or parallelogram.

قَطْرَةٌ A drop. Collyrium.

قَطِرَانٌ Liquid pitch; tar.

قِطَارٌ File or string; train.

تَقْطِيرٌ Distillation.

مِقْطَرَةٌ Hand-cuffs; stocks.

قَطَعَ يَقْطَعُ قَطْعًا To cut off, cross.

قَطَعَ ٱلطَّرِيقَ To carry on highway robbery.

قَطَعَ عَنْ To sever; prevent.

قَطَعَ لَهُ To assign one a portion.

قَطَعَ فِي ٱلْقَوْلِ To speak decisively.

قَطَّعَ To cut off entirely.

قَطَعَ ٱلشِّعْرَ	To scan poetry.
قطعَ ٱلزَّمانَ	To while away time.
قَاطَعَ	To separate from.
أَقْطَعَ	To take across (a river). Give land as a fief.
تَقَطَّعَ وَٱنْقَطَعَ	To be cut off.
إِنْقَطَعَ	To be interrupted; cease.
إِنْقَطَعَ إِلَى	To be devoted to...
إِقْتَطَعَ مِنْ	To cut off a part.
قَطْعٌ	Amputation; section. Size.
قَطْعٌ زَائِدٌ	Hyperbola.
قَطْعٌ نَاقِصٌ	Ellipse.
قَطْعٌ مُكَافِئٌ	Parabola.
قَطْعُ ٱلْمَخْرُوطِ	Conic section.
قَطْعاً	Certainly; not at all.
قِطْعَةٌ ج قِطَعٌ	A part, piece.
قَاطِعٌ	Sharp; decisive.
قَاطِعُ ٱلنَّهْرِ	Opposite side of a river.
قَاطِعُ ٱلطَّرِيقِ	Highway-man.
قِطَاعَةٌ ج قَطَائِعُ	Lent.
قَطِيعٌ ج قُطْعَانٌ	Herd, flock.
قَطِيعَةٌ ج قَطَائِعُ	Fief-land. Tax.
إِنْقِطَاعٌ	Separation; interruption.
تَقْطِيعٌ ج تَقَاطِيعُ	Scanning.
مَقْطَعٌ ج مَقَاطِعُ	Syllable.
مَقْطَعُ ٱلنَّهْرِ	Ford of a river.
مُقَاطَعَةٌ ج مُقَاطَعَاتٌ	Province.
بِٱلْمُقَاطَعَةِ	Work by the job.
مُقَطَّعٌ	Cut into pieces.
مُنْقَطِعٌ	Separated, detached.
مَقْطُوعٌ	Cut off; amputated.
قَطَفَ يَقْطِفُ وَٱقْتَطَفَ	To cull, pluck, gather.
قَطْفٌ	Act of gathering fruit.
قِطَافٌ	Time of gathering.
قَطَائِفُ	A kind of sweet cake.
مِقْطَفٌ	Basket, panier.
قَطَمَ يَقْطِمُ قَطْماً	To cut off.

قطيمةٌ	Piece, fragment.
قطنَ يقطُنُ في	To inhabit (a place)
قطنٌ	Lions; lumbar region.
قُطنٌ ج أقطانٌ	Cotton.
قاطِنٌ ج قُطّانٌ	Settled inhabitant.
يقطينٌ	Pumpkin, squash.
قطاةٌ ج قطًا	A kind of snipe.
قعدَ يقعدُ	To sit down; dwell.
قعدَ لِ	To lie in wait for.
قعدَ عنْ	To desist from.
أقعدَ	To cause to sit, seat.
أُقعِدَ	To be unable to walk.
تقعدَ و تقاعدَ عنْ	To neglect.
ذو القعدةِ	Eleventh month of the Arabian year.
قاعدةٌ ج قواعدُ	Foundation, base; rule, canon; model.
قاعدةُ البلادِ	Capital of a country.
قعودٌ	Sitting; inactivity.
مقعدٌ ج مقاعِدُ	A place of sitting.
مُقعدٌ	Infirm; cripple.
متقاعدٌ	Pensioner. Neglectful.
قعرَ يقعرُ قعارةً	To be deep.
قعّرَ	To make concave.
قعّرَ وأقعرَ	To dig deep.
قعرٌ ج قعورٌ	Bottom; depth.
مقعّرٌ	Dug; hollow; concave.
قعقعَ قعقعةً	To clatter, rattle.
قعقعٌ وقعقعٌ ج قعقعانٌ	Magpie.
قفةٌ ج قففٌ	Large basket, panier.
قفرَ يقفرُ قفرًا و تقفرَ واقتفرَ	To track.
أقفرَ	To be waste, deserted.
قفرٌ ج قفارٌ	Desert, waste (land).
قفيرٌ ج قفرانٌ	Bee-hive; basket.
قفزَ يقفزُ قفزًا	To jump, leap.
قفزةٌ ج قفزاتٌ	Jump, leap.
قفيزٌ ج أقفزةٌ	A certain measure.
قفصٌ ج أقفاصٌ	Bird-cage; coop.

To shiver from cold. قَفْقَفَ

To return. قَفَلَ يَقْفُلُ قُفُولاً

To guard, lock up. قَفَلَ يَقْفِلُ قَفْلاً

To lock, shut. قَفَّلَ وَأَقْفَلَ

To cause to return. أَقْفَلَ عَنْ

To be locked, bolted. إِنْقَفَلَ

Lock, bolt. Caravan. قُفْلٌ ج أَقْفَالٌ

Caravan. قَافِلَةٌ ج قَوَافِلُ

Vein in the arm. قِيفَالٌ

To walk behind, follow. قَفَا يَقْفُو

To send after. قَفَّى بِ

To follow, imitate. تَقَفَّى وَاقْتَفَى

To prefer, select, chose. إِقْتَفَى

Back side, reverse. قَفَا وَقَفَاةٌ

Rhyme, (final word). قَافِيَةٌ ج قَوَافٍ

Imitation; preference. إِقْتِفَاءٌ

Rhymed prose. أَلْكَلَامُ ٱلْمُقَفَّى

Cardamon. قَاقُلَّةٌ

To be little in quantity, be scarce, happen rarely. قَلَّ يَقِلُّ

Rarely. قَلَّمَا (قَلَّ مَا)

To bear, carry. قَلَّ قَلاً وَأَقَلَّ

To diminish, lessen. قَلَّلَ وَأَقَلَّ

To have little property. أَقَلَّ

To find small, paltry. إِسْتَقَلَّ

To be independent. إِسْتَقَلَّ بِ

Earthen water-jug. قُلَّةٌ ج قُلَلٌ

Littleness, small quantity. قِلَّةٌ

Plural which signifies from 3 to 10 objects. جَمْعُ ٱلْقِلَّةِ

A (monk's) cell. قِلِّيَّةٌ وَقَلَّايَةٌ

Few, little, scarce. قَلِيلٌ ج قَلِيلُونَ

Rarely, seldom, slightly. قَلِيلاً

Less, rarer. أَقَلُّ

Least, rarest. اَلأَقَلُّ

Poor, having but little. أَقَلُّ وَمُقِلٌّ

Diminishing, lessening. تَقْلِيلٌ

Independence. إِسْتِقْلَالٌ

مُسْتَقِلٌّ	Independent.
قَلَبَ يَقْلِبُ	To change, alter. To overturn; overthrow.
قَلَّبَ	To manipulate; prove.
تَقَلَّبَ	To be turned; be fickle.
اِنْقَلَبَ	To be turned upside down.
إِنْقَلَبَ إِلَى	To return to.
قَلْبٌ	Change of letters, (*in gram.*).
قَلْبٌ ج قُلُوبٌ	Heart, mind, thought; centre, core.
قَلْبِيٌّ	Sincere, earnest, hearty.
قَالِبٌ ج قَوَالِبُ	Mould; cast; last.
قَالِبُ سُكَّرٍ	Loaf of sugar.
إِنْقِلَابٌ	Revolution; overthrow.
إِنْقِلَابُ الشَّمْسِ	Solstice.
تَقَلُّبٌ	Change; inconstancy.
تَقَلُّبَاتٌ	Vicissitudes.
مَقْلُوبٌ	Turned, turned over.
مُنْقَلَبٌ	Final resting place.
قَلَّدَ	To wind round; adorn. Imitate.
تَقَلَّدَ الأَمْرَ	To undertake (an affair).
تَقَلَّدَ السَّيْفَ	To put on the sword.
قِلَادَةٌ ج قَلَائِدُ	Necklace; collar.
تَقْلِيدٌ ج تَقَالِيدُ	Imitation. Church tradition.
مُقَلِّدٌ	Imitator, counterfeiter.
مُقَلَّدٌ	Imitated, counterfeited.
مَقَالِيدُ الأُمُورِ	Management of affairs.
بَحْرُ الْقُلْزُمِ	Red Sea.
قَلَنْسُوَةٌ	Hood, cap.
أَنْقَلِيسٌ وَإِنْقِلِيسٌ	Eel.
قَلَصَ يَقْلِصُ	To contract, shrink.
تَقَلَّصَ	To be wrinkled, shrunk.
قَلَعَ يَقْلَعُ	To tear from its place, pull out, uproot.
أَقْلَعَ	To set sail.
أَقْلَعَ عَنْ	To withdraw from.
إِنْقَلَعَ	To be taken away.
إِقْتَلَعَ	To pull out, uproot.

قِلْعٌ ج قُلُوعٌ	Sail.
قَلْعَةٌ ج قِلَاعٌ	Castle, fortress.
قُلَاعٌ	Sores in the mouth, (aphthæ).
مَقْلَعٌ ج مَقَالِعُ	Stone-quarry.
مِقْلَاعٌ ج مَقَالِيعُ	Sling.
مَقْلُوعٌ	Uprooted, pulled out.
قَلَفَ يَقْلِفُ	To circumcise.
قَلَفَ وَقَلَّفَ	To calk a ship.
قَلَفَةٌ وَقُلْفَةٌ ج قُلَفٌ	Prepuce.
قِلَافَةٌ	Trade of calking ships.
أَقْلَفُ	Uncircumcised.
قَلِقَ يَقْلَقُ قَلَقًا	To be agitated.
أَقْلَقَ	To agitate, disturb.
قَلَقٌ	Disquietude, trouble.
قَلِقٌ	Disturbed; restles.
قُلْقَاسٌ	Colocassia (plant).
قَلْقَلَ قِلْقَالًا	To move, shake.
تَقَلْقَلَ	To be moved, shaken.
قَلْقَلَةٌ	Agitation.
قَلَمَ ـِ وَقَلَّمَ	To pare (the nails).
قَلَمٌ ج أَقْلَامٌ	Pen; handwriting. Style.
قَلَمُ رَصَاصٍ	Pencil.
قَلَمُ حَجَرٍ	Slate-pencil.
قُلَامَةٌ	Parings (of nails &c.).
إِقْلِيمٌ ج أَقَالِيمُ	Region, tract, province; climate.
مُقَلَّمٌ	Cut, pared.
مِقْلَمَةٌ	Pen-case.
قَلَنْسُوَةٌ ج قَلَانِسُ	Cowl, cap.
قَلَا يَقْلُو قَلْوًا وَقَلَى يَقْلِي قَلْيًا	To fry.
قِلْيٌ وَقِلًى	Ash of alkaline plants.
قَلَّايَةٌ	Cell of a monk.
قَلِيَّةٌ ج قَلَايَا	Fried food.
مِقْلًى وَمِقْلَاةٌ	A frying-pan.
مَقْلِيٌّ وَمَقْلُوٌّ	Fried, roasted.
قِمَّةٌ ج قِمَمٌ	Summit, top.
قَمْحٌ	Wheat.
قَمْحَةٌ	Grain of wheat; grain (weight).

To play a game of chance.	قَمَرَ يَقْمِرُ	Shirt.	قَمِيصٌ ج أَقْمِصَةٌ وَقُمْصَانٌ
To gamble.	قَامَرَ مُقَامَرَةً وَقِمَارًا	Transmigration (soul).	تَقَمُّصٌ
To be moonlight.	أَقْمَرَ	To bind; swaddle.	قَمَطَ وَقَمْطًا
To play at dice.	تَقَامَرَ	Swaddling-cloth.	قِمَاطٌ ج قُمُطٌ
Moon.	قَمَرٌ ج أَقْمَارٌ	Bound up, swaddled.	مُقَمَّطٌ
Moonlit (night).	قَمِرَةٌ	To tame, subdue.	قَمَعَ يَقْمَعُ وَأَقْمَعَ
Lunar; moonlike.	قَمَرِيٌّ	To prevent.	قَمَعَ وَأَقْمَعَ عَنْ
Small window.	قَمَرِيَّةٌ ج قَمَارِ	To be subdued tamed.	إِنْقَمَعَ
Gambling.	قِمَارٌ	Subjugating.	قَمْعٌ وَإِقْمَاعٌ
Moonlit (night).	مُقْمِرَةٌ	Funnel.	قِمَعٌ ج أَقْمَاعٌ
Gambler.	مُقَامِرٌ	To murmur, find fault.	تَقَمْقَمَ
To jump.	قَمَزَ يَقْمِزُ قَمْزًا	Jar, cup; flask.	قُمْقُمٌ ج قَمَاقِمُ
To dive.	قَمَسَ يَقْمِسُ قَمْسًا	Lice, vermin.	قَمْلٌ
Dictionary.	قَامُوسٌ ج قَوَامِيسُ	Infested with lice.	قَمِلٌ وَمَقْمِيلٌ
Whip.	قَمْشَةٌ	A louse.	قَمْلَةٌ
Woven stuff.	قُمَاشٌ ج أَقْمِشَةٌ	Very small insects.	قُمَّلٌ
Household things.	قُمَاشُ ٱلْبَيْتِ	Oven to heat baths.	قَمِينٌ
To jump, leap.	قَمَصَ يَقْمِصُ	Poultry-house, hen-coop.	قُنٌّ
To transmigrate (soul).	تَقَمَّصَ		

Small mountain. Peak. قُنَّةٌ ج قُنَنٌ

Rule, canon, law. Kind of ha In قَانُونٌ ج قَوَانِينُ

Canonical, legal. قَانُونِيٌّ

Glass bottle, phial. قَنِّينَةٌ ج قَنَانِيُّ

To be very red. قَنَأَ يَقْنَأُ قُنُوءًا

Very dark red. أَحْمَرُ قَانِئٌ

Hemp; coarse rope. قُنَّبٌ

Lark. قُنْبُرَاءُ وَقُنْبُرَةٌ ج قَنَابِرُ

Crest of a cock. قُنْبُرَةٌ ج قَنَابِرُ

Cauliflower. قُنَّبِيطٌ وَقَرْنَبِيطٌ

Bomb-shell. قُنْبُلَةٌ ج قَنَابِلُ

To obey God. قَنَتَ يَقْنُتُ وَأَقْنَتَ

To eat sparingly. قَنُتَ يَقْنُتُ قَنَاتَةً

Pious. قَانِتٌ م قَانِتَةٌ

Piety, submission to God. قُنُوتٌ

Lamp. قِنْدِيلٌ ج قَنَادِيلُ

To hunt. قَنَصَ يَقْنِصُ وَاقْتَنَصَ

Hunting. قَنْصٌ وَاقْتِنَاصٌ

Prey; game. قَنَصٌ وَقَنِيصٌ

Hunter. قَانِصٌ وَقَنَّاصٌ

Crop, gizzard. قَانِصَةٌ ج قَوَانِصُ

Consul. قُنْصُلٌ ج قَنَاصِلُ

Consulate. قُنْصُلِيَّةٌ وَقُنْصُلَاتُو

To despair. قَنَطَ يَقْنِطُ وَقَنِطَ يَقْنَطُ

To throw into despair. قَنَّطَ

Despair. قَنَطٌ وَقُنُوطٌ

Discouraged; despairing. قَنِطٌ

To fall from a horse. قَنْطَرَ وَتَقَنْطَرَ

Arch. قَنْطَرَةٌ ج قَنَاطِرُ

100 rottles. قِنْطَارٌ ج قَنَاطِيرُ

Centaury. قِنْطَارِيُونٌ

Collected together. مُقَنْطَرٌ

To be contented. قَنِعَ يَقْنَعُ

To convince, persuade. قَنَّعَ وَأَقْنَعَ

To veil one's self. تَقَنَّعَ

To be content. To be persuaded, convinced. اِقْتَنَعَ بِـ

Content, temperate. قَنِعٌ وَقَنُوعٌ

قانع — Contented.

قناع ج قنع — Veil for the head.

قناعة وقنوع — Contentedness.

مقنع — Wearing an iron helmet.

قنفذ ج قنافذ — Porcupine.

قنا يقنو واقتنى — To acquire.

قنّى — To dig a canal.

أقنى — To give one possession.

قنوة — Acquisition; possession.

قناة ج قنوات — Canal. Lance.

قنية ج قنى — That which is acquired.

قانٍ — Possessor, proprietor, owner.

أقنى — Having an aquiline nose.

قهر يقهر — To subdue, oppress.

قاهر — To treat with violence.

قهر — Violence; oppression.

قهرا — By force, inspite of.

قاهر — Victor, conqueror.

القاهرة — Cairo, *i. e. Victrix.*

القهّار — God, the Almighty.

مقهور — Forced; conquered.

قهرمان ج قهارمة — Steward.

قهقر وتقهقر — To go backwards.

قهقرى — Retrograde movement.

قهقور وقعقور — Pile of stones.

قهقه — To laugh immoderately.

قهقهة — Immoderate laughter.

قهوة — Coffee. Wine.

قهوة ج قهاوٍ — Coffee-house; café.

قهوجي — Coffee-house keeper

قاب قوس — A bow's length.

قوباء — Ring-worm, tetter.

قات يقوت — To nourish, feed.

تقوّت واقتات — To be nourished.

قوت ج أقوات — Food, victuals.

مقيت — Sustainer, guardian.

To lead, guide.	قَادَ يَقُودُ وَاُقْتَادَ
To be guided, led.	إِنْقَادَ وَاُقْتَادَ
To obey.	إِنْقَادَ لِ
Leading, guiding.	قَوْدٌ وَقِيَادَةٌ
Guide; leader.	قَائِدٌ ج قُوَّادٌ
Halter.	مِقْوَدٌ ج مَقَاوِدُ
Led, guided.	مَقُودٌ وَمَقْوُودٌ
Small, isolated mountain.	قَارَةٌ ج قَارَاتٌ
A thing with a hole in its middle	مُقَوَّرٌ
To measure.	قَاسَ يَقُوسُ وَاُقْتَاسَ
To be bent.	قَوِسَ يَقْوَسُ وَتَقَوَّسَ
To shoot with a gun.	قَوَّسَ
To be shot, fired.	تَقَوَّسَ
Bow, arc.	قَوْسٌ ج قِسِيٌّ وَأَقْوَاسٌ
Rainbow.	قَوْسُ قُزَحَ
Cavass; archer.	قَوَّاسٌ ج قَوَّاسَةٌ
Sage (plant).	قُوَيْسَةٌ
Crupper.	قُوشٌ ج أَقْوَاشٌ
To demolish.	قَاضَ وَقَوَّضَ
Exchange.	قَوْضٌ
Plain; bottom-land.	قَاعٌ ج قِيعٌ
Courtyard. Hall.	قَاعَةٌ ج قَاعَاتٌ
To cackle (hen).	قَاقَ يَقُوقُ قَوْقًا
Cylindrical hat.	قَاوُوقٌ ج قَوَاوِيقُ
To speak, say, propose.	قَالَ يَقُولُ
To give as an opinion.	قَالَ بِ
To speak against.	قَالَ عَلَى
It is said, has been said.	قِيلَ
To argue, bargain with.	قَاوَلَ
To make a false report.	تَقَوَّلَ
To converse together.	تَقَاوَلَ
Talk.	قَالٌ وَقِيلٌ
Saying, word, speech; promise.	قَوْلٌ ج أَقْوَالٌ وَأَقَاوِيلُ
Author of a saying.	قَائِلٌ
Treatise; chapter; article.	مَقَالَةٌ
Said; word, sentence.	مَقُولٌ

Conference. Contract. مُقاوَلَة

Colic. قُولَنْج

Colon (intestine). أَلْقُولُون

To rise; stand. قامَ يَقُومُ

To rise against, revolt. قامَ عَلَى

To rise to honour one. قامَ لِ

To take one's place. قامَ مَقامَهُ

To carry on (a matter). قام بِ

To keep a promise. قامَ بِوَعْدِهِ

She began to cry. قامَتْ تَنُوحُ

To erect; straighten. قَوَّمَ

To oppose, dispute with. قاوَمَ

To set up; establish. أَقامَ

To stay (in a place). أَقامَ بِ

To persevere in. أَقامَ عَلَى

To appoint to. أَقامَهُ عَلَى

He brought a charge against him. أَقامَ عَلَيْهِ الدَّعْوَى

To be straightened. تَقَوَّمَ

To be upright, straight. إِسْتَقامَ

People; company. قَوْمٌ ج أَقْوامٌ

The enemy. أَلْقَوْمُ

Consistence. قَوامٌ

Support; sustenance. قِوامٌ

Stature; fathom. قامَةٌ ج قامَاتٌ

Price, value, worth. قِيمَةٌ ج قِيَمٌ

Upright, vertical; firm. قائِمٌ

Governor. Lt-colonel. قايِمَقام

Right-angled. قائِمُ الزَّاوِيَةِ

Right angle. زاوِيَةٌ قائِمَةٌ

Foot of a quadruped. قائِمَةٌ ج قَوائِمُ

List, catalogue. قائِمَةٌ ج قَوائِمُ

Resurrection. قِيامَةٌ

Manager; agent. قَيِّمٌ

Straight; true. قَوِيمٌ ج قِيامٌ

The Self-existent (God). أَلْقَيُّومُ

Abiding; preforming. إِقامَةٌ

إِسْتِقَامَةٌ Uprightness; rectitude.

تَقْوِيمُ ٱلسَّنَةِ Calendar.

تَقْوِيمُ ٱلْبِلَادِ Valuation of a country for purposes of taxation.

مَقَامٌ Place, rank, office.

مُقَاوِمٌ Resisting; adversary.

مُقَاوَمَةٌ Resistence, opposition.

مُسْتَقِيمٌ Straight. Upright.

قَوِيَ يَقْوَى To be, or grow, strong.

قَوِيَ عَلَى ٱلْأَمْرِ To be able to do it.

قَوَّى To strengthen.

تَقَوَّى وَٱسْتَقْوَى To grow strong.

قُوَّةٌ ج قُوَّاتٌ وَقُوًى Strength, faculty, ability; potentiality.

أَلْقُوَى ٱلْعَقْلِيَّةُ The mental faculties.

أَلْقُوَّةُ ٱلنَّظَرِيَّةُ Perception.

أَلْقُوَّةُ ٱلْعَمَلِيَّةُ Reasoning.

أَلْقُوَّةُ ٱلْحَافِظَةُ Memory.

قَوِيٌّ ج أَقْوِيَاءُ Strong, powerful.

تَقْوِيَةٌ Act of strengthening.

مُقَوٍّ Strengthening, fortifying.

قَاءَ يَقِيءُ قَيْئًا To vomit.

قَيَّأَ تَقْيِئَةً وَأَقَاءَ To make vomit.

قَيْءٌ Act of vomiting.

مُقَيِّئٌ Emetic.

قِيثَارٌ ج قَيَاثِيرُ Guitar.

قَاحَ يَقِيحُ وَقَيَّحَ وَتَقَيَّحَ To suppurate.

قَيْحٌ Pus, suppuration.

قَيَّدَ To bind. Register. To restrict (the sense of a word).

تَقَيَّدَ To be bound, registered.

تَقَيَّدَ بِ To be bound to.

قَيْدٌ ج قُيُودٌ Fetter, chain, limit.

تَقْيِيدٌ Limitation, restriction. Registration.

مُقَيَّدٌ Bound; registered.

قِيرٌ وَقَارٌ Pitch, tar.

قَيْرَوَانُ Cyrene.

قَاسَ يَقِيسُ To measure, compare.

To measure. قَابَسَ مُقَابَسَةً

To compare a thing with another. قَابَسَ بَيْنَ

To be measured. إِنقَاسَ

Measure; rule, analogy. Syllogism. قِيَاسٌ ج أَقْيِسَةٌ

According to rule. قِيَاسِيٌّ

Estimate by analogy. مُقَابَسَةٌ

A measure. مِقْيَاسٌ ج مَقَايِيسُ

Nilometer. مِقْيَاسُ النِّيلِ

To exchange for. قَاضَ ـــ مِنْ

To exchange with قَايَضَ مُقَايَضَةً

To be broken down. تَقَيَّضَ

Exchange. قِيَاضَةٌ وَمُقَايَضَةٌ

Silk-cord. قِيطَانٌ ج قَيَاطِينُ

To be very hot. قَاظَ يَقِيظُ قَيْظًا

Heat of summer. Drought. قَيْظٌ

Maple (tree) قَيْقَبٌ

To take a siesta. قَالَ يَقِيلُ

To abrogate a sale. أَقَالَ

To seek abrogation. إِسْتَقَالَ

Hydrocele. قِيلَةٌ

Mid-day nap, siesta. قَيْلُولَةٌ

Annulment of a bargain. إِقَالَةٌ

Place of a mid-day nap. مَقِيلٌ

Maid-servant. Female singer. قَيْنَةٌ

ك

ك	As a numeral sign = 20.
كَ وكِ	Pronominal suffix.
ضَرَبَكَ	He struck thee.
كِتَابُكِ	Thy book.
كَ	As, like.
كَالأَسَدِ	Like a lion.
كَئِبَ يَكْأَبُ وَٱكْتَأَبَ	To be sad.
كَأْبٌ وَكَآبَةٌ	Grief, sorrow.
كَئِبٌ وَكَئِيبٌ وَمُكْتَئِبٌ	Grieved.
كَأْسٌ ج كَاسَاتٌ وَكُؤُوسٌ	Cup.
كَاسُ ٱلْمَنِيَّةِ	Death.
كَأَنَّ وَكَأَنْ	As if, as though
كَأَنَّ زَيْدًا أَسَدٌ	As if Zeid were a lion.
كَبَّ يَكُبُّ كَبًّا	To invert; overthrow.
أَكَبَّ عَلَى	To be intent upon.
إِنْكَبَّ	To fall prostrate.
كُبَّةٌ ج كُبَبٌ	Ball of thread.
كَبَابٌ	Broiled bits of meat.
كَبَابَةٌ	Cubeb.
كَبَابَةُ ٱلشَّوْكِ	Hedge-hog.
مِكَبٌّ ج مِكَبَّاتٌ	Thread-reel
كَبُّوتٌ ج كَبَابِيتُ	Over-coat.
كَبَحَ يَكْبَحُ	To pull in a horse.
كَبَحَ عَنْ	To restrain, prevent.
كَبَّدَ وَتَكَبَّدَ	To be in the zenith
كَابَدَ	To suffer, endure.

كَبَدٌ	The middle of the sky.
كَبِدٌ وَكِبْدٌ ج أَكْبَادٌ وَكُبُودٌ	Liver.
كِبْدٌ	Interior; middle.
كُبَّادٌ	Citron.
كَبِرَ يَكْبَرُ	To be advanced in age.
كَبُرَ يَكْبُرُ	To be large; grow.
كَبُرَ عَلَيْهِ ٱلْأَمْرُ	It became formidable to him.
كَبَّرَ	To enlarge; mangnify.
تَكَبَّرَ وَٱسْتَكْبَرَ	To grow proud.
إِسْتَكْبَرَ	To deem great.
كِبْرٌ	Greatness, glory, pride.
كِبَرٌ	Greatness, advanced age.
كَبَرٌ وَكَبَّارٌ وَقَبَّارٌ	Caper-bush.
كُبْرَى	Major proposition, (*logic*).
كِبْرِيَاءُ	greatness; pride.
كَبِيرٌ ج كِبَارٌ وَكُبَرَاءُ	Great, large.
كَبِيرَةٌ ج كَبَائِرُ	Great crime.
أَكْبَرُ	Greater; older.
ٱللهُ أَكْبَرُ	God is great!
ٱلْأَكَابِرُ	The grandees.
تَكَبُّرٌ	Pride, haughtiness.
تَكْبِيرٌ	Magnifying God
مُتَكَبِّرٌ	Proud, haughty.
كِبْرِيتٌ	Sulphur; matches.
مُكَبْرَتٌ	Sulphuretted.
كَبَسَ يَكْبِسُ	To press. Surprise.
كَبَّسَ	To train an animal.
تَكَبَّسَ	To bo pressed, squeezed.
كَبْسٌ	Assault. Pressure.
كَبْسَةٌ	A sukden attack.
كَابُوسٌ ج كَوَابِيسُ	Nightmare.
كَبِيسٌ	Pickles.
سَنَةٌ كَبِيسَةٌ	Leap year.
مِكْبَسٌ ج مَكَابِسُ	Hand-press.
مَكْبُوسٌ	Assailed, pressed. Pickled.
كَبَشَ يَكْبِشُ كَبْشًا	To grasp.

كَبْشٌ ج كِبَاشٌ Ram, male sheep.
كَبْشُ ٱلتُّوتِ Mulberry-fruit.
كَبْشُ ٱلقَرَنْفُل Cloves.
كَبْشَةٌ A handful.
كَبَلَ يَكْبِلُ وَكَبَّلَ To bind, fetter.
تَكَبَّلَ To be fettered.
كِبْلٌ ج كُبُولٌ Heavy fetter.
مُكَبَّلٌ وَمَكْبُولٌ Fettered.
كُوبَانٌ Horse-blanket.
كَبَا يَكْبُو كَبْوًا To fall; trip.
كَبْوَةٌ Trip, stumble.
كَتِيتٌ Charpie, lint.
كَتَبَ يَكْتُبُ كِتَابَةً To write.
كَتَبَ عَلَى To prescribe, appoint.
كَتَّبَ To arrange troops in order.
كَاتَبَ To correspond with.
تَكَتَّبَ To assemble in squadrons.
تَكَاتَبَ To write to one another.

إِكْتَتَبَ To enrol one's self.
إِسْتَكْتَبَ To ask to write.
كُتُبِيٌّ Book-seller.
كَاتِبٌ ج كُتَّابٌ Writer, clerk.
كِتَابٌ ج كُتُبٌ Writing, book.
أَهْلُ ٱلْكِتَابِ Christians. Jews.
كُتَّابٌ ج كَتَاتِيبُ School.
كِتَابَةٌ Writing; calligraphy.
كَتِيبَةٌ ج كَتَائِبُ Squadron.
مَكْتَبٌ ج مَكَاتِبُ School. Office.
مَكْتَبَةٌ ج مَكَاتِبُ Library; study.
مُكَاتِبٌ Correspondent.
مُكَاتَبَةٌ Correspondence by letter.
مُكْتَتَبٌ Inscribed, registered.
مَكْتُوبٌ ج مَكَاتِيبُ Written; letter.
أَكْتَعُ م كَتْعَاءُ ج كُتْعٌ Crippled. Whole.
كَتَفَ To tie the hands back.
تَكَتَّفَ To cross the arms.

Shoulder. كَتِفٌ ج أَكْتَافٌ

Heap, lump. كُتْلَةٌ ج كُتَلٌ

Catholic. كَاثُولِيكِيٌّ ج كَاثُولِيك

To conceal, hide. كَتَمَ يَكْتُمُ

To be concealed, hidden. إِنْكَتَمَ

To confide a secret. إِسْتَكْتَمَ

Concealing. كَتْمٌ وَكِتْمَانٌ

Private secretary. كَاتِمُ ٱلْأَسْرَارِ

Constipation, costiveness. كِتَامٌ

Kept secret. مَكْتُومٌ وَمُكْتَتَمٌ

Flax, linen. كَتَّانٌ

Linseed. بِزْرُ كَتَّانٍ

Thick, dense. كَثٌّ وَكَثِيثٌ

To be much, many; increase, multiply. كَثُرَ يَكْثُرُ

To increase; do too much كَثَّرَ

To be rich; increase, grow. أَكْثَرَ

To speak much. أَكْثَرَ فِي ٱلْكَلَامِ

To increase, multiply. تَكَاثَرَ

To regard as much. إِسْتَكْثَرَ

To thank. إِسْتَكْثَرَ بِخَيْرِهِ

Great number, plenty, abundance كُثْرٌ وَكِثْرَةٌ

Much, many; abundant. كَثِيرٌ

Abundantly, often, very. كَثِيرًا

Tragacanth, goat's thorn. كَثِيرَاءُ

More, more frequent. أَكْثَرُ

Most people. أَكْثَرُ ٱلنَّاسِ

Growth, increase. تَكَاثُرٌ

Rich. مُكْثِرٌ

To be thick, dense. كَثُفَ يَكْثُفُ

Thickness, denseness. كَثَافَةٌ

Thick, dense, compact. كَثِيفٌ

To apply collyrium, or paint, to one's eyes. تَكَحَّلَ وَٱكْتَحَلَ

An eye-salve or paint. كُحْلٌ

Black antimony-powder. كِحَالٌ

Horse of best breed. كُحَيْلٌ ج كَحَائِلُ

أَكْحَلُ م كَحْلَاءُ ج كُحْلٌ Having the eye-lashes black.

مِكْحَلٌ وَمِكْحَالٌ Pencil with which the *kohl* is applied.

مُكْحُلَةٌ ج مَكَاحِلُ Vessel containing the *kohl*.

كَاخِيَةٌ ج كَوَاخٍ Secretary.

كَدَّ يَكُدُّ To toil hard. To weary.

كَدٌّ Toil; effort, exertion.

كَدُودٌ Laborious.

كَدِرَ يَكْدَرُ To be muddy, turbid.

كَدَّرَ To trouble; make turbid.

تَكَدَّرَ To be troubled; muddy.

كَدَرٌ Turbidness; vexation.

كَدِرٌ وَمُتَكَدِّرٌ Troubled; turbid.

كَدَسَ يَكْدِسُ To heap reaped grain.

كُدْسٌ ج أَكْدَاسٌ Heap of grain.

كَدَشَ يَكْدِشُ To bite, (horse).

كَدِيشٌ ج كُدُشٌ Pack-horse.

كَدَمَ يَكْدُمُ كَدْمًا To bite.

كَدْمٌ ج كُدُومٌ Scar.

كَدَنَ يَكْدُنُ To yoke oxen.

كَذَا وَكَذَلِكَ Thus, like this.

كَذَا وَكَذَا So and so.

كَذَبَ يَكْذِبُ To lie, speak falsely.

كَذَّبَ To accuse of lying.

كَذَّبَ To discredit a thing.

كَذَّبَ وَأَكْذَبَ نَفْسَهُ To contradict one's self; belie one's self.

كِذْبٌ وَأُكْذُوبَةٌ ج أَكَاذِيبُ Lie, fraud.

كَذُوبٌ وَكَاذِبٌ وَكَذَّابٌ Liar.

أَكْذَبُ More false.

مَكْذُوبٌ عَلَيْهِ Falsely accused.

مَكْذَبَةٌ ج مَكَاذِيبُ Falsehood.

كَرَّ يَكُرُّ كُرُورًا To return.

كَرَّ كَرًّا To return against.

كَرَّرَ To repeat. Purify, refine.

تَكَرَّرَ To be repeated.

كَرَّ Return, return to attack.
كَرَّةٌ ج كَرَّاتٌ Turn, time.
كُرَةٌ ج كُرَاتٌ Globe, ball.
كُرُورُ ٱلدُّهُورِ Succession of ages.
تَكْرَارٌ وَتَكْرِيرٌ Repetition.
تَكْرَارًا Repeatedly.
مُكَرَّرٌ Repeated. Refined.
كَرَبَ يَكْرُبُ كَرْبًا To grieve.
أَكْرَبَ To affect with sorrow.
إِكْتَرَبَ To be in distress, grief.
كَرْبٌ ج كُرُوبٌ Grief, sorrow.
كَرُوبٌ ج كَرُوبِيُّونَ Cherub.
كَرِيبٌ وَمَكْرُوبٌ Grieved.
كِرْبَاجٌ ج كَرَابِيجُ Horse-whip.
كَرْتَنَ To impose a quarantine.
تَكَرْتَنَ To be kept in quarantine.
كَرَنْتِينَةٌ Quarantine.
كَرْتُونٌ ج كَرَاتِينُ Paste-board.

إِكْتَرَثَ لِ وَبِ To look after.
كُرَّاثٌ Leek.
بِلَادُ ٱلْكُرْجِ Georgia.
كُرْجِيٌّ Georgian.
كَرْخَانَةٌ ج كَرَاخِينُ Manufactory.
كُرْدٌ وَأَكْرَادٌ Kurd.
كُرْدِيٌّ A Kurd.
كُرْدَانٌ Neck chain.
كَرْدَسَ To divide into squadrons.
كُرْدُوسَةٌ ج كَرَادِيسُ Squardron.
كَرَزَ يَكْرِزُ كَرْزًا To preach.
كَرْزٌ وَكِرَازَةٌ Preaching.
كَرَزٌ Cherry, cherry tree.
كَرَّازٌ The leading ram.
كُرَازٌ وَكُرَّازٌ Earthen flask.
كَرَّسَ To consecrate.
تَكَرَّسَ To be devoted to God.
كُرَّاسَةٌ ج كَرَارِيسُ Pamphlet.

Chair. كُرْسِيٌّ ج كَرَاسِيُّ وَكَرَاسٍ

Carriage. كَرُّوسَةٌ ج كَرُّوسَاتٌ

Consecration, dedication. تَكْرِيسٌ

Vetch. كِرْسِنَّةٌ

To be wrinkled. كَرِشَ يَكْرَشُ وَتَكَرَّشَ

Stomach. كِرْشٌ ج كُرُوشٌ

To sip water. كَرَعَ يَكْرَعُ

Celery. كَرَفْسٌ

Distilling-retort. كَرَكَةٌ

Crane, (bird). كُرْكِيٌّ ج كَرَاكِيُّ

To disarrange, confuse. كَرْكَبَ

Rhinoceros. كَرْكَدَنٌّ

To laugh loud. كَرْكَرَ

Saffron. كُرْكُمٌ

To be generous, noble. كَرُمَ يَكْرُمُ

To exalt, honour. كَرَّمَ وَأَكْرَمَ

How generous he is! مَا أَكْرَمَهُ

To act generously. تَكَرَّمَ

Grace, liberality. كَرَمٌ

Vine (grape). كَرْمٌ ج كُرُومٌ

A vine-tree. كَرْمَةٌ

Vine-dresser. كَرَّامٌ

Generosity; honour. كَرَامَةٌ

Most gladly! حُبًّا وَكَرَامَةً

Noble, liberal. كَرِيمٌ ج كِرَامٌ

Precious object. كَرِيمَةٌ

More noble, or generous. أَكْرَمُ

Respect, reverence. إِكْرَامٌ

For the sake of. إِكْرَامًا لِ

Honouring, honour. تَكْرِيمٌ

Honoured. مُكْرَمٌ وَمُكَرَّمٌ

Noble action. مَكْرُمَةٌ ج مَكَارِمُ

Cabbage. كُرُنْبٌ وَكَرَنْبٌ

To loathe, abhor. كَرِهَ يَكْرَهُ

To be loathsome. كَرُهَ يَكْرُهُ

To render hateful. كَرَّهَ

أَكْرَهَ عَلَى To force one to...
تَكَرَّهَ وَ تَكَارَهَ To loathe.
إِسْتَكْرَهَ To find loathsome
كُرْهٌ وَكَرَاهَةٌ Aversion, disgust.
كَرِهٌ وَكَرِيهٌ Detestable.
كَرِيهَةٌ ج كَرَائِهُ Adversity.
إِكْرَاهٌ Compulsion.
مَكْرُوهٌ Abhorred, detested.
كَرَوْيَا وَكَرَاوِيَا Caraway.
كَرِيَ يَكْرَى كَرًى To slumber.
كَارَى وَأَكْرَى To let, rent.
إِكْتَرَى وَاسْتَكْرَى To hire, rent.
كِرَاءٌ وَكِرْوَةٌ Hire, wages; rent.
كُرَةٌ ج كُرَاتٌ وَكُرًى Globe; ball.
كُرَةُ الْأَرْضِ Terrestrial globe.
كُرَوِيٌّ Globular, spherical.
إِكْرَاءٌ Act of renting, letting.
إِكْتِرَاءٌ Act of hiring.

مُكَارٍ ج مُكَارُونَ Muleteer.
مُكْرٍ Hirer out, letter.
مُكْرًى Hired, rented, let.
كَزَّ يَكُزُّ To dry up; become rigid.
كُزَازٌ وَكُزَّازٌ Tetanus.
كُزْبَرَةٌ وَكُزْبُرَةٌ Coriander.
كَسَبَ يَكْسِبُ To earn; acquire.
كَسَّبَ وَأَكْسَبَ To bestow; give.
اكْتَسَبَ To seek gain; acquire.
كَسْبٌ Earnings, gain.
إِكْتِسَابٌ Acquiring. earning.
إِكْتِسَابِيٌّ Acquired.
مَكْسَبٌ ج مَكَاسِبُ Gain, profit.
مَكْسُوبٌ وَمُكْتَسَبٌ Acquired.
كَسْتَنَا Chestnut.
كَسَحَ يَكْسَحُ كَسْحًا To cut off.
كَسِحَ يَكْسَحُ كَسَحًا To be crippled.
كُسَاحَةٌ Rickets. Sweepings.

Lame, crippled. كَسِيحٌ ج كُسْحَانٌ

A cripple. أَكْسَحُ م كَسْحَاءُ ج كُسْحٌ

To sell badly. كَسَدَ يَكْسُدُ

Worthless; selling badly كَاسِدٌ

To break; rout, defeat. كَسَرَ يَكْسِرُ

To break into pieces. كَسَّرَ

To seek an abatement. كَاسَرَ

To be broken into pieces. تَكَسَّرَ

To be broken; routed; become a bankrupt, fail. إِنْكَسَرَ

Breach, fracture. كَسْرٌ

Fraction, (*arith.*) كَسْرٌ ج كُسُورٌ

Fragment. كِسْرَةٌ ج كِسَرٌ

The vowel. (ِ) A fracture; defeat. كَسْرَةٌ ج كَسَرَاتٌ

Chosroes. كِسْرَى ج أَكَاسِرَةٌ

Bird of prey. كَاسِرٌ ج كُسَّرٌ

A fragment. كُسَارَةٌ

Elixir. إِكْسِيرٌ

Defeat; bankruptcy. إِنْكِسَارٌ

Broken plural. جَمْعُ التَّكْسِيرِ

Broken into pieces. مُكَسَّرٌ

Routed; bankrupt. مَكْسُورٌ

To be eclipsed, كَسَفَ وَانْكَسَفَ

Eclipse. كُسُوفٌ وَانْكِسَافٌ

Heavy-hearted. كَاسِفُ الْبَالِ

Eclipsed. مَكْسُوفٌ وَمُنْكَسِفٌ

To be lazy. كَسِلَ يَكْسَلُ وَتَكَاسَلَ

Laziness, idleness. كَسَلٌ وَتَكَاسُلٌ

Lazy, idle. كَسْلَانٌ ج كُسَالَى

Mode, fashion. كَسْمٌ

To clothe. كَسَا يَكْسُو وَأَكْسَى

To be dressed, clothed. إِكْتَسَى

Garment, dress. كِسَاءٌ ج أَكْسِيَةٌ

Clothing, dress. كِسْوَةٌ ج كُسًى

To frown: Chase away. كَشَّ ـِ

Lock of hair. كُشَّةٌ

A thimble. كِشْتُبَانٌ ج كَشَاتِبِينُ

كَشَحَ ـُ To disperse.

إِنْكَشَحَ عَنْ To retire from.

كَشْحٌ ج كُشُوحٌ Flank; waist.

كَشَرَ عَنْ نَابِهِ To snarl, (beast).

كَشَطَ يَكْشُطُ To strip; scrape.

تَكَشَّطَ To be dispersed, (clouds).

إِنْكَشَطَ To be taken off.

كَشَفَ يَكْشِفُ وَكَشَّفَ To uncover.

كَاشَفَ بِـ To reveal, disclose.

إِنْكَشَفَ To be uncovered.

إِكْتَشَفَ To discover; find out.

إِسْتَكْشَفَ To try to discover.

كَشْفٌ Unveiling, revealing.

كَاشِفٌ ج كَشَفَةٌ Overseer. Test.

مَكْشُوفٌ Uncovered, disclosed.

إِكْتِشَافٌ ج إِكْتِشَافَاتٌ Discovery.

مُكْتَشِفٌ Discoverer.

كَشْكَشٌ Ruffle of a garment.

كَشْكُولٌ A beggar's bag.

كِشْمِشٌ Currants.

كَظَّ يَكُظُّ To surfeit, (food).

كِظَّةٌ Indigestion; surfeit.

كَظَمَ يَكْظِمُ To shut; restrain.

كَاظِمٌ Silent, speechless.

كَظِيمٌ Suppressing anger.

كَعَّبَ To cube (a number).

كَعْبٌ Ankle. Cube, *(arith.)*.

أَلْكَعْبَةُ *The Kaaba* in Mecca.

مُكَعَّبٌ Cubic; cube.

كُعْبُرَةٌ The radius (bone).

كَعْكٌ Biscuit, cake, bun.

كَعَمَ يَكْعَمُ To muzzle.

كِعَامٌ Muzzle of the camel.

كَعِيمٌ وَمَكْعُومٌ Muzzled.

كَعَا يَكْعُو To be timid.

كَعَّى To defy.

Paper.	كاغد
To hem, seam.	كف يكف كفا
To prevent. To cease.	كف عن
To become blind.	كف بصره
To abstain from.	إنكف عن
Palm of hand.	كف ج كفوف
Scale (of a balance).	كفة
Silk handkerchief.	كفية
All.	كافة
Equal; daily bread.	كفاف
Blind.	كفيف ومكفوف ج مكافيف
To reward.	كافأ مكافاة وكفاء
To retreat; turn back.	إنكفأ
Equality, likeness.	كفأ وكفاءة
Equal, like.	كفاء وكفوء
To face.	كفح يكفح وكافح
To fight for, defend.	كافح عن
To drive back.	أكفح عن
To encounter one another.	تكافح
Battle, combat.	كفاح ومكافحة
To cover.	كفر يكفر وكفر
To be an infidel.	كفر يكفر
To renounce, deny.	كفر ب
To expiate.	كفر
Village, hamlet.	كفر ج كفور
Unbelief; infidelity.	كفر
Infidel.	كافر ج كفار وكفرة
Camphor.	كافور
Atonement; expiation.	كفارة
Atonement; expiation.	تكفير
To take charge of.	كفل يكفل
To stand security.	كفل يكفل
To make one give bail.	كفل
To guarantee.	تكفل له ب
Buttocks.	كفل ج أكفال
One who stands bail.	كافل

اَلْكَافِلُ	God.
كَفَالَةٌ	Bail, security, pledge.
كَفِيلٌ ج كُفَلَاءُ	A surety.
مَكْفُولٌ	Guaranteed.
إِكْفَهَرَّ	To be very dark (night).
كَفَّنَ	To shroud the dead.
كَفَنٌ ج أَكْفَانٌ	Shroud.
كَفَى يَكْفِي	To suffice; satisfy.
كَفَاهُ ٱلشَّرَّ	To prevent evil.
كَافَى بِ	To recompense.
إِكْتَفَى	To be contented.
كَفِيٌّ وَكَافٍ	Sufficient.
كِفَايَةٌ	Sufficient quantity.
مُكَافَاةٌ	Recompense, requital.
كَلَّ يَكِلُّ	To be tired, weary.
كَلَّ وَكَلَّلَ	To be dim, dull.
كَلَّلَ	To crown. To join in wedlock, marry.
أَكَلَّ	To fatigue; to dim.
تَكَلَّلَ	To be crowned.
كَلٌّ وَكَلَالٌ	Weariness; dulness.
كَلٌّ وَكَلِيلٌ	Blunt; dim.
كُلٌّ	All; each, every.
كِلَا	Both of. (كِلْتَا *dual fem.*)
كَلَّا	No! by no means.
كُلَّةٌ ج كُلَلٌ	Cannon ball.
كُلَّمَا	As often as, whenever.
كُلِّيٌّ م كُلِّيَّةٌ	Universal, general.
اَلْكُلِّيَّةُ	General term, (*logic*).
بِٱلْكُلِّيَّةِ	Altogether, entirely.
كَالٌّ	Fatigued; dim; blunt.
إِكْلِيلٌ ج أَكَالِيلُ وَأَكِلَّةٌ	Crown; umbel.
مُكَلَّلٌ	Crowned.
كَلَأٌ ج أَكْلَاءٌ	Forage, herbage.
كَلِبَ ـَ	To have hydrophobia.
كَلْبٌ ج كِلَابٌ	Dog.
كَلْبُ ٱلْبَحْرِ	Shark

To be freckled. كَلِفَ يَكْلَفُ كَلَفًا

To be devoted to. كَلِفَ بِ

To impose a difficult matter upon one. كَلَّفَ وَإِلَى

To cost. كَلَّفَ

To take the trouble (to do anything). كَلَّفَ خَاطِرَهُ

Please do this! كَلِّفْ خَاطِرَكَ

To take pains. تَكَلَّفَ

Ardent love. Freckles. كَلَفٌ

Trouble, labour, hardship. Cost, expense. كُلْفَةٌ ج كُلَفٌ

Freckled; maculated. أَكْلَفُ

Trouble. تَكْلِيفٌ ج تَكَالِيفُ

Without ceremony. بِلَا تَكْلِيفٍ

Expensive. مُكَلِّفٌ وَمُكْلِفٌ

Responsible agent. مُكَلَّفٌ

Intruder. مُتَكَلِّفٌ

Raft. كَلَكٌ

To wound. كَلَمَ يَكْلِمُ وَكَلْمٌ

Beaver. كَلْبُ ٱلْمَاء

Canis major. اَلْكَلْبُ الأَكْبَرُ

Canis minor. اَلْكَلْبُ الأَصْغَرُ

Hydrophobia. كَلَبٌ

Seized with hydrophobia. كَلِبٌ

Female dog, bitch. كَلْبَةٌ

Tongs, forceps. كَلْبَتَانِ

Hook; grapnel. كُلَّابٌ ج كَلَالِيبُ

See: كِلَا Both, (*fem.*) كِلْتَا

To frown. كَلَحَ يَكْلَحُ وَأَكْلَحَ وَتَكَلَّحَ

Austere, severe. كَالِحٌ

To plaster with lime. كَلَّسَ

Lime, mortar. كِلْسٌ

Sock, stocking. كَلْسَةٌ

Lime-kiln. كَلَّاسَةٌ

Lime-burner; plast erer مُكَلِّسٌ

Plastered with lime. مُكَلَّسٌ

Eel. أَنْكَلِيسٌ

كَلَمَ To speak; speak to.

كَالَمَ To converse with.

تَكَلَّمَ To talk, converse.

كَلْمٌ ج كُلُومٌ وَكِلَامٌ Wound.

كَلِمٌ Incomplete sentence.

كَلِمَةٌ ج كَلِمَاتٌ Word, sentence.

كَلَامٌ Speech, saying.

تَكَلُّمٌ Talking, speech.

مُتَكَلِّمٌ Speaker. 1st person, *(gram)*.

مَكْلُومٌ وَكَلِيمٌ Wounded.

كِلَا م كِلْتَا *(dual)* Both.

كُلْوَةٌ وَكُلْيَةٌ ج كُلًى Kidney.

كَمْ How much? How many?

كَمْ رَجُلًا How many men?

كُمْ *Pronominal suffix.*

كِتَابُكُمْ Your book, *(pl. m.)*.

كِتَابُكُمَا Your book, *(dual)*

كَمَا As, even as, just as.

كَمَّ ـُ To muzzle (an animal).

كَمٌّ وَكَمِّيَّةٌ ج كَمِّيَّاتٌ Quantity.

كِمٌّ ج أَكْمَامٌ Calyx, spathe.

كُمٌّ ج أَكْمَامٌ Sleeve.

كِمَامَةٌ وَكِمَامٌ Muzzle.

مَكْمُومٌ Muzzled.

كَمْءٌ وَكَمْأَةٌ Truffle.

كَمْبِيَالَةٌ Bill; cheque.

كَمْبِيُو Rate, or bill, of exchange.

كُمَيْتٌ Dark brown, bay.

كُمَّثْرَى Pear.

كُمَّثْرَاةٌ ج كُمَّثْرَيَاتٌ A pear.

كَمْخَةٌ Scum; film,

كَمِدَ يَكْمَدُ كَمَدًا To be sad.

أَكْمَدَ To make sad.

كَمَدٌ وَكُمْدَةٌ Change of colour. Concealed grief.

كَمَرٌ ج أَكْمَارٌ A kind of belt.

كُمْرُكٌ Duty: custom-house.

كُمْرُكْجِي Receiver of customs.

كَيْمُوسٌ Chyme.

كَمَشَ يَكْمُشُ To grasp.

إِنْكَمَشَ وَتَكَمَّشَ To be wrinkled.

كَمْشَةٌ A handful.

كَمَّاشَةٌ Carpenter's pincers.

كَمُلَ يَكْمُلُ وَتَكَمَّلَ وَتَكَامَلَ وَاكْتَمَلَ
To be complete, finished.

كَمَّلَ وَأَكْمَلَ To finish, complete.

كَامِلٌ Entire, complete.

كَمَالٌ ج كَمَالَاتٌ Perfection.

تَكْمِيلٌ Finishing; perfecting.

مُكَمَّلٌ Completed, finished.

كَمَنَ ـُ وَاكْتَمَنَ To hide; hide one's self.

أَكْمَنَ لِ To lie in ambush.

كَمْنَةٌ ج كِمَانٌ Ambush.

كُمُونٌ State of being hidden.

كَمُّونٌ Cumin.

كَمِينٌ ج كُمَنَاءُ Hidden; ambush.

مَكْمَنٌ ج مَكَامِنُ Place of ambush.

مُكْتَمِنٌ Hidden, concealed.

كَمَنْجَةٌ Violin.

كَمَهٌ Blindness.

أَكْمَهُ م كَمْهَاءُ ج كُمْهٌ Blind.

كُنَّ *Pronominal suffix.*

كِتَابُكُنَّ Your book, (*fem.*).

كَنَّ يَكُنُّ To conceal, secrete.

إِكْتَنَّ To be concealed.

إِسْتَكَنَّ To retire; be quiet.

كِنٌّ ج أَكْنَانٌ Cover, shelter.

كَنَّةٌ ج كَنَائِنُ Son's wife.

كُنَّةٌ ج كِنَانٌ Roof for shelter.

كَانُونٌ ج كَوَانِينُ Hearth, stove.

كَانُونُ ٱلْأَوَّلُ December.

كَانُونُ ٱلثَّانِي January.

كَنِينٌ وَمَكْنُونٌ Concealed.

كَنَبٌ Callousness (of hand).

كُنُودٌ Ingratitude.

كُنْدُرٌ Frankincense.

كُنْدُرَةٌ ج كَنَادِرُ Shoe.

كَنَارٌ Hem, border.

كَنَارِيٌّ Canary bird.

كِنَّارَةٌ ج كِنَّارَاتٌ Lute, harp.

كَنَزَ يَكْنِزُ To treasure, store.

إِكْتَنَزَ To be firm, hard.

كَنْزٌ ج كُنُوزٌ Treasure.

مُكْتَنِزٌ Firm and compact.

مَكْنُوزٌ Hidden, buried (treasure).

كَنَسَ يَكْنُسُ كَنْسًا وَكَنْسٌ To sweep.

كَنَّاسٌ Sweeper.

كُنَاسَةٌ Sweepings.

كَنِيسٌ Synagogue.

كَنِيسَةٌ ج كَنَائِسُ Church.

كَنَائِسِيٌّ وَكَنَسِيٌّ Ecclesiastical.

مِكْنَسَةٌ ج مَكَانِسُ Broom.

كَنْعَانُ Canaan.

أَلْكَنْعَانِيُّونَ The Canaanites.

كَنَفَ يَكْنُفُ كَنْفًا To shelter.

تَكَنَّفَ وَاكْتَنَفَ To surround.

كَنَفٌ ج أَكْنَافٌ Refuge.

كِنَافَةٌ A kind of sweet pastry.

كَنِيفٌ ج كُنُفٌ Privy, sewer.

كُنْهٌ Substance, essence.

كَنَى يَكْنِي كِنَايَةً عَنْ To hint at.

كَنَّى بِ To give a surname.

تَكَنَّى بِ To take a surname.

كُنْيَةٌ وَكُنْوَةٌ Surname. Epithet.

كِنَايَةٌ Metaphor. metonomy.

كِنَايَةً عَنْ Instead or in place of.

كَهْرَبَ To electrify.

كَهْرَبَاءُ Yellow amber.

كَهْرَبَائِيٌّ Electric.

كَهْرَبَائِيَّةٌ Electricity.

مُكَهْرَبٌ	Electrified.
كَهْفٌ ج كُهُوفٌ	Cavern, cave.
كَهَلَ يَكْهَلُ	To be middle-aged.
كَهْلٌ ج كُهُولٌ	Middle-aged.
كُهُولَةٌ وَ كُهُولِيَّةٌ	Mature age.
كَهَنَ يَكْهُنُ	To divine, foretell.
كَاهِنٌ ج كَهَنَةٌ	Soothsayer; priest.
كِهَانَةٌ	Soothsaying; divination.
كَهْنُوتٌ	Priesthood.
كُوبٌ ج أَكْوَابٌ	A large cup.
كُوبَانٌ ج كَوَابِينُ	A horse cloth.
كَوْثَلٌ	Stern of a ship; helm.
كُوخٌ ج أَكْوَاخٌ	Hut.
كَادَ يَكُودُ كَوْدًا	To restrain, hinder.
كَادَ يَفْعَلُ	He almost did.
مَا كَادَ يَفْعَلُ	He hardly did.
كَارٌ ج كَارَاتٌ	Art, profession.
كُورٌ ج أَكْوَارٌ	Furnace, forge.
كُورَةٌ ج كُوَرٌ	Small district.
كُوَارَةُ نَحْلٍ	Bee-hive.
كُورَنْتِينَا	Quarantine.
كَازٌ	Petroleum. Gas.
كُوزٌ ج أَكْوَازٌ	Drinking-mug.
كَاسٌ ج كَاسَاتٌ	Drinking-cup.
كُوسَا	Vegetable marrow.
كُوعٌ ج أَكْوَاعٌ	Elbow.
اَلْكُوفَةُ	Kufa (city).
كُوفِيٌّ	Kufic (writing); of Kufa.
كُوفِيَّةٌ	Head-wrapper.
كَوْكَبٌ ج كَوَاكِبُ	Planet, star.
كَوْكَبَةٌ	A party; assembly.
كَوَّمَ	To make a heap.
كُومَةٌ ج كُوَمٌ وَأَكْوَامٌ	A heap.
كَانَ يَكُونُ	To be, exist.
كَانَ لَهُ مَالٌ	He had wealth.
كَانَ قَائِماً	He was standing.

He was doing.	كَانَ يَفْعَلُ
He had said.	كَانَ قَدْ قَالَ
To create, form.	كَوَّنَ
To be created, formed.	تَكَوَّنَ
Existence, nature.	كِيَانٌ
Nature; universe.	كَوْنٌ ج أَكْوَانٌ
Being; creature.	كَائِنٌ
Incident, event.	كَائِنَةٌ ج كَائِنَاتٌ
All created things.	أَلْكَائِنَاتُ
Formation, creation.	تَكْوِينٌ
Book of Genesis.	سِفْرُ ٱلتَّكْوِينِ
Place.	مَكَانٌ ج أَمْكِنَةٌ وَأَمَاكِنُ
Adverb of place.	ظَرْفُ ٱلْمَكَانِ
Place; rank.	مَكَانَةٌ ج مَكَانَاتٌ
Creator.	مُكَوِّنٌ
Window.	كُوَّةٌ ج كُوَّاتٌ وَكُوًى
To burn, cauterise.	كَوَى يَكْوِي
To iron clothes).	كَوَى
To be cauterised.	إِكْتَوَى
Cauterisation, ironing.	كَيٌّ
Smoothing-iron.	مِكْوَاةٌ ج مَكَاوٍ
Cauterised; ironed.	مَكْوِيٌّ
In order that.	كَيْ وَلِكَيْ
In order not...	كَيْ لَا وَلِكَيْ لَا
So and so.	كَيْتَ وَكَيْتَ
To deceive....	كَادَ يَكِيدُ كَيْدًا وَكَايَدَ
Stratagem, guile.	كَيْدٌ ج كِيَادٌ
Same as كَيْدٌ.	مَكِيدَةٌ ج مَكَايِدُ
To be shrewd.	كَاسَ يَكِيسُ
To put into a bag.	كَيَّسَ
Intelligence.	كَيْسٌ وَكِيَاسَةٌ
Bag, purse.	كِيسٌ ج أَكْيَاسٌ
Clever; handsome.	كَيِّسٌ
Handsome, pretty.	كُوَيِّسٌ
More handsome.	أَكْيَسُ
To take a special form	تَكَيَّفَ

كَيْفَ	How; in what way?
كَيْفٌ	Enjoyment. Quality.
كَيْفَمَا كَانَ	Howsoever.
كَيْفِيَّةٌ ج كَيْفِيَّاتٌ	Quality; form.
كَالَ يَكِيلُ وَكَيْلٌ	To measure.
إِكْتَالَ	To measure out.
كَيْلٌ ج أَكْيَالٌ (٦ أَمْدَاد)	Measure of grains = 6 *mudds*.
كَيْلَةٌ ج كَيْلاَتٌ	A small measure.
كِيَالَةٌ	Measuring, weighing.
كَيَّالٌ	One who measures.
مِكْيَالٌ	Measure of capacity.
مَكِيلٌ وَمَكْيُولٌ	Measured.
كَيْلُوسٌ	Chyle.
كَيْمَا (كَيْ مَا)	In order that.
كِيمِيَا وَكِيمِيَاءُ	Chemistry.
كِيمِيٌّ	Chemist; chemical.
كِينَا	Quinine.
خَشَبُ ٱلْكِينَا	Cinchona bark.

ل

ل	As a numeral sign = 30.
لَ	To, for.
لِيَكْتُبْ	Let him write.
لَعَمْرُكَ	By thy life!
لاَ	No; not.
لاَ وَلاَ	Neither, nor.

لَاتَ No, there is not or no...

أَللَّاتُ An Arabian godess.

لَازَوَرْدٌ Lapis lazuli.

لَازَوَرْدِيٌّ Azure-blue.

مَلْأَكٌ وَمَلَكٌ ج مَلَائِكَةٌ Angel.

لَأْلَأَ وَتَلَأْلَأَ To shine, glitter.

لُؤْلُؤٌ Pearls.

لُؤْلُؤَةٌ ج لَآلِئُ A pearl.

لُؤْلُؤِيٌّ Pearl-coloured.

لَأَمَ يَلْأَمُ To bind up a wound.

لَؤُمَ To be of a low character.

لَاءَمَ To agree with.

لَاءَمَ بَيْنَ To reconcile.

إِلْتَأَمَ To assemble. Unite. *v. i.*

لُؤْمٌ Avarice, meanness.

لَئِيمٌ ج لِئَامٌ Base, sordid.

مُلَائِمٌ Convenient; suitable.

مُلَاءَمَةٌ Suitableness.

مُلْتَئِمٌ Assembled, gathered.

أَلَبَّ بِ To stay in.

لُبٌّ ج لُبُوبٌ Marrow, pith.

لُبٌّ ج أَلْبَابٌ Heart; mind.

لَبِيبٌ ج أَلِبَّاءُ Intelligent.

لِبَأٌ First milk.

لَبُؤَةٌ ج لَبُؤَاتٌ Lioness.

لَبِثَ يَلْبَثُ بِ To tarry, abide in.

مَا لَبِثَ أَنْ فَعَلَ He did not delay to do.

لَبْثٌ وَلُبْثٌ وَلَبَاثٌ A tarrying.

لُبْثَةٌ A short stay, delay.

لَبَخَ يَلْبَخُ To beat. To abuse.

لَبَخٌ وَلَبْخٌ Persea (tree).

لَبْخَةٌ ج لَبَخَاتٌ Poultice, cataplasm.

لَبَدَ وَأَلْبَدَ بِ To abide, dwell in.

لَبَّدَ To cram, compress.

تَلَبَّدَ To be compact together.

تَلَبَّدَ بِ To stick to, cleave to.

إِلْتَبَدَ	To be pressed closely.
لِبَادَةٌ	Cap or cloth of felt.
لَبَسَ يَلْبِسُ عَلَى	To make obscure.
لَبِسَ يَلْبَسُ	To put on a dress.
لَبَّسَ	To render obscure. To clothe.
أَلْبَسَ	To cover, clothe.
إِلْتَبَسَ	To be dark, obscure.
إِلْتَبَسَ بِ	To be confused with.
لَبْسٌ وَٱلْتِبَاسٌ	Ambiguity.
لُبْسٌ ج لُبُوسٌ	Clothing, dress.
لِبَاسٌ ج أَلْبِسَةٌ	Garment.
مَلْبَسٌ ج مَلَابِسُ	Clothing.
مُلْتَبِسٌ	Obscure; doubtful.
مُلَبَّسٌ	Sugar-plums.
مَلْبُوسٌ ج مَلَابِيسُ	Garment.
لَبَشَ	To collect pell-mell.
لَبَشٌ	Baggage, chattels.
لَبَطَ يَلْبُطُ لَبْطًا	To kick.
لَبْطَةٌ	A kick.
لَبِقَ بِ	To fit, become one.
لَبْقٌ وَلَبَاقَةٌ	Wit and cleverness.
لَبِقٌ وَلَبِيقٌ	Skilful, clever.
لَبَكَ يَلْبُكُ وَلَبَّكَ	To mix; confuse.
تَلَبَّكَ وَٱلْتَبَكَ	To be confused, embarrassed.
لَبْكٌ وَلَبْكَةٌ	Confused affair.
مُلْتَبِكٌ وَمَلْبُوكٌ	Embarrassed.
لَبْلَابٌ	Egyptian bean.
لَبَنٌ ج أَلْبَانٌ	Milk; sour milk. Sap.
لَبِنٌ وَلِبْنٌ	Brick, tile.
لَبِنَةٌ	A brick.
لُبْنَانُ	Mount Lebanon.
لُبْنَانِيٌّ	Of Mount Lebanon.
لُبَانٌ	Frankincence. Pine.
لَبَّانٌ	Brick-maker. Milk-man.
لَبْوَةٌ ج لَبْوَاتٌ	Lioness.
لَبَّى	To obey, respond.

Here I am!	لَبَّيْكَ
To speak nonsense.	لَتَّ يَلُتُّ لَتًّا
Two idols.	أَللَّاتُ وَٱلْعُزَّى
Who, which. (*fem.*).	أَلَّتِي مث أَللَّتَانِ ج أَللَّوَاتِي
To stammer, lisp.	لَثِغَ يَلْثَغُ
Stammering, lisping.	لَثَغٌ وَلُثْغَةٌ
Lisper.	أَلْثَغُ م لَثْغَاءُ ج لُثْغٌ
To kiss.	لَثَمَ يَلْثِمُ وَلَثِمَ يَلْثَمُ لَثْمًا
To muffle the mouth.	لَثَمَ وَلَثَّمَ
A kiss.	لَثْمَةٌ
Veil.	لِثَامٌ
Gums (of the teeth).	لِثَةٌ ج لِثَاتٌ
To persist, persevere.	لَجَّ يَلَجُّ
To importune.	لَجَّ عَلَى
To wrangle with.	لَاجَّ
High sea; the deep.	لُجَّةٌ ج لُجَجٌ
Pertinacious.	لَاجٌّ وَلَجُوجٌ
Pertinacity.	لَجَاجٌ وَلَجَاجَةٌ
To take refuge in, repair to ...	لَجَأَ يَلْجَأُ وَلَجِئَ يَلْجَأُ وَٱلْتَجَأَ إِلَى
To force, compel.	لَجَّأَ وَأَلْجَأَ إِلَى
To defend, protect.	أَلْجَأَ
Refuge.	لَجَأٌ وَمَلْجَأٌ ج مَلَاجِئُ
Seeking shelter.	لَاجِئٌ وَمُلْتَجِئٌ
To stammer.	لَجْلَجَ وَتَلَجْلَجَ
One who stutters.	لَجْلَاجٌ
To bridle (a horse).	لَجَمَ وَأَلْجَمَ
To be bridled.	إِلْتَجَمَ
Bridle, curb.	لِجَامٌ ج أَلْجِمَةٌ وَلُجُمٌ
Bridled.	مُلْجَمٌ وَمَلْجُومٌ
Committee.	لَجْنَةٌ
To be close, near.	لَحَّ يَلَحُّ لَحًّا
To persist in one's demands.	أَلَحَّ فِي ٱلسُّؤَالِ
To importune, press.	أَلَحَّ عَلَيْهِ
Importunate.	لَاحٌّ
Importunity; persistence.	إِلْحَاحٌ
One who insists.	مُلِحٌّ وَمِلْحَاحٌ

لَحَدَ يَلْحَدُ لَحْدًا وأَلْحَدَ — To bury.

أَلْحَدَ عَنْ — To swerve from.

أَلْحَدَ وَالْتَحَدَ — To apostatize.

لَحْدٌ ج أَلْحَادٌ وَلُحُودٌ — A grave.

إِلْحَادٌ — Apostasy; heresy.

مُلْحِدٌ . مُلْحِدُونَ — An apostate.

لَحِسَ ـَ لَحْسًا — To lick.

لَحَظَ يَلْحَظُ لَحْظًا — To regard, observe.

لَاحَظَ — To look at attentively.

لَحْظَةٌ — Glance, moment.

مُلَاحَظَةٌ — Observation.

مَلْحُوظٌ ج مَلْحُوظَاتٌ — Regarded.

لَحَفَ يَلْحَفُ — To wrap up.

اِلْتَحَفَ — To wrap one's self up.

لَحْفٌ — Foot of a mountain.

لِحَافٌ ج لُحُفٌ — Cover, blanket.

مِلْحَفَةٌ ج مَلَاحِفُ — An outer dress.

لَحِقَ يَلْحَقُ — To reach, overtake.

لَاحَقَ — To pursue, follow.

أَلْحَقَ بِ — To annex, join to.

اِلْتَحَقَ بِ — To reach; be annexed.

لَاحِقٌ — Overtaking, reaching.

إِلْحَاقٌ — Adding; annexing.

مُلْحَقٌ — Appendix; supplement.

لَحِمَ يَلْحَمُ لَحْمًا — To be fleshy.

لُحِمَ لَحْمًا — To be killed, massacred.

لَحَمَ يَلْحُمُ لَحْمًا — To solder.

لَاحَمَ وَأَلْحَمَ بِ — To join, unite.

تَلَاحَمَ — To kill one another.

اِلْتَحَمَ — To be soldered, united.

اِلْتَحَمَ — To grow bloody, (combat).

لَحْمٌ ج لُحُومٌ — Flesh, meat.

لُحْمَةٌ ج لُحَمٌ — Woof (of a stuff).

لِحَامٌ — Solder.

لَحَّامٌ — Butcher; flesh-monger.

اِلْتِحَامٌ — Union; alliance.

مَلْحَمَة ج ملاحِم	Combat, battle.
لَحَنَ يَلْحَنُ	To make grammatical mistakes in speakig.
لَحَنَ فِي ٱلْقِرَاءَةِ	To chant.
لَحْن ج أَلْحَان	Tone; chant, air. Error of pronunciation.
صِنَاعَةُ ٱلْأَلْحَانِ	Musical art.
تَلْحِين	Chanting.
إِلْتَحَى	To let one's beard grow.
لَحْي مث لَحْيَانِ ج لُحِيّ	Jaw-bone.
لِحَاء	Bark, (*sp.* inner bark).
لِحْيَة ج لُحًى	Beard.
لِحْيَةُ ٱلتَّيْسِ	Wild salsify.
لُخْنَة	Obscurity in speech.
لَخَّصَ	To extract; sum up.
تَلْخِيص	Abstract. Explanation.
مُلَخَّص	Summary, abstract.
لَدَّ يَلُدُّ لَدًّا	To quarrel; oppose.
أَلَدّ	Violent in opposition.
لَدَغَ يَلْدَغُ لَدْغًا	To sting, bite.
لَدْغَة	Sting, poisonous bite.
لَدُنَ يَلْدُنُ	To be pliable, flexible.
لَدْن ج لُدْن	Soft; supple.
لَدُنْ	At, by, to, with, near to.
لَدَانَة وَلُدُونَة	Softness, flexibility.
لَدَى	At, by, to, with.
لَدَيْكَ	Near or by thee; to thee.
لَذَّ يَلَذُّ	To be sweet, agreeable.
لَذَّ وَٱلْتَذَّ وَٱسْتَلَذَّ بِ	To enjoy.
تَلَذَّذَ	To delight.
لَذَّة ج لَذَّات	Pleasure, delight.
لَذِيذ	Sweet, pleasant.
مَلَذَّة ج مَلَاذّ	Delight, pleasure.
لَذَعَ يَلْذَعُ لَذْعًا	To burn, brand.
إِلْتَذَعَ	To feel a burning pain.
لَذْعَة	A burn.
لَذَّاع	Stinging; pungent.
لَوْذَع وَلَوْذَعِيّ	Ingenious; witty.

اَللاذِقِيَّة Latakia (*city*).

اَلَّذِي ث اَللَّذَانِ ج اَلَّذِينَ Who, which.

لَزَّ يَلُزُّ لَزًّا To press.

اِلْتَزَّ بِهِ To adhere to it.

لازِبٌ Necessary; constant

لَزِجَ يَلْزَجُ To stick, adhere.

لَزِجٌ Viscid, sticky, cohesive.

لُزُوجَةٌ Viscidity, stickiness.

لَزِقَ يَلْزَقُ وَٱلْتَزَقَ بِ To stick to.

لازَقَ To adhere to another.

أَلْزَقَ وَلَزَّقَ To glue together.

لِزْق That which adjoins.

لَزْقَةٌ وَلَزُوقٌ Poultice, plaster.

لَزِمَ يَلْزَمُ To adhere to; persist in; be necessary, follow of necessity.

لازَمَ To cling to, persevere in.

أَلْزَمَ إِلْزَامًا To impose as a duty, compel.

اِلْتَزَمَ To be responsible; be forced. To farm taxes.

اِسْتَلْزَمَ To find necessary.

لازِمٌ Necessary, unavoidable. Intransitive verb (*gram*).

لُزُومٌ Necessity.

إِلْزَامٌ Compulsion,

اِلْتِزَامٌ ج اِلْتِزَامَاتٌ Necessity; obligation. Renting; farming.

مِلْزَمَةٌ ج مَلازِمُ Hand-vice; press.

مُلازِمٌ Lieutenant, (*mil.*).

مُلازَمَةٌ Assiduity, application.

مَلْزُومٌ Obliged, compelled.

مُلْتَزِمٌ Farmer of revenues.

لَسَعَ يَلْسَعُ لَسْعًا To sting.

لَسِنَ يَلْسَنُ لَسَنًا To be eloquent.

لَسِنٌ ج لُسْنٌ Eloquent.

لِسَانٌ ج أَلْسُنٌ Tongue; language. Cape of land.

لِسَانُ ٱلْمِزْمَارِ Epiglottis.

لِسَانُ ٱلْحَالِ Speaking for itself.

لِسَانًا By word of mouth.

ذُو لِسَانَيْنِ Double dealer, false.

لِسَانِيّ Lingual.

لاشى To destroy, annihilate.

تلاشى To vanish, perish.

مُلاشاة وتلاشٍ Annihilation.

لِصٌّ ج لُصُوص Thief, robber.

لُصُوصِيَّة Robbery, thieving.

لَصِقَ يلصقُ والتصقَ بِ To stick to.

لاصَقَ To cling to, be devoted to.

أَلصقَ بِ To fasten, join.

لَصُوقٌ A dressing (for wounds).

مُلاصِقٌ Contiguous.

مُلاصَقَةٌ Contiguity, adherence.

لَطَخَ يلطخُ ولَطَّخَ بِ To soil with.

تلطَّخَ بِ To be soiled with.

لُطْخَةٌ A soil, stain.

لَطَفَ يلطفُ بِ To be kind.

لطَّفَ To soften, mitigate.

لاطَفَ To treat with kindness.

تلطَّفَ لِ To be polite, courteous to.

إستلطفَ To find pretty or nice.

لُطْفٌ Friendliness. Favour.

حركة لُطفٍ Light illness.

لطافة Delicacy. Tenuity.

لَطِيفٌ ج لُطَفَاء Graceful; kind. Rare, (not dense).

اللطيف God.

لَطِيفةٌ ج لطائفُ Witty saying

تلطُّفٌ Friendliness; courtesy.

مُلاطَفَةٌ Friendly treatment.

لَطَمَ يلطِمُ لَطْمًا To slap.

تلاطَمَ والتطمَ To clash, collide.

لَطْمَةٌ ج لَطَمَاتٌ Slap on the face.

لَطَا يلطو To take shelter.

لَظَّ يَلُظُّ To cleave to.

لَظِيَ يلظى لَظًى To blaze, (fire)

تلظَّى والتظى To be enflamed.

لَظًى Fire; flame.

لَعِبَ ـَ لَعِبًا To play, sport, jest.

لَعِبَ	To play, sport with...
لِعْبٌ وَلَعِبٌ	Play, sport.
لِعْبُ ٱلْقِمَارِ	Gambling.
لُعْبَةٌ ج لُعَبٌ	A game, sport.
لُعَابٌ	Saliva, spittle. Mucilage.
لُعَابِيٌّ	Mucilaginous, slimy.
لَعَّابٌ وَلِعِّيبٌ	Professional player.
أُلْعُوبَةٌ	Play, pleasantry.
تَلَاعُبٌ	Sporting; jesting.
مَلْعَبٌ ج مَلَاعِبُ	Place to play in.
مَلْعَبَةٌ	Toy, plaything.
مَلْعُوبٌ ج مَلَاعِيبُ	A trick in play.
لَعَجَ يَلْعَجُ لَعْجًا	To pain, burn.
لَاعِجٌ ج لَوَاعِجُ	Burning pain.
لَعِقَ يَلْعَقُ لَعْقًا	To lick.
لَعُوقٌ	Electuary.
مِلْعَقَةٌ ج مَلَاعِقُ	Spoon.
لَعَلَّ وَعَلَّ	Perhaps, may be.
لَعَلَّ زَيْدًا قَائِمٌ	It may be that Zeid is standing.
لَمَعَ وَتَلَمَّعَ	To shine, gleam.
لَعَنَ يَلْعَنُ لَعْنًا	To curse.
تَلَاعَنَ	To curse one another.
لَعْنٌ وَلَعْنَةٌ ج لَعَنَاتٌ	Imprecation.
ٱللَّعِينُ	Satan.
مَلْعُونٌ ج مَلَاعِينُ	Cursed.
لَغَبَ	To be very tired.
تَلَغَّبَ	To chase long.
لُغْزٌ ج أَلْغَازٌ	Riddle; enigma.
مُلْغَزٌ	Enigmatic, ambiguous.
لَغَطَ يَلْغَطُ	To speak indistinctly.
لَغَطٌ ج أَلْغَاطٌ	Noise; sonnd.
لُغْمٌ ج لُغُومٌ	Mine, blast.
لُغُمْجِيٌّ	Miner; blaster.
لَغَا يَلْغُو	To speak.
أَلْغَى	To exclude, abolish.
لُغَةٌ ج لُغَاتٌ	Language, dialect; idiom, expression.

عِلْمُ ٱللُّغَةِ	Lexicography.
أَهْلُ ٱللُّغَةِ	Lexicographers.
لَغْوٌ	Faulty language, nonsense.
لُغَوِيٌّ	Etymological; linguistic.
إِلْغَاءٌ	Abolishing, annulling.
مُلْغًى	Suppressed, abolished.
لَفَّ يَلُفُّ لَفًّا	To wrap up, roll.
إِلْتَفَّ	To wrap one's self up.
إِلْتَفَّ	To be entwined.
لَفَّةٌ ج لَفَّاتٌ	A turban.
لِفَافَةٌ ج لَفَائِفُ	Bandage.
لَفِيفٌ	Mixed crowd.
مَلْفُوفٌ	Wrapped up. Cabbage.
لَفَتَ يَلْفِتُ لَفْتًا	To twist, turn.
إِلْتَفَتَ إِلَى	To consider, regard.
لِفْتٌ	Turnip, rape.
لَفْتَةٌ ج لَفَتَاتٌ	Side-glance.
إِلْتِفَاتٌ	Attention; favour.

لَفَحَ يَلْفَحُ لَفْحًا	To burn, scorch.
لَفُوحٌ وَلَافِحٌ ج لَوَافِحُ	Scorching.
لُفَّاحٌ	Mandrake (plant).
لَفَظَ يَلْفِظُ	To pronounce. Die.
لَفَظَ وَتَلَفَّظَ بِ	To utter.
لَفْظٌ ج أَلْفَاظٌ	Utterance; word.
لَفْظًا وَمَعْنًى	As regards the wording and the meaning.
لَفْظَةٌ ج لَفَظَاتٌ	A word; an utterance.
لَفْظِيٌّ	Verbal.
لَفَقَ يَلْفِقُ لَفْقًا	To seam.
لَفَّقَ	To interpolate, falsify, lie.
مُلَفَّقٌ	Embellished by falsehood.
لَافَتَ	To wrap up, envelop.
تَلَافِيفُ ٱلدِّمَاغِ	Convolutions of the brain.
أَلْفَى إِلْفَاءً	To find.
تَلَافَى	To mend; take up.
لَقَّبَ بِ	To give a title.
لَقَبٌ ج أَلْقَابٌ	Surname; title.

مُلَقَّبٌ Surnamed; having a title.
لَقَحَ يَلْقَحُ لَقْحًا To fecundate.
لَقِحَ يَلْقَحُ لَقَحًا To be fecundated.
لَقَّحَ وَأَلْقَحَ To fecundate.
لَقْحٌ Fecundation.
لَقَاحٌ Pollen.
تَلَقَّسَ To delay, be late.
لَقَطَ يَلْقُطُ To pickup; glean.
تَلَقَّطَ وَٱلْتَقَطَ To glean. Catch.
لَاقِطٌ م لَاقِطَةٌ Freed slave.
لِقَاطٌ Picking up, gleaning.
لُقَاطَةٌ What is picked up.
لَقِيطٌ ج لُقَطَاءُ Foundling.
مِلْقَطٌ ج مَلَاقِطُ Pincers; tongs.
لَقِفَ وَٱلْتَقَفَ To snatch away.
لَقْلَقٌ وَلَقْلَاقٌ ج لَقَالِقُ Stork.
لَقِمَ يَلْقَمُ لَقْمًا To swallow.
لَقَّمَ وَأَلْقَمَ To feed.

تَلَقَّمَ وَٱلْتَقَمَ To swallow.
لُقْمَةٌ ج لُقَمٌ Morsel, mouthful.
لَقِنَ يَلْقَنُ To understand readily.
لَقَّنَ To instruct, teach.
تَلَقَّنَ To learn.
لَقِنٌ Of quick understanding.
لَقْوَةٌ Facial paralysis.
لَقِيَ يَلْقَى To meet; see, find.
لَاقَى لِقَاءً To go to meet, meet.
أَلْقَى بِ To throw away, fling.
أَلْقَى عَنْ To cast away from.
أَلْقَى عَلَى To propound, propose.
تَلَقَّى To receive. To encounter.
تَلَاقَى وَٱلْتَقَى To meet one another.
إِسْتَلْقَى عَلَى To lie on one's back.
تِلْقَاءَ Towards.
مِنْ تِلْقَاءِ نَفْسِهِ Spontaneously
تَلَاقٍ Mutual encounter.

يَوْمُ ٱلتَّلَاقِي	The day of Resurrection.
مُلْقًى عَلَى	Leaning or resting upon.
مَلْقًى وَمُلْتَقًى	Meeting-place.
مُلَاقَاةٌ	Meeting.
لَكٌّ	Lac (resin); sealing wax.
لَكٌّ ج أَلْكَاكٌ	Ten milions. Lac.
لَكَزَ يَلْكُزُ لَكْزًا	To push, thrust.
لَكِعَ يَلْكَعُ لَكَعًا وَلَكَاعَةً	To be vile.
أَلْكَعُ م لَكَاعِ	Dirty, vile, abject.
لَكَمَ يَلْكُمُ لَكْمًا	To strike with the fist.
مُلَاكَمَةٌ	Boxing, fighting.
لٰكِنْ وَلٰكِنَّ	But, yet, however.
لَكَنٌ ج أَلْكَانٌ	Large copper basin.
أَلْكَنُ م لَكْنَاءُ ج لُكْنٌ	Stammerer.
لِكَيْ وَلِكَيْمَا	In order that.
لَمْ	Not, not yet.
لَمْ يَأْكُلْ	He has not eaten.
لِمَ (*for* لِمَا)	Why?
أَلَمْ وَأَفَلَمْ وَأَوَلَمْ	Was it not?
لَمَّ يَلُمُّ لَمًّا	To gather, amass.
أَلَمَّ بِ	To come upon, befall.
لَمَّا	When. Not yet.
لَمَّا كَانَ	Inasmuch as...
لِمَاذَا (لِمَا ـ ذَا)	Why?
لَمَّةٌ	Calamity; misfortune.
لِمَّةٌ ج لِمَمٌ وَلِمَامٌ	Lock of hair.
لَمَمٌ	Slight madness.
إِلْمَامٌ	Knowledge, experience.
مُلِمَّةٌ ج مُلِمَّاتٌ	Calamity; chance.
مَلْمُومٌ	Collected. Slightly mad.
لُمْجَةٌ	Light meal before lunch.
لَمَحَ يَلْمَحُ إِلَى	To glance at.
لَمَحَ بِٱلْبَصَرِ	To direct the sight.
لَمَحَ يَلْمَحُ	To shine, gleam.
لَمَّحَ إِلَى	To hint at, suggest.
لَمْحَةٌ	A glance. Resemblance.

Gleaning, shining.	لائحٌ ولَمُوحٌ
Allusion, hint.	تَلْمِيحٌ
Points of resemblance.	مَلاَمِحُ
To touch.	لَمَسَ يَلْمُسُ لَمْساً ولاَمَسَ
To seek for repeatedly.	تَلَمَّسَ
To entreat, ask for.	اِلْتَمَسَ مِنْ
Touch, feeling.	لَمْسٌ ومَلْمَسٌ
Entreaty, supplication.	اِلْتِمَاسٌ
Touched.	مَلْمُوسٌ
To shine, flash.	لَمَعَ يَلْمَعُ وَالْتَمَعَ
To beckon with.	أَلْمَعَ بِ
Flash, brightness.	لَمْعٌ ولَمَعَانٌ
A small quantity.	لُمْعَةٌ ج لُمَعٌ
That which shines.	لاَمِعٌ ج لُمَّعٌ
Having a sharp genius.	أَلْمَعِيٌّ
Genius, wit.	أَلْمَعِيَّةٌ
Mottled, spotted.	مُلَمَّعٌ
To gather, get together.	لَمَّ
To be gathered.	تَلَمْلَمَ
A numerous army.	لَمْلَمٌ
Not. By no means.	لَنْ
To flame, blaze (fire).	لَهِبَ يَلْهَبُ
To make to blaze.	لَهَّبَ وأَلْهَبَ
To flame, blaze.	تَلَهَّبَ وَالْتَهَبَ
Flame.	لَهَبٌ ولَهِيبٌ
Inflammation.	اِلْتِهَابٌ ج اِلْتِهَابَاتٌ
The divine nature.	اللاَّهُوتُ
Theology.	عِلْمُ اللاَّهُوتِ
Theologian.	لاَهُوتِيٌّ
To pant. Thirst.	لَهِثَ يَلْهَثُ
Thirsty; out of breath.	لَهْثَانُ
To be addicted to.	لَهِجَ يَلْهَجُ بِ
To be taken up with.	أَلْهَجَ بِ
Voice, tone.	لَهْجَةٌ
To regret.	لَهِفَ يَلْهَفُ وتَلَهَّفَ عَلَى
Regret, grief, sadness.	لَهْفٌ

Unless; if not. لَوْ لَمْ	Oh! Alas! يَالَهْفَاه وَيَالَهْفِي عَلَيْك
Were it not for... لَوْلَا وَلَوْمَا	Grieved. لَهْفَانُ م لَهْفَى ج لُهْفَى
To thirst. Be restless. لَابَ يَلُوبُ	To swallow at one gulp. لَهِمَ يَلْهَمُ وَٱلْتَهَمَ
Beans. لُوبَآء وَلُوبِيَا	To inspire. أَلْهَمَ
Pl. of ٱلَّتِي ٱللَّوَاتِي	Greedy, voracious. لَهِمٌ
To stain; soil. Mix. لَوَّثَ	Divine guidance. إِلْهَامٌ ج إِلْهَامَاتٌ
To be soiled. تَلَوَّثَ تَلَوُّثًا	To play. لَهَا يَلْهُو لَهْوًا
To glimmer; appear. لَاحَ يَلُوحُ	To be infatuated with. لَهَا بِ
Plate; tablet. Shoulder-blade. لَوْحٌ ج أَلْوَاحٌ	To forget; neglect. لَهَا (عَنْ)
Schedule. لَائِحَةٌ ج لَوَائِحُ	To preoccupy. لَهَّى وَأَلْهَى (عَنْ)
Appearances. لَوَائِحُ	To be diverted. تَلَاهَى وَٱلْتَهَى
To take refuge in. لَاذَ يَلُوذُ (بِ)	Amusement; diversion. لَهْوٌ
Refuge; fortress. مَلَاذٌ	Soft palate. لَهَاةٌ ج لَهَوَاتٌ
Almond, (tree and fruit), لَوْزٌ	Palatial. لَهَوِيٌّ
The tonsils. ٱللَّوْزَتَانِ	Diverted, thoughtless. لَاهٍ
To taste. لَاسَ يَلُوسُ لَوْسًا	Amusement. مَلْهًى ج مَلَاهٍ
To be impatient. لَاعَ يَلُوعُ	If. O that لَوْ
To torture. لَوَّعَ تَلْوِيعًا	Although, though. وَلَوْ

لَوعَةٌ	Pain; anguish; torture.
لُوفٌ	A plant, the Arum.
لَاكَ يَلُوكُ لَوْكًا	To masticate.
لُوكَندَةٌ	Hotel, (*Ital.*).
لَوْلَا	Were it not for...
لَوْلَبٌ ج لَوَالِبُ	Screw.
لَولَبِيٌّ	Spiral.
لَامَ يَلُومُ لَوْمًا	To blame; censure.
تَلَاوَمَ	Te blame one another.
لَوْمٌ	Blame; censure.
لَائِمٌ	Blamer; censurer.
مَلَامٌ وَمَلَامَةٌ	Blame; censure.
مَلُومٌ	Blamable; reprehensible.
اَلْعَظْمُ ٱللَّامِيُّ	Hyoid bone.
لُومَانٌ	State-prison.
لَوَّنَ تَلوِينًا	To colour.
تَلَوَّنَ	To be coloured.
لَوْنٌ ج أَلْوَانٌ	Colour. Kind.
مُتَلَوِّنٌ	Changeful.
لَوَندَا	Lavander.
لَوَى يَلْوِي لَيًّا	To twist.
لَوَّى وَأَلْوَى	To bend.
إِلْتَوَى	To be bent, deflected.
لِوَآءٌ ج أَلْوِيَةٌ	Flag, standard. District.
أَمِيرُ ٱللِّوَآءِ	A general of the army.
إِلْتِوَآءٌ	Curvature.
لَيْتَ	O that! Would that!
لَيْتَ زَيْدًا ذَاهِبٌ	Would that Zeid were going!
لَيْتَنِي فَعَلْتُهُ	Would that I had done it!
لَيْثٌ ج لُيُوثٌ	Lion.
لَيْسَ	Not.
لَيْسَ ٱللهُ بِظَالِمٍ	God is not unjust.
لِيفٌ	Fibre of palm, &c.
لَاقَ يَلِيقُ	To be fit, suitable.
لَائِقٌ	Suitable, proper.
لَيْلٌ ج لَيَالٍ · وَلَيْلَةٌ ج لَيْلَاتٌ	Night.

لِئَلاَّ (لِأَنْ لاَ	Lest. (*From*
لِئَلاَّ يَقُولَ	Lest he should say.
لَيْمُون	Lemon.
لاَنَ يَلِينُ	To be soft, tender.
لَيَّنَ تَلْيِيناً وَأَلاَنَ إِلاَنَةً	To soften.
لاَيَنَ مُلاَيَنَةً	To conciliate.
تَلَيَّنَ	To become soft, tender.
تَلاَيَنَ لَهُ	To coax, conciliate.
لَيِّنٌ ج لَيِّنُونَ	Tender, flexible.
لِينٌ	Softness. Diarrhœa.
لُيُونَةٌ	Softness, pliability.
مُلَيِّنٌ	Laxative, aperient.
لِيوَانٌ (إِيوَانٌ)	Portico.

م

م	As a numeral sign = 40.
مَا	What?
مَا فَعَلَ	What has he done?
مَا صَنَعَ	What he has done.
أَمْرٌ مَا	A certain affair.
مَا دُمْتُ حَيًّا	As long as I live.
مَا أَجْمَلَهُ	How beautiful!
مَا أَدْرِي	I do not know.
مَاذَا	What?
مَاذَا تَفْعَلُ	What art thou doing?
لِمَاذَا جِئْتَ	Why hast thou come?
مَاهِيَّةٌ	Nature, essence.

مَاهِيَةٌ ج مَاهِيَاتٌ Wages, pay.

مَآءٌ ج مِيَاهٌ Water, (see موه).

مُوقٌ Inner angle of the eye.

مَأَنَ يَمْأَنُ مَأْنًا To provide.

مُؤُونَةٌ و مُؤْنَةٌ ج مُوَنٌ Provisions.

مِئَةٌ وَمِائَةٌ ج مِئَاتٌ One hundred.

مِئَوِيٌّ Centenary.

مِتْرٌ ج أَمْتَارٌ Metre (measure).

مَتَّعَ وَأَمْتَعَ بِ To grant.

تَمَتَّعَ بِ وَمِنْ To enjoy.

مُتْعَةٌ ج مُتَعٌ Enjoyment, privilege.

مَتَاعٌ ج أَمْتِعَةٌ Furniture, effects.

تَمَتُّعٌ وَاسْتِمْتَاعٌ Enjoyment, privilege.

مَتُنَ يَمْتُنُ مَتَانَةً To be firm.

مَتْنٌ Text of a book.

مَتَانَةٌ Solidity, firmness.

مَتِينٌ Strong, solid, robust.

مَتَى When? When.

مَتَى مَا When, at the time when.

مَثَلَ يَمْثُلُ وَمَاثَلَ To resemble.

مَثَّلَ وَمَاثَلَ بِ To compare to.

مَثُلَ يَمْثُلُ بَيْنَ يَدَيْهِ To stand before someone.

تَمَثَّلَ لَهُ He imagined (a thing).

تَمَثَّلَ بِ To imitate.

تَمَاثَلَ To resemble each other.

تَمَاثَلَ مِنْ عِلَّتِهِ To be nearly convalescent.

إِمْتَثَلَ الأَمْرَ To obey orders.

مِثْلٌ ج أَمْثَالٌ Similar, like.

مِثْلَمَا As well as.

مَثَلٌ ج أَمْثَالٌ Proverb; a saying.

ضَرَبَ مَثَلاً To give an example.

مِثَالٌ ج أَمْثِلَةٌ Model. Example.

مَثَالَةٌ ج مَثَالاَتٌ وَمَثَائِلُ Lesson.

مَثِيلٌ ج مُثُلٌ Resembling.

أَمْثَلُ م مُثْلَى ج أَمَاثِلُ The best.

أُمْثُولَةٌ Example. Lesson.

تِمْثَالٌ ج تَمَاثِيلُ	Image, figure.
تَمْثِيلٌ	Assimilation. Analogy.
مَثَانَةٌ ج مَثَانَاتٌ	Bladder.
مَجَّ يَمُجُّ مَجًّا	To spit; reject.
مَجَدَ يَمْجُدُ	To be great, glorious.
مَجَّدَ	To glorify; exalt, honour.
تَمَجَّدَ	To be glorified, praised.
مَجْدٌ ج أَمْجَادٌ	Glory, praise.
تَمْجِيدٌ	Glorification, praising.
مَجِيدٌ وَمَاجِدٌ	Noble, glorious.
أَلْمَجِيدُ	The Glorious (God).
أَمْجَدُ ج أَمَاجِدُ	More glorious.
مَجَرٌ	Hungarian.
بِلَادُ ٱلْمَجَرِ	Hungary.
مَجُوسٌ	Magians.
أَلْمَجُوسِيَّةُ	Creed of the Magians.
مَجَلَّةٌ	Code, book, (*see* جلل) .
مَجَنَ يَمْجُنُ مُجُونًا	To jest.
مَجَّانٌ	Buffoon, jester.
مَجَّانًا	Gratuitously; freely.
مُحٌّ	Yolk of an egg.
مَحَارَةٌ	Litter, panier.
مَحَصَ يَمْحَصُ مَحْصًا بِ	To purify.
مَحَّصَ	To purify. To try, prove.
مَحَضَ يَمْحَضُ مَحْضًا لَهُ	To be sincere.
مَحْضٌ	Pure, unmixed.
مَحَقَ يَمْحَقُ مَحْقًا	To blot out, efface.
إِمْتَحَقَ وَإِمَّحَقَ	To be effaced.
مَحْقٌ	Perdition, annihilation.
مُحَاقٌ	Waning of the moon.
مَحَكَ يَمْحَكُ مَحْكًا	To brawl, dispute.
مَاحَكَهُ	To quarrel with one.
مُمَاحَكَةٌ	A quarrel, brawl.
مَحِكٌ وَمَاحِكٌ	Quarrelsome.
مَحَلَ يَمْحَلُ وَأَمْحَلَ	To be sterile.
مَحْلٌ	Sterility, barrenness.

مَحَّالٌ Cunning, deceitful.

مَاحِلٌ وَمُمْحِلٌ Barren, unfruitful.

مَحَنَ يَمْحَنُ مَحْنًا To try, test.

إِمْتَحَنَ To try, examine.

مِحْنَةٌ ج مِحَنٌ Trial, affliction.

إِمْتِحَانٌ Experiment; examination.

مَحَا يَمْحُو مَحْوًا To efface, blot out.

إِمَّحَى (إِنْمَحَى) To be blotted out.

مَمْحُوٌّ وَمَمْحِيٌّ Effaced, blotted out.

مِمْحَاةٌ A wiper.

مُخٌّ ج مِخَاخٌ Brain; marrow.

مَخَرَ يَمْخُرُ To plough the water.

مَاخِرَةٌ ج مَوَاخِرُ A ship.

مَاخُورٌ Wine shop. House of ill-fame.

مَخَضَ يَمْخَضُ مَخْضًا To churn.

مَخِضَتْ تَمْخَضُ وَتَمَخَّضَتْ To suffer the pains of childbirth.

تَمَخَّضَ وَإِمْتَخَضَ To be churned.

مَخَاضٌ Labour of childbirth.

مَخِيضٌ Butter-milk.

مِمْخَضٌ A churning-vessel.

مَخَطَ يَمْخُطُ To blow the nose.

مُخَاطٌ Mucus.

مُخَاطُ ٱلشَّيْطَانِ أَوِ ٱلشَّمْسِ Gossamer.

مُخَاطِيٌّ Mucous.

مِخْلٌ ج أَمْخَالٌ وَمُخُولٌ Lever.

مَخْمَضَ فَاهُ وَتَمَخْمَضَ To rinse the mouth.

مَدَّ يَمُدُّ مَدًّا To spread, extend.

مَدَّ ٱلْقَلَمَ To dip the pen in ink.

مَدَّ وَأَمَدَّ To help, aid, assist.

إِمْتَدَّ إِلَى To reach; extend to.

تَمَدَّدَ To be extended, lie down.

إِسْتَمَدَّ To seek help.

مَدٌّ ج مُدُودٌ Tide; flux.

مَدٌّ وَمَدَّةٌ The sign (ٓ).

مُدٌّ ج أَمْدَادٌ A dry measure.

مُدَّةٌ ج مُدَدٌ Period; while.

مَدٌّ وإِمْدَادٌ Assistance.

مِدَادٌ Ink. Oil (of a lamp).

مَادَّةٌ ج مَادَّاتٌ وَمَوَادُّ Matter.

مَادِّيٌّ Material.

مَدِيدٌ ج مُدُدٌ Long.

تَمَدُّدٌ Extension; dilatation.

مُمْتَدٌّ Prolonged; extended.

مَمْدُودٌ A letter with مَدَّة (آ)

مَدَحَ يَمْدَحُ To praise, extol.

إِمْتَدَحَ To praise. Be extended.

مَدْحٌ. وَمَدِيحٌ ج مَدَائِحُ Eulogy.

مَادِحٌ وَمَدَّاحٌ Panegyrist

مَدَرٌ Village, town, city.

أَهْلُ ٱلْمَدَرِ Inhabitants of towns.

مَدَّنَ To build cities; civilize.

تَمَدَّنَ To become civilized.

تَمَدُّنٌ Refinement, civilization.

مَدِينَةٌ ج مُدُنٌ وَمَدَائِنُ City, town.

أَلْمَدِينَةُ Medina (in Arabia).

مَدِينَةُ ٱلسَّلَامِ Bagdad.

مَدَنِيٌّ Citizen, townsman.

مَادَى To grant one a delay.

تَمَادَى To take a long time.

مَدًى Distance, extent; end.

مُدْيَةٌ ج مُدًى Large knife.

مُذْ Since.

مَذِرَ يَمْذَرُ To become rotten.

مَذَّرَ To disperse, scatter.

شَذَرَ مَذَرَ Hither and thither.

مَذِرٌ Spoilt, rotten (egg); foul.

مُمَاذِقٌ Insincere, dissembler.

مَرَّ بِمُرٌّ To pass, pass by.

مَرَّرَ To embitter. make bitter.

أَمَرَّهُ He caused him to pass.

إِسْتَمَرَّ To continue; last.

مَرٌّ وَمُرُورٌ Course, succession.

مُرٌّ	Bitter. Myrrh (plant).
مَرَّةٌ ج مِرَارٌ وَمَرَّاتٌ	Once.
مِرَارًا	Several times, often.
مِرَّةٌ ج مِرَرٌ	Gall; bile.
أَلْمَارُّ ذِكْرُهُ	Aforesaid.
مَرَارَةٌ	Bitterness. Gall-bladder.
أَمَرُّ	More bitter.
مَمَرٌّ	Passage; pathway.
مُسْتَمِرٌّ	Continued, continual.
مَرِئَ يَمْرَأُ	To be healthy, (food).
مَرْءٌ وَأَمْرُؤٌ	Man.
مَرْأَةٌ وَأَمْرَأَةٌ	Woman.
مُرُوءَةٌ وَمُرُوَّةٌ	Courage, bravery.
مَرِيءٌ	Gullet, œsophagus.
مَرَثَ يَمْرُثُ	To moisten, soak.
مَرْجٌ ج مُرُوجٌ	Meadow, pasture.
هَرْجٌ وَمَرْجٌ	Confusion, disorder.
مَرْجَانٌ	Coral.
مَرِحَ يَمْرَحُ	To be very gay.
مَرِحٌ ج مَرْحَى وَمَرَاحَى	Very gay.
مَرْحَبًا	(See رحب).
مَرَخَ يَمْرَخُ مَرْخًا	To anoint.
مَرُوخٌ	Liniment.
مِرِّيخٌ	Mars (planet).
مَرَدَ يَمْرُدُ وَتَمَرَّدَ	To rebel, revolt.
تَمَرَّدَ عَلَى	To be proud, insolent.
مَارِدٌ ج مَرَدَةٌ	Rebellious.
أَمْرَدُ ج مُرْدٌ	Beardless (youth).
مَرْدَقُوشٌ وَمَرْزَنْجُوشٌ	Marjoram.
مَرَسَ يَمْرُسُ	To steep, soak.
مَارَسَ	To exercise, practice.
مَرَسٌ وَمَرَسَةٌ ج مَرَسٌ	Rope, cord.
مُمَارَسَةٌ	Exercise, practice.
مَرْسِينٌ	Myrtle-tree.
مَارِسْتَانٌ	Hospital.
مَرِضَ يَمْرَضُ	To fall ill, be sick.

To nurse the sick.	مَرَّضَ
To make ill, or sick	أَمْرَضَ
To feign illness.	تَمَارَضَ
Disease, illness.	مَرَضٌ ج أَمْرَاضٌ
Sick, ill.	مَرِيضٌ ج مَرْضَى
To pull out (hair).	مَرَطَ يَمْرُطُ مَرْطًا
Scanty-haired.	أَمْرَطُ م مَرْطَاء
To graze, (cattle).	مَرَغَ يَمْرُغُ مَرْغًا
To roll one in the dust.	مَرَّغَ
To roll in the dust.	تَمَرَّغَ
To penetrate, pass.	مَرَقَ يَمْرُقُ مِنْ
Broth; gravy, sauce.	مَرَقٌ وَمَرَقَةٌ
A heretic.	مَارِقٌ
Marble.	مَرْمَرٌ
To become elastic.	مَرَنَ يَمْرُنُ
To be accustomed to.	مَرَنَ عَلَى
To train, habituate.	مَرَّنَ عَلَى
To be habituated to.	تَمَرَّنَ عَلَى
Elastic; flexible.	مَرِنٌ
Elasticity, flexibility.	مُرُونَةٌ
Maronite.	مَارُونِيٌّ ج مَوَارِنَةٌ
Practice; exercise.	تَمْرِينٌ وَتَمَرُّنٌ
Trained; inured.	مُمَرَّنٌ
Ointment.	مَرْهَمٌ ج مَرَاهِمُ
Saint, (*Syriac*).	مَارِ وَمَارِي
Dispute, quarrel.	مِرْيَةٌ
To suck.	مَزَّ يَمُزُّ مَزًّا
Sourish. Insipid.	مُزٌّ وَمُزَّةٌ
To mix.	مَزَجَ يَمْزُجُ مَزْجًا
To associate with.	مَازَجَ
To get mixed with...	إِمْتَزَجَ بِ
Mixture, amalgamation.	إِمْتِزَاجٌ
Mixture, alloy.	مَزِيجٌ
Temperament.	مِزَاجٌ ج أَمْزِجَةٌ
To joke, jest.	مَزَحَ يَمْزَحُ مَزْحًا
To jest together.	تَمَازَحَ

مُزَاحٌ — Jesting, bantering.

مِزْرٌ — A kind of beer.

مَزَقَ يَمْزِقُ وَمَزَّقَ — To tear to pieces.

مَزَّقَ — To disperse (a crowd).

تَمَزَّقَ — To be torn into pieces.

مَزِيَّةٌ ج مَزَايَا — Merit; trait.

مَسَّ يَمَسُّ مَسًّا — To touch.

تَمَاسَّ — To touch one another.

مَسٌّ — Touch; contact. Insanity.

حَاجَةٌ مَاسَّةٌ — Urgent business.

مُمَاسٌّ — Tangent, (*geom*).

مَمْسُوسٌ — Touched. Insane.

مَسْتٌ ج مُسُوتٌ — A kind of shoe.

مَسَحَ يَمْسَحُ مَسْحًا — To wipe; anoint.

مَسَحَ الأَرْضَ — To measure land.

مَسْحٌ — Wiping. Anointing.

مِسْحٌ ج مُسُوحٌ — Sack-cloth.

مِسَاحَةٌ — Land-survey.

عِلْمُ المِسَاحَةِ — Mensuration.

مَسِيحٌ ج مُسَحَاءُ وَمَسْحَى — Anointed.

اَلْمَسِيحُ — Christ, the Messiah.

اَلْمَسِيحُ الدَّجَّالُ — Antichrist.

مَسِيحِيٌّ ج مَسِيحِيُّونَ — Christian.

اَلْمَسِيحِيَّةُ — Christianity.

مَسَّاحٌ ج مَسَّاحَةٌ — Land-surveyor.

مَسْحَاءُ — Flat barren land.

تِمْسَاحٌ ج تَمَاسِيحُ — Crocodile.

مَسَخَ يَمْسَخُ مَسْخًا — To change; distort.

مَسِيخٌ — Distorted, corrupted.

مَسَدَ يَمْسُدُ — To plait or twist.

مَسَّدَ — To rub with the hand.

مَسَدٌ ج مِسَادٌ — Cord of fibres.

تَمْسِيدٌ — Massage.

مَسَكَ يَمْسُكُ وَأَمْسَكَ — To hold, seize.

أَمْسَكَ — To retain, hold back.

أَمْسَكَ عَنْ — To refrain from.

مِسْكٌ Musk.

إِمْسَاكٌ Avarice. Abstinence.

مُمَسَّكٌ Scented with musk.

مَسَّى To wish one good evening.

أَمْسَى To enter into the evening.

مَسَآءٌ Eve, evening.

مَسَآءُ ٱلْخَيْرِ Good evening.

مَشَطَ يَمْشُطُ وَمَشَّطَ To comb (the hair).

مُشْطٌ ج أَمْشَاطٌ Comb; rake.

مُشْطُ ٱلرِّجْلِ Instep of the foot.

مَاشِطٌ م مَاشِطَةٌ Hair-dresser.

مَشَقٌ Slenderness.

مُشَاقَةٌ The refuse of silk.

مَمْشُوقٌ Slim, slender.

مِشْمِشٌ Apricots.

مِشْمِشَةٌ An apricot.

مَشَى يَمْشِي وَتَمَشَّى To walk; go.

مَشَّى وَأَمْشَى To cause to walk.

مَاشَى To walk with one.

مَشْيٌ Walking, marching.

مَاشٍ ج مُشَاةٌ Walker, on foot; foot-soldier.

مَاشِيَةٌ ج مَوَاشٍ Flocks, cattle.

مَمْشًى ج مَمَاشٍ Carridor.

مَصَّ يَمُصُّ وَٱمْتَصَّ To suck; sip.

إِمْتَصَّ To absorb.

مُصَّةٌ وَمُصَاصٌ What is sucked.

قَصَبُ ٱلْمَصِّ Sugar-cane.

خَيْطُ مَصِيصٍ Twine, pack-thread.

مِمَصٌّ Siphon; sucking tube.

إِمْتِصَاصٌ Absorption.

مَصَّرَ To build (cities).

مِصْرُ Egypt. Cairo.

مِصْرٌ ج أَمْصَارٌ Great city. Limits.

مِصْرِيٌّ ج مِصْرِيُّونَ Egyptian.

مُصْرَانٌ ج مَصَارِينُ Intestines.

مُصْطَكَى Mastic, (kind of gum).

مَصَلَ يَمْصُلُ	To drop, trickle.
مَصْلٌ	Whey, Serum.
مَضَّ يَمَضُّ وَأَمَضَّ	To cause pain.
مَضٌّ وَمَضَّةٌ وَمَضَضٌ	Pain, grief.
مَضَغَ يَمْضَغُ	To masticate, chew.
مَضْغٌ	Mastication, chewing.
مُضْغَةٌ ج مُضَغٌ	Morsel.
مَضْمَضَ	To rinse, wash.
مَضَى يَمْضِي	To pass; go; depart.
مَضَى عَلَى	To sign (a letter).
مَضَى بِ	To take, carry off.
أَمْضَى	To execute, accomplish.
تَمَضَّى	To pass off, carried out.
إِمْضَاءٌ	Execution. Signature.
أَلْمَاضِي	The past; past tense.
مُمْضٍ	Signer; subscriber.
مَطَّ يَمُطُّ	To draw; stretch.
مَطَرَ يَمْطُرُ . وَأَمْطَرَ	To rain.
إِسْتَمْطَرَ	To pray for rain.
مَطَرٌ ج أَمْطَارٌ	Rain; heavy rain.
مَاطِرٌ وَمُمْطِرٌ	Rainy (weather).
مَطَرَةٌ	A water-skin.
مِطْرَانٌ ج مَطَارِنَةٌ	Bishop.
مَطَلَ وَمَاطَلَ	To defer, put off.
مَطْلٌ وَمُمَاطَلَةٌ	Delay, putting off.
مُمَاطِلٌ	One who puts off.
مَمْطُولٌ	Deferred.
أَمْطَى وَامْتَطَى	To mount, ride.
مَطِيَّةٌ ج مَطَايَا	Beast of burden.
مَعَ وَمَعْ	With. together with.
مَعَ ذَلِكَ	Nevertheless, yet.
مَعَ أَنَّ	Although.
مَعًا	Together. simultaneously.
مَعِيَّةٌ	Company, attendance.
مَعِدَةٌ وَمِعْدَةٌ ج مِعَدٌ	Stomach.
مَعَزٌ وَمِعْزَى	Goats (*coll. noun*).

A goat.	ماعز ج مواعز
Goat-herd	معاز
To crush.	معس يمعس معساً
To pull out (hair).	معط يمعط
Hairless.	أمعط م معطاء ج معط
To rub.	معك يمعك معكاً
To delay paying.	ماعك بدينه
Tumult of battle.	معمعة ج معامع
To consider.	أمعن النظر و تمعن
Consideration.	إمعان و تمعن
Utensil; boat.	ماعون ج مواعين
Running water.	معين ج معن
Intestine.	معي و معى ج أمعاء
Red earth for dyeing.	مغرة
To suffer from colic.	مغص
Colic, gripes.	مغص و مغيص
To stretch.	مغط يمغط و مغط
To be stretched.	تمغط و امتغط
To draw (a sword).	إمتغط
To speak indistinctly.	مغمغ الكلام
To magnetize.	مغطس
The magnet.	مغنطيس
To hate, detest.	مقت يمقت مقتاً
Hatred; aversion.	مقت
Hated, detested.	مقيت و ممقوت
Sebesten (*Cordia myxa*).	مقساس
To look at.	مقل يمقل مقلاً
The eye; eye-ball.	مقلة ج مقل
Mecca (city in Arabia).	مكة
Meccan.	مكي و مكاوي
Weaving-shuttle.	مكوك
To abide, dwell	مكث يمكث
Sojourn, stay.	مكث
To deceive.	مكر يمكر و ماكر
Trick, deceit, fraud.	مكر
Cunning deceitful	ماكر ج مكرة

مَكَّارٌ — Deceiver; trickster.

مَكَسَ وَمَكَّسَ — To collect taxes.

مَكْسٌ ج مُكُوسٌ — Custom duties.

مَاكِسٌ وَمَكَّاسٌ — Tax-gatherer.

مَكُنَ يَمْكُنُ — To be strong.

مَكَّنَ — To strengthen.

مَكَّنَ وَأَمْكَنَ مِنْ — To enable.

أَمْكَنَهُ — To be possible for (him).

يُمْكِنُ أَنْ — It is possible that...

تَمَكَّنَ — To be stable, firm, solid.

تَمَكَّنَ مِنْ — To be able, overcome.

مُكْنَةٌ — Possibility. Power.

مَكَانٌ ج أَمَاكِنُ — Place; station.

مَكَانَةٌ — Influence; power.

إِمْكَانٌ — Possibility; power.

مُمْكِنٌ — Possible.

مُتَمَكِّنٌ — Declinable noun.

مَلَّ يَمُلُّ مَلًّا — To tack, baste.

مَلَّ يَمَلُّ مِنْ — To tire of.

أَمَلَّ — To cause weariness.

تَمَلَّلَ — To be restless, tired.

مِلَّةٌ ج مِلَلٌ — A religion, creed.

مَلَلٌ وَمَلَالٌ وَمَلَالَةٌ — Weariness.

مُلَّا — Mollah, a Turkish judge.

مَلُّولٌ — Acorn-tree; kind of oak.

مَلَأَ يَمْلَأُ مَلْأً — To fill up.

مَلِئَ يَمْلَأُ وَامْتَلَأَ مِنْ — To be filled.

مَلَّأَ تَمْلِئَةً — To fill, fill up

مِلْءٌ — Quantity which fills up.

مَلَأٌ ج أَمْلَاءٌ — An assembly.

مُلَاءَةٌ وَمُلَايَةٌ — A kind of garment.

مَلْآنُ م مَلْأَى وَمَلْآنَةٌ — Full,

إِمْتِلَاءٌ — Fullness Plethora.

مَمْلُوءٌ وَمَمْلُوٌّ وَمُمْتَلِئٌ — Full.

مَلَحَ يَمْلَحُ وَمَلَّحَ — To salt (food).

مَلُحَ يَمْلُحُ مُلُوحَةً — To be salty. Be beautiful.

How handsome he is!	ما أملحهُ
alt.	مِلحٌ ج أملاحٌ
Pleasant anecdote.	مُلحَةٌ ج مُلَحٌ
Beauty, goodliness.	مَلاحَةٌ
The art of navigation.	مِلاحَةٌ
Sailor. Salt merchant.	مَلّاحٌ
Salt-works, salt mine	مَلّاحَةٌ
Saltness.	مُلُوحَةٌ
Goodly, pretty.	مَلِيحٌ ج مِلاحٌ
Salted.	مُمَلَّحٌ
Salt-cellar.	مَملَحَةٌ ج مَمالِحُ
Jew's mallow	مُلُوخِيَّةٌ وَمُلُوخِيا
To be smooth.	مَلِسَ يَملَسُ
To make smooth.	مَلَّسَ
Twilight, dawn.	مَلَسُ الظَّلامِ
Smoothness.	مَلاسَةٌ
Smooth.	أَملَسُ م مَلساءُ ج مُلسٌ
To escape.	مَلِصَ وَتَمَلَّصَ مِن

To plaster.	مَلَطَ يَملُطُ . وَمَلَّطَ
Plaster.	مِلاطٌ
Malta (island).	مالِطَةُ
Maltese.	مالِطِيٌّ
Scanty-haired.	أَملَطُ م مَلطاءُ
To flatter.	مَلِقَ يَملَقُ . وَمالَقَ
To flatter, cajole.	تَمَلَّقَ تَمَلُّقاً
Flattery.	مَلَقٌ وَتَملِيقٌ وَتَمَلُّقٌ
Adulator, flatterer.	مَلِقٌ وَمَلّاقٌ
To possess.	مَلَكَ يَملِكُ . وَتَمَلَّكَ
To reign or rule over.	مَلَكَ عَلَى
To give in possession.	مَلَّكَ
To rule, possess.	تَمَلَّكَ
To abstain from.	تَمالَكَ عَن
Property; goods.	مِلكٌ ج أَملاكٌ
Power, authority, reign.	مُلكٌ
Angel.	مَلَكٌ وَمَلاكٌ ج مَلائِكَةٌ
King.	مَلِكٌ ج مُلُوكٌ

مَلِكَة Queen.

مَلَكَة ج مَلَكَات Custom, habit.

مَلَكُوت Royalty. Kingdom.

مَلَكِيّ ومُلُوكِيّ Royal, kingly.

مَالِك Possessor, proprietor.

مَالِكُ الحَزِين Heron (bird).

مَلِيك ج مُلَكَاء Possessor. King.

مَمْلَكَة ج مَمَالِك Kingdom.

مَمْلُوك ج مَمَالِيك Mamluke.

تَمَلْمَلَ To be restless.

مَالَنْخُولِيَا Melancholy; black bile.

أَمْلَى عَلَى To dictate a writing.

مَلِيًّا مِنَ الدَّهْرِ A long time.

إِمْلَاء ج أَمَالٍ Dictation.

مِلْيُون ج مَلَايِين Million.

مِمَّا (مِنْ مَا) For what? From what?

مَنْ Who? Whoever.

مِنْ From; of; for; than

مِنْهُمْ مَنْ يَقُولُ Some *of* them say.

قَرُبَ مِنْهُ He drew nigh *to* him.

أَفْضَلُ مِنْ Better *than*.

جَاءَ مِنْ سَاعَتِهِ He came at once.

مَنَّ يَمُنُّ وَامْتَنَّ To be gracious.

مَنَّ وَمَنَّنَ To reproach for benefits.

مَنّ Gift, benefit. Manna.

بِمَنِّهِ تَعَالَى By the grace of God.

مِنَّة ج مِنَن Grace, bounty.

مَنَّان ج مَنَّانَة Generous.

اَلْمَنَّان God, the giver of good.

اَلْمَنُون Ill-fortune. Death.

اِمْتِنَان Reproach for benefits.

مَمْنُون Under obligation.

مَمْنُونِيَّة Obligation.

مَنْجَنِيق وَمَنْجَلِيق Battering-ram.

مَنَحَ يَمْنَحُ مَنْحًا To give, grant.

مِنْحَة ج مِنَح Gift, favour.

منذ ومذ	Since.
مَنَعَ يَمْنَعُ عَنْ وَمِنْ	To refuse; prohibit.
مَنُعَ يَمْنُعُ	To be inaccessible.
مَانَعَ	To refuse; oppose.
تَمَنَّعَ عَنْ	To abstain from.
تَمَنَّعَ بِ	To intrench one's self.
إِمْتَنَعَ	To be impossible.
إِمْتَنَعَ وَتَمَنَّعَ	To refrain from.
مَنْعٌ ج مُنُوعٌ	Prevention.
مَنِيعٌ	Impregnable, inaccessible.
مَانِعٌ	Something which prevents.
مُمْتَنِعٌ	Impossible.
مَمْنُوعٌ	Interdicted, prohibited.
مَنَّى تَمْنِيَةً	To grant one's desire.
تَمَنَّى	To wish, desire.
مَنًا ج أَمْنَاء	A measure.
مَنِيَّة ج مَنَايَا	Death. Destiny.
مُنْيَة ج مُنًى	Wish, desire.
أُمْنِيَّة ج أَمَانِيّ	Wish, vain wish.
مُهْجَة ج مُهَج	Soul, life.
مَهَدَ يَمْهَدُ وَمَهَّدَ	To level; prepare.
تَمَهَّدَ	To be made easy.
مَهْدٌ ج مُهُود	Bed; child's cradle.
مَهَرَ يَمْهَرُ	To be skilful.
تَمَهَّرَ	To become skilful.
مَهْرٌ ج مُهُورٌ وَمُهُورَة	Dowry.
مُهْرٌ ج مِهَارٌ	Foal. Signet.
مُهْرْدَار	Seal-bearer, secretary.
مُهْرَة ج مُهُرَات	Filly.
مَهَارَة	Skilfulness, dexterity.
مَاهِرٌ ج مَهَرَة . وَمُتَمَهِّر	Skilful.
مَهَلَ يَمْهَلُ . وَتَمَهَّلَ	To act slowly.
مَهَّلَ وَأَمْهَلَ	To grant a delay.
إِسْتَمْهَلَ	To ask for a delay.
مَهْلٌ	Deliberate action.
مَهْلًا	Go slowly; softly!

إمْهَالٌ — Concession of a delay.

تَمَهُّلٌ — Slowness, delay.

مَهْمَا — Whatever.

مَهَنَ يَمْهَنُ — To serve. Overwork.

إِمْتَهَنَ — To employ. Despise.

مِهْنَةٌ ج مِهَنٌ — Art, trade.

مَهَاةٌ ج مَهًا وَمَهَوَاتٌ — Antelope.

مَاتَ يَمُوتُ مَوْتًا — To die, expire.

مَوَّتَ وَأَمَاتَ — To kill.

تَمَاوَتَ — To feign death.

إِسْتَمَاتَ — To act desperately

مَوْتٌ وَمَوْتَةٌ — Death, decease.

مَوَتَانٌ وَمُوتَانٌ — Cattle-plague.

مَائِتٌ ج مَائِتُونَ — Dying.

مَيْتٌ وَمَيِّتٌ ج أَمْوَاتٌ — Dead.

مِيتَةٌ — Kind of death.

مَمَاتٌ — Death, decease.

مُمِيتٌ — Deadly, mortal, fatal.

مُسْتَمِيتٌ — Bold, desperate.

مَاجَ يَمُوجُ . وَتَمَوَّجَ — To be agitated.

مَوْجٌ ج أَمْوَاجٌ — Wave, billow.

تَمَوُّجٌ — Commotion; fluctuation.

مَارِي وَمَارِيٌّ — A saint, (*Syriac*).

مَارِسْتَانٌ — A hospital; asylum.

مَوْزٌ — Banana (tree or fruit).

مَاسٌ — Diamond.

مُوسَى أَوْ مُوسًى وَمُوسٌ ج مَوَاسٍ — A razor.

مُوسَى — Moses.

مُوسِيقَى — Music.

مُوسِيقِيٌّ — Musician. Musical.

مَاشٌ — Indian peas.

مُوقٌ — Inner angle of the eye.

مَالَ يَمُولُ — To be wealthy, rich.

تَمَوَّلَ — To become rich.

مَالٌ ج أَمْوَالٌ — Goods, riches.

بَيْتُ ٱلْمَالِ — Public Treasury.

مالِيٌّ Financial; pecuniary.

أَلْمالِيَّةُ Finance; ministry of.

نَاظِرُ ٱلْمَالِيَةِ Minister of Finance.

مُتَمَوِّلٌ A wealthy man.

مُومِيَا A kind of bitumen.

مُومِيَّةٌ ج مُومِيَاتٌ Mummy.

مَانَ يَمُونُ • وَمَوَّنَ To furnish.

تَمَوَّنَ To lay in a store.

مُونَةٌ (مُؤْنَةٌ) Provisions.

بَيْتُ ٱلْمُونَةِ Store-room.

مَوَّهَ To gild, or silver.

مَوَّهَ To falsify (news).

مَاءٌ ج أَمْوَاهٌ وَمِيَاهٌ Water.

مَائِيٌّ Watery; fluid. Aquatic.

مَاهِيَّةٌ Nature, essence. Salary

مُمَوَّهٌ Falsified (narrative).

تَمْوِيهٌ Equivocation.

مَاحَ يَمِيحُ To give a gift.

إِسْتَمَاحَ To seek a gift.

مَائِدَةٌ ج مَائِدَاتٌ وَمَوَائِدُ A table.

مَيْدَانٌ ج مَيَادِينُ Race-field; arena.

مِيرِيٌّ أَوْ مِيرَةٌ (أَمِيرِيٌّ) Taxes.

مَيَّزَ To detect, distinguish.

تَمَيَّزَ وَٱمْتَازَ To be distinguished.

تَمْيِيزٌ Separation; distinction.

سِنُّ ٱلتَّمْيِيزِ The age of reason.

إِمْتِيَازٌ Distinction; privilege; preference.

مُمَيِّزٌ Distinguishing.

مُتَمَيِّزٌ وَمُمْتَازٌ Distinguished.

مَيْسٌ Hackberry-tree.

مَاعَ يَمِيعُ To flow (liquid).

مَيْعَةٌ Incense, perfume. Balm

مَائِعٌ Fluid, liquid.

مَالَ يَمِيلُ إِلَى To be inclined to.

مَالَ عَنْ To deviate from.

مَالَ عَلَى To be adverse to...

مَالَ يَمِيلُ	To decline, (sun)
تَمَايَلَ	To reel in walking.
إِسْتَمَالَ	To conciliate.
مَيَّلَ وَأَمَالَ	To incline, bend.
مَيْلٌ ج أَمْيَالٌ	Inclination.
مِيلٌ ج أَمْيَالٌ	A probe. A mile.
مَائِلٌ	Bent, inclined.
مَيَّالٌ	Very much inclined.
مَانَ يَمِينُ	To lie, tell a falsehood.
مَيْنٌ ج مُيُونٌ	A lie, falsehood.
مِينَا	A harbour, port. Enamel.

ن

ن	As a numeral sign=50.
نَارَجِيلٌ وَنَارْجِيلٌ	Cocoa-nut.
نَأَى يَنْأَى عَنْ	To be far from.
إِنْتَأَى عَنْ	To go far from.
نَاءٍ	One who is far away. remote.
أُنْبُوبٌ ج أَنَابِيبُ	A tube, pipe.
نَبَأَ عَلَى	To assault.
نَبَأَ بِ	To lead to.
نَبَّأَ وَأَنْبَأَ	To announce, inform.
تَنَبَّأَ	To prophesy; foretell.
إِسْتَنْبَأَ	To seek information.
نَبَأٌ ج أَنْبَاءٌ	News; information.
نُبُوءَةٌ وَنُبُوَّةٌ	A prophecy.
نَبَوِيٌّ	Prophetic.

A prophet. نَبِيٌّ ج أَنْبِيَاء وَنَبِيُّونَ

To sprout, (plant). نَبَتَ يَنْبُتُ

To cause to sprout. أَنْبَتَ

A plant; herb; sprout. نَبْتٌ

Plant, vegetation. نَبَاتٌ ج نَبَاتَاتٌ

Botany. عِلْمُ ٱلنَّبَاتِ

The vegetable world. عَالَمُ ٱلنَّبَاتِ

Botanist. Vegetable. نَبَاتِيٌّ

Sprouting, germinating. نَابِتٌ

A club. نَبُّوتٌ ج نَبَابِيتُ

Herbarium. Origin. مَنْبَتٌ ج مَنَابِتُ

To bark, (dog). نَبَحَ يَنْبَحُ نَبْحًا

Barking. نُبَاحٌ

To throw; give up. نَبَذَ يَنْبِذُ

The rabble, mob. أَنْبَاذُ ٱلنَّاسِ

Section, article. نُبْذَةٌ ج نُبَذٌ

Wine. نَبِيذٌ ج أَنْبِذَةٌ

To speak loud. نَبَرَ يَنْبِرُ نَبْرًا

A store; granary. نَبْرٌ ج أَنَابِرُ

Emphasis (in speaking). نَبْرَةٌ

Stage, pulpit. مِنْبَرٌ ج مَنَابِرُ

A lamp. نِبْرَاسٌ ج نَبَارِيسُ

To unearth, dig up. نَبَشَ يَنْبُشُ

Earth or pit dug out. نَبِيشَةٌ

A digger. نَبَّاشٌ

To pulsate, throb. نَبَضَ يَنْبِضُ

Pulsation; pulse. نَبْضٌ

A throb, pulsation. نَبْضَةٌ

To invent (something). إِسْتَنْبَطَ

The Nabathæns. نَبَطٌ ج أَنْبَاطٌ

A vulgar word. كَلِمَةٌ نَبَطِيَّةٌ

Discovery, invention. إِسْتِنْبَاطٌ

To spring, gush, (water) نَبَعَ يَنْبَعُ

Spring of water. نَبْعٌ

Source, origin. مَنْبَعٌ ج مَنَابِعُ

A fountain. يَنْبُوعٌ ج يَنَابِيعُ

نَبَغَ يَنْبُغُ	To arise; appear.
نَابِغَةٌ ج نَوَابِغُ	Distinguished.
إِنْبِيقٌ ج أَنَابِيقُ	Chemical retort.
نَبَلَ يَنْبُلُ نَبْلاً	To shoot arrows.
نَبُلَ يَنْبُلُ	To have genius, skill.
تَنَبَّلَ	To become skilful.
نَبْلٌ ج نِبَالٌ	Arrows, darts.
نَبِيلٌ ج نِبَالٌ	Highly intelligent.
نَبْلَةٌ	An arrow, dart.
نَبَالَةٌ	Ability; superiority.
نَبِهَ يَنْبَهُ نَبَهًا لِ	To perceive.
نَبَهَ نُبْهًا مِنَ ٱلنَّوْمِ	To awake.
نَبَّهَهُ مِنَ ٱلنَّوْمِ	To wake one up.
نَبَّهَ عَلَى أَوْ إِلَى	To warn; inform.
تَنَبَّهَ وَٱنْتَبَهَ	To awake.
تَنَبَّهَ لِ	To be awake to.
إِنْتَبَهَ لِ	To perceive.
نَبَاهَةٌ	Celebrity. Intelligence.
إِنْتِبَاهٌ	Attention; wakefulness.
تَنْبِيهٌ	Warning. Notice.
مُتَنَبِّهٌ وَمُنْتَبِهٌ	Awake. Attentive.
نَتَأَ يَنْتَأُ نُتُوءًا	To project.
نَاتِئٌ	Projecting; jutting out.
نَتَجَ يَنْتِجُ	To bring forth.
نُتِجَ عَنْ	To arise, result from...
إِسْتَنْتَجَ	To deduce, infer.
نَتِيجَةٌ ج نَتَائِجُ	Conclusion. Result; consequence.
نَتَرَ يَنْتُرُ	To pull, snatch.
نَتَشَ يَنْتِشُ نَتْشًا	To snatch, pluck.
نَتَفَ يَنْتِفُ	To pluck, pull out.
تَنَتَّفَ	To be plucked off.
نُتْفَةٌ ج نُتَفٌ	A small quantity.
نَتُنَ يَنْتُنُ نَتْنًا وَأَنْتَنَ	To stink.
نَتْنٌ وَنَتَانَةٌ	Stench.
نَتِنٌ وَمُنْتِنٌ	Stinking, putrid.
نُتُوٌّ ج نُتُوَّاتٌ	Tuberosity.

نَاتِ	Swollen. Projecting.
نَثَرَ يَنْثُرُ	To disperse, scatter.
تَنَاثَرَ وَٱنْتَثَرَ	To be scattered.
نَثْرٌ	Prose, (*opp. to* نَظْمٌ).
مَنْثُورٌ	Gilly-flower.
نَجُبَ يَنْجُبُ	To be noble.
إِنْتَخَبَ	To choose, select.
نَجَابَةٌ	Nobility.
نَجِيبٌ ج نُجَبَاءُ	Noble.
نَجَائِبُ	The choicest parts.
نَجَحَ يَنْجَحُ	To succeed, prosper.
نَجَّحَ وَأَنْجَحَ	To give success
نُجْحٌ وَنَجَاحٌ	Success, prosperity.
نَاجِحٌ	Successful, thriving.
نَجَدَ يَنْجُدُ. وَأَنْجَدَ	To help, aid.
نَجَّدَ	To upholster.
نَاجَدَ مُنَاجَدَةً	To bring help to.
اِسْتَنْجَدَ	To invoke assistance.
نَجْدٌ ج أَنْجُدٌ	High land.
نَجْدَةٌ ج نَجَدَاتٌ	Help, succour.
نَجَّادٌ ومُنَجِّدٌ	An upholsterer.
نَجَرَ يَنْجُرُ	To plane (wood).
نِجَارَةٌ	Carpentry.
نُجَارَةٌ	Shavings, chips of wood.
نَجَّارٌ ج نَجَّارُونَ	Carpenter.
نَجَزَ يَنْجُزُ وَنَجِزَ	To finish a thing.
نَجِزَ يَنْجَزُ	To come to an end.
أَنْجَزَ	To achieve; accomplish.
نَجْزٌ وَنَجَازٌ	Achievement.
نَاجِزٌ وَنَجِيزٌ	Ready, present.
نَجِسَ يَنْجَسُ نَجَساً	To be impure.
نَجَّسَ وَأَنْجَسَ	To defile, pollute.
تَنَجَّسَ	To become polluted.
نَجَاسَةٌ	Filth. Legal impurity.
نَجِسٌ ج أَنْجَاسٌ	Impure, filthy.
أَلنَّجَاشِيُّ	Title of the Abyssinian kings

نَجَعَ يَنْجَعُ	To benefit, profit.
نَجِيعٌ	Profitable, useful. Dark red blood.
نَجْلٌ ج أَنْجَالٌ	Child, son.
إِنْجِيلٌ ج أَنَاجِيلُ	Gospel.
إِنْجِيلِيٌّ	Evangelical; evangelist.
مِنْجَلٌ ج مَنَاجِلُ	A sickle.
نَجَمَ يَنْجُمُ وَانْجَمَ	To appear.
نَجَمَ عَنْ	To arise. or result from.
نَجْمٌ ج أَنْجُمٌ وَنُجُومٌ	A star. Shrub.
عِلْمُ النُّجُومِ	Astronomy.
عِلْمُ التَّنْجِيمِ	Astrology.
مُنَجِّمٌ	Astronomer. Astrologer.
مَنْجَمٌ ج مَنَاجِمُ	Mine. Source.
نَجَا يَنْجُو نَجْوًا	To escope.
نَاجَى	To confide a secret to.
نَجَّى وَأَنْجَى مِنْ	To save, deliver.
تَنَاجَى	To commune secretly.
نَجَاةٌ وَنَجَاءٌ	Deliverance.
مَنْجًى ج مَنَاجٍ	An asylum.
مُنَاجَاةٌ	Secret communication.
نَحَبَ يَنْحِبُ	To weep, cry, wail.
نَحْبٌ	Bitter weeping. Death.
قَضَى نَحْبَهُ	To die.
نَحِيبٌ	Wailing. Lamenation.
نَحَتَ يَنْحِتُ	To cut, hew, carve.
نُحَاتَةٌ	Fragments, chips.
نَحَّاتٌ	Stone-cutter. Sculptor.
نَحِيتٌ وَمَنْحُوتٌ	Cut, hewed.
مِنْحَتٌ ج مَنَاحِتُ	Sculptor's chisel.
نَحَرَ يَنْحَرُ	To kill (an animal).
تَنَاحَرَ	To contend together.
إِنْتَحَرَ	To commit suicide.
نِحْرٌ وَنِحْرِيرٌ ج نَحَارِيرُ	Skilled.
نَحْرٌ ج نُحُورٌ	Lower part of neck.
مَنْحَرٌ	Throat.
نَحَّسَ	To cover with copper.

نَحْسٌ ج نُحُوسٌ	Ill-luck.
نَحْسٌ وَمَنْحُوسٌ	Unlucky.
نُحَاسٌ	Brass.
نُحَاسٌ أَحْمَرُ	Copper.
نُحَاسَةٌ	A piece of copper.
نَحَّاسٌ	A copper merchant.
نَحُفَ يَنْحُفُ نَحَافَةً	To be slim.
أَنْحَفَ	To make thin.
نَحَافَةٌ	Leanness; slenderness.
نَحِيفٌ ج نِحَافٌ	Thin, meagre.
نَحَلَ يَنْحَلُ	To become thin.
أَنْحَلَ	To make thin.
تَنَحَّلَ وَانْتَحَلَ	To plagiarize.
إِنْتَحَلَ	To embrace a religion.
نَحْلٌ	Bees.
نَحْلَةٌ	A bee.
نِحْلَةٌ ج نِحَلٌ	A religious sect.
نُحُولٌ	Thinness, leanness.
نَحِيلٌ	Thin, emaciated.
نَحْنُ	We.
نَحَا يَنْحُو	To move towards.
نَحَّى عَنْ	To send away.
تَنَحَّى عَنْ	To go aside.
نَحْوٌ	Towards. Nearly, about. For example.
نَحْوٌ ج أَنْحَاءٌ	Region. Method.
عِلْمُ النَّحْوِ	Grammar, *sp.* syntax.
نَاحٍ ج نُحَاةٌ	Grammarian,
نَحْوِيٌّ	Grammatical.
نَاحِيَةٌ ج نَوَاحٍ	Side, direction.
نَخَبَ يَنْخُبُ . وَانْتَخَبَ	To select.
نَخْبٌ وَانْتِخَابٌ	Choice, election.
نُخْبَةٌ ج نُخَبٌ	Chosen. Choice.
مُنْتَخِبٌ	Elector.
مُنْتَخَبٌ	Chosen; elected.
نَخَرَ يَنْخُرُ	To snore; snort.
نَخِرَ يَنْخَرُ نَخَرًا	To be rotten.

Rotten, decayed.	نَخِرٌ وَنَاخِرٌ
Nostril; nose.	مَنْخَرٌ ج مَنَاخِيرُ
To prick with.	نَخَزَ يَنْخَزُ بِ
To prick.	نَخَسَ يَنْخَسُ نَخْسًا
Cattle-trade; slave-trade.	نِخَاسَةٌ
Cattle, or slave trader.	نَخَّاسٌ
A goad, spur.	مِنْخَسٌ ج مَنَاخِسُ
To hawk, clear the throat.	تَنَخَّعَ
Marrow. Brain.	نُخَاعٌ ج نُخُعٌ
Phlegm, mucus.	نُخَاعَةٌ
To sift, bolt flour.	نَخَلَ يَنْخُلُ
The palm-tree.	نَخْلٌ وَنَخِيلٌ
A palm-tree.	نَخْلَةٌ
Bran.	نُخَالَةٌ
A sieve.	مُنْخُلٌ ج مَنَاخِلُ
To blow the nose.	تَنَخَّمَ
Mucus; phlegm.	نُخَامَةٌ
To incite, instigate.	نَخَّى وَأَنْخَى

Pride. Sense of honour.	نَخْوَةٌ
To expose one's faults.	نَدَّدَ بِ
A kind of perfume.	نَدٌّ
Similar to, an equal.	نِدٌّ ج أَنْدَادٌ
To weep, lament.	نَدَبَ يَنْدُبُ
To call, appoint.	نَدَبَ وَٱنْتَدَبَ
To be cicatrized.	نَدِبَ يَنْدَبُ
To respond to a call.	إِنْتَدَبَ لِ
Scar.	نَدَبَةٌ ج نُدُوبٌ وَأَنْدَابٌ
An elegy, a lamentation.	نُدْبَةٌ
A weeper, lamenter.	نَادِبٌ
Mourned. Commissioner.	مَنْدُوبٌ
Liberty of action.	مَنْدُوحَةٌ
To be rare.	نَدَرَ يَنْدُرُ
Rarity; infrequency.	نُدْرَةٌ
A rare thing.	نَادِرٌ ج نَوَادِرُ
Rarely, seldom.	نَادِرًا أَوْ فِي ٱلنَّادِرِ
To card (cotton).	نَدَفَ يَنْدِفُ

Trade of carding.	نِدافة
Wool or cotton carder.	نَدَّاف
Carded.	مَنْدُوف
A towel. Veil.	مِنْديل ج مَناديل
Andalusia. Spain.	ألأندلُس
Andalusian.	أندلُسي
To regret.	ندِم يندَم . وتندّم على
To associate with.	نادَم منادَمة
Regret, repentance.	ندَم وندامة
Repentant, contrite.	نادِم
Associate, friend.	نَديم ج نُدَماء
To be wet.	ندِيَ يندَى
To dampen, wet.	ندَّى تندية
To call.	نادَى مُناداة ونداء
To proclaim; publish.	نادَى ب
To be liberal.	أندَى إنداء
To become wet.	تندَّى
To assemble v. i.	إنتدَى

Moisture. Dew.	ندَى ج أنداء
Call. Proclamation.	نُداء
Vocative particle.	حرفُ النِّداء
An assembly a meetting.	ندوة
Place of assembly.	نادٍ ج أندية
A public crier.	مُنادٍ
Assembly-hall.	مُنتدَى
To make a vow; dedicate.	نذر ـــِ
To warn.	أنذرَ إنذارًا ب
A vow.	نذر ج نُذُور
A warning. Prognosis.	إنذار
Vowed. Preacher.	نذير ج نُذُر
Vowed, consecrated.	مَنذُور
To be abject.	نذُل ينذُل نذالة
Vile, mean.	نذل ج أنذال
Narcissus (plant).	نرجِس
Cocoa-nut.	نارَجيل ونارْجيل
Nargileh.	نارَجيلة

نَرْدٌ Backgammon.

نَارَدِينٌ وَنَرْدِينٌ Spikenard.

نَارَنْجٌ Orange.

نَوْرَجٌ Thrashing-harrow.

نَزَّ يَنِزُّ نَزًّا To exude.

نَزٌّ ج نُزُوزٌ Leakage.

نَزَحَ يَنْزَحُ To exhaust a well.

نُزِحَ بِهِ وَٱنْتَزَحَ To emigrate.

نَازِحٌ وَنَزِيحٌ Distant. Emigrant.

نَزْرٌ Little; mean.

نَزَعَ يَنْزَعُ، وَٱنْتَزَعَ To remove.

نَازَعَ To fight, dispute with.

تَنَازَعَ To contend among themselves.

إِنْتَزَعَ To be taken away.

نَزْعٌ وَنِزَاعٌ Agony of death.

نِزَاعٌ وَمُنَازَعَةٌ Contention.

مَنْزُوعٌ Taken away, removed.

نَزَفَ — To be exhausted, (well).

نَزَفَ To have a flow of blood.

نَزْفُ ٱلدَّمِ Hemorrhage.

نَزِقٌ Quick, hot-tempered.

نَيْزَكٌ ج نَيَازِكُ A falling star.

نَزَلَ يَنْزِلُ نُزُولاً To descend.

نَزَلَ فِي وَعَلَى To stop at a place.

نَزَّلَ وَأَنْزَلَ To bring down.

نَزَّلَ وَأَنْزَلَ عَلَى To reveal.

نَازَلَ To fight with.

تَنَزَّلَ عَنْ To renounce.

تَنَازَلَ To condescend.

إِسْتَنْزَلَ To seek or offer hospitality.

نَزَلٌ Place where men gather.

نُزُلٌ ج أَنْزَالٌ Guests.

نَزْلَةٌ A cold in the head.

نَازِلَةٌ ج نَوَازِلُ Calamity.

نَزِيلٌ ج نُزَلَاءُ A guest.

إِنْزَالٌ وَتَنْزِيلٌ A revelation.

Condescension, affability. تَنَازُلٌ

Hostlery; house. مَنْزِلٌ ج مَنَازِلُ

Domestic economy. تَدْبِيرُ الْمَنْزِلِ

Degree, rank. مَنْزِلَةٌ

To abstain from evil. نَزِهَ يَنْزِهُ

To walk, divert one's self. تَنَزَّهَ

To be free from. تَنَزَّهَ عن

Purity of the soul. نَزْهٌ وَنَزَاهَةٌ

Pure, upright. نَزِيهٌ ج نُزَهَاءُ

Amusememt. نُزْهَةٌ ج نُزَهٌ

Place of recreation. مُنْتَزَهٌ

To attribute, ascribe. نَسَبَ ـِ إلى

To resemble. Be suitable. نَاسَبَ

To correspond with. تَنَاسَبَ

To trace one's genealogy. إنْتَسَبَ

To approve. إسْتَنْسَبَ

Lineage. نَسَبٌ ج أنْسَابٌ

Arithmetical proportion. نِسْبَةٌ

Relation, affinity. نِسْبَةٌ ج نِسَبٌ

Kinsman. نَسِيبٌ ج أنْسِبَاءُ

Proportion. مُنَاسَبَةٌ وَتَنَاسُبٌ

Suited to, convenieut. مُنَاسِبٌ

Proportioned. مُتَنَاسِبٌ

Ascribed, imputed. مَنْسُوبٌ إلى

Human nature. نَاسُوتٌ

To weave. نَسَجَ يَنْسِجُ نَسْجًا

To be woven. إنْتَسَجَ

The art of weaving. نِسَاجَةٌ

Weaver. نَسَّاجٌ

Woven tissue. نَسِيجٌ ج نُسُجٌ

Loom. مِنْسَجٌ

Woven; tissue. مَنْسُوجٌ

To abrogate, abolish. To copy, transcribe. نَسَخَ يَنْسَخُ نَسْخًا

To follow successively. تَنَاسَخَ

To copy (a book). إنْتَسَخَ وَاسْتَنْسَخَ

To annul abrogate. إنْتَسَخَ

Abrogation. Transcribing.	نَسْخٌ
Copy; manuscript.	نَسْخَةٌ ج نُسَخٌ
Transmigration of souls.	تناسُخٌ
Abolished. Copied.	مَنسوخٌ
An eagle; vulture.	نَسْرٌ ج نُسورٌ
A fistula, sinus.	ناسُورٌ ج نَوَاسِيرُ
Beak of a bird.	مِنسَرٌ ج مَنَاسِيرُ
A scented white rose.	نِسْرِينٌ
Nestorian.	نَسْطُورِيٌّ ج نَساطِرَةٌ
To demolish ; winnow.	نسف ينسف
Chaff. Froth.	نُسافَةٌ
Winnowing-fan.	مِنسَفٌ ج مَناسِفُ
A razing machine.	مِنسَفَةٌ
To compose.	نَسَقَ يَنْسُقُ نَسْقاً
To place in order; arrange.	نَسَّقَ
To be arranged.	تَنَسَّقَ وتَناسَقَ
Order; system, method.	نَسَقٌ
To lead an ascetic's life.	نَسَكَ وتَنَسَّكَ

Observe (rtled) ناسك

A hermit's life.	نُسْكٌ ونُسُكٌ
A hermit.	نَاسِكٌ ج نُسَّاكٌ
To beget.	نَسَلَ يَنْسُلُ نَسْلاً
To multiply, (men).	تَنَاسَلَ
Posterity, progeny.	نَسْلٌ
Descent by generation.	تَنَاسُلٌ
To blow gently.	نَسَمَ يَنْسِمُ
To breathe.	تَنَسَّمَ
Breath of life. Man	نَسَمَةٌ ج نَسَمَاتٌ
A soft breeze.	نَسِيمٌ ج نِسَامٌ
An ape.	نَسْنَاسٌ
Women.	نِسْوَةٌ ونِسَاءٌ ونِسْوَانٌ
Sciatica.	عِرْقُ النَّسَا
To forget.	نَسِيَ يَنْسَى نَسْياً
To cause to forget.	نَسَّى وأَنْسَى
To feign forgetfulness.	تَنَاسَى
Forgetfulness.	نَسْوَةٌ ونِسْيَانٌ
Forgotten.	مَنْسِيٌّ

To dry up; ooze.	نَشَّ يَنِشُّ
Blotting-paper.	وَرَق نَشَّاش
To grow up.	نَشَأَ يَنشَأُ وَنَشُوءٌ يَنشُو
(child). To live, originate. Rise.	
To follow, proceed from.	نَشَأَ مِنْ
To create; originate. Train up.	أَنشَأَ
He began to say.	أَنشَأَ يَقُولُ
Growing, developing.	نُشُوءٌ
Growing. Resulting.	نَاشِئٌ
Composition; style. Origination.	إِنشَاءٌ
Native country. Source.	مَنشَأٌ
A creator. Author.	مُنشِئٌ
To break out,(war).	نَشِبَ ـ بَيْنَ
An arrow (of wood).	نُشَّابٌ
An archer.	نَشَّابٌ
To seeek a lost object.	نَشَدَ يَنشُدُ
To abjure by God.	نَشَدَهُ اللهَ
To cause to swear.	نَاشَدَ
To recite (verses).	أَنشَدَ
Chanting. Song.	نَشِيدٌ
The Song of Songs.	نَشِيدُ الأَنشَادِ
A poem; song.	نَشِيدَةٌ ج نَشَائِدُ
Ammonia.	نُشَادِرٌ وَنُوشَادِرٌ
To spread out. To saw.	نَشَرَ يَنشُرُ
To publish.	نَشَرَ يَنشُرُ
To resuscitate, raise to life.	نَشَرَ يَنشُرُ
To be extended.	تَنَشَّرَ وَانتَشَرَ
To be published.	انتَشَرَ
Resurrection. Publication.	نَشْرٌ
Day of Resurrection.	يَوْمُ النُّشُورِ
A written open paper.	نَشْرَةٌ
Shavings, saw-dust.	نُشَارَةٌ
Art of sawing.	نِشَارَةٌ
Dissemination.	إِنتِشَارٌ
Dispersed.	مَنشُورٌ وَمُنتَشِرٌ
A saw.	مِنشَارٌ ج مَنَاشِيرُ
Prism. Circular.	مَنشُورٌ

Prismatic form. مَنْشُورِيٌّ

To be active. نَشِطَ يَنْشَطُ . وَتَنَشَّطَ

To knot (a cord). نَشَطَ يَنْشُطُ

To encourage in. نَشَّطَ إِلَى وَفِي

Ardour, energy. نَشَاطٌ

Active, energetic. نَشِيطٌ ج نِشَاطٌ

A knot, noose. أُنْشُوطَةٌ ج أَنَاشِيطُ

To become dry. نَشِفَ يَنْشَفُ

To dry, wipe (the body). تَنَشَّفَ

Dry. نَاشِفٌ

Wiping, drying up. تَنْشِيفٌ

A towel. مِنْشَفَةٌ ج مَنَاشِفُ

To inhale. نَشِقَ يَنْشَقُ . وَاسْتَنْشَقَ

To cause one to inhale. أَنْشَقَ

Snuff. نَشُوقٌ

To snatch; steal. نَشَلَ يَنْشُلُ وَانْتَشَلَ

A pickpocket. نَشَّالٌ

A ladle. مِنْشَلٌ وَمِنْشَالٌ ج مَنَاشِلُ

To be drunk. نَشِيَ ـَ نَشْوًا وَنُشْوَةً

To smell. Be drunk. نَشِيَ وَاسْتَنْشَى

To starch (linen). نَشَّى

Starch. نَشَا وَنَشَاءٌ

Odour. Exhiliration of wine. نَشْوَةٌ

Drunk. نَشْوَانُ م نَشْوَى ج نَشَاوَى

To dictate a writing. نَصَّ ـُ لِ

Text (of a book). نَصٌّ ج نُصُوصٌ

Clearly stated. مَنْصُوصٌ عَلَيْهِ

To fix, plant; raise. نَصَبَ يَنْصُبُ

To strive, toil. نَصِبَ ـَ نَصَبًا

To appoint to an office. نَصَّبَ

To resist, oppose. نَاصَبَ

To rise; stand erect. إِنْتَصَبَ

Idol, statue. نُصُبٌ ج أَنْصَابٌ

Before my eye. نُصْبَ عَيْنِي

Origin. Handle. نِصَابٌ ج نُصُبٌ

Swindler. نَصَّابٌ

نَصِيبٌ ج أَنْصِبَةٌ	Portion; lot.
نَاصِبٌ	Fatiguing, toilsome.
مَنْصِبٌ ج مَنَاصِبُ	Rank; place.
مَنْصُوبٌ	Elevated, erected.
نَصَتَ يَنْصِتُ. وَأَنْصَتَ لِ	To listen to.
أَنْصَتَ	To silence.
تَنَصَّتَ	To listen..
نَصَحَ يَنْصَحُ	To advise, counsel.
نَصَحَ نُصْحًا	To act sincerely.
إِنْتَصَحَ	To receive advice.
نَاصِحٌ	A sincere adviser.
نَصُوحٌ وَنَصِيحٌ	Sincere.
نَصِيحَةٌ ج نَصَائِحُ	Advice, counsel.
نَصَرَ يَنْصُرُ	To assist, aid.
تَنَصَّرَ	To become a Christian.
تَنَصَّرَ لِ	To strive to assist.
تَنَاصَرَ	To help one another.
إِنْتَصَرَ عَلَى	To conquer, vanquish.
إِسْتَنْصَرَ بِ	To seek aid from.
نَصْرٌ وَنُصْرَةٌ	Help. Victory.
نَصْرَانِيٌّ ج نَصَارَى	A Christian.
اَلنَّصْرَانِيَّةُ	Christianity
إِنْتِصَارٌ	Victory, triumph.
نَاصِرٌ ج نُصَّارٌ وَأَنْصَارٌ	Helper.
نَصِيرٌ ج نُصَرَاءُ	Helper.
مُنْتَصِرٌ	Victorious. conquering.
مَنْصُورٌ	Aided. Conqueror.
نَصَعَ يَنْصَعُ	To be pure, unmixed.
نَاصِعٌ	Pure, unmixed (color).
نَصَّفَ	To divide into two halves.
أَنْصَفَ	To be just, equitable.
إِنْتَصَفَ	To get one's due.
إِنْتَصَفَ ٱلنَّهَارُ	To be mid-day.
نِصْفٌ ج أَنْصَافٌ	Half. Middle.
إِنْصَافٌ	Justice, equity.
مُنْتَصَفٌ	Middle (of anything).

نَصَلَ يَنْصُلُ نَصْلاً To come out.

نَصْلٌ ج نِصَالٌ Blade; arrow-head.

نَاصِيَةٌ ج نَوَاصٍ Forelock.

نَضَّ يَنِضُّ نَضًّا To ooze, flow out.

نُضَاضَةٌ Remainder, rest.

نَضِجَ يَنْضَجُ To be well cooked; ripe.

نَاضِجٌ Cooked well. ripe.

نَضِيجُ ٱلرَّأْيِ Of mature judgment.

نَضَحَ يَنْضَحُ نَضْحاً To ooze; exude.

نَضَحَ بِ To sprinkle with.

نَضَدَ يَنْضِدُ . وَنَضَّدَ To pile up.

نَضِيدٌ وَمَنْضُودٌ Laid in layers.

نَضَرَ يَنْضُرُ To be soft. Blooming.

نَضْرَةٌ وَنَضَارَةٌ Bloom, freshness.

نَضِرٌ وَنَضِيرٌ Blooming, verdant.

نَاضَلَ عَنْ To defend.

نِضَالٌ وَمُنَاضَلَةٌ Combat.

نَضْوَةٌ A horse-shoe.

نَطَّ يَنِطُّ نَطًّا To jump, skip.

نَطَحَ يَنْطَحُ نَطْحاً To butt.

تَنَاطَحَ To butt one another.

نَطِيحٌ وَمَنْطُوحٌ Butted; gored.

نَطَرَ يَنْطُرُ To guard. To wait.

نَاطُورٌ ج نَوَاطِيرُ Keeper (of gardens).

مَنْطَرَةٌ ج مَنَاطِرُ A watch-tower.

نَطِسٌ وَنِطَاسِيٌّ Very learned.

نَطَقَ يَنْطِقُ To speak, utter.

نَطَّقَ To gird.

تَنَطَّقَ وَٱنْتَطَقَ To gird one's self.

إِسْتَنْطَقَ To question, examine.

نُطْقٌ Speech; articulation.

نِطَاقٌ ج نُطُقٌ Belt, girdle.

نَاطِقٌ Endowed with speech.

ٱلنَّفْسُ ٱلنَّاطِقَةُ The human soul.

مَنْطِقٌ Speech, language. Logic.

مَنْطِقِيٌّ Logical. Logician.

مِنطَقَةٌ ج مَناطِقُ	A girdle, belt.
مِنطَقَةُ ٱلبُرُوجِ	The Zodiac.
مَنطُوقٌ	Proper signification.
مُستَنطِقٌ	Examiner, (*law*).
نَطَلَ يَنطُلُ .وَنَطَّلَ	To foment.
نَطُولٌ ج نَطُولَاتٌ	A fomentation.
نَظَرَ يَنظُرُ وَإِلَى	To see, look at.
نَظَرَ يَنظُرُ فِي	To consider.
نَاظَرَ	To resemble; rival. Debate. Superintend, inspect.
تَنَاظَرَ	To debate with one another.
إِنتَظَرَ وَٱستَنظَرَ	To expect.
نَظَرٌ ج أَنظَارٌ	Vision. Favour.
نَظَرًا وَبِالنَّظَرِ إِلَى	As regards.
نَظرَةٌ	A look, a glance.
نَظَرِيٌّ	Theoretical. Subjective.
نَظَرِيَّةٌ ج نَظَرِيَّاتٌ	A problem.
نَاظِرٌ ج نُظَّارٌ	Inspector. Director.
نَاظِرُ ٱلنُّظَّارِ	Prime Minister.
نَاظِرُ ٱلأَشغَالِ	Minister of Works.
نَاظِرُ ٱلمَعَارِفِ ٱلعُمُومِيَّةِ	Minister of Public Instruction.
نَاظِرُ ٱلمَالِيَّةِ	Minister of Finance.
نَاظِرُ ٱلخَارِجِيَّةِ	Mnister of Foreign Affairs.
نَاظِرُ ٱلدَّاخِلِيَّةِ	Minister of the Interior.
نَاظِرُ ٱلحَربِيَّةِ	Minister of War.
نَاظِرُ ٱلحَقَّانِيَّةِ	Minister of Justice.
نِظَارَةٌ	Administration. Ministry.
نَظَّارَةٌ وَنَاظُورٌ	A telescope.
نَظَّارَاتٌ	Spectacles.
نَظِيرٌ ج نُظَرَاءُ	Similar, equal to.
إِنتِظَارٌ وَٱستِنظَارٌ	Expectation.
مَنظَرٌ ج مَنَاظِرُ	View. Aspect.
مِنظَارٌ	Speculum.
مُنَاظِرٌ	Similar to. Inspector.
مُنَاظَرَةٌ	Rivalry. Inspection.
نَظُفَ يَنظُفُ	To be clean; comely.
نَظَّفَ	To cleanse, purify.

تَنَظَّفَ	To become clean.
نَظَافَة	Cleanliness. Beauty.
نَظِيفٌ ج نُظَفَاء	Clean; comely.
نَظَمَ ـِ	To arrange; compose (verses).
تَنَظَّمَ وَانْتَظَمَ	To be arranged.
نَظْمٌ	Arrangement. Poetry.
نِظَامٌ ج أَنْظِمَة	System, method.
مُنَظَّمٌ	Well-arranged.
مَنْظُومٌ	Arranged, composed.
نَعَتَ يَنْعَتُ نَعْتًا	To describe.
نَعْتٌ	Qualification; attribute.
نَعْتٌ ج نُعُوتٌ	Adjective.
مَنْعُوتٌ	A qualified noun.
نَعْجَة ج نِعَاج	A sheep, an ewe.
نَعَّارٌ	A kind of finch, (bird).
نَعَّارَة ج نَعَائِرُ	Earthen cooler.
نَاعُورَة ج نَوَاعِيرُ	Irrigating wheel.
نَعَسَ يَنْعَسُ	To grow sleepy.
أَنْعَسَ	To make sleepy.
تَنَاعَسَ	To feign sleep.
نُعَاسٌ	Sleepiness; drowsiness.
نَاعِسٌ وَنَعْسَانٌ ج نُعَّسٌ	Sleepy.
نَعَشَ يَنْعَشُ . وَأَنْعَشَ	To cheer, refresh.
إِنْتَعَشَ	To be revived, animated.
نَعْشٌ	Bier.
بَنَاتُ نَعْشٍ الْكُبْرَى	Ursa Major.
نَعَقَ يَنْعِقُ	To croak, (crow).
نَعَلَ يَنْعَلُ نَعْلاً	To shoe (an animal).
نَعْلٌ ج نِعَالٌ	Shoe. Horse-shoe.
نَعِمَ يَنْعَمُ	To live in ease.
نَعُمَ يَنْعُمُ	To be soft to the touch.
نِعْمَ الرَّجُلُ	Excellent man!
نِعِمَّا	Excellent! Good!
نَعَّمَ	To make one easy in life
أَنْعَمَ عَلَيْهِ	To bestow, confer on.
تَنَعَّمَ	To enjoy life; enjoy.

Yes, certainly, assuredly. نَعَمْ

Cattle, camels. نَعَمٌ ج أَنْعَامٌ

Blessing, favour. نِعْمَةٌ ج نِعَمٌ

Opulent, rich. وَاسِعُ ٱلنِّعْمَةِ

An ostrich. نَعَامَةٌ ج نَعَائِمُ وَنَعَامَاتٌ

Softness, smoothness. نُعُومَةٌ

Anemone. شَقَائِقُ ٱلنُّعْمَانِ

Soft, tender. نَاعِمٌ م نَاعِمَةٌ

Contented, tranquil. نَعِيمُ ٱلْبَالِ

Goodness, favour. إِنْعَامٌ ج إِنْعَامَاتٌ

Luxury; enjoyment. تَنَعُّمٌ

Benefactor; beneficent. مُنْعِمٌ

Mint (plant). نَعْنَعٌ وَنَعْنَاعٌ

To announce death. نَعَى يَنْعِي

News of death. نَعْيَةٌ وَنَعْوَةٌ

Announcer of death. نَاعٍ ج نُعَاةٌ

To be troubled. نَغِصَ يَنْغَصُ نَغَصًا

To trouble, vex. نَغَّصَ وَأَنْغَصَ عَلَى

To be annoyed (in life). تَنَغَّصَ

To be inflamed, (wound). نَغِلَ يَنْغَلُ

Bastard. Hinny. نَغْلٌ

To sing softly. نَغَمَ يَنْغَمُ . وَنَغَّمَ

Melody, tune. نَغْمَةٌ ج نَغَمَاتٌ

To spit out. نَفَثَ يَنْفُثُ

Expectoration. Puff. نَفْثٌ

To blow, (wind). نَفَحَ يَنْفَحُ نَفْحًا

A breath. A gift. نَفْحَةٌ ج نَفَحَاتٌ

To blow with the mouth. نَفَخَ يَنْفُخُ

To be puffed up, proud. إِنْتَفَخَ

Breath, puff; blowing. نَفْخٌ

A water-bubble. Vesicle. نُفَّاخَةٌ

Bellows. مِنْفَاخٌ وَمِنْفَخٌ ج مَنَافِخُ

Inflated, swollen. مَنْفُوخٌ

To be spent, consumed. نَفِدَ يَنْفَدُ

To consume. أَنْفَدَ وَٱسْتَنْفَدَ

To pierce through. نَفَذَ يَنْفُذُ مِنْ

نَفَذَ To be executed, (an order)

نَفَذَ إِلَى To reach, arrive at.

نَفَّذَ وَأَنْفَذَ To send, execute.

نَفَاذٌ وَنُفُوذٌ Execution; efficiency.

نَافِذٌ Efficacious, effective.

نَافِذَةٌ ج نَوَافِذُ Window.

مَنْفَذٌ ج مَنَافِذُ Outlet, passage.

نَفَرَ يَنْفِرُ مِنْ To turn away from.

نَفَّرَ To cause aversion.

تَنَافَرَ To have mutual aversion.

نَفَرٌ ج أَنْفَارٌ A number of men.

تَنَافُرٌ Contest, repulsion.

نَفِيرٌ A trumpet, bugle.

نَفُسَ يَنْفُسُ To be precious.

نَفِسَتْ تَنْفَسُ To give birth.

تَنَفَّسَ To breathe.

تَنَفَّسَ الصُّعَدَاءَ To sigh deeply.

تَنَافَسَ To contend together.

نَفْسٌ ج نُفُوسٌ وَأَنْفُسٌ Soul, self.

جَاءَ نَفْسُهُ He himself came.

نُفَسَاءُ A woman at child-birth.

نَفْسُ الشَّيْءِ The thing itself.

نَفَسٌ ج أَنْفَاسٌ Breath. Style.

نِفَاسٌ Confinement, child-birth.

تَنَفُّسٌ Respiration, breathing.

نَفِيسٌ ج نَفَائِسُ A valuable thing.

أَنْفَسُ More precious.

نَفَشَ ـُ وَنَفَّشَ To teaze (cotton).

تَنَفَّشَ To bristle (hair). ruffle (feathers).

نَفَضَ ـُ وَنَفَّضَ To shake, shake off.

مِنْفَضَةٌ ج مَنَافِضُ A plate for ashes.

نُفُوطٌ Matches.

نِفْطٌ Naptha, bitumen.

نَفْطَةٌ Pustule, vesicle.

مُنَفِّطٌ A vesicating medicine.

نَفَعَ يَنْفَعُ نَفْعًا To be useful.

إنتفع بِ ومِن	To profit by.
إستنفع	To seek benefit.
نفع و منفعة	Advantage, benefit.
نافع	Useful, profitable.
نفق ينفق نفاقا	To have a brisk sale. To be exhausted.
نفّق وأنفق	To sell well.
نافق	To be hypocritical.
أنفق	To exhaust one's means.
نفقة ج نفقات	Cost, expenses.
نافق	Selling briskly.
نفاق ومنافقة	Hypocrisy.
منافق	A hypocrite; deceiver.
نفل	A supererogatory deed.
نفل ج أنفال	Booty. Present.
نفلة	Clover.
نفى ينفي	To expel; deny, exclude.
نفى من	To banish, exile.
نافى	To oppose, be incompatible.
إنتفى	To be excluded, rejected.
نفي	Banishment. Negation.
حرف النفي	Particle of negation.
نفاوة و نفاية	Rejected as useless.
منفي	Excluded. Exiled.
تناف ومنافاة	Incompatibility.
منفى ج مناف	Exile.
نقب ينقب نقبا	To dig through.
نقب في	To travel over.
نقب عن	To examine.
تنقب وانتقب	To put on a veil.
نقب ج أنقاب	A hole in a wall.
نقاب ج نقب	Veil of a woman.
نقيب ج نقباء	Chief. Magistrate.
منقبة ج مناقب	Worthy deed.
نقّح وأنقح	To revise, correct.
تنقيح	Revision, correction.
نقد ينقد نقدا	To peck, (bird).

نَقَدَ ل To pay in cash.

نَقَّدَ وَ تَنَقَّدَ To sort, pick out.

نَقْدٌ Ready money, cash.

نُقُودٌ وَنَقْدِيَّةٌ Money, cash.

إِنْتِقَادٌ Testing; criticism.

مِنْقَادٌ ج مَنَاقِيدُ Beak (of a bird).

نَقَذَ يَنْقُذُ . وَأَنْقَذَ To deliver, save.

نَقْذٌ Rescne, deliverance.

مُنْقِذٌ Deliverer.

نَقَرَ يَنْقُرُ To cut into (stone, wood); peck (bird).

نَقَّرَ وَنَقَّرَ عَنْ To examine.

نَاقَرَ مُنَاقَرَةً To dispute with.

نَقْرٌ Cavity. Carving.

نُقْرَةٌ ج نُقَرٌ Hollow, cavity.

نَقَّارٌ Sculptor, carver.

نَقَّارَةٌ وَنَقِيرَةٌ A small tambourine.

نَافُورٌ ج نَوَافِيرُ Hunting-horn.

مِنْقَارٌ ج مَنَاقِيرُ Beak of a bird.

نِقْرِسٌ Gout.

نَقَزَ يَنْقُزُ To skip. Be startled.

نَاقُوسٌ ج نَوَاقِيسُ A church-bell.

نَقَشَ يَنْقُشُ To paint; sculpture.

نَاقَشَ مُنَاقَشَةً To reckon with.

نَقْشٌ ج نُقُوشٌ Painting. Tracing.

نِقَاشَةٌ Painting. Sculpture.

نَقَّاشٌ Painter. Engraver.

مِنْقَشٌ وَمِنْقَاشٌ Brush. Chisel.

نَقَصَ يَنْقُصُ To diminish, decrease.

نَقَّصَ وَأَنْقَصَ To lessen, reduce.

تَنَاقَصَ To decrease gradually.

نَقْصٌ وَنُقْصَانٌ Diminution; loss.

نَاقِصٌ Diminished, defective.

نَقِيصَةٌ ج نَقَائِصُ Fault; vice.

نَقَضَ يَنْقُضُ To demolish; annul.

نَاقَضَ To contradict.

إِنْتَقَضَ To be annulled.

نقضٌ Destruction, dissolution.

نَقْضةٌ Beam, joist.

نَقيضٌ The contrary, opposite.

تَناقُضٌ ومُناقضةٌ Contrariety.

نَقَطَ يَنقُطُ ونَقّط To mark with dots.

نُقطةٌ ج نُقَطٌ Dot of a letter.

Geometrical point. A drop.

نُقطةُ الدَّائِرةِ Centre of a cricle.

داءُ النُّقطةِ Epilepsy.

نقعَ يَنقَعُ To soak, macerate.

إستَنقعَ To become stagnant.

ناقِعٌ Penetrating, pervading.

نَقيعٌ ومَنقوعٌ Infusion.

نُقوعٌ Dried apricots.

مُستَنقعٌ ونقعٌ A marsh, swamp.

إنتَقفَ To take out.

نَقَلَ يَنقُلُ To remove, transport.

نَقَلَ عَنْ To copy from; quote.

إنتقلَ مِنْ إلى To emigrate.

إنتقلَ إلى رَحْمَةِ اللهِ To die.

نَقْلٌ Transport. Quotation.

ناقِلٌ Narrator. Bearer. Copyist.

مُنتَقِلٌ Movable (estate).

مَنقولٌ Transferred; quoted.

إنتقمَ مِن To punish, chastise.

نَقمةٌ وإنتِقامٌ Vengeance.

ناقِمٌ ومُنتَقِمٌ An avenger.

نَقِهَ يَنقَهُ نَقهاً To recover (from illness).

ناقِهٌ ونَقِهٌ ج نُقَّهٌ Convalescent.

نَقِيَ يَنقى To be pure.

نقّى وأنقى To clean, purify.

تَنقّى وانتقى To choose, select.

إستَنقى To cleanse one's body.

نَقاءٌ ونَقاوةٌ Purity. Innocence.

نَقِيٌّ Pure, clean. Innocent.

أَنقى Purer, cleaner.

نَكَبَ يَنكُبُ نَكباً To afflict.

نَكَبَ عَنْ	To swerve from.
نَكْبَةٌ ج نَكَبَاتٌ	Adversity.
مَنْكِبٌ ج مَنَاكِبُ	Shoulder; side.
مَنْكُوبٌ	Afficted, smitten.
نَكَتَ عَلَى	To find fault with.
نُكْتَةٌ ج نُكَتٌ	Speck. Witty saying.
تَنْكِيتٌ	Criticism,
نَكَثَ يَنْكُثُ	To break a compact.
إِنْتَكَثَ	To be broken, (promise).
مَنْكُوثٌ	Broken, violated.
نَكَحَ يَنْكِحُ نِكَاحًا	To marry.
أَنْكَحَ	To give in marriage.
نِكَاحٌ	Marriage contract.
نَكِدَ ـ نَكَدًا	To be hard.
نَكَّدَ وَنَاكَدَ	To molest, annoy.
تَنَاكَدَ	To molest each other.
نَكِدٌ م نَكْدَاءُ	Irritable, peevish.
تَنْكِيدٌ	Annoyance, molestation.
مَنْكُودُ ٱلْحَظِّ	Unfortunate.
نَكِرَ يَنْكَرُ	To be ignorant of.
أَنْكَرَ	To deny,
أَنْكَرَ عَلَى	To disapprove of.
تَنَكَّرَ	To be disguised.
إِسْتَنْكَرَ	To deny. To censure.
نُكْرٌ وَنَكَارَةٌ	Cunning.
نَكِرَةٌ ج نَكِرَاتٌ	Indefinite noun.
إِنْكَارٌ	Renial. Depudiation.
تَنَكُّرٌ	Disguise.
مُنْكَرٌ ج مُنْكَرَاتٌ	Illicit deed.
مُنَكَّرٌ	Indeterminate noun.
نَكَزَ يَنْكُزُ نَكْزًا	To push; prick.
نَكَسَ يَنْكُسُ . وَنَكَّسَ	To upset.
تَنَكَّسَ	To be upset, inverted.
نُكِسَ وَأُنْتُكِسَ	To have a relapse.
نُكْسٌ وَأُنْتِكَاسٌ	A relapse.
مَنْكُوسٌ وَمُنْتَكِسٌ	Reversed.

To exhaust. To dig.	نَكَشَ يَنكُشُ
Pickaxe.	مِنكَاشٌ ج مَنَاكِيشُ
To withdraw from.	نَكَصَ يَنكُصُ عَن
To turn back.	نَكَصَ عَلَى عَقِبَيهِ
To abstain from, reject.	نَكَفَ يَنكُفُ عَن
To discuss, contend.	تَنَاكَفَ
To disdain, scorn.	إِستَنكَفَ
To pnnish severely.	نَكَلَ وَنَكَّلَ بِ
A strong fetter.	نِكلٌ ج أَنكَالٌ
Chastisement; warning.	نَكَالٌ
Smell of breath.	نَكهَةٌ
To overcome; vex.	نَكَى يَنكِي نِكَايَةً
To make mischief.	نَمَّ ـُ بَين
A calumniator.	نَمَّامٌ وَنَمُومٌ
Calumny, slander.	نَمِيمَةٌ ج نَمَائِمُ
To mark with numbers.	نَمَّرَ
Leopard; panther. Tiger.	نِمرٌ ج نُمُورَةٌ
Number (*For*).	نُمرَةٌ ج نُمَرٌ
Ichneumon; weasel.	نِمسٌ ج نُمُوسٌ
Law. Mosquito.	نَامُوسٌ ج نَوَامِيسُ
Mosquito-net.	نَامُوسِيَّةٌ
Freckles.	نَمَشٌ
A straight sword.	نَمشَةٌ
Freckled.	أَنمَشُ م نَمشَاءُ ج نُمشٌ
Cropped grass.	نَمِيصٌ
Manner; fashion.	نَمَطٌ ج نِمَاطٌ
To write well, embellish.	نَمَّقَ
To be numb.	نَمِلَ ـَ نَمَلاً
An ant. A pustule.	نَملَةٌ ج نَملٌ
Tip of the finger.	أَنمُلَةٌ ج أَنَامِلُ
To embellish, adorn.	نَمنَمَ
To grow, develop.	نَمَا يَنمُو
To attribute, ascribe, to.	نَمَا إِلَى
Growth, increase.	نُمُوٌّ
Example.	نَمُوذَجٌ ج نَمُوذَجَاتٌ
To grow, increase.	نَمَى يَنمِي

نَمَى إِلَى	To ascribe to one.
أَنْمَى	To cause to grow.
إِنْتَمَى إِلَى	To trace one's origin to.
نَامٍ	Growing, increasing.
نَهَبَ يَنْهَبُ . وَٱنْتَهَبَ	To plunder.
نَهْبٌ ج نِهَابٌ	Pillage, rapine.
نُهْبَةٌ	Booty, plunder, spoil.
نَهَّابٌ	Pillager, depredator.
مَنْهُوبٌ	Pillaged, plundered.
نَهَجَ يَنْهَجُ	To follow (the way).
نَهِجَ يَنْهَجُ	To be out of breath.
نَهَجٌ	Rapid breathing, panting.
مَنْهَجٌ وَمِنْهَاجٌ ج مَنَاهِجُ	A plain road. Way.
نَاهَدَ	To contend with in battle.
تَنَهَّدَ	To sigh, groan.
نَهَرَ يَنْهَرُ نَهْرًا	To flow.
نَهَرَ وَٱنْتَهَرَ	To chide, check.
نَهْرٌ ج أَنْهُرٌ وَنُهُورٌ	River.
نَهَارٌ ج نُهُرٌ	Day.
نَهَزَ يَنْهَزُ نَهْزًا	To be near.
نَاهَزَ	To approhch, be close to.
إِنْتَهَزَ	To seize an opportunity.
نُهْزَةٌ ج نُهَزٌ	Opportunity.
نَهَشَ يَنْهَشُ نَهْشًا	To bite.
نَهَضَ يَنْهَضُ عَنْ	To rise, get up.
نَهَضَ عَلَى	To revolt, rise against.
نَهَضَ إِلَى	To rush towards.
أَنْهَضَ	To urge; cause to rise.
إِنْتَهَضَ	To rise up.
إِسْتَنْهَضَ لِ	To urge, incite.
نُهُوضٌ	Lifting; rising.
نَهَقَ يَنْهَقُ نُهَاقًا وَنَهِيقًا	To bray.
نَهَكَ يَنْهَكُ	To overcome, wear out.
نَهَكَ عِرْضَهُ . وَٱنْتَهَكَ	To defame.
نَهَكَ وَٱنْتَهَكَ	To weaken.
مَنْهُوكٌ	Enfeebled, weakened.

To drink.	نَهَلَ يَنْهَلُ نَهَلاً
A watering place.	مَنْهَلٌ ج مَنَاهِلُ
To be ravenous.	نَهِمَ يَنْهَمُ
An insatiable avidity.	نَهَمٌ
Greedy; glutton.	نَهِمٌ وَنَهِيمٌ
To prohibit.	نَهَا يَنْهُو وَنَهَى يَنْهَى عَنْ
To accomplish, achieve.	أَنْهَى
To inform.	أَنْهَى إِلَى
To lead to.	إِنْتَهَى إِلَى
To be completed.	تَنَاهَى وَانْتَهَى
To abstain from.	تَنَاهَى وَانْتَهَى عَنْ
Prohibition, interdiction.	نَهْيٌ
Intelligence.	نُهًى
End, utmost.	نِهَايَةٌ ج نِهَايَاتٌ
One who forbids.	نَاهٍ
What a man!	نَاهِيكَ مِنْ رَجُلٍ
End, termination; limit.	إِنْتِهَاءٌ
Prohibited.	مَنْهِيٌّ عَنْهُ
Prohibited things.	اَلْمَنَاهِي
Infinite; endless.	غَيْرُ مُتَنَاهٍ
End, extremity; limit.	مُنْتَهًى
The final plural.	مُنْتَهَى الْجُمُوعِ
Storm; tempest.	نَوْءٌ ج أَنْوَاءٌ
To take one's place.	نَابَ يَنُوبُ عَنْ
To repent.	نَابَ وَأَنَابَ إِلَى ٱللهِ
To overtake, befall.	نَابَ وَانْتَابَ
To appoint a substitute.	أَنَابَ
To do a thing in turn.	تَنَاوَبَ عَلَى
The Nubians.	نُوبٌ وَنُوبَةٌ
A Nubian.	نُوبِيٌّ
A turn; time.	نَوْبَةٌ ج نُوَبٌ
Musical concert.	نَوْبَةٌ ج نَوْبَاتٌ
Lieutenancy, vicarship.	نِيَابَةٌ
In place of, instead of.	نِيَابَةً عَنْ
Substitute, deputy.	نَائِبٌ ج نُوَّابٌ
The subjec of a passive verb.	نَائِبُ ٱلْفَاعِلِ

مجلسُ ٱلنُّوَّابِ Parliament.
نائبةٌ ج نوائبُ Misfortune.
نُوتيٌّ ج نُوتيّةٌ Mariner. sailor.
ناحَ يَنُوحُ To wail; coo (pigeon).
ناحَ عَلَى To bewail the dead.
نَوحٌ وَنِياحٌ Lamentation.
نائِحٌ A mourner. weeper.
نائحةٌ ج نَوائِحُ وَنائِحاتٌ Wailing women.
أَناخَ To cause a camel to kneel.
أناخَ بِالمَكانِ To adide in a place.
مُناخٌ ج مُناخاتٌ Climate.
نارَ يَنُورُ . وَأَنارَ To shine, sparkle.
نَوَّرَ وَأَنارَ To flower, blossom. (plant).
نَوَّرَ وَأَنارَ To light up.
اِستَنارَ بِ To be enlightened by.
نارٌ ج نِيرانٌ Fire.
جَبَلُ ٱلنّارِ A volcano.
مَرْكَبُ ٱلنّارِ A steam-ship.

نُورٌ ج أَنوارٌ Light.
نُورِيٌّ ج نَوَرٌ Gipsy.
إِنارةٌ وَتَنوِيرٌ Illumination.
نَيِّرٌ م نَيِّرةٌ Shining, bright.
مُنِيرٌ Giving light; shining.
مَنارةٌ A light-house. Minaret.
نَوْرَجٌ A threshing-harrow.
ناسٌ (for أُناسٌ) Men; people.
نَاوُوسٌ ج نَوَاوِيسُ Sarcophagus.
ناوَشَ To engage in a combat.
تَناوَشَ To attack one another.
إِنتاشَ To take out.
ناصَ يَنُوصُ عَنْ To flee away.
مَناصٌ A refuge, an asylum.
ناطَ يَنُوطُ وَأَناطَ بِ To suspend to.
مَنُوطٌ بِ Dependent on.
نَوَّعَ To divide, classify, specify
تَنَوَّعَ To be of different kinds.

نَوْعٌ ج أَنْوَاعٌ — Kind, sort, species.

مُتَنَوِّعٌ — Diversified; diverse.

نَافَ عَلَى — To overlook, surmount.

نَيْفٌ وَنَيِّفٌ — More, upwards of.

عَشَرَةٌ وَنَيِّفٌ — Upwards of ten.

نَوْفَرٌ — Water-lily.

نَوْفَرَةٌ — Jet d'eau.

نَاقَةٌ ج نُوقٌ وَنِيَاقٌ — She-camel.

نَيِّقٌ — Dainty, faitidious.

نَاوَلَ — To give to, hand over.

أَنَالَ — To procure for one.

تَنَاوَلَ — To obtain, receive.

نَوْلٌ ج أَنْوَالٌ — A loom.

نَاوُلُونٌ — Freight money.

مِنْوَالٌ — Mode, manner, fashion.

نَامَ يَنَامُ نَوْمًا وَنِيَامًا — To sleep.

نَوَّمَ وَأَنَامَ — To put to sleep.

تَنَاوَمَ — To feign sleep.

نَوْمٌ — Sleep, slumber.

نَائِمٌ ج نِيَامٌ — Sleeping; sleeper.

مَنَامٌ — Sleep. A dream.

مَنَامٌ وَمَنَامَةٌ — A dormitory.

مُنَوِّمٌ — Hypnotic, soporific.

نَوَّنَ تَنْوِينًا — To mark with the double vowels (ٌ) و (ً) و (ٍ).

نُونَةٌ — A dimple on chin.

نَوَى يَنْوِي — To purpose, resolve.

نَوًى — Distance, absence.

نَوَاةٌ ج نَوًى — A fruit stone. Nucleus.

نِيَّةٌ ج نِيَّاتٌ وَنَوَايَا — Intention.

مَنْوِيٌّ — Intended, purposed.

نِيٌّ وَنِيءٌ — Raw, underdone.

نَابٌ ج أَنْيَابٌ — Canine tooth; tusk.

نَيَّحَ — To give rest.

تَنَيَّحَ — To die.

نِيرٌ ج أَنْيَارٌ وَنِيرَانٌ — Yoko.

نِيرٌ ج أَنْيَارٌ	Woof.
نِيرَةٌ	Tooth-gum.
نِيسَانُ	April.
نِيشَانٌ ج نَيَاشِينُ	A decoration.
نَافَ يَنِيفُ عَلَى	To surpass, exceed.
نِيَافَةٌ	Eminence, (*title of honour*).
نَيْفٌ وَنَيِّفٌ	*See under* نوف .
نَالَ يَنَالُ	To obtain, acquire.
نَالَ وَأَنَالَ	To cause to obtain.
نِيلٌ	Indigo-plant; indigo.
أَلنِّيلُ	The Nile.
نِيلُوفَرٌ وَنِينُوفَرٌ	Nenuphar, lotus.
نِينَوَى	Nineveh.
نَايٌ ج نَايَاتٌ	A kind of flute.

ه

ه	As a numeral sign=5.
ه	His, him, it.
هَا	Her, it.
هَا	Lo ! Behold !
هَاكَ	Take thou ! Here yau are
هَبْ	Grant! (*Imp. of* وَهَبَ).
هَبْنِي قُلْتُ	Suppose I said...
هَبَّ يَهُبُّ	To blow, (wind).
هَبَّ وَأَهَبَّ	To shake (a sword).
هَبَّ يَفْعَلُ	To begin to do.
هَبَّ مِنَ ٱلنَّوْمِ	To awake from sleep.
هَبَابٌ	Fine dust in the air.

هُبُوبٌ Blowing (of wind).

مَهَبٌّ Place of blowing of wind.

هَبْرٌ Flesh a piece of meat.

رِيحٌ هَبَارِيَةٌ A wind raising dust,

هِبْرِيَةٌ Flakes, Scurf.

هَبَطَ يَهْبِطُ To descend; fall.

أَهْبَطَ To cause to come down.

هَبْطٌ وَهُبُوطٌ Fall; abatement.

هَبْطَةٌ A fall; a descent.

تَهَبَّلَ To take a vapour bath.

هَبَلَةٌ Vapour; steam.

تَهْبِيلٌ Fumigation.

هَبَاءٌ Dust flying in the air.

هَتَرَ يَهْتِرُ هَتْرًا To defame.

إِسْتَهْتَرَ To be reckless; neglect.

هَتَفَ يَهْتِفُ هُتَافًا To call, shout.

هُتَافٌ Call, cry, shouting.

هَتَكَ يَهْتِكُ To tear off; divulge.

هَتَكَ سِتْرَهُ To defame, disgrace.

تَهَتَّكَ To be disclosed, divulged.

هَتْكٌ Solution of continuity.

هَتِيكَةٌ Disgrace, dishonour.

هَجَاجٌ Rapid, quick (march).

هَجَأَ يَهْجَأُ هَجْأً To subside.

تَهَجَّأَ To spell (a word).

هَجَرَ يَهْجُرُ To forsake, renounce.

هَاجَرَ مِنْ To emigrate.

هَجْرٌ وَهِجْرَانٌ Forsaking.

هِجْرَةٌ Separation; flight.

أَلْهِجْرَةُ The Hegira, Moslem Era.

هَاجِرَةٌ وَهَجِيرَةٌ Hot mid-day.

مُهَاجِرٌ Emigrant.

مُهَاجَرَةٌ Emigration.

مَهْجُورٌ Deserted, forsaken.

هَجَسَ يَهْجِسُ To occur to the mind.

هَاجِسٌ A troubled thought.

To sleep; subside. هَجَعَ يَهْجَعُ هُجُوعًا

Part of the night. هَجِيعٌ مِنَ ٱللَّيْلِ

To assail, surprise. هَجَمَ يَهْجِمُ على

To attack suddenly. هَاجَمَ

A surprise, sudden attack. هَجْمَةٌ

Sudden attack or surprise. هُجُومٌ

To be low, vile. هَجُنَ يَهْجُنُ هُجْنَةً

To consider mean. اسْتَهْجَنَ

Fanlt, meanness. هُجْنَةٌ

Fast dromedary. هَجِينٌ

To mock, ridicule. هَجَا يَهْجُو هَجْوًا

To spell. هَجَا وَهَجَّى وَتَهَجَّى

A satire, lampoon. هِجَاءٌ

Spelling. هِجَاءٌ وَتَهْجِيَةٌ وَتَهَجٍّ

The alphabet. حُرُوفُ ٱلْهِجَاءِ

Satire. أُهْجُوَّةٌ وَأُهْجِيَّةٌ ج أَهَاجِيُّ

To pull down, demolish. هَدَّ يَهُدُّ

To threaten, menace. هَدَّدَ وَتَهَدَّدَ

To be pulled down. إِنْهَدَّ

Destrnction, demolition. هَدٌّ

Threatening. تَهْدِيدٌ وَتَهَدُّدٌ

Sledge-hammer. مِهَدَّةٌ

To snbside, calm cown. هَدَأَ يَهْدَأُ

To calm, appease. هَدَّأَ تَهْدِئَةً

Rest, tranquillity. quiet. هُدُوءٌ

Eye-lashes; fringe. هُدْبٌ ج أَهْدَابٌ

To be spent uselessly. Squander. هَدَرَ يَهْدُرُ

Roaring. (of waves, &c.). هَدِيرٌ

To approach. هَدَفَ يَهْدُفُ إِلَى

Target, aim. هَدَفٌ ج أَهْدَافٌ

To let down. هَدَلَ ـــِ هَدْلاً

To hang down. هَدِلَ وَتَهَدَّلَ

A bovine epidemic. Rinderpest. أَبُو هَدَلَانَ

To pull down. هَدَمَ يَهْدِمُ هَدْمًا

To be destroyed. تَهَدَّمَ وَٱنْهَدَمَ

Destruction, demolition. هَدْمٌ

هُدُومٌ Clothes, garments.

هَادِمُ اللَّذَّاتِ Death.

مَهْدُومٌ Destroyed, demolished.

هَادَنَ To come to an agreement.

تَهَادَنَ To make a truce.

هُدْنَةٌ وَمُهَادَنَةٌ Armistice, truce.

هُدْهُدٌ ج هَدَاهِدُ Hoopoo, (bird).

هَدَى يَهْدِي To lead aright, guide.

هَدَى وَأَهْدَى To give a present.

تَهَادَى To make mutual presents.

إِهْتَدَى To be rightly guided.

إِسْتَهْدَى To ask for guidance.

هِدَايَةٌ وَهُدًى The right path.

هَدِيَّةٌ ج هَدَايَا A present, gift.

هَادٍ ج هُدَاةٌ Guide, leader.

مَهْدِيٌّ Rightly guided.offered.

هَذَّ ـ هَذِيذًا في To ponder over.

هٰذَا م هٰذِهِ وَهٰذِي This.

هٰذَانِ Dual of هٰذَا

هَذَّبَ To trim; improve.

تَهَذَّبَ To be educated; improved.

تَهْذِيبٌ Education. Correction.

مُهَذَّبٌ وَمُتَهَذِّبٌ Refined, polished

هَذَرَ يَهْذُرُ هَذْرًا To babble.

هٰذِهِ Fem. of هٰذَا.

هَذَى يَهْذِي To talk irrationally.

هَذَاءٌ وَهَذَيَانٌ Delirium.

هِرٌّ ج هِرَرَةٌ A cat.

هِرَّةٌ ج هِرَرٌ A she-cat.

هَرِيرٌ Whining, yelping.

هَرِئَ يَهْرَأُ To become tattered.

هَرَبَ يَهْرُبُ To run away, flee.

هَرَّبَ To put to flight; smuggle

هَرَبٌ Escape, flight.

هَارِبٌ وَهَرْبَانُ A fugitive.

مَهْرَبٌ ج مَهَارِبُ Place of refuge.

هَرَجَ To joke, jest.
هَرْجٌ Agitation, tumult.
هَارِجٌ وَمِهْرَجٌ Jester; buffoon.
هَرَسَ يَهْرُسُ To pound, crush.
هَرَّشَ بَيْنَ To excite discord.
تَهَارَشَ وَاهْتَرَشَ To sport.
هِرَاشٌ Tumult, row.
هَرْطُوقِيٌّ ج هَرَاطِقَةٌ Heretic.
هَرَعَ يَهْرَعُ هَرَعًا To walk fast.
هَرَقَ يَهْرِقُ • وَهَرَّقَ To pour out.
إِهْرَاقٌ Effusion, shedding.
هِرَقْلُ Heraclius, (*Emperor*).
هَرِمَ يَهْرَمُ To be decrepit.
هَرَمَ يَهْرِمُ • وَهَرَّمَ To cut, hash.
هَرَّمَ وَأَهْرَمَ To render one old.
هَرَمٌ Decrepitude.
هَرَمٌ ج أَهْرَامٌ A pyramid.
هَرِمٌ ج هَرِمُونَ Very old.

هَرْوَلَ To walk fast.
هِرَاوَةٌ ج هَرَاوَى A cudgel.
هَرَى يَهْرِي هَرْيًا To wear out.
إِهْتَرَى To get worn out.
هُرْيٌ ج أَهْرَاءٌ Granary.
هَزَّ يَهُزُّ هَزًّا To shake, brandish.
إِهْتَزَّ وَانْهَزَّ To be shaken.
هَزَّةٌ Earthquake.
هَزِيزٌ Sound. Rustling.
هَزَأَ وَهَزِئَ يَهْزَأُ بِ To mock at.
تَهَزَّأَ وَاسْتَهْزَأَ بِ To ridicule.
هُزْءٌ وَهُزُوءٌ وَاسْتِهْزَاءٌ Mockery.
هَزِيعٌ مِنَ اللَّيْلِ Part of the night.
أُهْزُوجَةٌ ج أَهَازِيجُ A song.
هَزِيعٌ مِنَ اللَّيْلِ Part of the night.
هَيْزَعَةٌ Fear. Tumult.
هَزَلَ يَهْزِلُ هَزْلاً To joke, jest.
هَزَلَ هُزْلاً • وَهَزَّلَ To emaciate.

To be emaciated.	هَزَلَ يَهْزُلُ
Sport, jest, joke.	هَزْلٌ وَهَزَالَةٌ
Thinness, emaciation.	هُزَالٌ
Thin, meagre.	هَزِيلٌ وَمَهْزُولٌ
To put to flight.	هَزَمَ يَهْزِمُ
To be put to flgiht.	إِنْهَزَمَ
Rout, defeat.	هَزْمٌ وَهَزِيمَةٌ
Thunder, Rain.	هَزِيمٌ
To shake, agitate.	هَزْهَزَ
To be cheerful.	هَشَّ يَهِشُّ
Joyous, cheerful.	هَشٌّ
Tender, soft.	هَشٌّ وَهَشَاشٌ
To roam about.	هَشَلَ يَهْشُلُ هَشْلاً
To drive away, expel.	هَشَّلَ
To crush, break.	هَشَمَ يَهْشِمُ وَهَشَّمَ
To be crushed.	تَهَشَّمَ وَانْهَشَمَ
A hill,	هَضْبَةٌ ج هِضَابٌ
To break. To digest.	هَضَمَ يَهْضِمُ
To oppress.	هَضَمَ وَتَهَضَّمَ وَاهْتَضَمَ
To wrong.	هَضَمَ حَقَّهُ
To be digested, (food).	إِنْهَضَمَ
Digestion.	هَضْمٌ وَانْهِضَامٌ
Indigestion.	سُوءُ الْهَضْمِ
Injury, wrong.	هَضِيمَةٌ ج هَضَائِمُ
To rain.	هَطَلَ يَهْطِلُ هَطْلاً
Fine but continuous rain.	هَطْلٌ
To rustle; walk quickly.	هَفَّ يَهِفُّ
To long for.	هَفَّ إِلَى
To fly up and down.	هَفَتَ يَهْفِتُ
To rush to, or into.	تَهَافَتَ عَلَى
A slip, fault.	هَفْوَةٌ ج هَفَوَاتٌ
Famished.	هَافٍ
Thus, so.	هٰكَذَا
To mock at, deride.	تَهَكَّمَ عَلَى
Mockery. Irony. Sarcasm.	تَهَكُّمٌ
Particle of Interrogation.	هَلْ

هَلْ كَتَبْتَ	Did you write?
هَلَّا	Is not? Why not?
حَيَّ هَلْ	Come! Hasten!
هَلَّ يَهِلُّ	To appear, (new moon).
هَلَّلَ	To praise God.
تَهَلَّلَ	To exult, be joyous.
إِنْهَلَّ	To pour down, (rain).
هِلٌّ وَهِلَّةٌ	The new moon.
هِلَالٌ	New moon. Crescent.
هِلَالِيٌّ	Semi-lunar, crescentic.
تَهْلِيلٌ	Act of praising God.
إِهْلِيلَجِيٌّ	Elliptical. Oval.
هَلَكَ يَهْلِكُ	To perish, die.
هَلَّكَ وَأَهْلَكَ	To ruin, destroy.
إِسْتَهْلَكَ	To squander, exhaust.
هَلَاكٌ	Ruin, loss. Death.
هَالِكٌ	Perishing, lost, dead.
تَهْلُكَةٌ	Perdition, ruin.
مَهْلُكَةٌ	Dangerous place.
هَلُمَّ	Here! Come here!
هَلُمَّ جَرًّا	And so on, *et cætera.*
هُلَامٌ	Jelly.
هُلَامِيٌّ	Jelly-like, gelatinous.
هُمْ	They; their; them.
كِتَابُهُمْ	Their book.
ضَرَبَهُمْ	He struck them.
هَمَّ يَهُمُّ . وَأَهَمَّ	To cause anxiety.
هَمَّ يَهُمُّ هَمًّا بِ	To desire, seek.
إِهْتَمَّ	To be grieved.
إِهْتَمَّ بِ	To take pains in...
إِهْتَمَّ لِ	To be solicitous about.
هَمٌّ ج هُمُومٌ	Care, anxiety.
هِمَّةٌ ج هِمَمٌ	Concern; energy.
هَامَّةٌ ج هَوَامُّ	Reptile, insect.
هُمَامٌ	Energetic.
أَهَمُّ	More important.

إهتمام ج إهتمامات	Care, effort.
مهم ج مهام	Important matter.
مهمات	Provisions, necessaries.
مهتم	Preoccupied, anxious.
همج	Stupid, savage people.
همد يهمد همودا	To subside.
همد وأهمد	To extinguish.; calm.
همر يهمر	To pour out.
إنهمر	To be poured out, flow.
همز يهمز همزا	To beat; push.
همزة ج همزات	A hemza = (ء)
مهماز ج مهاميز	A spur, goad.
مهموز	Marked with a hemza.
همس يهمس همسا	To mumble.
هامش	Margin of a book.
همع يهمع	To shed tears.
همك يهمك	To press, urge.
إنهمك في	To be engrossed in.
همل يهمل	To rain quietly.
همل وأهمل	To neglect, forget.
تهامل في	To be negligent.
تهامل	Negligence, carelessness.
مهمل	Unused, obsolete (word).
مهمل ومهمول	Neglected.
همهم	To mumble, mutter.
هما يهمو	To fall, flow, run.
هميان ج همايين	Belt.
همايون وهمايوني	Royal.
هن	They; their: them, *fem.*
هنأ ب	To congratulate.
هنئ يهنأ ب	To enjoy, relish.
تهنأ تهنؤا ب	To enjoy, relish.
هنيء	Wholesome, Pleasant.
تهنئة	Congratulation.
الهند	India, the Indies.
جوز الهند	Cocoa-nut.

An Indian. هِنْدِيٌّ ج هُنُودٌ
Endive, wild chicory. هِنْدِبَاءُ
To make a plan. هَنْدَسَ
Engineering. Architecture. هَنْدَسَةٌ
Geometry. عِلْمُ ٱلْهَنْدَسَةِ
Geometrical. هَنْدَسِيٌّ
Geometrician. Architect. Engineer. مُهَنْدِسٌ
To arrange, adorn. هَنْدَمَ
Here, (*adv*). هُنَا وَهٰهُنَا
There, yonder. هُنَا وَهُنَالِكَ
A little while, trifle. هُنَيَّةٌ وَهُنَيْهَةٌ
He, it. هُوَ
An abyss. هُوَّةٌ ج هُوَتٌ
To become a Jew. هَادَ وَتَهَوَّدَ
To abate price. هَاوَدَ
Jews. يَهُودُ
Jew. يَهُودِيٌّ
Jewess. Judea. يَهُودِيَّةٌ

Camel-litter. هَوْدَجٌ ج هَوَادِجُ
Lo! Behold! هُوَ ذَا
To roll down, fall down. تَهَوَّرَ
To rush imprudently. تَهَوَّرَ
Rashness. Collapse. تَهَوُّرٌ
Folly. Passionate desire. هَوَسٌ
Scorched green wheat. هَوِيسٌ
To be agitated; bark. هَاشَ يَهُوشُ
Tumult. هَوْشَةٌ ج هَوْشَاتٌ
To vomit. هَاعَ يَهَاعُ وَيَهُوعُ هَوْعًا
To frighten. هَالَ يَهُولُ
To threaten with. هَوَّلَ عَلَيْهِ بِ
To be terrified. إِهْتَالَ
Terror, fright. هَوْلٌ ج أَهْوَالٌ
The sphinx. أَبُو ٱلْهَوْلِ
Frightful, terrible. هَائِلٌ وَمَهُولٌ
Halo (of moon). هَالَةٌ ج هَالَاتٌ
Head. Chief. هَامَةٌ ج هَامَاتٌ

هَانَ يَهُونُ هَوْنًا عَلَى	To be easy.
هَانَ يَهُونُ هُونًا	To be despised.
هَوَّنَ تَ	To facilitate.
أَهَانَ	To despise.
تَهَاوَنَ بِ	To neglect.
هَوَانٌ	Contemptibleness.
إِهَانَةٌ ج إِهَانَاتٌ	Disdain; insult.
تَهَاوُنٌ	Negligence; idleness.
هَاوُنٌ	Mortar (for pounding).
هَيِّنٌ وَهَيْنٌ	Light, easy to do.
أَهْوَنُ	Lighter, easier.
مُهَانٌ	Disdained; injured.
مَهَانَةٌ	Contempt, shame.
هَوَى يَهْوِي هُوِيًّا	To fall.
هَوِيَ يَهْوَى	To love; desire.
هَوَّى تَهْوِيَةً	To ventilate.
أَهْوَى	To fall down; descend.
هَوًى ج أَهْوَاءٌ	Passionate desire.
هَوِيٌّ	Ringing in the ears.
هَوَاءٌ ج أَهْوِيَةٌ	Air, atmosphere.
هَوَائِيٌّ	Atmospherical.
أَلْهَاوِيَةُ	The lower world; hades.
هِيَ ج هُنَّ	She, it; they.
هَيَّأَ تَهْيِئَةً	To prepare.
تَهَيَّأَ لِ	To be prepared for.
هَيْئَةٌ ج هَيْئَاتٌ	Form, aspect.
عِلْمُ ٱلْهَيْئَةِ	Astronomy.
هَابَ يَهَابُ وَٱهْتَابَ	To fear; revere.
هَبْ	*Imp. of* هَابَ and وَهَبَ
هَيْبَةٌ	Respect, awe, veneration.
أَهْيَبُ	More respected.
مَهِيبٌ	Venerable; respected.
مَهَابَةٌ	Fear; veneration, respect.
هَاتِ ج هَاتُوا	Give!
هَاجَ يَهِيجُ	To be agitated, excited.
هَاجَ وَهَيَّجَ	To excite, agitate.

تَهَيَّجَ وَاهْتَاجَ	To be agitated.
هَيَجَانٌ	Agitation, excitement.
هَيْجَاءُ	Battle. combat; strife.
هَائِجٌ	Agitation excited.
هَيْضَةٌ	Diarrhœa.
أَهْيَفُ م هَيْفَاءُ ج هِيفٌ	Slim.
هَيْكَلٌ ج هَيَاكِلُ	Temple; altar.
أَلْهَيْكَلُ الْعَظْمِيُّ	The skeleton.
هَيُولَى ج هَيُولَاتٌ	Matter.
هَيُولِيٌّ وَهَيُولَانِيٌّ	Material (*adj.*).
هَامَ يَهِيمُ	To love passionately.
هُيَامٌ	Passionate love.
هَائِمٌ ج هِيمٌ وَهُيَّامٌ	Love stricken.
لَيْلٌ أَهْيَمُ	Starless night.
قَلْبٌ مُسْتَهَامٌ	Heart lost in love.
أَلْمُهَيْمِنُ	God (the Protector).
هَيْنٌ وَهَيِّنٌ	Easy.
هَيْهَاتَ	Far! Far away!
هَيَّا وَهَيِّ	Come! Quick!

و

وَ	As a numeral sign=6.
وَ	And
وَاللهِ	By God!
وَا	Oh! Ah! Alas!
إِبَةٌ	Shame. Dishonour.
وَبَأٌ وَوَبَاءٌ ج أَوْبِئَةٌ وَأَوْبَاءٌ	Pestilence.
وَبَائِيٌّ	Epidemic; pestilential.
وَبِيٌّ وَمَوْبُوءٌ	Pestilential.

To rebuke, reprimand.	وَبَّخَ
Scolding, rebuking.	تَوْبِيخٌ
Cony.	وَبْرٌ ج وُبُورٌ وَوِبَارٌ
Soft hair (of animals).	وَبَرٌ
Nomad people.	أَهْلُ ٱلْوَبَرِ
Low people.	وَبَشٌ ج أَوْبَاشٌ
To rain.	وَبَلَ يَبِلُ وَبْلًا
To be unhealthy, (land).	وَبُلَ يَوْبُلُ
A heavy shower.	وَبْلٌ وَوَابِلٌ
Unhealthiness. Hardship.	وَبَالٌ
Unhealthy. Hard.	وَبِيلٌ
To make firm.	وَتَدَ يَتِدُ وَتْدًا
Wooden peg. A kind of foot, (*Prosody*).	وَتَدٌ ج أَوْتَادٌ
Mountains.	أَوْتَادُ ٱلْأَرْضِ
To string a bow.	وَتَرَ وَوَتَّرَ وَأَوْتَرَ
To be strained hard.	تَوَتَّرَ
To follow one another.	تَوَاتَرَ
Single; odd number.	وَتْرٌ
Cord of a circle.	وَتْرٌ وَوِتْرٌ
String of a bow, or musical instrument. Tendon.	وَتَرٌ ج أَوْتَارٌ
Succession.	تَوَاتُرٌ
Repeated at intervals.	مُتَوَاتِرٌ
Often, repeatedly.	مُتَوَاتِرًا
A bruise or wound.	وَثْءٌ وَوَثْأَةٌ
To leap.	وَثَبَ يَثِبُ وَثْبًا وَوُثُوبًا
A leap, jump. An assault.	وَثْبَةٌ
To rely upon.	وَثِقَ يَثِقُ بِ
To be firm.	وَثُقَ يَوْثُقُ وَثَاقَةً
To make firm.	وَثَّقَ
To make a covenant with.	وَاثَقَ
To fetter, tie fast.	أَوْثَقَ بِٱلْوِثَاقِ
To trust, rely upon.	إِسْتَوْثَقَ مِنْ
Confidence.	ثِقَةٌ
A tie, fetter, rope, strap.	وِثَاقٌ
Firm or solid. Reliable.	وَثِيقٌ
Compact, alliance.	وَثِيقَةٌ ج وَثَائِقُ

Firmer, firmest.	أَوْثَقُ م وُثْقَى
The strongest hold.	أَلْعُرْوَةُ ٱلْوُثْقَى
Covenant.	مِيثَاقٌ ج مَوَاثِيقُ
An idol.	وَثَنٌ ج وُثْنٌ وَأَوْثَانٌ
Idolater; heathen.	وَثَنِيٌّ ج وَثَنِيُّونَ
A sprain.	وَثْيٌ
To be necessary, due.	وَجَبَ يَجِبُ
To make binding.	أَوْجَبَ
To be worthy of.	إِسْتَوْجَبَ
A set of the same kind.	وَجْبَةٌ
Necessity, duty.	وُجُوبٌ
Affirmation.	إِيجَابٌ
Affirmative, positive.	إِيجَابِيٌّ
Necessary, obligatory.	وَاجِبٌ
Duty.	وَاجِبٌ ج وَاجِبَاتٌ
Cause, motive, reason.	مُوجِبٌ
According to.	بِمُوجَبِ
To find.	وَجَدَ يَجِدُ
To be; to exist.	وُجِدَ |
To create, produce.	أَوْجَدَ إِيجَادًا
To be grieved for.	تَوَجَّدَ لِ
To be found.	إِنْوَجَدَ
Wealth, competence.	جِدَةٌ
Love; joy; grief.	وَجْدٌ
Inner consciousness.	وِجْدَانٌ
Existence.	وُجُودٌ
Found; existing.	مَوْجُودٌ
Existing things.	أَلْمَوْجُودَاتُ
Grotto, cave.	وَجْرٌ ج أَوْجَارٌ
Den, lair.	وِجَارٌ ج أَوْجِرَةٌ
To be brief inspeech.	وَجَزَ يَجِزُ
To abbreviate, abridge.	أَوْجَزَ
Abridged, concise.	وَجِيزٌ وَمُوجَزٌ
Conciseness, brevity.	إِيجَازٌ
To feel pain..	وَجِعَ يَيْجَعُ وَيَوْجَعُ
To cause or inflict pain.	أَوْجَعَ

To feel pain.	تَوَجَّعَ
To feel pain for.	تَوَجَّعَ لِ
Beer, ale.	جِعَةٌ
Pain. Disease.	وَجَعٌ ج اوْجَاعٌ
Painful; sore.	وَجِيعٌ وَمُوْجِعٌ
Fire-place, hearth.	وُجَاقٌ وَأُوجَاقٌ
To fear.	وَجِلَ يَوْجَلُ
Fear, terror.	وَجَلٌ ج أَوْجَالٌ
Timorous.	وَجِلٌ ج وَجِلُونَ
Cheek, (face).	وَجْنَةٌ ج وَجَنَاتٌ
Mallet.	مِيجَنَةٌ ج مَوَاجِنُ
To be respected.	وَجُهَ يَوْجُهُ
To turn a thing towards.	وَجَّهَ
To send.	وَجَّهَ
To meet one.	وَاجَهَ مُوَاجَهَةً
To repair to.	تَوَجَّهَ نَحْوَ وَإِلَى
To have an intrview.	تَوَاجَهَ
To turn towards.	إِتَّجَهَ إِلَى
Face. Chief. Manner. Aim. Surface.	وَجْهٌ ج أَوْجُهٌ وَوُجُوهٌ
To do for God.	عَمِلَهُ لِوَجْهِ اللهِ
In some manner.	بِوَجْهٍ
Side. Dimension, (*Geom*).	جِهَةٌ ج جِهَاتٌ
Concernig.	مِنْ جِهَتِهِ
Consideration, position.	وَجَاهَةٌ
Opposite to, in front of.	تُجَاهَ
Chief, prince.	وَجِيهٌ ج وُجَهَاءُ
Going, turning to.	مُتَوَجِّهٌ
To be alone.	وَحَدَ يَحِدُ
To reduce to one; unify.	وَحَّدَ
To be one, single, alone.	تَوَحَّدَ
To be united.	إِتَّحَدَ
Separately.	عَلَى حِدَةٍ
Alone.	وَحْدَهُ
Unity, being unique.	وَحْدَانِيَّةٌ
Solitude, isolation.	وَحْدَةٌ

One; single; unique. وَاحِدٌ
The one only اَلْوَاحِدُ
One. أَحَدٌ م إِحْدَى ج آحَادٌ
Sunday. اَلْأَحَدُ
Unique. وَحِيدٌ م وَحِيدَةٌ
Union; harmony; accord. إِتِّحَادٌ
Unification. Belief in the unity of God. تَوْحِيدٌ
Isolation, solitude. تَوَحُّدٌ
A unitarian. مُوَحِّدٌ
Isolated, alone. One. مُتَوَحِّدٌ
To be unpeopled. أَوْحَشَ وَتَوَحَّشَ
To grow savage. تَوَحَّشَ
To feel lonely. إِسْتَوْحَشَ
A wild beast. وَحْشٌ ج وُحُوشٌ
Onager, wild ass. حِمَارٌ وَحْشِيٌّ
Grief; solitude. وَحْشَةٌ
Wild, ferocious; cruel. وَحْشِيٌّ
Savage state. Barbarity. تَوَحُّشٌ

Savage, brute-like مُتَوَحِّشٌ
Thin mud, mire. وَحْلٌ ج وُحُولٌ
muddy, miry. وَحِلٌ
To be spiteful. وَحِنَ يَحِنُ
To inspire. Send. أَوْحَى إِلَى
Divine inspiration. وَحْيٌ
Haste, hurry. وَحَى
To find fault with. وَاخَذَ مُوَاخَذَةً
Excuse me. لَا تُوَاخِذْنِي
To prick. وَخَزَ يَخِزُ وَخْزًا
To be grizzled. وَخَطَهُ الشَّيْبُ
To be unhealthy. وَخُمَ يَوْخُمُ
To surfeit, (food). أَتْخَمَ
To be ill (from food). إِتَّخَمَ
Dirty, unclean. وَخْمٌ وَوَخِيمٌ
Indigestion. تُخَمَةٌ
To seek diligently. وَخَى وَتَوَخَّى
To fraternize with. وَاخَى مُوَاخَاةً

To love; wish for.	وَدَّ يَوَدُّ
To show love to.	تَوَدَّدَ إِلَى
To have mutual love.	تَوَادَّ تَوَادًّا
Love; friendship.	وِدٌّ وَوُدَادٌ
It is my wish.	بُوُدِّي (بِدِّي)
Lover, affectionate.	وُدٌّ وَوَدُودٌ
Affection, friendship.	مَوَدَّةٌ
Mutual love.	مُوَادَّةٌ وَتَوَادٌّ
Jugular vein.	وِدَاجٌ مث وِدَاجَانِ
To forsake, leave.	وَدَعَ يَدَعُ
Let me, allow me!	دَعْنِي
To deposit in.	وَدَعَ فِي
To take leave of.	وَدَّعَ يُوَدِّعُ
To conciliate.	وَدَعَ وِدَاعًا
To deposit with.	أَوْدَعَ عِنْدَ
To bid farewell. Deposit.	إِسْتَوْدَعَ
White shell.	وَدْعَةٌ ج وَدَعَاتٌ
Bidding adieu, farewell.	وِدَاعٌ

Mildness, gentleness.	وَدَاعَةٌ
Rest, quiet; gentleness.	دَعَةٌ
Quiet. gentle.	وَدِيعٌ ج وُدَعَاءُ
Deposit; trust, charge.	وَدِيعَةٌ
Depositor.	مُسْتَوْدِعٌ
Depository.	مُسْتَوْدَعٌ
Race-field.	مَيْدَانٌ ج مَيَادِينُ
To send.	وَدَّى
To perish.	أَوْدَى إِيدَاءً
Blood-money.	دِيَةٌ ج دِيَاتٌ
Vally.	وَادٍ ج أَوْدِيَةٌ
Let him alone.	وَذَرَ ـ ذَرْهُ
Behind. Beyond.	وَرَاءَ
To equivocate.	وَارَبَ مُوَارَبَةً
Obliquity. Diagonal	وَرْبٌ ج أَوْرَابٌ
To inherit.	وَرِثَ يَرِثُ وِرْثًا وَإِرْثًا
To bequeath.	وَرَّثَ وَأَوْرَثَ
To bring on (an evil).	وَرَّثَ

To throw into difficulty. وَرَّطَ

To fall into difficulty. توَارَّطَ

Difficulty. وَرْطَةٌ ج وَرَطَاتٌ

To be pious. وَرِعَ يَرِعُ

Fear of God. Piety. وَرَعٌ

A pious man. وَرِعٌ ج أَوْرَاعٌ

Foliage, paper. وَرَقٌ ج أَوْرَاقٌ

To put forth leaves. أَوْرَقَ

A leaf (of a tree); a piece of paper; ticket. وَرَقَةٌ

Stationer. Plasterer. مُوَرِّقٌ

Hip bone; hip. وَرِكٌ وَوِرْكٌ

A large lizard. وَرَلٌ ج وِرْلَانٌ

To swell. وَرِمَ يَرِمُ وَرَمًا . وَتَوَرَّمَ

To cause to swell. وَرَّمَ

Swelling. Tumour. وَرَمٌ ج أَوْرَامٌ

Bee-eater, (bird). وَرْوَرٌ ج وَرَاوِرُ

To conceal. وَرَّى وَوَارَى

To hide one's self. توَارَى عَنْ

To inherit. توَارَثَ

Inheritance. إِرْثٌ وَرِرَاثَةٌ

Heir. وَارِثٌ ج وَرَثَةٌ وَوُرَّاثٌ

Inherited; hereditary. مَوْرُوثٌ

Inheritance. مِيرَاثٌ ج مَوَارِيثُ

To come, arrive. وَرَدَ يَرِدُ وُرُودًا

Flower. Rose. وَرْدٌ ج وُرُودٌ

A rose. وَرْدَةٌ

Cockroach. بِنْتُ وَرْدَانَ

Red, rose-coloured. وَرْدِيٌّ

Coming, arriving. وَارِدٌ

Revenue. وَارِدَاتٌ وَإِيرَادَاتٌ

Vein. وَرِيدٌ ج أَوْرِدَةٌ

Jugular vein. حَبْلُ الْوَرِيدِ

Access, entrance. مَوْرِدٌ ج مَوَارِدُ

Of a rose colour, rosy. مُوَرَّدٌ

Brick, restless. وَرِشٌ

Work-yard. وَرْشَةٌ

To be divided, distributed.	تَوَزَّعَ
Scotch broom.	وَزَّالٌ
To weigh.	وَزَنَ يَزِنُ وَزْنًا وَزِنَةً
To compose (a verse) according to measure; scan.	وَزَنَ ٱلشِّعْرَ
To be heavy.	وَزُنَ يَوْزُنُ وَزَانَةً
To be equal in weight.	وَازَنَ
To compare.	وَازَنَ بَيْنَ
To be equal in weight.	تَوَازَنَ
Weighing; weigh.	وَزْنٌ وَزِنَةٌ
Weight; measure; metre of a verse.	وَزْنٌ ج أَوْزَانٌ
A weight. Talent.	وَزْنَةٌ ج وَزَنَاتٌ
A weigher. Of full weight.	وَازِنٌ
Prudent, reflecting.	وَزِينُ ٱلرَّأْيِ
Equal, equivalent to.	مُوَازِنٌ
Equilibrium.	مُوَازَنَةٌ
Weighed; measured.	مَوْزُونٌ
Scales, balance. Standard. Measure.	مِيزَانٌ ج مَوَازِينُ
Libra, (zodiac).	اَلْمِيزَانُ

Creatures; mankind.	وَرَى
Behind.	وَرَآءَ
The Pentateuch. Bible.	تَوْرَاةٌ
Using a word in a double sense.	تَوْرِيَةٌ
Geese.	وَزٌّ (أَوَزٌّ)
A goose.	وَزَّةٌ
To flow.	وَزَبَ يَزِبُ وُزُوبًا
Water-drain.	مِيزَابٌ ج مَيَازِيبُ
To commit a sin.	وَزَرَ يَزِرُ
To aid, help.	وَازَرَ عَلَى
To become a vizier.	تَوَزَّرَ
To put on a وِزْرَةٌ.	اِتَّزَرَ
Burden. Crime.	وِزْرٌ ج أَوْزَارٌ
Loin-cloth.	وِزْرَةٌ ج وِزْرَاتٌ
Office of a vizier.	وِزَارَةٌ
Vizier.	وَزِيرٌ ج وُزَرَآءُ
Assistant.	مُوَازِرٌ
To distribute.	وَزَّعَ وَأَوْزَعَ بَيْنَ

وَازَى To correspond to, be parallel with.

تَوَازَى To correspond to.

مُوَازَاةٌ Correspondence.

مُتَوَازٍ Parallel (line).

وَسِخَ يَوْسَخُ To be foul, soiled.

وَسَّخَ وَأَوْسَخَ To soil.

وَسَخٌ ج أَوْسَاخٌ Dirt, uncleanness.

وَسِخٌ Dirty, unclean, soiled.

وَسَّدَ To prop with a pillow.

وِسَادٌ ج وُسُدٌ A pillow, cushion.

وِسَادَةٌ ج وِسَادَاتٌ A pillow.

وَسَّطَ To put in the middle.

تَوَسَّطَ To take a middle position.

تَوَسَّطَ بَيْنَ To mediate between.

وَسَطٌ وَوَسْطٌ Middle, centre.

وَاسِطَةٌ ج وَسَائِطُ Means.

بِوَاسِطَةِ By means of, through.

وِسَاطَةٌ وَتَوَسُّطٌ Intermediation.

وَسِيطٌ ج وُسَطَاءُ Mediator.

اَلْوُسْطَى The middle finger.

مُتَوَسِّطٌ Intermediate. Mediator.

اَلْبَحْرُ ٱلْمُتَوَسِّطُ Mediterranean.

وَسُعَ يَوْسُعُ To be spacious, wide.

وَسِعَ يَسَعُ سِعَةً To contain, hold.

لَا يَسَعُكَ أَنْ Thou canst not.

وَسَّعَ وَأَوْسَعَ To widen, enlarge.

وَسَّعَ وَأَوْسَعَ عَلَى To enrich, (God).

تَوَسَّعَ فِي To be at ease.

إِتَّسَعَ وَإِسْتَوْسَعَ To be enlarged.

وُسْعٌ وَسَعَةٌ Power, ability.

سَعَةٌ وَٱتِّسَاعٌ Width; capacity

إِتِّسَاعٌ Extent, dilatation.

وَاسِعٌ وَوَسِيعٌ وَمُتَّسِعٌ Spacious.

أَوْسَعُ Wider, more, vast.

مُوسِعٌ Rich, wealthy, opulent.

وَسَقَ يَسِقُ وَسْقًا To load; to freight

A load; cargo.	وَسْقٌ ج أَوْسَاقٌ
Freighted, loaded.	مَوْسُوقٌ
To implore, seek.	تَوَسَّلَ إِلَى
Means.	وَسِيلَةٌ ج وَسَائِلُ
Supplication.	تَوَسُّلٌ
To brand.	وَسَمَ يَسِمُ وَسْماً وَسِمَةً
Sign, mark.	وَسْمٌ ج وُسُومٌ . سِمَةٌ ج سِمَاتٌ
Badge of honour.	وِسَامٌ
Season.	مَوْسِمٌ ج مَوَاسِمُ
Marked. Branded.	مَوْسُومٌ
To slumber.	وَسِنَ يَوْسَنُ
Slumber; unconsciousness.	سِنَةٌ
To suggest wicked things.	وَسْوَسَ لِ
Hallucination.	وَسْوَاسٌ ج وَسَاوِسُ
Satan.	اَلْوَسْوَاسُ
A razor.	مُوسَى ج مُوسٌ
Moses.	مُوسَى
Mosaic; a Jew.	مُوسَوِيٌّ
To adorn.	وَشَّحَ
To put on.	تَوَشَّحَ وَاتَّشَحَ
A sash set with jewels.	وِشَاحٌ
Double-rhymed poetry.	مُوَشَّحَةٌ
To saw (wood).	وَشَرَ يَشِرُ
A prism.	مَوْشُورٌ ج مَوَاشِيرُ
A saw.	مِيشَارٌ
To be quick.	وَشُكَ يَوْشُكُ وَشْكاً
To be on the point of.	أَوْشَكَ أَنْ
Celerity; haste, hurry.	وَشْكٌ
Swift; on the point of.	وَشِيكٌ
To tattoo.	وَشَمَ يَشِمُ وَشْماً . وَوَشَّمَ
To whisper.	وَشْوَشَ وَتَوَشْوَشَ
To embellish.	وَشَى يَشِي . وَوَشَّى
To slander.	وَشَى بِفُلَانٍ إِلَى
Slanderer.	وَاشٍ ج وُشَاةٌ وَوَاشُونَ
Coloured; embroidered.	مُوَشًّى
Illness, pain.	وَصَبٌ ج أَوْصَابٌ

أَوْصَدَ	To shut, close (a door).
مُوصَدٌ	Shut, closed.
وَصَفَ يَصِفُ	To describe, qualify.
وَصَفَ لِ	To prescribe medicine to a sick person, (physician).
إِتَّصَفَ	To be qualified.
وَصْفٌ ج أَوْصَافٌ	Description.
وَصْفَةٌ	Prescription of physician.
وَصْفِيٌّ	Descriptive.
صِفَةٌ ج صِفَاتٌ	Quality; adjective.
وَصِيفٌ ج وُصَفَاءُ	Young servant.
مَوْصُوفٌ	Qualified noun.
وَصَلَ يَصِلُ بِ	To unite, join.
وَصَلَ إِلَى	To reach, arrive at.
وَصَلَ	To give, bestow.
وَصَّلَ وَأَوْصَلَ إِلَى	To bring to.
وَاصَلَ	To persevere in.
تَوَصَّلَ إِلَى	To arrive at.
تَوَاصَلَ	To be joined.
إِتَّصَلَ	To be continuous.
إِتَّصَلَ إِلَى	To arrive at, reach.
إِتَّصَلَ بِ	To be united to.
وَصْلٌ	Connection. Receipt.
وُصْلَةٌ وَاتِّصَالٌ	Junction, union.
وِصَالٌ	Union of two friends.
صِلَةٌ ج صِلَاتٌ	Union. Gift.
وُصُولٌ ج وُصُولَاتٌ	Arrival. Receipt.
إِتِّصَالٌ	Continuity; connexion.
مُوَاصَلَةٌ	Continuity. Union.
مُوصِلٌ	Connective.
مُتَّصِلٌ	Joined. Continual.
أَلضَّمِيرُ ٱلْمُتَّصِلُ	Suffixed pronoun.
مَوْصُولٌ	United, joined.
أَلِاسْمُ ٱلْمَوْصُولُ	Relative pronoun.
وَصْمٌ وَوَصْمَةٌ	Fault; shame.
وَصْوَصَ	To peep through a hole.
وَصَّى وَأَوْصَى	To bequeath.

وَصَّى إِلَى بِ To recommend.
وَصَّى وَأَوْصَى To charge, commend.
وَصِيٌّ ج أَوْصِيَاءُ A testator. Executor of a will. Guardian
وَصِيَّةٌ ج وَصَايَا An order, charge. Will, testament.
مُوصٍ Testator.
مُوصًى بِهِ What is bequeathed.
مُوصًى لَهُ A legatee, legatory.
وَضُؤَ يَوْضُؤُ وُضُوءًا To be clean.
تَوَضَّأَ To perform ablutions.
وَضُوءٌ Water for ablutions.
وَضَاءَةٌ Cleanliness; beauty.
تَوَضُّؤٌ Ablutions before prayers.
وَضَحَ يَضِحُ To be clear, evident.
وَضَّحَ وَأَوْضَحَ To explain clearly.
تَوَضَّحَ وَاتَّضَحَ To become clear.
اِسْتَوْضَحَ To ask for explanation.
وُضُوحٌ وَاتِّضَاحٌ Distinctness.
وَاضِحٌ Clear, manifest, evident.

إِيضَاحٌ وَتَوْضِيحٌ Clear exposition.
مُتَّضِحٌ Evident, manifest, clear.
وَضَعَ يَضَعُ To lay, put down.
وَضَعَتْ تَضَعُ To give birth.
وَضَعَ فُلَانًا To humiliate, abase.
تَوَاضَعَ وَاتَّضَعَ To be humble.
اِتَّضَعَ To be humbled.
وَضْعٌ ج أَوْضَاعٌ Position, site.
ضِعَةٌ Humiliation.
وَاضِعٌ Laying down. Founder.
وَضِيعٌ ج وُضَعَاءُ Humble, low.
تَوَاضُعٌ وَاتِّضَاعٌ Humility.
مَوْضِعٌ ج مَوَاضِعُ Place, site, spot.
مُتَّضِعٌ وَمُتَوَاضِعٌ Humble, meek.
مَوْضُوعٌ ج مَوَاضِيعُ Object; subject.
وَطِئَ يَطَأُ To tread upon.
وَطِئَ (الفَرَسَ) To mount.
وَطَّأَ To prepare, render easy.

To agree upon. وَاطَأَ وَتَوَاطَأَ عَلَى

Low ground. وَطَاءٌ وَوِطَاءٌ

Pressure, violence. وَطْأَةٌ

Low. وَاطِئٌ

Foot-stool. مَوْطِئٌ ج مَوَاطِئُ

To fix, make firm. وَطَدَ يَطِدُ وَوَطَّدَ

To be made firm, fixed. تَوَطَّدَ

Mountains. أَوْطَادٌ

Firm, solid, immovable. وَطِيدٌ

Object, purpose. وَطَرٌ ج أَوْطَارٌ

To reside in. وَطَنَ يَطِنُ . وَأَوْطَنَ بِ

To inhabit. وَطَّنَ وَاسْتَوْطَنَ

To resolve. وَطَّنَ نَفْسَهُ

Native place. وَطَنٌ ج أَوْطَانٌ

Abode, home. مَوْطِنٌ ج مَوَاطِنُ

A bat. وَطْوَاطٌ ج وَطَاوِيطُ

To lower, let down. وَطَّى

وَظَبَ يَظِبُ وُظُوبًا وَوَاظَبَ عَلَى
To persevere in.

Perseverance, assiduity. مُوَاظَبَةٌ

To give an office to one. وَظَّفَ

To be employed. تَوَظَّفَ

Pay. Office, function, employment. وَظِيفَةٌ ج وَظَائِفُ

Physiology. وَظَائِفُ الأَعْضَاءِ

Functionary; official. مُتَوَظِّفٌ

To take up wholly. وَعَبَ يَعِبُ

To fill up; complete. أَوْعَبَ إِيعَابًا

To contain, hold. إِسْتَوْعَبَ

To promise. وَعَدَ يَعِدُ

To make an appointment. وَاعَدَ

To threaten. تَوَعَّدَ

To promise one another. تَوَاعَدَ

A promise. عِدَةٌ وَوَعْدٌ ج وُعُودٌ

Menaces, threats. وَعِيدٌ

Appointed time. مَوْعِدٌ ج مَوَاعِدُ

Appointed time or place. مِيعَادٌ

Rugged place. وَعْرٌ ج وُعُورٌ

Rugged, difficult. وَعِرٌ

To intimate. وَعَزَ ـِ وَأَوْعَزَ إِلَيْهِ فِي

To exhort, warn. وَعَظَ يَعِظُ

To listen to warning. إِتَّعَظَ

Sermon; exhortation. وَعْظٌ وَعِظَةٌ وَمَوْعِظَةٌ

A preacher. وَاعِظٌ ج وُعَّاظٌ

To be ill, indisposed. تَوَعَّكَ

An illness. وَعْكَةٌ

Antelope. وَعْلٌ ج أَوْعَالٌ

Good morning! وَعِمَ — عِمْ صَبَاحًا

To gather; contain. وَعَى يَعِي

To put into a vessel. أَوْعَى إِيعَآءً

To be careful. تَوَعَّى وَٱسْتَوْعَى

Attention, care. وَعْيٌ

Vessel, receptacle. وِعَآءٌ ج أَوْعِيَةٌ

Remembering. Cautious. وَاعٍ

To be very hot. وَغَرَ يَغِرُ وَغْرًا

Intense heat. Anger. وَغْرٌ

Tumult; battle. وَغًى وَوَغِيٌّ

To come, arrive. وَفَدَ يَفِدُ عَلَى

To send (an envoy). وَفَّدَ وَأَوْفَدَ

A deputation. وَفْدٌ ج وُفُودٌ

Epidemic. وَافِدٌ ج وُفُودٌ

To increase, multiply. وَفَرَ يَفِرُ

To economise; save. وَفَّرَ

Wealth, affluence. وَفْرٌ ج وُفُورٌ

Economy; saving. وَفْرٌ وَتَوْفِيرٌ

Abundant, plentiful. وَافِرٌ

More abundant. أَوْفَرُ

To make fit. To assist. وَفَّقَ

To reconcile. وَفَّقَ وَوَافَقَ بَيْنَ

To agree or accord with. وَافَقَ

To succeed. تَوَفَّقَ

To agree together. تَوَافَقَ فِي

To agree upon. إِتَّفَقَ عَلَى أَوْ فِي

To happen, occur. إِتَّفَقَ لِ

وَفْقٌ وَوِفَاقٌ Accord, agreement.

وَفْقًا لِ In accordance with.

مُوَافَقَةٌ Agreement; fitness.

إِتِّفَاقٌ Coincidence. Accord.

إِتِّفَاقِيٌّ Accidental, by chance.

تَوْفِيقٌ Success. Prosperity.

مُوَافِقٌ Convenient, suitable.

مُوَفَّقٌ Prosperous, successful.

وَفَى يَفِي وَأَوْفَى To keep one's promise. To pay a debt.

وَفَى وَفِيًّا To be perfect, complete.

وَافَى To come to, meet.

وَفَّى حَقَّهُ To pay the whole.

تُوُفِّيَ وَتَوَفَّاهُ ٱللهُ To die.

وَفَاءً وَإِيفَاءً Payment of a debt.

وَفَاةٌ ج وَفَيَاتٌ Death, decease.

وَافٍ م وَافِيَةٌ Complete.

وَقْبٌ ج أَوْقَابٌ Cavity, hole.

وَقَّتَ وَوَقَتَ To appoint a time.

وَقْتٌ ج أَوْقَاتٌ Time, season.

وَقْتَئِذٍ Then, at that time.

لِلْوَقْتِ وَلِوَقْتِهِ Immediately.

وَقْتِيٌّ Temporal, provisional.

وَقُحَ يَقِحُ وَتَوَقَّحَ To be impudent.

وَقِحٌ Impudent, brazen-faced.

وَقَاحَةٌ وَقِحَةٌ Impudence.

وَقَدَ يَقِدُ · وَتَوَقَّدَ وَٱتَّقَدَ To burn, blaze, (a fire).

أَوْقَدَ To kindle, (a fire); light.

وِقَادٌ وَوَقِيدٌ وَوَقُودٌ Fuel.

مَوْقَدٌ وَمَوْقَدَةٌ Fire-grate.

مَوْقُودٌ وَمُتَّقِدٌ Lit, kindled.

وَقَّرَ To honour, respect.

أَوْقَرَ إِيقَارًا To load (an animal).

وِقْرٌ ج أَوْقَارٌ Load, burden.

وَقَارٌ Dignified bearing,

وَقُورٌ Venerable.

وَقَعَ يَقَعُ To fall, fall down.

To happen, occur to one. وَقَعَ لِ

To slander, insult one. وقع فِي

To attack, assail. وَقَعَ وَأَوْقَعَ بِ

To let fall. Seal, sign. وَقَّعَ

To charge, rush upon. وَاقَعَ

To tune, put in tune. أَوْقَعَ

To expect. تَوَقَّعَ وَٱسْتَوْقَعَ

To fight together. تَوَاقَعَ

To beseech humbly. تَوَاقَعَ عَلَى

Event. Battle. وَقْعَةٌ ج وَقَعَاتٌ

Imploring help. وَقِيعٌ

Actually, in fact. فِي ٱلْوَاقِعِ

Event, catastrophe. وَاقِعَةٌ

Harmony of sounds. إِيقَاعٌ

Expectation; hope. تَوَقُّعٌ

Signature. تَوْقِيعٌ ج تَوَاقِيعُ

Place. مَوْقِعٌ ج مَوَاقِعُ

To stop; stand. وَقَفَ يَقِفُ

To endow. وَقَفَ لِ وَعَلَى

To inform. Know. وَقَفَ وُقُوفًا عَلَى

To seize. To arrest. وَقَّفَ وَأَوْقَفَ

To contend with. وَاقَفَ فِي

To hesitate. تَوَقَّفَ فِي

To abstain from. تَوَقَّفَ عَنْ

To depend on. تَوَقَّفَ عَلَى

Endowment. وَقْفٌ ج أَوْقَافٌ

Standing. Pause. وَاقِفٌ ج وُقُوفٌ

Standing; stopping. وُقُوفٌ

Hesitation; arrest. تَوَقُّفٌ

Suspension; arrest. تَوْقِيفٌ

A stand, station. مَوْقِفٌ ج مَوَاقِفُ

Dependent on, stopped. Endowed. مَوْقُوفٌ

To guard, protect. وَقَى يَقِي

To be on one's guard تَوَقَّى وَٱتَّقَى

To fear God. إِتَّقَى يَتَّقِي

Protection. وِقَاءٌ وَوِقَايَةٌ

Fear of God. piety.	تُقًى وتَقْوَى
Pious, God-fearing.	تَقِيٌّ ج أَتْقِيَاءُ
Sixty drams. A pharmaceutical ounce.	أُوقِيَّةٌ ج أَوَاقٍ
A man who fears God.	مُتَّقٍ
To lean upon.	تَوَكَّأَ واتَّكَأَ عَلَى
To sit leaning on the side.	اِتَّكَأَ
A staff; a couch	مُتَّكَأٌ ج مُتَّكَآتٌ
To advance slowly.	وَكَبَ يَكِبُ
A procession.	مَوْكِبٌ ج مَوَاكِبُ
To affirm, confirm.	وَكَّدَ وأَكَّدَ
To be confirmed.	تَوَكَّدَ وتَأَكَّدَ
Certain, affirmed.	أَكِيدٌ ومُؤَكَّدٌ
Affirmation, confirmation. Emphasis.	تَوْكِيدٌ وتَأْكِيدٌ
Certainly	بِالتَّأْكِيدِ
Nest of a bird.	وَكْرٌ ج أَوْكَارٌ
To push, thrust.	وَكَزَ يَكِزُ
To be defective.	وَكِسَ يَـ
Diminution of value; loss.	وَكْسٌ
To sell at a loss.	بَاعَ بِالْوَكْسِ
To drop, trickle.	وَكَفَ يَكِفُ
Trickling, leaking.	وَكْفٌ
To confide to.	وَكَلَ يَكِلُ إِلَى
To appoint as an agent.	وَكَّلَ
To trust in.	تَوَكَّلَ واتَّكَلَ عَلَى
Agency.	وِكَالَةٌ ج وَكَالَاتٌ
Substitute, agent.	وَكِيلٌ ج وُكَلَاءُ
Trust, confidence.	اِتِّكَالٌ
Committed to.	مَوْكُولٌ إِلَى
To enter.	وَلَجَ يَلِجُ وُلُوجًا وَفِي
To commit to.	وَلَّجَ وإِلَى
To beget, bring forth	وَلَدَ يَلِدُ
To act as a midwife.	وَلَّدَ
To originate from.	تَوَلَّدَ مِنْ
Child, son.	وَلَدٌ ج أَوْلَادٌ
Birth, parturition.	وِلَادَةٌ
Midwifery.	عِلْمُ الْوِلَادَةِ

Father; sire.	وَالِدٌ ج وَالِدُونَ
Mother; dam.	وَالِدَةٌ ج وَالِدَاتٌ
Father and mother.	أَلْوَالِدَانِ
Generation.	مَوْلِدٌ ج مَوَالِدُ
Birthday.	مِيلَادٌ ج مَوَالِيدُ
Christmas.	عِيدُ ٱلْمِيلَادِ
Unclassical, (word).	مُوَلَّدَةٌ
Midwife.	مُوَلِّدَةٌ
Born. Child.	مَوْلُودٌ ج مَوَالِيدُ
To be attached to.	وَلِعَ يَوْلَعُ بِ
To light or kindle.	وَلَّعَ
Material for lighting with.	وَلْعَةٌ
Violent love, passion.	وَلَعٌ
Passionately addicted.	مُوْلَعٌ بِ
To associate with.	وَالَفَ مُوَالَفَةً
To entertain.	أَوْلَمَ
Entertainment.	وَلِيمَةٌ ج وَلَائِمُ
To grieve much.	وَلِهَ يَلَهُ
Grief, passion, love.	وَلَهٌ
Overcome with grief.	وَلْهَانُ م وَلْهَى
To wail, lament.	وَلْوَلَ وَلْوَلَةً
To follow.	وَلِيَ وَوَلِيَ يَلِي
To rule.	وَلِيَ وِلَايَةً وَعَلَى
To make one a ruler.	وَلَّى
To turn away from.	وَلَّى عَنْ
He turned and fled.	وَلَّى هَارِبًا
He turned his face.	وَلَّى وَجْهَهُ
To help, protect.	وَالَى مُوَالَاةً
To do a good deed.	أَوْلَى مَعْرُوفًا
To take charge of.	تَوَلَّى
To follow one another.	تَوَالَى
To take possesion.	إِسْتَوْلَى
Master, lord.	وَلِيٌّ ج أَوْلِيَاءُ
Frind of God.	وَلِيُّ ٱللهِ
Province. Rule.	وِلَايَةٌ ج وِلَايَاتٌ
Heir apparent.	وَلِيُّ ٱلْعَهْدِ

Benefactor.	وَلِيُّ ٱلنِّعَمِ
Ruler, governor.	وَالٍ ج وُلَاةٌ
More deserving, fit.	أَوْلَى بِ
Master, lord.	مَوْلًى ج مَوَالٍ
Invested with power.	مُتَوَلٍّ
Successive.	مُتَوَالٍ
A Sheïte.	مُتَوَالٍ ج مَتَاوِلَةٌ
To beckon to.	وَمَأَ يَمَأُ . وَأَوْمَأَ إِلَى
Indication by sign.	وَمْأٌ وَإِيمَاءٌ
Indicated.	أَلْمُومَأُ إِلَيْهِ
A prostitute.	مُومِسَةٌ ج مُومِسَاتٌ
To flash.	وَمَضَ يَمِضُ . وَأَوْمَضَ
Lightning; flash; gleam.	وَمِيضٌ
To reprove, reprimand.	وَنَّبَ
To be faint, weak.	وَنَى يَنِي . وَوَنِيَ
To relax one's efforts.	تَوَانَى فِي
Fatigue, faintness.	وَنًى وَوَنَاءٌ
Slowness, slackness.	تَوَانٍ
Lazy, languid; slow.	مُتَوَانٍ
Enamel.	مِينَا
Port, harbour.	مِينَا وَمِينَاءٌ ج مَوَانٍ
To grant, give.	وَهَبَ يَهَبُ
Grant! (*Imp. of*	هَبْ (وَهَبَ
To ask for a present.	إِسْتَوْهَبَ
Gift, present.	هِبَةٌ ج هِبَاتٌ
Donation, gift.	مَوْهِبَةٌ ج مَوَاهِبُ
Mohammedan Wahhabite.	وَهَّابِيٌّ
To blaze, burn.	وَهَجَ يَهِجُ
To kindle (a fire).	أَوْهَجَ إِيهَاجًا
To glow burn.	تَوَهَّجَ
Glow, heat (of fire, sun)	وَهَجٌ
Intensely glowing.	وَهَّاجٌ
Deep pit; abyss.	وَهْدَةٌ ج وُهَدٌ
To lead into evil.	وَهَطَ وَأَوْهَطَ
To rush rashly into.	تَوَهَّطَ فِي
Precipice, abyss.	وَهْطَةٌ ج وَهَطٌ

وَهَلٌ وَوَهْلَةٌ Terror, fear, fright.

أَوَّلَ وَهْلَةٍ At first sight.

وَهَمَ يَهِمُ To imagine, fancy.

وَهَّمَ وَأَوْهَمَ To lead into error.

أَتْهَمَ بِ To suspect, accuse.

تَوَهَّمَ To suppose, imagine.

إِتَّهَمَ بِ To be suspected.

وَهْمٌ ج أَوْهَامٌ Opinion, idea.

أَلْقُوَّةُ ٱلْوَهْمِيَّةُ The imagination.

وَهْمِيٌّ Imaginary, hypothetical.

إِيهَامٌ Ambiguity. Misleading.

تُهْمَةٌ ج تُهَمٌ Suspicion, charge.

مُتَّهَمٌ Suspected person.

تَوَهُّمٌ Fanciful imagination.

وَهَنَ يَهِنُ وَوَهُنَ ـُ To be weak.

وَهَّنَ وَأَوْهَنَ To weaken.

وَاهِنٌ ج وُهُنٌ Weak, frail.

وَهَى وَوَهِيَ يَهِي To be weak.

أَوْهَى To weaken, break.

وَاهٍ م وَاهِيَةٌ ج وَاهُونَ Feeble, frail.

وَاهًا لِ Wonderful! Alas!

وَيْكَ Woe to you!

وَاحٌ ج وَاحَاتٌ Oasis.

وَيْحٌ Woe to!

وَيْلٌ Disaster, calamity.

وَيْلِي Woe to me!

وَيْلَةٌ ج وَيْلَاتٌ Disgrace.

ي

ي As a numeral sign=10.

ي My, me, *e. g.*

كِتَابِي My book.

مَعِي With me.

ضَرَبَنِي He struck me.

يّ *A particle of relation, e. g.*

مِصْرِيٌّ Egyptian.

يَا *Interjection,* O! *e. g.*

يَا زَيْدُ O Zeid!

يَئِسَ يَيْأَسُ وَيَئِسَ يَيْئِسُ مِنْ To despair of.

يَأْسٌ Despair, loss of hope.

يَؤُوسٌ وَيَؤُوسٌ Despairing.

يَبِسَ يَيْبَسُ To dry up, wither.

يَبَّسَ وَأَيْبَسَ To cause to dry.

اَلْيَبْسُ وَالْيَابِسَةُ The dry land.

يَابِسٌ Dry.

يُبُوسَةٌ Dryness.

يَتَّمَ To make one an orphan.

تَيَتَّمَ To become an orphan.

يُتْمٌ State of orphanage.

يَتِيمٌ ج يَتَامَى وَأَيْتَامٌ Orphan.

دُرَّةٌ يَتِيمَةٌ A rare pearl.

يَخْنَةٌ A kind of stew.

يَدٌ ج أَيْدٍ وَأَيَادٍ Hand; arm. Power. Handle.

عَنْ يَدٍ By force.

بَيْنَ يَدَيْهِ In his presence.

لَهُ يَدٌ بَيْضَاءُ He is well versed.

اَلْيَدُ اَلطُّولَى Power, influence.

يديٌّ ويدويٌّ Manual.

أيدي سبا Scattered.

يربوع Jerboa, (animal).

يراع Glow-worm. Reed-pen.

يرقان Jaundice. Blight.

يسر ييسر يسرًا To be easy.

يسّر To facilitate, make easy.

تيسّر واستيسر To become easy.

تيسّر له To be feasible to one.

يُسْر Facility, ease; affluence.

يسار ج يُسْر Left side. Ease.

يسير Easy. Small quantity.

أيسر More easy.

الأيسر واليسرى The left side.

موسر ج مياسير Rich, affluent.

ميسر Gambling.

ميسرة Ease, affluence, wealth.

ميسرة ج مياسر Left side.

ميسور ج مياسير Feasible, easy.

يسق Arrest, interdicted.

يسقجي A cavass, (*Turk*).

ياسمين Jasmine, (jessamine).

يعسوب Male bee. Chief.

يافوخ Fontanelle.

يافع ج يفعة A young man. Lad.

ياقوت Ruby.

يقظ ييقظ To be awake.

يقّظ وأيقظ To awaken.

تيقّظ واستيقظ To wake up.

يقظة Wakefulness. Attention.

يقظ ويقظان Awake, watchful.

يقن ييقن To be certain, sure.

أيقن واستيقن To believe firmly.

تيقّن To know, be sure of.

يقين Certain belief, conviction.

هو على يقين منه He is sure of it.

يقينًا Certainly, undoubtedly.

علم اليقين Certain knowledge.

Indubitable truth. حَقُّ ٱلْيَقِينِ

Certain truths; axioms. يَقِينِيَّات

Confident, sure. مُوقِن

Sea, ocean. يَمٌّ ج يُمُوم

Wood-pigeon. يَمَامٌ وَيَمَامَة

To go to the right. يَمَنَ وَيَامَنَ

To seek a blessing. تَيَمَّنَ بِ

To exact an oath, إِسْتَيْمَنَ

Blessing, success, luck. يُمْن

Right side or hand. يَمْنَة

Yemen, (Arabia Felix). اَلْيَمَن

Right hand. يُمْنَى ج يُمْنَيَات

Right side, right hand. يَمِين

Oath. يَمِينٌ ج يُمُنٌ وَأَيْمَان

By God. أَيْمُ وَأَيْمُ ٱللهِ

The South. اَلتَّيْمَن

Right Side. Right wing of an army. مَيْمَنَة ج مَيَامِن

Fortunate. مَيْمُونٌ ج مَيَامِين

Auspicious. مَيْمُونُ ٱلطَّائِرِ

Fountain. يَنْبُوع

Anise. يَانْسُون (أَنِيسُون)

To ripen, (fruit). يَنَعَ يَيْنَعُ. وَأَيْنَعَ

Ripe (fruit). يَانِعٌ وَيَنِيعٌ ج يَنْعٌ

Jew, (*See* هود) . يَهُودِيٌّ ج يَهُود

Day. Time; season. يَوْمٌ ج أَيَّام

Day by day. يَوْمًا فَيَوْمًا

The same day. مِنْ يَوْمِهِ

Once, some day. يَوْمًا مَا

On a certain day, once. ذَاتَ يَوْمٍ

To-day. اَلْيَوْمَ

Daily. يَوْمِيٌّ

Day by day, daily. يَوْمِيًّا

On that day. يَوْمَئِذٍ

Jonah. يُونُس (يُونَان)

The Greek nation. اَلْيُونَان

Greece. بِلَادُ ٱلْيُونَانِ

Greek. Grecian. يُونَانِيٌّ ج يُونَانِيُّون

The Greek language. اَلْيُونَانِيَّة